净峰风骨

明代名臣

张岳传

张国琳◎著

中国文史出版社

2021 年泉州市优秀传统文化传承发展专项资金赞助项目

《净峰风骨：明代名臣张岳传》编委会

顾　问　许贞丽　林育伟　刘东升

主　任　王洪波

副主任　柳天清　张连枝　张国琳

编　委　张杰伟　许建安　郑　婷

　　　　张超萍　张志榕

著　作　张国琳

谨以此书隆重纪念张岳诞辰五百三十周年

张襄惠公像赞

张襄惠公像赞

其神凝焉，而若有跂想；其身饬焉，而若有盘桓。其文非不能跻欧曾之阃奥，而虑其分吾德性学问之功夫；其学非不能趋超悟之时流，而虑其失吾穷理居敬之篱樊。其爱国忠君，虽颠沛流离，而有所不顾；其立身行道，遗死生祸福，而有以自全。秩虽峻夫正卿，而时浮沉于散吏；身虽列于内台，而终不得一望夫国门。信孚裔夷，威伸苗蛮。德完行巨，身绌道尊。所谓公家之利，知无不为，鞠躬尽瘁，死而后已。上世之所谓大臣，圣门之所谓君子欤！

此净峰先生像也。天启辛酉，应召北行，道次锦田。先生曾孙琼出像，命乔远赞之。敬题如右[①]。

光禄寺少卿、晋江后学何乔远顿首拜赞

---

① 原文为竖排文字，段尾在左。故为"敬题如右"。——编者

净峰风骨

曲江族魂

为太子少保襄惠公张岳题

张胜友
丁亥岁

张岳家庙

广西灵山三海岩张岳诗刻

广西灵山六峰山张岳诗刻

南宁张公岭——张岳驻军处

柳州城（明嘉靖间，张岳扩建）

镇海楼（明嘉靖间，张岳重修）

张岳撰镇海楼碑刻

惠安县委大院立人石

中国南方长城——明嘉靖年间，张岳曾主持修建

湖南芷江（总督府旧址）

嘉靖御祭碑刻（嘉靖三十三年）　　嘉靖御祭碑刻（嘉靖三十八年）

泉州永春五里街义烈祠碑记（张岳撰额）

序言一

中国人大概没有不眷念自己家乡的，眷念之情溢于言表，就常常有"物阜民殷""如花似锦"等美誉。我的家乡惠安县却没有这样的福分。由于土瘠地贫的原因，数百年来祖辈们一直依赖于番薯果腹。延至我青少年时代，敝乡还不时地被丰衣足食的外乡人讥为"小孩当背包，地瓜做粮草"的地方。

家乡贫瘠的土地既不足以仰奉俯育，祖辈的男儿们索性把田园的劳作甩给内助们，自己另寻谋生之道。谋生之道有二：一是为工为渔，尤其擅长于建造打石；二是读书仕进，希冀在仕途上博得前程。这也就是我们经常可以在家乡的文献中看到"地瘠栽松柏，家贫子读书"的意思了。正是由于这样的缘故，自宋代以来，敝乡的读书人，不论是在科举仕进或是学术成就上，均不遑多让那些"人杰地灵"地方的人们。余生虽也晚，然青少年时期以地瓜果腹的经历，却也与前辈乡贤们相差无几。因此之故，我一直就对敝乡的那些从满腹番薯演化成满腹经纶的乡贤前辈们怀有格外深挚的敬仰之意。

要说到满腹经纶的乡贤前辈，数一数二的当推明代的张岳净峰先生。史称净峰先生入仕四十年，正气凛然，不与权门通一帕。开府四镇，总督七省，平黎族、定苗乱，功勋卓著。为学则宗程朱，博通坟典，经术湛深，自负正德、嘉靖两朝文第一。尤为难能可贵的是净峰先生终生以清廉自许，一介不取。殉职任所，其衣床褥席，枝梧绽裂，时人感叹："简俭一至此耶！"古人有云：读书人当立言、立功、立德于世。净峰先生之于"三立"，可谓备矣。我忝为乡末，与有荣焉！

如今，张氏哲嗣国琳君仰念祖德，潜心于净峰先生事迹文献的搜集整理工作。努力有年，终成巨帙。张君此举，实于乡邦文化之公私两有相宜。于公，足以弘扬乡贤前辈的道德文章、风骨精神，淳化乡里；于私，则余读史卅载，于乡邦文献殊有偏好，净峰先生的著述得以重新整理问世，从此捧诵有本，余泽亲近。余欲见贤思齐，高山仰止，虽不能至，亦可借此聊慰私心思慕之情，不亦乐乎！

乐而有言，谨此为序。

陈支平（厦门大学国学研究院院长、中国明史学会会长）

净峰风骨：明代名臣张岳传

序言二

　　张岳（1492—1552①），字维乔，号净峰，福建泉州惠安张坑人，是正德、嘉靖年间著名的理学家、政治家、军事家和文学家。他出生于一个仕宦之家，自幼好学，以大儒自期。正德十二年（1517）举进士，授行人，开始踏入仕途。后历任南京国子学正、南京兵部武选司员外郎、礼部祠祭司郎中、礼部主客司郎中、广西提学佥事、江西提学佥事、广东盐课司提举、廉州知府、广东参政等职。知廉州时，妥善处理安南莫登庸夺取王位、久未入贡的问题，收到"边尘不惊，元气以笃"的良好效果。在广东参政任上，又平定琼州的黎"叛"。兵部尚书毛伯温因此非常器重张岳，认为他和时任广西参政的翁万达皆为堪当边防重任的将才，特地向朝廷举荐，曰："岳可南，翁万达可北也。"嘉靖二十一年（1542），张岳遂被擢为右佥都御史，总督两广军务，征剿僮（壮）、瑶之"叛"。嘉靖二十七年（1548），又进为右都御史，总督湖广川贵军务，征讨"叛"苗。嘉靖三十一年（1552）积劳成疾，卒于沅州官署。阁臣徐阶为他撰写的墓志铭说："公始以文章、气节著名，及交南用兵，更推有将帅之略，虽蛮夷亦闻其威名。"张岳由文人出仕，不论担任文官或是武职，皆卓有建树，受到时人的广泛赞誉。

---

① 张岳的去世时间是农历 1552 年 12 月 24 日，阳历为 1553 年，故有的文献上写 1553 年，但大部分文献上写的是 1552 年。——编者

张岳在少数民族聚居地区任职时，关心民瘼，兴利除弊，有发展生产和教育的功绩。廉州地处南疆边陲，与安南接壤，偏僻荒凉。以往的官员到任，皆苟且偷安，无所作为。张岳一莅任，即巡行郊野，筹划兴革。他"有禁令，减徭役，督民种田。有弃地广衍，令开垦；不知取水法，教之车、戽水"。廉州辖县合浦盛产珍珠，"民盗珠者难治"。张岳居官四年，不持一珠，"民乃不敢犯盗珠"。他还改建郡、县二学，施行教化，以改变民风。任广东参政，看到"海南法弛吏玩，为日已久，鞭扑、枷杻、呵叱之政日施"，"官吏贪残，略无警惮"，主张"稍严其法以惩之"。黎民起义平息后，他还着手兴办社学，延师训蒙，使易巾服，习礼仪。即使是奉命镇压黎、僮（壮）、瑶等少数民族起义和平定腊尔山叛乱，张岳也强调要严肃军纪，关心民命，严惩"首恶"，抚谕"胁从"，不许乱砍滥杀。在海南琼州，他明立约束："但经抚谕地方，黎人只有一二人散行被获者，所在官司，细与辩问；若无别项奸细情由，即令本村黎老领回复业，不许妄报为功。其各哨缉事军人擅入黎村生事骗害者，痛惩一二起。仍晓示黎峒知之，庶几黎有所倚赖以为生。"对滥捕滥杀幼小以冒充军功者，则"皆削之，使不敢以幼口充数也"。总督湖广川贵军务之初，张岳发现腊尔山叛军"节年为害，掳去人口，在寨不止数百"，然后卖给各土官。各土官"轻价收买，羁留各寨"。待朝廷征调各土司兵征剿叛军时，这些土官便"割取首级，辏作功次"。他认为，这是"从来用兵，惟计首功"的政策造成的，"其被虏人口送官者，量行给赏，不如首功之厚。故各土官利在邀功请赏，使被虏残命于劫掠焚荡之余，复遭屠戮"。张岳于是上疏朝廷，请求"将夺回被虏人口，分别男女老幼等策，立为赏格，比首级略加优厚。其土官亦许有能送出人口全活数多者，具奏升赏"。他的这些做法和主张，无疑是值得称许的。

张岳不仅具有突出的文治武功，而且具有令人钦佩的优秀品德。

一是勤奋好学。张岳的曾祖张茂仕桐庐县丞，"清介绝俗，家藏书数千卷"。张岳少年时代，即"尽读茂所藏书"。中进士后，又"寓庆寿寺，不苟接人，独与郡同年陈琛、林希元闭户读书"。嘉靖初年，为丁祖母及母忧，他辞掉礼部祠祭司郎中之职，返里守制，"结草堂于其县之净峰，名'山心精舍'，益读书其中"，"昼夜读书，皆有课程，至天文兵法，稗官野史，亦旁涉手校，以传博学穷理之义"。后来，他到各地任职，尽管公务缠身，仍然挤时间读书。如知廉州时，常"无事坐读书，与诸生削等为师友，而廉士皆知学"。即使是带兵出征，也是卷不去手，潜思力索，弥久不倦。正是由于勤奋好学，张岳知识渊博，不仅经术湛深，"文治武功，所至登绩"，而且工于文章，"为文气象宏裕而敢发时见，法度谨严而豪纵有余，如山岳之为重，河海之为涵，出云兴雨，姿态百变，怒浪悠波，起伏靡常"。就连诗歌创作，也有很高的水平。正如清代词人朱彝尊所言："诗其余技，然如'宛宛西飞日，余光照客裳'，'江空流月华，白石光凌乱'，'理深物有悟，兴极感相因'，'幽篁迷旧蹊，回蹬距飞辙'，非精熟《文选》理者不能作也。"他的著述也极宏富，著作有《惠安县志》《泉州府志》（与史于光合作）、《更定礼记》《三礼经传》《太玄集注》《交南议稿》《交南纪闻》《征南录》《家世遗事》《净峰稿》《小山类稿》，另外还辑有《圣学正传》《载道集》《恭敬大训》《古文典要》《古文类选》《名儒文类》《宋名辅事业》《宋名臣奏议》《历代兵鉴》诸书，凡数千卷。

二是为官清廉。张岳为官，严于自律，清正廉洁。知廉州时，未尝入一珠。他的家人将返惠安老家，言"从乃公宦廉，乃不识珠池珠何状"。他说这好办，即命属吏从库房取来八颗珍珠让家人观看，看完"立还之"。巡抚江西伊始，江西士大夫说江西贫困，希望张岳能"善治之"，他回答说："江西民困，用民一钱，如针刺吾体血，吾不忍也。"总督两广军务，"时两广公私供亿，岁费数千金，岳力裁之。故事，饷银悉从敛散，任意干没。岳悉归梧州府，核实以报。饷无私入，自岳始。""他还檄州县吏，非召不得至辕门，至不得手一持入门内"。张岳一生淡于利欲，囊无余积。病逝沅州时，"守巡兵备视殓退，阅其衣床褥席，皆枝梧绽裂，骇曰：'有是哉，公简俭一至此！'"

三是刚直不阿。张岳一生刚直不阿，不媚权贵，虽屡遭贬抑，却从不行贿求免，具有一种宁折不弯、宁死不屈的铁骨精神。正德八年（1513），张岳乡试第一，成为解元。当时的惯例，凡是考中举人者包括解元在内，都必须参谒镇守中官，"皆跽而见"。他虽然勉强进见镇守中官，却未屈膝跪地，而仅"长揖而已"，镇守中官生气地说："今岁解元，岂琉球生邪？"授行人后，看到荡子皇帝明武宗虽处死了权阉刘瑾，却又宠信佞臣钱宁和边帅江彬，不是大兴土木、宠女色、玩猛兽，就是北上巡游，寻美猎艳，根本无心国事，张岳既愤懑又忧虑。正德十二年（1517），明武宗又以讨伐宸濠之叛为由，决意南巡。张岳即不顾个人安危，与同僚一道伏阙谏阻，结果被罚跪五日，"杖阙下，谪南京国子学正"。嘉靖初年，张岳官复原职，在议大禘礼中提出与新进阁臣张璁不同的意见，并为明世宗所采纳。张璁大为惊讶，"亟欲致岳以馆职"，想将他罗致麾下，但他却"谢不见"，遂被调为广西提学佥事。后改提学江西，他又"不谒璁谢"，张璁便以他提学广西时，"所贡士廷试黜落七人"为由，贬之为广东盐课司提举。巡抚江西，权臣夏言当国，在江西贵溪老家治生冢，江西布政司要求广信等七县筹款千金，张岳说："是将范金为椁耶？县百金足矣。"江西弋阳顽民要挟抚府，要求单独设县。夏言拟准其所请，设横峰县。张岳却上书表示反对，说："县可立可不立，可迟可速，太阿之柄，不可倒持而授之顽民。……若怵顽民一时邪谋，不度可否利害以徇，万一，异时有设非分之谋，以胁持上下，亦当怵而从之乎？其渐似不可长也。……今此议固未可已，所议当有大者，迟以月日，设法捕其首谋三五人置于法，使吾之纪纲稍振。顽民知举措必由于上，非邪谋之所可胁，夫然后与之建立，则治可久，他日县官，亦有所恃以自立也。"权奸严嵩当国，明世宗在其江西分宜老家赐给一座宅第，名延恩阁，由地方官府负责修建。布政司要张岳出资助建。他批给千金，嫌少，追加五百，还嫌少，就不再增加，并写信给严嵩说，他所以这样做，是"仰体公所以超俗贻谋之意，而以义理裁成之"。严嵩自然极为不满，但不好发作。其子严世蕃在京，"出絮语"。同里都御史丘养浩写信将这个消息告诉张岳，要他张大眼睛，看清局势，张岳回信答道："不肖亦老矣，棱棱寒骨，死时惟少马革一张尔！"此后，严嵩父子不时给张岳小鞋穿。但他不改其志，就是不对严嵩父子低头，不献媚，不行贿。在湖广川贵总督任上，冉玄与龙许保、吴黑苗合兵攻破思州时，严嵩拟逮捕张岳问罪，兵部尚书张经写信给张岳，说："公生死悬严氏父子手旦夕矣。"意思是让他给严嵩父子送点礼，他答曰："妄语也，安有立脚如张维乔，坐不与宰相钱死乎？"其他好友纷纷致书相劝，他慨然回复："死即死耳！自古刀锯鼎镬，皆士君子致命遂志之地，岂闻迂径求免者？"当受蒙蔽的苗民擒拿龙许保出降、冉玄策划叛乱的阴谋败露时，张岳上书予以揭露，"请逮治之"。因冉玄曾以万金向严世蕃行贿，有人劝张岳慎重行事，说："公不为严氏讳乎？"他答曰："正以破其庇玄之谋，何讳也！"也就因此，吏部先后两次推荐张岳为吏部尚书，皆为严嵩所阻，后又推荐他为南京都御史，也被严嵩阻挡。嘉靖三十一年（1552）湖广巡按令藩司出库羡三千金送交张岳，"听其犒军，意欲岳行金嵩所，结嵩欢"。但张岳却将三千金尽贮之辰州府，交代府太守说："吾死，取其中三十金具木若殓，它毋毫发动！"可谓是铁骨铮铮，宁死不屈。

改革开放以来，对许多历史人物、历史事件和历史现象重新进行研究，提出了许多与往昔不同的新见解。人们逐渐认识到，张岳虽然有奉命镇压两广黎、僮（壮）、瑶民起义之过，但其大部分文治武功仍然值得肯定，他的主要精神品格仍然值得颂扬。这样的历史人物，值得我们认真进行研究和总结。众所周知，明代遗留下来的历史资料非常丰富，其数量仅次于清代。目前的明史研究，又以张岳所处的明中期最为薄弱，许多问题迄今仍若明若暗，而史家的看法又歧异迭出。因此，要对张岳一生的功过是非及其历史地位做出详解，尚需花费很大的工夫。

1996年，福建省民政厅将张岳确定为福建历史文化名人。随后，张岳的家乡惠安县成立了张岳学术研究会，积极组织各方的力量，开展张岳研究。惠安县政协的张国琳先生，积多年之功撰的这部巨著，就是其中的一项重要成果。全书以丰富的历史资料为基础，用生动活泼的文笔，形象地描绘了张岳一生的文治武功、思想品格和学术成就。希望大家以《净峰风骨：明代名臣张岳传》的出版为起点，继续下大力气广泛地搜集资料，对张岳一生的活动及其相关的事件和人物，继续进行深入持久的研究总结。相信它的出版，将对张岳研究和地方文化建设，产生积极的推动作用。

衷心希望惠安和泉州的张岳研究能持久深入地开展下去，涌现出更多更好的新成果。

陈梧桐（曾任中央民族大学教授及系主任，
兼任中国明史学会顾问、中国农民战争史研究会顾问）

目 录

引 子

　　宋宁宗嘉定某年秋，福建泉州府惠安县，一个年迈的货郎，从惠南的锦田山，不时摇着拨浪鼓，一路叫卖到惠东崇善乡尖山。

　　尖山是惠安东部最靠海的一座小山，海拔不足百米。相传八仙之一的李铁拐即是在此得道升天。山上还有他升天处留下的仙脚印。为了照顾年迈的母亲，李铁拐将一文铜钱放进山上一个小石洞里，可日生子钱，嘱其母天天来取子钱，作为生活资费。后来此秘密被小和尚发现，母钱被盗，钱洞空留。由于这段传说，尖山亦名钱山，又名净山。

　　净山东、南、北三面皆海，与台湾隔海相望，最东面是一个叫小岞的孤岛，南宋时曾出过一个参知政事李文会。小岞隔着一条七里湖与陆地相连，岛上人烟稀少，居民以捕鱼为生。只有西面才有零星数村。

　　离净山二里许，有一山叫香山，原名谷山，属延寿里三十一都。某日，货郎行至香山，发现香山西麓毗连小山上有一石形如莲花，瓣瓣交错，又有阵阵香气飘散而来，沁人心扉，一问当地人，得知山名莲花山。货郎听后若有所思，便沿着山势细心观察。行至香山之南麓里许（今即为狮山）。细观此山形如狮状，狮首昂扬，山下有一棵榕树高大如伞，状如狮尾。远处屿头山亦形如一只狮子，中间夹着一块石头，宛如双狮抢球。登山远眺，一条宽阔的溪流蜿蜒向西，山光水色，池塘溪流尽旋流而西，令人心旷神怡。

　　狮山西边，有一小村庄，因靠近狮山之首，故名狮头。一条小溪从香山奔流直下，呈半弧形之状环绕，叫鹿崎洋，西流向海，有半月沉江之美色。狮头村庄四周分布着七处小池塘，叫七星潭，又称七星坠地，状如七星伴月。塘中各有天然奇石，如鱼戏水，鱼首分向香山，俗称鲤鱼浇莲花。

风水大师杨筠松《玉尺经·逐吉赋》云：

> 是故砂如圆净，定产忠贞。势若欹斜，必生淫佞。地与人符，气通
> 物应。

货郎见净山、香山、狮山三山联珠，龙气攸钟，此地坐西向狮水流西，非同寻常，断定就是寻找已久的风水宝地，心中暗喜，便动了心机，欲谋地而居。于是他经常到这一带卖货，又便宜又守信用，态度和善，深得当地居民的好感。有一年春节年三十，乡亲见货郎很晚还不能回家，便热情地邀请他过夜。货郎先是婉言谢绝，后见众乡亲情真意切，便趁机提出路远不方便，如果乡亲们同意，就让他在塘边一处"送脚尾地"（当地风俗，人死后要把他生前使用的东西拿到一个地方去焚烧掉）边搭一草寮，获准。此后货郎两次故意自己放火烧掉草寮，当地乡亲以为是自己的孩子放烟花所致，过意不去，乃允许他盖土厝寄身，从此定居狮头。其后，货郎三代单传，至曾孙性佑元代即贵为正六品昭信校尉，其后复以七世联科甲闻名于世，成为明代惠安第一望族。

货郎姓张，入闽始迁祖为唐末宣州军事推官张崇纪，中唐名相张九龄二弟殿中丞张九皋七世孙。因为名字失讳，族人尊称他叫摇鼓公，族谱载称行九朝奉公，即惠安锦田开基延寿里香山下张坑始祖，墓葬香山。

摇鼓公开基张坑后，三代单传，后来才亲生一个儿子，叫性佑，因官昭信校尉，故张坑子孙尊称他叫昭信公。昭信公生两子，长子景元于元末明初迁大田。大田张氏族谱记载昭信公字乾宋，父、祖父、曾祖父分别叫顗、锦、宣。这便是惠安张坑族谱中找不到名讳的三十一公、十四公和行九朝奉公。

第一章

张岳身世

张岳（1492—1552），字维乔，号净峰，是个具有传奇色彩的历史人物。由于他文功武绩均显赫一时，影响大半个中国，故其故事长期流传于世，为乡人所津津乐道数百年。

张岳出生

惠安的东北部辋川亦濒海，附近有一村庄叫霞庄，郑姓居之。此地土地肥沃，林辋溪发源于崧洋山边锦水和紫山镇林口村，经县城、峰崎一带注入青龙桥而入海，全长 21.5 千米，流域面积 200 多平方公里，是惠安的母亲河。青龙桥乃是宋桥梁建筑大师道询所建。道询即净山下人，一生造桥两百多座，其中盘光桥和獭窟屿桥两座长度超过被誉为海内第一桥的中国四大古桥之一的洛阳桥，被宋帝赐为"灵应大师"。

郑姓是辋川的一名族，虽然人口不多，却以"三世良牧"闻名，指的是郑氏一门出了三个县官。郑满，永乐贡生，安徽凤阳府五河知县。郑贤，满侄孙，景泰贡生，安徽安庆府望江知县。郑钦，贤族侄，天顺贡生，江西德兴县丞。

明弘治五年壬子（1492）农历十月初四夜，霞庄处士郑希肃之女、江西德兴县丞郑钦侄孙女产下一子。郑钦与张茂同为天顺贡生。张茂任浙江桐庐县丞，二人为好友，两家素有交情，遂结秦晋之好，故将侄孙女嫁与张茂之长孙张慎。而张茂则将次子张经女瑞金许配霞庄郑氏，俗称姑换嫂，两家是亲上加亲。

张茂闻讯，非常高兴。来人绘声绘色讲了男婴出生的经过，特别提到孩子出生之时黑暗的祠堂内顿时一片光明，一群白鹤白鹭随即飞起。

熟悉甲子五行的张茂感到很惊奇，遂推算了一下日子和时辰，说此子一定会振兴吾宗族，所以亲自为他取名岳，意即要他长大后要像山岳一样高大威武。故史载张岳生时屋室有光。

仕宦之家

曾祖张茂

张岳出生于三世县官之家。其曾祖父张茂、祖父张纶、父亲张慎都是县官。张家世代廉洁奉公，为张岳的成长提供了一个良好的家风。

张茂"于书无所不读，藏书几万卷"。他恨不得倾尽自己学识，全部传授给张岳。对这个"必亢吾宗"的曾孙寄予厚望的张茂少不了亲自教诲。因此可以说张茂就是张岳的第一个启蒙老师。

张岳非常喜欢读书，幼小时候就开始学习训、蒙，童年所读的尽是曾祖父所珍藏的书，从小就崇拜程朱。张岳曾回忆道："我家原来收藏有寅宾堂诗一章，是余福先生为我的老祖宗经历公所赋，其文辞相当雄伟。我幼小时就能背诵。"

先生指的是太守余福，明代惠安第一个进士。

张茂以宋代司马光、朱熹为榜样，以朱文公家礼来教育子孙。由于对《礼经》有深入的研究和实践，张茂还参据《礼经》，酌以风土人情习俗，著有《家礼搜遗》《家礼节要》《礼经酌宜》，另有《清介叟集》4卷。张茂卒于明孝宗弘治癸亥（1503）三月二十六日，寿79岁，后葬于尖山西面的大淡山寅向。尚书仙游郑纪为撰墓志铭。

也正是因为有这样的家庭环境和祖传家风，才熏陶了张岳的良好行为规范，为日后成长奠定了良好的基础。张岳中进士后还记得曾祖张茂对祖父张纶说过的话："读书不可放过""不要交对自己有损的朋友、不要沉溺于下棋饮酒，会导致妨碍学业"等语。张岳认为："这岂止是父子间一时相劝告之语，作为我们子孙世代遵守的规范也是可行的啊！我十余岁即师从曾祖父，亲见曾祖父苦学，通宵达旦不睡觉，没有其他嗜好，不会泛泛交陪，所交往的都是倾尽肺腑的肝胆之士，终身不衰退，这都是先祖之教诲。"

祖父张纶

张茂有妻妾三人，生六子，纶、经、绚、缙、缨、统。纶即张岳祖父，字仁伯，生于明英宗正统十四年己巳（1449）十月初一，明孝宗弘治五年壬子（1492）林文迪榜举人。

明武宗正德三年戊辰（1508），他被任命为江西袁州府萍乡知县。可惜他有官运无官命，由于时值盛夏，加上张纶年老体弱，走到南昌，不免中暑，至七月十二日，拜见上司，出寓舍，夜里睡觉时，鼾声如雷。家人感觉有异，急忙起来呼叫他，却再也呼唤不起了。遗训有"抚恤孤寡弱幼，笃交老朋友，安于贫困，坚守道义"之句。

嘉靖二十五年丙午（1546）张纶以子贵获赠通议大夫、都察院右副都御史，孺人赠淑人。

张纶去世后幸亏有一位福建闽南漳浦的老乡、时在南昌任宁王府审理正的林埙，还有时任永新教谕之职的南安老乡柯信。二人虽然以前素不相识，却主动为他料理丧事。直到时在太学的张慎和二弟张忱赶赴南昌，扶丧以归。张家子孙为此对林埙一家感恩戴德。

张纶六岁时，张茂就从莆田林墩聘请了一个名师叫李谋字伯资的来教他训蒙，已经在张家当私塾教师几十年，如今张纶就请他协助教导张岳。当张岳晚上挑灯读书时，母亲郑氏则在一旁纺织伴读督促，为张岳的成长倾注了不少心血。

祖父的好学也给了张岳学习的榜样。张岳端庄凝重，不喜欢儿童的游戏，好学不倦，因此博学群书。乾隆《泉州府志》评价张岳："为人沉毅简重，朴古忠正，藐视流俗，敬慕古代贤人豪杰，志在康复天下。"

父亲张慎

纶长子慎，字公谨，就是张岳的父亲，生于明宪宗成化八年壬辰（1472）九月二十六日。张慎在张岳出生之年即弘治五年壬子（1492）才入县学读书。张家从桐庐公张茂至张慎，才开始专攻《诗经》，父子、祖孙自相传授。张慎尤其精勤不倦。弘治十四年辛酉（1501）张慎第三次参加乡试失意。由于先辈人多收入少，所以张慎早年家居教授自给，闲暇时则带领家童和仆人下田耕作，戴着竹笠，拄着藜杖，时常行走于陇亩之间，以至于有的人甚至不知道他是读书人。张岳从小亦跟随其父下地劳动，学会了牵牛耕地、戽水等农活。

张慎第四次考举人，才于明孝宗弘治十七年甲子（1504）以《诗经》中黄如金榜举人，明武宗正德十四年己卯（1519）张慎始获任广东英德知县。

张慎从政以"振兴文化教育、端正礼义风俗、除毁泛滥成灾的庙祠"为先，废除原来祭祀的虞美人，大兴教育之风。

宋文肃公唐介（1010—1069），以谏官身份论宰相私事，被贬谪为英州别驾，天下称赞他才是真御史。张慎敬仰其风骨节气，寻得县北龙山书院旧址，为他建祠祭祀，并在前面开设课堂，旁列斋舍，选择那些有志节的诸生，居于此。办公之余，张慎亲自为这些诸生讲论经旨及古人行谊。

《英德志》载：

> 明嘉靖元年（1522），知县张慎兴建于县城东北面的龙山下。院前竖有坊表，次立大门，历阶而进，有步月台方宽丈余，两旁书舍，共240间，聚东西乡名士，会文讲艺，弦歌之声，昼夜不辍。历120年，崇祯十一年（1638），因火灾而废。

南山含晖谷是英德县最著名的风景名胜，有苏东坡南行时及宋代名人等题名，刻于石崖。张慎所设立书院即在其山麓，祭祀苏东坡及各位历史名贤。

嘉靖元年（1522）七月初八日，张慎在任上突然病逝。英德人听说后，惶惶然如丧考妣，争先来探望，画遗像以归，悬挂祭祀。后来，上司讨论要祀张慎于名宦祠。英德县人不肯，要求以龙山书院为祠祭祀张慎，理由是因为张公遗留的教育机构就在此地。

张岳评论自己三代祖先的性格特点是曾祖父桐庐府君，性格方正严格，祖父萍乡府君性格沉默宁静，父亲英德府君为人坦荡近人，资质禀性各有所成。其心地皆光明笃实，没有暗伏难知。张慎曾说："我家自我父亲、祖父以来，没什么能比得上别人的，也没有做过其他善事，唯有一事，子孙应当了解的就是'没有害人之心而已。'"张慎每遇到不如意顺心的事，都会说："听天所命。"他又说：

"阴谋诡计，是道家所厌恶的，不愿我的子孙有此手段。"

嘉靖二十五年丙午（1546）春，太庙成，推恩张岳先祖萍乡府君与父慎，四月赠通议大夫都察院右副都御史，祖母、先母俱赠淑人。隆庆元年（1567），张岳母亲郑氏封夫人。

拜师蔡清

杏坑，古称凤坑，在惠安南部。此地敢以凤为名，并非夸口，而是实有凤穴吉地，附近有一以凤髻命名的山名。附近还有座白马亭山，虽然海拔仅有40米，却相传是宋幼主曾途经之地。而白马，便是宋幼主的御骑，山因此得名。当年幼主在此眺望泉州城而不可入，饮恨而归。

宋末，三朝元老奸相贾似道误国，残害忠良，先后将抗蒙名将向士璧、曹世雄害死在狱中。1273年，历时6年的襄阳保卫战以失败告终。南宋的门户打开。元兵进逼临安，宋恭宗投降。余部带着宋恭帝的哥哥赵昰逃往福州称帝，是为宋端宗，号景炎元年（1276）。南宋流亡政府任命泉州太守蒲寿庚为福建、广招抚使，总海舶。景炎三年（1278），宋军残部在张世杰、陆秀夫的带领下率船队南下泉州，意图与城内宗室南外宗联合，在泉州建都。史载泉州太守蒲寿庚，原本是阿拉伯人，因为擅长经商贸易往来海上，成为一代富豪，家童就有数千。因此南海蛮夷诸国莫不畏服。

蒲寿庚暗中降元，闭门不纳，且借口请南外宗赵氏皇室一起商讨迎接宋帝之事，将南外宗数千人一网打尽。张世杰只好请宋端宗暂时在泉州港对岸的惠南獭窟和凤坑一带歇脚。故獭窟有迎驾澳之地名。

为迎接幼主，官兵突击抢修百二层崎作为官道直通山上，供宋端宗骑着白马观察对岸的泉州城。落难到如此地步，端宗已经没有什么好心情来游山玩水。望眼欲穿的泉州城，近在眼前，可惜咫尺天涯，君臣们没有一个能够踏入这为朝廷输送了无数财源的大宋江山。

时逢盛夏，小皇帝又渴又饿，当地百姓舀了碗大麦粥给他喝。没什么美味佳肴，唯有腌制的蚬鲑（一名海瓜子）给他作配料。端宗两碗下去，连夸好吃，赶紧问这叫什么菜？身边一位地方官员怕有失皇上尊严，忙回答叫"珍珠糜配凤眼鲑"。龙颜大悦，又吃了一碗，从此留下了一个美丽的传说。惠安人后来附会为乾隆下江南之逸事，纯属张冠李戴。

宋端宗虽是逃亡，但依然带着宫中优伶在身边享乐。相传这是个戏班，原准备到了泉州城，要好好唱几曲南音给幼主和大臣将士们解忧的。可怜这帮在宫廷中娇惯无比的宫中乐女，却在渡獭窟海时葬身于凤坑。淫雨霏霏之时，附近的村民还能隐隐听到她们奏出的亡国之音，在愁云海雾中，尤为悲戚，催人泪下。石塔不高，仅有50厘米左右。塔身八面，皆有雕像，有的在吹箫，有的在吹埙，有的怀抱琵琶，均是宫女打扮。

张世杰怒抢蒲秀庚停泊在法石的船只2000多艘，攻打泉州城。蒲秀庚急请元兵日夜兼程，内外夹击，张世杰大败而逃。

蒲秀庚的导元倾宋，加速了南宋的灭亡。张世杰、陆秀夫等只好继续南逃，在漳浦东山岛又建立临时京都，名东京。没多久遇上飓风，东京被狂风恶浪悉数摧毁，只留下"沉东京浮福建"（一作"沉东京浮南澳"）的传说。1279年，在元兵追杀之下，君臣十几万人在广东崖山全部跳海自尽，宋亡。

其时，关西弘农有一位叫杨国瑜的自称是杨家将杨文广的后代，避难移居凤坑，成为凤坑杨氏一世祖，后建白马亭以纪念宋帝，并在白马山麓建立后庵，作为祖祠。

杨氏一脉传至十三世，出了个杨同任，讳廷赞，号毓江，秀才出身，以子梦震贵封寿州知州、奉政大夫；配举人张悌侄女，诰封宜人。张悌即张慎之堂弟。杨同任就是张岳的堂姐夫。

龟峰书院就是杨同任祖父、杨氏十一世杨时茂所兴办于明成化之前。由于其时杨氏家族管辖十埭九坑，收缴管纳钱粮无算，相当富庶。谚云："三埭九坑，富莫与京；贫待举火，惠及孤茕"；又云："十埭九坑，余下龟峰山边"，形容的都是杨家之富。

杨家为了培养人才，不惜出重金聘请名师从教。他们请的又是谁呢？他就是大名鼎鼎的一代名儒蔡清。《惠安县志》记载，龟峰书院在县南二十余里凤坑。担任过南京国子监祭酒的蔡清、督学陈琛，都曾经寄居于此潜心修学。

从宋代开始，程朱理学继承并发扬了传统的儒学，成为占据主导地位的正统国学。到了明正德年间，天下论理学，首推闽中。而闽中理学，则首推泉州。泉州理学，又首推蔡清。

蔡清（1453—1508），号虚斋，谥文庄，泉州府晋江城厢曾井铺（今属鲤城区开元社区）人，成化十三年（1477）乡试第一名（解元），十二年中进士，弘治元年（1488）任礼部祠祭司主事，官至江西提学副使，相当于江西的教育厅厅长。

由于当时身居江西的宁王欲谋反，蔡清先察其奸，招其怀恨，遂辞官返乡。

在中国历史上，个人在官场上的不幸，却往往会转化为造福一方文化之大幸。如唐代韩愈之流放广东潮州、宋代苏轼之流放海南，明代大才子杨慎之流放云南永昌、清代林则徐之流放新疆伊犁。

蔡清返乡后开创了泉州清源学派。有人统计，明代270多年，易学家七八十人，著作流传120余部。清源学派出版论著达90多部。而蔡清所著《易经蒙引》《四书蒙引》两书最负盛名，是明清士子研究程朱理学、应对科举考试的必备书籍。

蔡清的理学，主要是继承朱熹的学说。他在泉州清平铺楼上潜心著述，写成《四书蒙引》，捍卫朱熹的学说。在他的力倡下，朱熹的《四书集注》成为明、清时期以经术取士的科举考试的标准答案。他对朱熹的理学思想也有创造性的发展。例如朱熹主张"理（精神）先""气（物质）后"，即认为精神先于物质而存在。蔡清则认为理则是气之理耳，即先有气而后有理，体现了唯物主义的思想。

蔡清的主要弟子有28人，号称"清源治《易》二十八宿"，包括陈琛、易时中、王宣、林同、李廷机、林希元、林同、蔡烈、李墀、张元玺、赵录等等，都是泉郡一时俊彦。易时中的学生王慎中为明代古文运动的领袖、"嘉靖八才子"之首。王宣的学生俞大猷是明代捍卫边疆的名将、著名军事家。蔡清因此被推崇为明代理学的代表人物，影响遍及全国。

历代对蔡清的评价可谓不吝溢美之词。

明著名文学家王慎中："自明代以来，尽心于朱子之学者，只有虚斋先生一人而已。"

清初大思想家黄宗羲："蔡清所著，至今人奉之如金科玉律。"

康熙名相李光地之孙李清馥："有明一代经师之首。"

清初翰林王命岳："蔡文庄先生，以理学为海内所宗。"

蔡清的品牌效应达到何种程度呢？史载其任职无论到哪里，随从拜师的都有数百人，有志之士，不远数千里跟从他。从蔡清门下毕业出去的，皆能以理学闻名于时代。

张岳从小受到的教育大多是些什么内容呢？据他回忆："其教读之法，则习尚《孝经》《四书》及一些传注，对偶对仗之文"，以备科举应试而已。他感叹道："古者小学教育学生之方法，废绝千百年，如今没能传承，实在可叹啊！"张岳认为教育的根本，应该是教会人坚守道德和为人处世，所谓百年树人即是。求知欲相当强的张岳对普通的教学是很不满足的。他要拜的是名师，要学的是名学。而父亲张慎也教导他说："不要沉迷于枝节树叶，务求根本方向。"张慎所说的根本，就是程朱理学才是世间正学。

张纶对蔡清的大名早有所闻，只是无缘相识。其实，蔡清祖籍惠安山霞东莲。六世祖蔡谦墓在惠安城东北十八都东林铺东林里蔡厝，元至正间，谦子惠，避红巾之乱，始迁晋江，为晋江曾井蔡氏始祖。曾祖辉中，永乐甲午科（1414）乡榜，入南京国子监，为江西德兴县丞。因此，蔡清对惠安是情有独钟。

正德三年（1508），在亲家公时茂长子、乡饮大宾、礼部授冠带杨周绩的推荐下，张纶遂将张岳送到龟峰书院读书，拜蔡清为师，与杨周绩子杨同任成为同学。1477年出生的晋江陈琛、1482年出生的同安林希元便成为他的师兄。

龟峰书院东美女峰西有白云岩。相传昔有山人道渊诛茅结屋，白云常覆其上。岩前双石夹道，其左者叩之，时有磬声。张岳有诗两首及之。一为《登灵秀山白云岩》：

岩在云堆废迹遗，白云尤覆一梯危。碧连溟海雨轻过，练入青榕鸟不知。
塔外宝花闲惹袖，石间法水暗经池。诛茅结屋人归去，鹤鹳巢空林影移。

一为《白云洞》：

巉岩鬼凿工，巀嵲怪石走。洼窈积轻烟，千秋藏虬蚪。
弥漫摇春波，飘忽变苍狗。稍进天末墟，复径土囊口。
仙人睡正酣，冉冉穿云牖。竹簟生微寒，披衣起抖擞。
顾谓长须奴，鸡骨会占否？酿泉流未枯，丰乐烟已久。
万古天地心，兹事良不偶。复恐虹霓合，临风频搔首。

净峰风骨：明代名臣张岳传

明末进士邑人张正声评此首诗"琼台瑶台，不借彩练为光"。

正德三年（1508）朝廷重新任命蔡清为南京国子监祭酒（大学校长），十二月二十三日，年仅56岁的一代宗师蔡清突然患病去世了。

蔡清教育学生："一身之利无谋也，而利天下者则谋之。"他敢于揭露明代封建统治者把取之于民的钱财，都落入"庸将之家""权幸之门"，以致造成兵弱不振。主虚、主静是蔡清理学的特点。蔡清著《虚斋集》卷一记："虚而一尽矣。最要静，愈静愈灵。步步是理，即步步是天堂。"这些，都对张岳产生了重要的影响，使他铭记在心。这段经历也使得张岳因此名列"清源二十八宿"之一。

鱼跃龙门

第二章

此后，张岳从一个穷酸书生三步跳一跃而为解元、进士、京官，青云直上，实现了人生的大跨越。

张岳贺寿

正德八年癸酉（1513）春，张岳终于考取秀才，准备不再到泉州晋江教书，他计划向更高的目标冲刺，那就是考举人。而经过这三年的努力，张家的经济压力也缓和了不少。张慎和郑氏一商量，儿子已经22岁了，也该结婚了，遂决定向陈家提出迎娶的要求。

陈元想三女儿也19岁了，别人家像她这个年龄也都嫁出去了，于是就答应了张家的要求。再说，张岳好歹也考上了秀才，面子上多少也说得过去。陈家缺的不是钱，缺的就是面子，像他这样的大户人家一定要有面子才行。

张家的债务，直到陈玉瑜嫁过来，才帮助还清。为了救急，新婚不久的她就卖掉嫁妆如首饰等等，用于"父母官"梁纲巧立的收费项目上。此后，她放下富家大小姐的身份，以长媳妇的角色小心翼翼地承事祖姑、舅姑，"处之怡然，相理家政，克厉勤俭。凡祭祀、宾客、馈馈及口缀，皆躬自莅之。至财贿器用，蓄其善者以待他日，不入私篚"，因此得到张家上上下下的一致称赞。张岳也非常高兴自己娶了个好妻子，很贤惠，夫妻恩爱非常，却有一点美中不足，就是婚后没有生个儿子，一说不育。

陈元，字廷春，号素庵，生于成化乙酉（1465）四月十六。惠安有提前一年做大寿的习俗，如49虚岁（减去出生一年）就要做50大寿，79虚岁就要做80大寿。因此，张岳新婚没多久，就恰逢陈元五十大寿。陈元准备大开宴席，隆重庆祝一番。按例，张岳夫妇都要一起去拜寿。于是，郑氏便按照惠安和辋川的习俗和礼数准备起来。囊中羞涩的张岳便构思了一篇寿文《鹦鹉赋》，写了一副寿联，凑成八样，到四月十六这天，就早早和夫人玉瑜，让书童挑着贺礼去拜寿了。

负责布置宴会的大连襟王良瞧不起张岳送的对联，挂在下厅小门上。

拜寿完毕，陈元的叔父、原贵州参政陈睿才在两个孙儿的挽扶之下来到厅堂，看看厅堂所挂的贺联、寿文，大多是泛泛之作，平庸得很，摇了摇头，直到下厅，刚要走出大门，突然，他眼光一亮，便停步不前。只见对联用正楷写着："天增岁月人增寿，春满乾坤福满堂"，落款是小婿张岳。

陈睿越看越喜欢，说："我看这对联，将成为千古名联。你们二人，千万不可小看这个小姑爷，假以时日，其地位将在我之上啊！"

喜中解元

七月底，陈玉瑜即为张岳准备到福州参加乡试之行。她将嫁妆金银首饰全部卖掉，供张岳支用。张岳为了节省费用，决定步行一百六十公里，八月初一即起程。当他风尘仆仆赶到省城，已经是八月初八。那些富家子弟已经在福州游玩好几天了。张岳是最后一个报到的。

第一场是八月九日，考制艺、四书、五经。第一场考《四书》，考题是《赫兮喧兮者，威仪也》，语出《大学》。对张岳的答卷，同考试官武进儒学训导、湖广大冶人王常忠批语："盛德之容，未易模写。此作咏叹滛泆如亲炙。君子有斐者可嘉。"考试官荆门州儒学学正、桂林中卫人魏哗批语："得传者释诗意。"《诗经》考题是：《民之质矣，日用饮食》，出自先秦佚名的《天保》篇。对张岳的答卷，同考试官王常忠批语："形容有周天，以天下之福，答君子之意，蔼然如见。

其邃于经学者，高荐何忝？"考试官淮安宿迁儒学教谕、浙江钱塘人沈墫批语："能悉诗人忠爱之情"。第二场八月十二，考策论、经、判、诏、诰、表。论的考题是《君子莫大乎与人为善》。同考试官王常忠批语："此篇立意高古，措词不凡，皆自胸中流出，如长江大河，一泻千里。八闽高选，舍子其谁？"考试官魏哗批语："典雅庄重，不事雕刻，而奇气自现。殆非寻常举业文字。故用录之。"表的考题是《拟宋以司马光为翰林学士谢表（治平四年）》。对张岳的答卷，同考试官王常忠批语："组织当时事实成文，学深合宋制。得士如子，可荐之大廷矣！"同考试官番禺陈则批语："比偶清新，盖词林之杰出者，宜录，以为后学之式。"考试官沈墫批语："丽而不华，雅而不俗。摹写温公忠爱之意，蔼然溢于言表，可敬可敬！"第三场是八月十五日，考经史、时事策论。单说八月十五考策论，题目是《岐沟富平之败何如策》，讲的是南宋抗金名相张浚北伐失败之事。

熟悉张家历史的张岳对这段历史自是熟悉，正好可以发挥他的优势。于是张岳所撰对策，文如泉涌，正面不够写，就补充在背面，写得两面都快满了，滚滚二千余言，意犹未尽。起先，一考官以不符合规范为由，把他的答卷作为不合格试卷丢在一边。

但细心的福州知府余佑时任收掌试卷官，特意捡来看看，却觉得字字珠玑，段段璧玉，暗自叫好，便拿去请示主持福建乡试工作的一号人物监临官、福建巡按监察御史李如圭。李如圭便认真地审阅起来。全文如下：

> 明义理之是非，权利害之轻重，然后可以断古人之得失矣。夫义理者，万世不易之大法；而利害者，一时应变之大机也。论利害而不本义理，则陷于术数之归；论义理而不酌利害，则拘于执一之说。故必明之以观其心，权之以观其变。夫然后可以稽往古之是非，综前人之成败也。

> 昔者曹彬有岐沟之败，张浚有富平之败，二者虽同，形势各异。盖岐沟之失，勇于深入，诸将得以分其责。富平之失，果于自用，魏公难以逭其罪。以义理而言，则曹公乃无心失理之过，而魏公亦可谓观过知仁。但以利害言之，则曹公所败，乃兵家胜负之常；而魏公所败，乃关国家成败之数。此其心迹之间，不容以不辨，而是非轻重之际，议者不能无彼此于其间也。

净峰风骨：明代名臣张岳传

尝闻善用兵者，有攻敌之兵，有救败之兵。攻敌之兵，利于转战；救败之兵，利于固守。此兵家之常法也。当战而反守，则老师费财，有不战自焚之灾；当守而反战，则势阻力弱，有不交自溃之势。此兵家之常患也。愚谓战固贵于速，而持重之势，不可以不审。守固贵于严，而应敌之机，不可以不精。故必定计于未战之先，而战胜于计定之后。如古人之所谓可杀而不可使处不完、可杀而不可使击不胜、可杀而不可使欺百姓者，然后可以言战。伤备于方守之先，而固守于余备之后，如古人所谓号令欲严以明，赏罚欲公以信，次舍欲周以固者，然后可以言守。敬威重不足，而惟利是趋，物力未完，而侥幸是快，则不善战者，其必为岐沟之败，而不善守者，其必为富平之败必矣！

　　夫幽蓟之地，中原故物也，不可以不取；江淮之地，国家根本也，不可以不守。谓不必取者，非所以辨天下之大界限；谓不必守者，非所以处天下之大机会。第以取之失于轻，守之失于苟耳。方雍熙之初，以国家全盛之势，兵甲器械，无一不备；谋臣猛将，屯集如云。举重师以临寇境，此攻敌之兵，利于转战者也。迨夫建绍之际，以国家倾圮之运，召募团结，新集而未振；重关要险，丧失而未复；安一隅以制劲贼，此救败之兵，利于固守者也。然雍熙利于战，曹彬以不善战而丧师；建绍利于守，张浚以不知守而蹙国。按以败军之罪，律以失地之法，绳以文吏之论，治以司寇之刑，其相去也几希。但审量义理，裁度利害，则彬之罪，可以原情，而浚之罪，难免于责备。

　　彬之所以败，始于违绍而轻进，终于诸将之贪功。彼岂不闻"千里馈粮，士有饥色"。而"百里趋利者，上将之必蹶"哉？又岂不知举徒进退，欲重以安，欲疾以速；而窥敌制变，欲参以伍，欲潜于深哉？顾乃携军深入北庭，进则窘于粮糗之不供，退则惧于敌师之后蹑。征营前却，狼狈失据，丧师失律，是谁之咎耶？然犹有可诿者，则以进师虽轻，而兵分于众多；诏旨虽违，而机失于遥制。所丧者，器械资用之末；未复者，云、应、蔚、代之地，而于国家之大计，幸无所伤；社稷之大数，犹未甚损。其所以推败之故，犹足暴于天下也。

　　若夫张浚，则异于是。当时乘兴寄寓于草莱，国势偏安于江左。河洛之地，已陷于寇贼，秦、蜀之区，仅足于自保。睹社稷，可以寒心；

望阙廷，可以流涕，此岂可以草草举事之时哉？张公以硕德重望之隆，而膺秦、蜀宣抚之任，当强敌之咽喉，为江、淮之保障。因其深入也，固当聚财积谷，以厚吾势，据险截要，以老其师，出轻骑以绝其粮道，多间谍以疑其兵谋，与江、淮诸将，共为掎角之势，或可以成功也。顾乃抱桓冲根本之忧，无谢安乘胜之略。以新出之师，遇方炽之寇，当时将佐，如吴玠之勇敢、刘子羽之忠义、赵开之善理财，皆策其必败，而豫以为忧。忠言沓进，拒却不用，以四十万之师，为富平之会。引军先溃，可归咎于赵哲；力战不支，可移责于刘锡。而施其谋者，谁欤？春秋之法，诛首谋刚愎自用之罪，魏公无所辞矣！又况险阻之地一失，江淮之援益孤，外增敌人之气，内绝中外之望，使榛棘充塞于皇路，声灵遏绝于洛水。天下之势，一败不可复支；国家之运，一倾不可复振。以平日报国之忠，反成误国之罪，其视岐沟之败，相去盖万里也。魏公之可责，何如耶？

大抵为将之道，患不能出奇耳。奇在果，果在速。此天下豪杰之所为，而非拘常之士可及也。二公之举，皆有果速之心，但乏出奇之谋，无足以相上下。然就中而论之：曹公之败，如人之元气方完，谬试无妄之药，卒有四肢之疾。张公之败，如人之精力已衰，用药者不审其势之缓急，遂成腹心之疾。如是较之，义理之是非，利害之轻重，昭然矣。虽然，魏公之可罪，固重也。

愚读《潇湘录》，见公与刘彦修书："以为富平之败，世人多诮予轻举，且归罪彦修为名。此事天实鉴之！"而晦庵所谓"元戎十乘，一旦启行，精忠贯鳌极，孤愤摩穹苍"者，亦指蜀师而言。虽公之子南轩，亦谓"抚师秦亭，士气日增，及公困于谗，天下不可复为"，盖深有感于天人之际云。然则魏公无责乎？

噫，律以《春秋》责备之法，则富平之败，难以逭罪。若以干时之战，虽败犹荣之例论之，则复仇之志，凛凛在天地间，则不以挫败而灭也。唯苏云卿之言曰："一片忠心，真可托也。但长于知君子，短于知小人。"

呜呼！此公故人之言，亦足以尽公之生平矣！故尝论南渡以前之将，唯有曹武毅；以后之将，唯有张忠献。执事以为何如？

李如圭读毕，拍案叫好，对张岳的才华感到非常惊奇，对余佑说："此人通览古今人物事，贯穿有条理，而笔力雄浑，新意叠见，不可多得啊！"

两人为慎重起见，复征求提学行部福建的姚镆的意见。这个考题就是姚镆出的。他看到张岳文章中有引用《潇湘录》这本书，却是自己也未曾听说过的，遂将张岳叫来问道："你引用的《潇湘录》这本书，一般考生都不会读到，就连老夫也未曾见过。你是从哪里看到的呢？"

张岳说："学生是从曾祖父清介叟所遗藏书中读到的。"

姚镆又问："你曾祖父又是如何会有这本书呢？"

张岳便将惠安张家与四川绵竹张家当年的关系与交情简单介绍了一下。

姚镆感叹道："看来是你们张家祖先有灵啊！"等张岳离开之后，他又加了一句："此子后必掌握重兵！"

后人对《富平之战》点评道：

> 此战，由于宋廷对于金军主攻方向判断失误，轻率集结重兵，仓促发动反攻，尽管先于金军抵达战场，处于优势和主动地位，却未根据宋军以步兵为主的特点，先机占据险要地势，而是选择金军得以发挥骑兵特长的平原地区与其会战。在指挥上又恃众轻敌，当两路金军尚未会师时，不及时果断地发起攻击，而是致书金军约日会战。临战5路宋军又互不协同，各自为战，以致大败。金军则根据对宋战争形势的发展变化，适时改变方略，调整部署，将主力由东南转至西北，虽在兵力上处于劣势，但在战前故意示弱骄敌，拖延战期，改变孤军作战的不利态势后，利用宋军布阵的弱点，挥师突袭、协力死战，故能一举获胜。

《岐沟富平之败何如策》在今天看来仍然称得上是一篇非常不错的议论文。其内容翔实，条理清楚，层次分明，对比客观，合情合理，分析深刻，发人深省。张岳在文中比较了岐沟战役与富平战役失败的不同，分析了当时的时代背景和军事形势，从义理和利害关系客观地评判了曹彬与张浚两人的个人得失、责任与后果、影响，充分显示了张岳深厚的军事才学与理论水平。

嘉靖进士、吏部郎中邑人李恺评价张岳道：

公读书不事章句，博通坟典，语古今人物事，贯穿有条理，而笔力雄浑，新意叠见。弱冠，提学姚公镆以宋岐、富平策之，下笔滚滚二千余言，劲气足论，如大将出师，万骑森列。公后久握重兵，说者谓是策为之谶。

从考试命题来说，这个题目既考历史知识，又考军事知识，非文武双修文武双全无法交出令人满意的答卷。

正因如此，张岳深得福建乡试监临官李如圭和提学姚镆的厚爱，李、姚慧眼识珠，张岳从遗弃者一跃而擢置第一名解元。

话说张岳中解元后，当时各省省会都有宦官镇守，按照规矩乡试后这些举子例当拜见中官太监，并意思一下。可是，生性耿介的张岳去拜见时，却两手空空，甚至连跪拜也不肯，只是作揖而已。大出意外的太监见了大怒，责问说："今科解元难道是琉球生出身的吗？怎么这么不懂规矩？"但是发怒也没用，张岳从心里就瞧不起这些狐假虎威的太监，显示了他刚直的个性。太监一时竟拿他没办法。

明崇祯宰相晋江黄景昉（1596—1640）评价："正、嘉之际，郡得颉颃莆邑，唯张一人。"

他认为张岳替泉州人扬眉吐气，是正德、嘉靖年间唯一可与莆田抗衡匹敌之人。

张岳是个知恩图报之人，后来对录取他为解元的三个恩师都相当感激。

姚镆，浙江慈溪坪柏堂塎村人，号东泉，能文能武，任职福建提学副使改督学使者时，修闽中诸大儒书院，增其祀田，恤其后裔。正德九年，吏部表彰天下各方官员共十五人，其中就有姚镆的名字，后升贵州按察使，转福建右布政。

姚镆从张岳乡试策问中发现了张岳的军事才能，从此对张岳关爱有加，且选择这科乡试卷中的优秀答卷编辑成《正德癸酉福建乡试录》，并亲自撰写序言以传世。

两年后即乙亥（1515）冬，张岳随侍姚镆于福建布政使司，讲说讨论之余，不时涉及文学与理学。姚镆说：

"文学与理学如果没有专业钻研就不会精通。人生当学习的、应当做的事情很多，其实又何必专注于文学与理学呢？"说完，姚镆又看着张岳说："你他日当别有成就，也不必拘留于这方面。"张岳听后，暗自一惊，知道姚镆这是在暗示自己日后的前程不会局限于文章和理论方面，不敢再细问，从此将这句话牢牢记在心里，对此预言揣测不已。而张岳也跟着姚镆，学到了更多的实践经验。

张岳一直把余佑视为恩师。余佑死后，张岳为他撰写了《嘉议大夫吏部右侍郎认斋余公神道碑铭》。《钦定四库全书·明儒言行录》卷三安化县知县沈佳撰：

> 余佑认斋先生，字子积，江西鄱阳人，弘治己未进士，仕至吏部右侍郎……公好善嫉恶，出于天性，所交游，皆贤士大夫，而与魏校、张岳尤善。

而对湖南沣州人李如圭（号涔涯），张岳则一生对他感恩。李如圭后官至户部尚书，于嘉靖壬寅（1542）退休，乙巳（1545）病逝。张岳在祭文《祭座师大司徒李涔涯文》中表达了自己对恩师知遇之恩的深深感激和深切怀念。

泉州三狂

转眼四年过去了，正德十二年丁丑（1517）到了。会试将在二月进行，因时在春天，故称春闱，地点在礼部。

由于怕时间赶不及，张岳、陈琛、史于光、林希元四人相约在春节前就一同起程进京赶考，正月赶到京都。

会试的主考官有二人，即武英殿大学士靳贵、礼部右侍郎顾清，严嵩以礼部尚书兼该科同考官，参与当年会试及录取，二月六日任命。而靳贵因有考试录取时受贿之嫌疑随即栽倒在这次会试之后。

明武宗正德十二年丁丑（1517），共取进士349人，第一甲三名赐进士及第，状元舒芬，榜眼伦以训，探花崔桐。第二甲赐进士出身，一百一十五名，陈琛第三十三名，史于光第五十二名。三甲二百三十一名赐同进士出身，两百三十一人，张岳第八十九名，林希元第一百七十四名。

舒芬（1484—1527）为什么能考上状元呢？明万历十七年己酉（1589）状元

焦竑（1540—1620）《玉堂丛语》卷之七记载了一则风水趣事。

原来，舒芬的父亲得到一块葬身之地。山家告诉他："这块地日后必定会出状元，但是要到四世之后。"舒父说："我不能等那么久啊。"当时舒芬还只是童年，说："父亲不必担忧，如果此地果然是块风水宝地，请您将三世祖骸移葬于此，儿子我就将应验了。"舒父欣然听从了儿子的建议，后来舒芬果然中了状元。

明万历举人蒋一葵撰《尧山堂外纪》卷九十三·国朝所记又不同：

> 进贤有个地方叫石人滩，相传滩合则状元出。当地人遂以石滩为名称呼舒芬。舒芬谦逊回避，别号梓溪。正德丁丑年，福建人刘世扬会试入京，梦见有神人偷偷告诉他说："今年状元名国裳。"刘世扬即以国裳来易换自己原来之字。刘世扬是科登进士，而舒芬中状元，原来舒芬之字就是叫国裳。

二月三十日，再考试选拔翰林院庶吉士。其中福建晋江史于光与闽县刘世扬，广东潮阳县萧与成、从化县黎贯入选。张岳在这次考试中落选。

同时代的嘉靖才子王慎中在其所著《遵岩集》中评价正德丁丑榜进士，泉州府最有名。给事史于光、金事林希元、总督中丞张岳，与陈琛均以经学成为海内巨匠。

明代只要一中进士，就能获得相应官品。洪武三年（1370）规定，状元从六品；榜眼、探花正七品；二甲进士正七品，三甲进士正八品。二十六年（1393）又改二甲进士为从七品。

由于尚未任命实职，张岳就与陈琛、林希元一起寄居在北京著名的佛寺庆寿寺里，不太与外人接触。由于陈琛是一代理学宗师蔡清最得意的门生，精研《易经》，所以同科进士中闻其大名的有好几个都来请教他。这其中有番禺的王鸿逵、江苏句容的王暐、上海的朱豹几个，每逢月夜，都特意带了些酒菜来找陈琛，讲易论道，谈文说诗，久而不倦。张岳自然也跟着近水楼台。

庆寿寺是金朝官办寺院之一，旧址约在今西长安街北侧电报大楼前。明初，燕王朱棣的心腹谋士姚广孝曾经在庆寿寺居住长达 20 年之久。姚广孝（1335—

1418），是明初著名的高僧，杰出的政治家、军事家、史学家和诗人。洪武十三年（1380），他与朱棣一同前往北平镇守，并居住在王府西南方的庆寿寺中。在他的劝导下，燕王朱棣借着建文帝削藩之机，打着"清君侧"的旗号，攻下建康（南京），取得了政权，姚广孝被明成祖授予"资善大夫太子少师"。他拒绝了明成祖为他修建府第的美意，继续住在庆寿寺中，相继参与了《太祖实录》《永乐大典》的编修工作，从而成为明成祖年间的一代勋臣。永乐十六年（1418）姚广孝以84岁的高龄在庆寿寺去世。为纪念他，在庆寿寺中设立了少师影堂，供奉其画像和遗物。

姚广孝对同样居住在庆寿寺里的张岳来说是个榜样。以进士身份跨进了朝廷的门槛之后，他期待着日后有为国建功立业的机会。

为了节省费用，三人共同租赁一头毛驴，轮流骑着，时常一起行走在闹市中。由于三人举止相对说豪放一点、浪漫一些，闹市中北京市民有认识他们的人偷偷指着他们向旁人介绍说："这是泉州的三大狂士。"

三人中，张岳与陈琛又特别密切，两人同处一室，闭户讲《易》，每天晚上两人一定要讲解说明《易经》一卦，有时到半夜还未入睡。张岳对《易经》的钻研之深，功力之厚，非常人可比。

张岳自己有关这一段时间的生活实况见之于他后来的《祭学宪陈紫峰文》，认为陈琛不仅是自己的朋友，还是自己的老师：

> 某之交兄，实自丁丑。京华雪夜，古寺疏灯，举觞相诲，无扣不鸣。兄惟我师，岂云其友？

在庆寿寺就这样住了一年，到正德十三年戊寅（1518），张岳才被授为礼部行人司行人，开始了他的政治生涯。

第三章

岩畔松柏

　　行人的职责是捧节奉使之事，凡颁行诏敕、册封宗室、抚谕诸蕃、征聘贤才、赏赐慰问、赈济军旅、祭祀咸敛等差事，均由行人司行人持节传旨，发送各府。

　　行人的职务虽然职低权微，但因为位置相当特殊，却也是热门之选，在出使过程中，也颇受所至地方官员和首领的礼遇，升迁机会较大较快。给事中、御史有缺，多先从行人中选拔。

　　初看起来，张岳的前途似乎是曙光在望。然而，张岳始从政时为正德十三年（1518），险给自己带来杀身之祸。正德帝即明武宗朱厚照，是孝宗的独子，张皇后所生，是明朝历代皇帝中的第一号大玩家。他15岁即位，国家在他手里就像一个超级大玩具超级大舞台，虽然他没有玩掉国家，却玩掉了生命，丢掉了"万岁"，在位不足16年，仅31岁便咯血而亡。

　　皇亲安化王寘鐇见武宗胡作非为，就想取而代之，以太监刘瑾乱政为名在宁夏发动叛乱，被杨一清平定。

　　后来刘瑾因谋反被杨一清和太监张永联手除掉后，从其家中搜出黄金24万余锭。史传在北京菜市口的刑场上，刽子手一共割了刘瑾4200刀，剐了三天，为历史上所处凌迟酷刑之最。

　　此后，武宗正德帝本性难改，又迷上了太监钱宁与江彬。

　　钱宁是太监钱能的家奴，武宗的干儿子，官居左都督，掌控锦衣卫。他专门引诱武宗微服私行，外出鬼混。故武宗即位四个月，就私自出宫去了。见武宗在宫内玩腻了，他在武宗即位的第二年（1507）又引诱武宗于宫外另外建一座多层的宫殿，两厢设有密室，名为豹房，还有一座西寺，费银 24 万两。武宗与一班宦官、佞幸、番僧日夜在里面淫乱无度。钱宁还暗中勾结在南昌的宁王朱宸濠，替宸濠请准了恢复"护卫"（每卫可多达数万人），使得宸濠有了可以造反的兵。

宸濠造反被王阳明所捉，铁哥儿们江彬向武宗告密钱宁与宸濠相勾结的真相，钱宁被凌迟处死，从他家中搜出黄金十几万两，白银 300 箱，玉带 2500 捆。

正德十二年（1517）十月，正德帝听从太监江彬的唆使，微服出游居庸关，畅游塞外，征歌选色，与北元（元朝灭亡后残部成立的政权）的入侵之敌遭遇。这是正德帝第一次亲自参战过的大同"战役"。战绩又如何呢？确实击毙了敌方鞑靼 16 人，但己方却付出了 52 人死亡、重伤 563 人的惨重代价。正德帝自己险被俘虏，随后重赏一起出生入死的战友太监张永、魏彬、张忠、都督江彬等人。

正德十三年正月，正德帝还对前来宣府迎驾的首辅杨廷和夸耀说："朕在榆河亲自杀死了一个敌人，你听说过吗？"正德帝为了显示自己的丰功伟绩，还难得地作龙诗《上马留题》一首，自我吹嘘一番空前绝后的丰功伟绩：

正德英名已播传，南征北剿敢当先。

平生威武安天下，永镇江山万万年。

大明正德龙集庚辰后八月二十日

武宗不以损失几百名官兵为耻，反以杀死对方 16 人为荣，视为自己即位以来的第一次战功，找到了自我表扬的机会，加封自己为"总督军务威武大将军总兵官朱寿（正德帝自化名）统六军往征"，江彬为威武大将军，命令内阁下文颁布天下。内阁首相和诸位执政大臣都不赞成。正德帝便召集文武百官到左顺门，当面说明心意。但众人都哭泣着面谏，正德帝还是没有回心转意，再次北巡。

正德帝的儿子起码有一百多人，却大多为义子。因当时有不少玩家投其所好，就有机会得道升天，成了他的义子。据《明通鉴》卷四十五记，正德九年十月丙申日，就有 127 名正德的义子被赐为国姓。

勇谏南巡

正德十三年戊寅（1518）刚就任行人司不久，张岳就积极参政议政，递交了他从政以来的第一道奏疏，对因患病几天不上朝还待在"豹房"的正德帝提出异议。当时江彬大权在握、重兵在手，朝臣对于正德帝的病情一无所知，就连东、西两宫也毫不知情。忧心忡忡的张岳毅然挺身而出，呈上了他人生的第一道疏《请令大臣侍疾疏》（节选）：

> 毅皇帝寝疾豹房。逆彬辈握重兵在侍。两宫不得闻问。中外危疑。谨上此疏。
>
> ……臣之事君，如子之事父。故君有疾饮药，臣先尝之。亲有疾饮药，子先尝之。至于侍膳问安，朝夕在侧，一如人子之节。盖君臣一体，义理当然，亦所以镇定危疑，预备非常。其所关系甚为不小也。
>
> 近日圣躬偶感风寒，暂免朝参数日。陛下禀气完厚，宣节得宜，偶尔感冒，岂足过虑？如臣所言，则以为自古臣子爱君体国之诚，及国家防微杜渐之道，自不当不如此尔。今自免朝之后，群臣不闻亲候玉色，尝奉药膳，止于阙门。备礼一疏，恭问起居，揆诸人子事亲之义。臣愚深有未安也，伏望陛下仰思宗社重计，俯念臣子至情，每日许内阁大臣一员、府部院寺大臣各一员、经筵科道官各一员，朝夕诣寝所候问。凡诸药饵，令其先尝，然后进御。及是日内侍左右，何人太医，何官制何药，依何方，该日官备细开写揭帖，送内阁收照，至圣躬平复视朝，仍以逐日开过揭帖具本奏闻。陛下起居之详既得渐闻于外，人情自无疑虑，且由中及外关节脉络通透，明白了无瑕疵，亦可以备意外不测之变。
>
> 臣深思人情礼法，参酌古今事势，必如此，然后可安。自古岂有人主寝疾，不与大臣相接，独与内侍数人共之，而可以迓和平之福者哉？伏惟陛下不以臣言为妄，特赐施行，则宗社幸甚！为此具本亲赍，谨具奏闻。

此疏一出，张岳名声大震，得到朝中许多大臣的好评。虽然张岳的上疏如石

净峰风骨：明代名臣张岳传

沉大海，但他那种见义勇为、危难之际敢于挺身而出的性格已初见端倪。

正德十四年春二月，陈琛从刑部山西司主事改任南京户部云南司主事。张岳为他送行至北京崇文门外。年长、洞察世故的陈琛临别时，提醒张岳说："北风雨雪之诗，吾兄难道没有意识到吗？"

"北风雨雪"，是借用《诗经·国风·邶风·北风》中的"北风其凉，雨雪其雱"句意，暗示国家的危机将至而气象愁惨。张岳拿不定主意，直到不久因谏南巡险些命丧正德帝之手，才意识到陈琛的先见之明，体会到什么叫"伴君如伴虎"。

古人是很讲究天象的。他们认为"天人合一"，许多天象预示着未来或将要发生的事情。果然，就在正德帝胡作非为之时，天象也有预兆。

明陈洪谟著《继世纪闻》卷五记：

> 正德十一年丙子，江西地方见天上有红云黑云各一丛，若相斗者。久之，分为两城，人马汹汹若攻城，城中人应之。第二年，宸濠谋反，南赣之兵自外攻入，望气者认为是其象也。

早在三年前，当时任江西副使迁福建按察使的胡世宁就已觉察到宸濠的阴谋，所以于正德十年夏四月上疏检举揭发，却被视为离间皇亲关系而令锦衣卫逮捕下狱。时已升迁任福建按察使的胡世宁闻讯，主动到京师都察院投案。胡世宁在狱中三次上书揭露宸濠叛逆情况，可是正德帝最终还是没有醒悟过来。（见《明通鉴》卷四十六记）

正德十三年十月，由于正德外游不归，重要囚犯不能处决，以致监狱重犯积压过多，已经不能容纳。首辅杨廷和虽再三请求正德早回，但却毫无回音。

回京后，正德帝意犹未尽，又于十四年己卯（1519）二月下令给吏部说镇国公朱寿应该加封太师。

二月甲申日，大学士杨廷和请求正德帝公开诏告天下，自今以后，不再巡游（见《明通鉴》卷四十八）。可是到了三月，正德帝又下令工部要急修黄马快车备用，准备再次南巡。阁臣杨廷和及科道官皆切谏，不听。由于当时群臣已觉察到江西宸濠的造反意图，已传说宸濠将以轻舟暗伏杀手，"迎驾"江上。因而这次正德帝出巡便遭到文武百官的强烈反对，百般劝阻。

三月间，兵部郎中黄巩（字伯固，莆田人）与员外郎陆震（1464—1519，浙江兰溪人，正德三年进士）便一起联名首先上疏劝谏，把矛头直接指向皇帝本人。

与张岳同榜、状元出身的翰林院修撰舒芬对此也非常担忧，与吏部员外郎夏良胜、礼部主事万潮、庶吉士汪应轸并邀曹连章一起入谏，众人许诺。于是舒芬便邀其同官崔桐（江苏海门人，同榜榜眼，后曾任福建参政，累擢升为国子监祭酒、礼部右侍郎）、翰林院庶吉士江晖、王廷陈、马汝骥、曹嘉及应轸等七人上疏力谏。

吏部员外郎夏良胜、礼部主事万潮、太常博士陈九川，又紧接着上疏反对。于是吏部郎中张衍瑞等14人、刑部郎中陆奉等53人继之。礼部郎中姜龙等16人、兵部郎中孙凤等16人又继之。御医徐鏊也从医学的角度劝谏。

舒芬再次邀陈九川博士来，借酒浇愁，说："匹夫夺志，我辈怎么可以这样罢休呢？"第二天又与曹连再谏。

面对如此多的一派反对声，正德帝及各位奸佞大发雷霆，把黄巩、陆震、夏良胜、万潮、陈九川、徐鏊等人逮捕入锦衣卫狱，新科状元舒芬等107人均被罚跪于午门外，连续达五日之久！舒芬和其他106人还被杖打30棍，指挥佥事张英被杖打而死。舒芬因为曾经检举揭发过正德宠臣都督江彬的罪恶，江彬自然怀恨在心，因此就故意火上浇油，激怒正德帝。江彬唆使执行之人对舒芬要特别照顾，所以对舒芬的杖打特别用力。舒芬痛苦呼叫之声，整个宫廷都可听见，几乎当场毙命。有人把他拖到翰林院中。负责人惧得罪皇上，命令将他赶出去。舒芬说："我任职在这里，死也要死在这里。"后来被贬到福建（泉州）任市舶司提举，带着创伤就上路了。当时的士大夫都以舒芬为荣。舒芬因此被誉为"忠孝状元"。起先，比他早60年的状元罗伦与他同官同乡，亦被贬到福建（泉州）任市舶司提举。后来，为纪念两位忠臣，聂豹、张岳等人在此倡建一峰书院，此为后话。而陆震被投入监狱，三次被刑杖，不久就死了。

在这场君臣的较量中，正德帝的用意是想以此吓倒诸位大臣，警告臣子不要再反对他的决定。然而这并未吓倒诸位大臣。接着大理寺正周叙等十人、行人司副余廷瓒等20人、工部主事林大辂（莆田人）等三人到四月还是相继上疏不止。张岳作为行人司的组织者，率同官谏南巡，带头呈上他的第二次奏疏《谏南巡疏》十不可，全文节选如下：

臣等谨以此行之甚不可者，为陛下一一陈之。

人情莫不恶劳而欲逸也。栉风沐雨，孰与于龙楼鸡帐之严；涉水登山，孰与于桂披椒房之邃？乃舍其逸而从其劳，是其不可者一也。

里河一带，漕舟之往来必由，而国用之盈缩系之。今兹南巡，舳舻蔽江，虽圣谕昭彰，使通往来。而一沟之水，势难两便，是其不可者二也。

近闻淮安等处，荒涝异常。父食其子，母食其女。此在今日，正宜寒心。奈何满目疮痍未获少瘥，而銮舆又幸其地。臣恐遭霜之叶，不可复风；大愈之民，岂宜再汗？是其不可者三也。

且龙舟所经，必渡淮北、沂江南。而黄河天险，闻者心惊。长江天堑，见者毛悚。陛下以不赀之躯，而甘蹈不测之险，是其不可者四也。

夫一日二日，万几丛委。今匹马遥遥，驾言行迈。将来国家之重务，何由面陈其可否？而内批之裁请往复，动经乎岁月，废时失事，莫此为甚，是其不可者五也。

况天下大器也，置诸安处则安，置诸危处则危。是以止则深宫闭门，动则出警入跸，郑重如此。而意外之患，时或有之。今也，白龙鱼服，肆无戒备，则豫且之变，臣有不忍言者矣，是其不可者六也。

臣闻之，天子者，天地之子也。天子弗克，肖乎天地，则必出灾异以谴告之。不修德以回其怒，行且亡之矣。今也凶荒相仍，盗贼充斥。地震于下，龙斗于上。其所以儆戒陛下者至矣。陛下及今，正宜如成汤之六事自责、武丁之恭默思道。奈何恬不自省，方事逸游。臣恐亡予之天不忍言也。是其不可者七也。

古之人君，虽甚不得已，如防盟之举、亲征之行，亦必有太子亲王以监国，然皆非盛世之事。今前星未耀，储位尚虚，众建诸王，各就藩府。大本未定，俯无以联属乎人心；匕鬯乏主，仰无以祀事乎宗庙。是其不可者八也。

夫忧勤惕厉，固古帝王之所不废者。文王不敢盘于游畋，尚书诵之。隐公观鱼于棠，《春秋》讥之。盖始于忧勤者终于逸乐，始于逸乐者终于败亡。陛下修德讲学，亲贤远奸，昧爽临朝，日昃忘食，犹恐忧勤不逮古人，而贻付托不效之忧也。况又以逸乐促之哉？是其不可者九也。

夫帝王举动，当顺乎天意。观天意者，验之人心而已。是举也，孤卿论列不已，史臣继之，部寺诸属又继之。虽以臣等疏逖之微，亦极知其不可也。陛下何苦违众志，以拂天意乎？是其不可者十也。

然而张岳的苦口婆心并未能奏效，对正德帝的指责和规劝反而使正德帝更加震怒，正德帝下令把张岳等33人全部押入锦衣卫监狱，又命令把黄巩、陆震等人带出来，剥掉衣服，俱跪阙下五日示众，并加上镣铐，到了晚上再带入监狱，在狱中还要罚跪。

廷杖是由皇帝专门用于刑罚得罪他的官员的一种惩罚手段。最早由明太祖设立，后代沿用不绝，成为政治斗争中皇帝或权臣打击异己的有力武器，到正德帝时则达到登峰造极的地步。

廷杖由皇帝亲自下令，具体由锦衣卫执行，由司礼太监监督。行刑一般在午门之外。

不知什么原因，正德对行人司的官员特别严厉，不但脖子上要套上枷锁，连手足都要加上刑械。于是诸臣朝出暮入，整个皇宫犹如一座劳教所，满朝大臣都成了犯人。路边观看的人都无不长叹而泪下。朝廷大臣除了内阁及尚书石玠上疏求救外，再也没有敢作声的人了。于是，各位奸臣扬扬得意，而士民则愤恨难平，等这些人出入时就争相投掷石头瓦片，朝他们大骂不已。诸位大臣跪完五天后，正德帝气犹未消，还不放过，把黄巩等39人集中到廷殿再次廷杖，活活打死了陆震、余廷瓒、工部主事何遵、刑部主事刘校、照磨刘钰、大理评事林公黼（长乐人）、行人李绍贤、孟阳、詹轼、刘概、李惠等11人。

在被打死的11人中，张岳所在的行人司就占了5人，算是重灾区。和张岳同时上疏的同僚有27人，其中有7人被杖死。

《明史》卷十六本纪第十六武宗记：

三月癸丑，以谏巡幸，下兵部郎中黄巩六人于锦衣卫狱，跪修撰舒芬百有七人于午门五日。金吾卫都指挥佥事张英自刃以谏，卫士夺刃，得不死，鞫治，杖杀之。乙卯，下寺正周叙、行人司副余廷瓒、主事林大辂三十三人于锦衣卫狱。戊午，杖舒芬等百有七人于阙下。

是日，风霾昼晦。

　　古人相信天人合一。《明通鉴》记载当时的天气，连日发生沙尘暴，白天都变成黑暗了，中南海的水都涨高了四尺多。

　　据统计，在这场斗争中，受廷杖的大小官员共有 168 人，其中竟有 15 人惨死杖下。即使如此，朝中大臣们依然死者伤者前仆后继。最终正德帝为之感动，终于答应停止南巡野游。

　　这是继明成祖发动靖难之变造成建文朝官员许多伤亡之后，相隔 100 多年来朝廷官员大臣最大伤亡的恶性事件，最终换来了正德帝的让步。

　　张岳起先也被罚跪曝熬五日，随后也被廷杖，幸赖当时年纪尚轻，骨头尚硬，才死里逃生，幸免于难，不过也被打得很惨，后来还得了股疮，好久不能起床。

　　张岳入狱后，方回忆起陈琛临别提醒自己的话，叹道："紫峰兄真是知己啊！的确有先见之明！"

　　林公黼号质夫，福州长乐人，与张岳为同科进士，比张岳大十几岁，在狱中更是被打得两片屁股没一处好肉，还要拉出去示众，血流得渗入街中石砌处。同在狱中的莆田老乡黄巩见林公黼如此坚强忠烈，感慨地对张岳说："我交的朋友几乎是遍天下，没想到就近还遗漏掉质夫这样一个人！"杖停时，林质夫已是奄奄一息，呼吸断时续，被拖至同科进士、刑部主事长乐人郑源焕宿舍中时就气绝身亡。郑源焕为他料理丧事。身受重创的张岳亲眼看着他死去，已无法为他料理后事，为他痛哭了好几天。直至六月，张岳被谪为南京国子监学正，才护送林质夫的灵柩一起回乡，至南平才移交给其子林逢春归葬，此后还于嘉靖二十五年丙午（1546）为他写了《大理寺评事赠太常寺丞石峰林君墓表》，收录于焦太史竑编辑《国朝献征录》卷之六十八及晋江何乔远《皇明文征》卷七十三墓表。

　　时为山西巡按御史的周宣为张岳写了首诗：

答张大行维乔

激烈南巡疏，低回白下城。壮心回日驭，素节舞风旌。
世路从夷险，天王自圣明。朝来长乐外，重听曙钟声。

诗见载于明曹学佺编《石仓历代诗选卷》四百三十八·明诗次集七十二。

周宣（1478—1532），字彦通，号秋斋，莆田县连江里清江村（今荔城区黄石镇清后村）人，弘治十八年进士，累官至广东右布政使，著有《秋斋集》。

贬谪南京

正德帝在打死打伤数十名官员后，仍不解气，下令把没打死的官员都赶出京都，分别处以罚俸六个月或行政降两级的惩罚，下放到南京等地去当个闲官。张岳于正德十四年己卯（1519）六月被谪为南京国子监学正。

张岳的另一同窗好友林希元送他到上都门外，为了安慰他，出人意料地向他表示祝贺。张岳愕然，问为什么。

林希元回答："我听说君子不以位易名，不以贵妨义。如果一出仕就突然获得理想的官职，使善名不立，即使是披金戴玉，荣耀震动天下，也有遗憾。如今你虽然官黜却能专心致力于理学而道尊，位更卑而名更高，而且将留下不朽的名声，难道不值得祝贺吗？"

张岳说："不然，君子遭逢机会，既无荣誉也无过失，安身乐命，以游大顺，为上；升降相碰，褒贬相撞，任由生辰八字决定命运，期盼达到教化的目的，为次。跋胡疐尾，进退两难；曳舆掣牛，无初有终；委身致命，绝对顺从君主，以立大节，又次也。所以说最大的功劳是立德，其次立功，再其次才是立名。使人臣享有不朽的名誉，那么又该使谁处于不对的地位呢？将善归于自己，祸害又该归于谁呢？"

林希元听后感叹道："你这真是长者之心啊！居卑不避祸，去国不忘君，为善不近名。不避祸者勇也，不忘君者仁也，不近名者知也。知、仁、勇这三者，是天下之达德。出于忠心而实践这三种达德，善莫大焉。"于是林希元便为张岳写下了《送张维乔行人谪官南雍序》，以示纪念。

从张岳与同学好友林希元的对话中，我们可以看出张岳志存高远的远大抱负、处变不惊的达观态度、公而忘私的宽阔胸襟、勇于负责的坦荡情怀，与常人趋利避害之心截然相反。

　　　　　　　　　　　　　　净峰风骨：明代名臣张岳传

回乡养伤

张岳这次并没有直接到南京报到，而是先回老家惠安养伤。一家人早已从来信中获悉张岳因犯颜直谏被打成重伤，见他平安抵家，皆大欢喜。陈玉瑜一见，却心疼得忍不住流下泪来，嘴上却依然故作轻松地安慰张岳道："为臣之道，本应如此。"

在郑氏和陈玉瑜的精心照料下，张岳渐渐恢复了健康。

南京抒怀

正德十五年庚辰（1520）正月二十五日，张岳赴谪金陵（南京），过三山（今福州），与年友状元舒芬、刘世扬、廖师贤、郭澄卿邀饮，借酒浇愁，并即席联句。古人称同科进士为同年或年友，今天叫作同届。

同年三百道相如，（舒）

天地生人又一初。闽水有情春送棹，（刘）

塞鸿无恙夜来书。诗成彩笔云连扫，（廖）

红满胆瓶梅正舒。赋罢远游谁与和？（张）

烟波渺渺正愁予。（郭）

春霁桥西雨，（刘）

商歌本不卑。愁人尊酒尽，（廖）

卧病一舟宜。忆昨心犹壮，（张）

怜今路正歧。杜陵那可作，（郭）

心事草堂知。（舒）

春别琴书雅，（廖）

新诗梦汝贤。风尘惊满眼，（张）

道谊喜同年。奎照三山里，（郭）

云横五座前。金陵浑在望，（舒）

君去亦登仙。（刘）

涉世应多虑，（张）

逢君可自宽。晴云看照户，（郭）

光景叹惊湍。日月孤臣疏，（舒）

鸾凤国子官。春江明发棹，（刘）

百丈上平滩。（廖）

刚喜新晴别净峰，（郭）

欲将丝线系幨幢。野云片片寒犹在，（舒）

花树茸茸酒更供。此日论心还翦烛，（刘）

当年携手忆闻钟。丈夫事业存青史，（廖）

敢道无才亦协恭。（张）

    从诗中的内容看，这群历经"风尘惊满眼"却依然"道谊喜同年"的同榜进士在共患难之后的感情更加深厚了，所以在和诗时自然是互相安慰、互相勉励。而张岳此时回想起廷谏时的悲壮场面时依然热血沸腾，"忆昨心犹壮"，虽然对前途感到迷茫的郭澄卿有"怜今路正歧"之语，舒芬和刘实夫却以"金陵浑在望"，"君去亦登仙"来劝解张岳。当张岳反思认为"涉世应多虑"之时，郭澄卿便以"逢君可自宽"来安慰他。如廖师贤所言，他们追求的是"丈夫事业存青史"，所以对自己一时所遭受的挫折和皮肉之苦颇有满不在乎之意，充满了为坚持理想而不惜献身的英雄气概。

    舒芬是以翰林修撰之职被贬到泉州任福建市舶副提举，主管对外贸易与海关税收工作。这个职务之前也有一名状元叫罗伦的在明成化二年（1466）以翰林修撰之职谪任过。所以后来到隆庆时舒芬逝后赠谕德，谥文节，泉人于一峰祠（今泉州一中）一起祭祀，称为两贤。

    这一群才子，除了状元舒芬外，均是福建人。所以，这次聚会也说明了福建同年对舒芬任职的欢迎和慰藉。共同的理念和追求使他们超越了世俗的权势和利益，忠君报国、同病相怜的思想，清廉勤政、爱民惜民的道德操守将他们紧紧地凝聚在一起，以唱和的文学形式相互勉励，互诉衷肠，忘却了曾经刻骨铭心的伤痛。相信这次联欢应是一醉方休、不醉不散的开怀畅饮。

    南京国子监，初名大明国子监，设于京师应天府（今南京）鸡笼山以南，是明洪武十五年（1382），奉明太祖朱元璋诏令建成的明代国家教育管理机构和最高学府。明永乐十九年（1421）明成祖迁都北京后，改称南京国子监，常代称以

"南监""南雍"，与"北监"北京国子监并立。南京国子监在永乐年间达到极盛，一度有学生九千余人，是当时世界上规模最大的高等学府。

南京国子监东至小教场，西至英灵坊，北至城坡土山，南至珍珠桥。左有龙舟山，右有鸡鸣山，北有玄武湖，南有珍珠河，"延袤十里，灯火相辉"，十分壮观。

当时一起被贬到南京的还有张岳的年友安徽六安的潘泽，字宗鲁，以同罪落职，也任南京国子监学正（正八品）。在南京国子监任职的还有黄子忠、刘伯绣、李民望。

黄子忠，湖北襄樊义城县人。

伯绣是刘黻的字，号岳亭，湖南衡阳人，与张岳同授行人，同因谏武宗南游杖责，一起改官南京国子监学正。

李民望即李俨，正德九年进士，嘉靖初擢监察御史，出按应天，人以真御史称之。

对于谪居南京国子监这种安排，张岳似乎并没有什么怨恨，而是经历了从"怜今路正歧"的彷徨迷惘到"沉浮何足论"的坦然面对的一段心路历程，反而有种无怨无悔、自我感觉良好的想法流露。因为他的内心是坦荡的，是理直气壮的。这种情绪在他给同科进士直隶六安县人潘锐《送桃溪潘年兄还六安序》一文中表现得很明显：

> 夫有罪之人，宜置之山陬海澨、荒僻险恶之境，使之颠困愁苦，欲去不可得，然后足以大惩其心。若夫通都大邑，纷华巨丽，乃达官贵士所以优劳养望，而非罪人所宜。余辈蒙天子宽恩，来假食息于此，又幸职局多暇，得以深居念过，图求自新。

张岳本来以为，如果是将他们定为有罪，那么则应该流放到边远偏僻险恶的天涯海角，而不是安置在像南京这样"通都大邑，纷华巨丽"、属达官贵士近似疗养的繁华地带。这种所谓的面壁思过、图求自新简直是种奢求。也许在张岳看来，相比于那些杖死棍棒之下的冤魂，他们是非常幸运的。而接下去张岳所描绘的他们五人过的就是非常惬意的日子了：

> 以故日无不会，会必指摘瑕疵，互相铲剖。当其意有相得处，伸眉
> 抵掌，哑然失笑。僮仆左右，至相盼骇愕，不解其为何事。

纵观张岳一生及其记载，这段日子是他一生之中最无忧无虑最痛快的了！所以他接着感叹道：

> 嗟乎！某尝观古人之为，有登山临水，徘徊瞻眺，或欲远游仙去，
> 以销不穷之感者。彼于外物达矣，而未足以语尽性乐天之君子。吾数人
> 者，岂敢自谓何如？要其心，求勿肆焉尔矣。

这哪像是被贬之人过的日子呢？

在下面的这首诗《送人之昆山司训》中，张岳更是直截了当地表明了自己坚持理想、不惜个人得失、不苟且偷生的人生理念和傲人风骨：

> 宛宛西飞日，余光照客裳。青冈留一壑，石濑幽且长。
> 驾言从之游，山水有清光。浮云日夕起，寒风何凄凉！
> 宁为岩畔柏，不随秋叶扬。朅来二三子，怀德应彷徨。
> 渊隽寻薄味，苦淡出清商。浩歌入云表，惊起双鸿翔。
> 沉浮何足论，兹意殊未央。仰看河汉碧，徒尔问津梁。

从诗歌内容分析，这首诗应是张岳的言志诗，时应是在被贬南京之后所作。如果要用一句话来概括张岳的性格特征，那么"宁为岩畔柏，不随秋叶扬"就是对张岳的最好诠释和注解。

正德十四年庚辰（1520）年底，在北京太学深造的张慎终于等来了一个好消息，被任命为广东英德知县，春节后到南京来看望张岳。

时同窗好友和同科进士陈琛任南京户部云南司主事。张岳便将他请来一起小酌。

张慎临别之时，陈琛与其他乡亲为张慎饯行，时当"秋深气严，见篱边丛菊傲寒作姿，惕然有故园就荒之想"。正是张慎这次探访，触动陈琛的乡愁，他突然有了归家的念头。

于是陈琛就对张慎说："北风凄凉如此，而我还依恋这里不能离去，难道是金陵这处佳丽之地，也足以拴住我这颗平生寂寞人的心吗？"

张慎笑着回答说："你也是个读书人，也知道学习是为自己而出仕是为他人的说法吧？这个时节，花虽然黄了，可野草还青着呢，可见生命还没有全部灭绝的，是为什么呢？就是因为有书生从政，就像人的生命一样。如果我们这些读书人都赋诗归去，不就会将百万百姓如牛羊般交给豺虎来放牧一样吗？"

相对于社会责任积极的张慎而言，陈琛有点消极。所以陈琛对富有社会责任心的张慎非常尊敬，赞叹张慎的豪情壮志，说："英德百姓怎么会有如此多的福气呢！"

感动之余，陈琛还写了《赠张净峰先生尹英德序》。读者千万不要误以为是写给张岳的。陈琛在序中还称赞张慎对张岳的谆谆教诲及其良好的家风，见《陈紫峰先生文集》卷七序：

> 余谓先生尊翁（指其父张纶），亦以明经领荐，孝友著称，而先生述之以不坠，可谓能子矣。
>
> 维乔进修，力师古人，先生犹恐其溺于文，而时勖之曰"勿事枝叶，务求根本"，教子而期之以远大如此，可谓能父矣。
>
> 能为人子，而又能为人父，而独不能为人牧乎？然则所为学为己仕为人者，先生非苟知之，而亦非苟言也，而余又将奚言以赠耶？
>
> 昔人赠言不以颂而以规。余赠先生当不以规而以颂，而口讷才拙，不克颂焉。虽然，攀辕于欲去之时，留棠于既去之后，必有英德士民代余为先生颂者矣。

陈琛的确有知人之明，他对张慎"必有英德士民代余为先生颂者"的判断与张慎之后在英德的为人从政完全符合。英德百姓在张慎离任之后还十分想念他，为他在名宦祠里塑像，荫及他的孙子张宇（后来也当英德县令）。

但是陈琛却看透了朝廷的黑暗和官场的险恶，从此无意于官场，就于次年即正德十六年（1521）申请回乡照顾老母亲，从此闭门修书搞学问，多次谢绝复出的机会，直到他60岁时老母亲去世。陈琛后成为明代名儒之一。

在南京，张岳到交翠亭拜访了时任南京大理评事的老朋友林希元。林希元住在南京城的东北面，要过一座石桥，循着流水声直寻而去。庭院深深，张岳敲门敲了好久，林希元才听见，忙起身出来开门。两人好久没见面，这一聚，免不了又是一顿豪饮。

南京的日子过得相对轻松。张岳除了正常工作之外，有更多的时间用于应酬。

复职行人

当张岳于正德十四年己卯（1519）六月初被谪为南京国子监（今南京市政府所在地）学正时，同月十四日，明王朝宗室宁王朱宸濠在南昌杀死都御史孙燧、副使许逵之后起兵谋反，叛军十万，势如破竹，四天后陷南康，下九江，顺流而下，一路克安庆，逼南京，大有挥戈北上直取京城之势。

宁王朱宸濠是朱元璋十七子朱权的四世孙。他出生的前一天晚上，其父梦见蛇咬人。他出生后又有猫头鹰飞到王府乱叫，所以其父将他视为灾星，对他相当厌恶。长大后术士李自然、李日芳说他有帝王之龙章凤质，南昌城东南有天子气，要出真命天子，使他心花怒放，萌生了篡位之心。此时明朝廷上下震动，惊慌失措。因宁王事件是皇室的权力斗争，各郡兵马不敢贸然发动进剿。十六日奉朝廷命赴福建查办乱兵而驻守在丰城的赣南巡抚王阳明于十八日退到吉安，与吉安知府伍文定谋划，自动担负起平叛之责，果断决策，调集军队，直捣叛军老巢南昌。宸濠闻讯，急忙回师救援，王阳明与叛军大战鄱阳湖，仅用了35天时间，就于七月二十六日生擒朱宸濠。时在老家莆田的林俊一听说宁王叛乱，连夜请两个家人火速送两支当时最先进的武器佛郎机铳给王阳明。可是送到时，宁王已经被捉七天了。一场危及江山社稷的大叛乱大闹剧很快平定了。

可是，立了如此大功的王阳明不但没有得到朝廷的奖赏，反而遭到一系列的毁谤与陷害。王阳明传去捷报时，武宗不但不奖赏，反而认为王阳明这么快就轻而易举平定了叛乱是抢了自己的机会抢了自己的风头抢了自己的功劳，是个人英雄主义，丝毫不懂得尊重最高领导，搞砸了自己的宏伟计划，像这样的战斗应由他亲自带兵南征才能显示"天威"，于是便扣住不宣，于八月二十二日若无其事地从京城出发，装模作样地调动大军还要来征讨。到扬州时，正德帝就吓得有女之家一夜之间慌不择婿，一嫁了之，再双双出逃。到江西时武宗竟要王阳明放了宸濠，他率军与朱宸濠再战来亲自活捉。宦官张忠之流又诬陷他与宸濠串通。在这种情况下，王阳明连夜赶到钱塘，将宸濠交给武宗的亲信太监张永，同时遵照武宗的旨意，重新报捷，将平叛的胜利归功于武宗。张永回去后，在皇上面前极力称赞王的忠诚及让功避祸之意。武宗见王阳明还算识相，于是就不追究了。

第二年正月三十，王阳明到庐山秀峰境内的李璟读书台下一块数丈见方的石壁左边开先寺（即今秀峰寺），刻石记功。记功碑上称颂武宗的"皇威神武""亲统六师临讨，遂俘宸濠以归"。

值得一提的是一位在民间流传甚广的江南名士、自号"江南第一风流才子"的唐伯虎。此君原来被宁王宸濠重金延聘，后觉察到宁王有异志，便借酒假疯，宸濠不能忍受，就放他回家了。唐伯虎因此躲过一劫。

话说武宗在宁王叛乱平定之后更加放心玩国了，十二月走到扬州，江彬四处"遍刷寡妇和处女"，供武宗换口味。"遍刷"就是一个不留。

> 先是宁藩世蓄异志，迨宸濠奸恶尤甚。至是，因上巡游无已，储贰未建，外议籍籍，遂兴异图。
>
> 正德己卯正月下旬，有请紫姑鸾者，将卜它事，及降，乃书云："天下苍生未足愁，三边胡虏亦何忧？独怜一片西江土，不是当年旧日头。"识者以为宁王宸濠殆不免钦。未几，果举兵，杀守臣，将犯京阙。其移檄省郡，皆去正德年号，只称大明己卯。始悟"不是旧日头"之说云。
>
> 初宸濠之谋为不轨也，尝作《秋怀》诗，有曰："莫向西风问彭蠡，盘涡怒欲起蛟龙。"娄妃探知其意，尝泣谏之，不听，因作《早行》诗见意曰："鸡声忽叫五更月，马足先追十里风。欲买三杯壮行色，酒家犹在梦魂中。"后宸濠兵败成擒，群小皆鼠窜，独娄妃投水死。宸濠槛车北上，与监押官言往事，辄痛哭，且曰："昔纣用妇言而亡天下，我不用妇言而亡家国。"又有句云："池台春色知何在？紫燕黄鹂各自飞。"（董中峰著《远犹》卷二）

在北返途中，武宗停留在江苏清江浦时忽然又想要当个渔夫，就自己单独驾了一条小船去捕鱼，结果翻船掉到水中，虽被侍卫救起，却从此得了重病。十二月，武宗赴京城南郊参加祭祀天地大礼，当场吐血而未能成礼，又拖至正德十六年（1521）三月十四日就咯血而亡了。临终之前正德才后悔莫及，承认错误："前事皆由朕误，不是你们所能预见的。"

正德十六年（1521）三月十四日，31岁的明武宗朱厚照驾崩，这个一生风花雪月的超级大玩家没有留下一个皇子。而两年前，兴献王朱佑杬就已死去，本来这事与他无关，但他有一个15岁的儿子，叫朱厚熜，虽远在湖北安陆府，但经首辅杨廷和等商议，认为朱厚熜是继承皇位最合适之人，于是朝廷派出大臣将朱厚熜迎至京城。

1521年农历四月二十二日，在皇位空缺了37天暂由首辅杨廷和主持之后，经皇太后张氏懿旨同意，按照明代帝王传承原则中"兄终弟及"之文，四月初二从安陆出发抵京的宪宗之孙、兴献王长子朱厚熜正式即皇帝位，是为明世宗，以《尚书·无逸》文中"嘉靖殷邦，至于小大，无时或怨"的嘉靖二字，其意为安和、安定，取号嘉靖，故又称嘉靖帝，是明朝的第11代皇帝，享位46年。

嘉靖即位后，诛杀佞臣江彬等，发布诏书，大赦天下，并对正德先朝的弊政进行大胆改革，"力除一切弊政，天下翕然称治"（见《明史》卷十八世宗二）。

嘉靖帝下令，凡在弘治十八年（1505）以后，正德十六年（1521）四月二十二日之前，"在京在外，内外大小官员人等有因忠直谏诤及守正被害去任、降调、升改、充军为民等项，及言事忤旨自陈致仕、养病等项"，"死忠者祭谕，修坟、荫叙；降调、升改、致仕、养病闲住、充军为民者起复原职，酌量升用。"（见《明实录世宗实录》卷一）一时朝野欢呼，认为他是明君一个。

于是张岳又恢复了行人司行人的职务。朝廷还升俸一级以示鼓励和慰问。

张岳一上朝，便向嘉靖帝上了一道疏《乞恩褒恤故大理寺丞黄巩疏》，要求抚恤大理寺丞黄巩。这是张岳在嘉靖朝所递交的第一道奏疏。

张岳在奏疏中指出："国家和朝廷对待臣子，如赠官、赐谥、祭葬等项，历来都是根据他们的品级官阶来定高下，而对于德学、气节为众人所推崇的人，因官阶级别不够，而未能得到弘扬"，因此请求嘉靖帝"赠巩一官，予祭一坛，或令有司为造坟安葬"。

原来，黄巩虽然大难不死，却被开除回乡。江彬还不放过，暗中安排手下准备在他回乡途中暗杀他。幸亏有一位主事偷偷告知他，让他绕道而行才逃脱安全到家，直至嘉靖帝即位后才起用为南京大理寺右寺丞，但到任还不到一年，就于嘉靖元年（1522）八月谢世了。

张岳对待朋友，讲义气，重友情，而非明哲保身，事不关己，高高挂起。

张岳对黄巩是相当尊敬的。他说："我很早就与黄巩相当友善，往往诵读黄巩'诚自不妄语始，学从求放心来'这句警语，提醒自己这是我终身的护身符。"

《明史》列传第七十七记：

> 黄巩，字伯固，莆田人，弘治十八年进士……世宗立，召为南京大理丞。疏请稽古正学，敬天勤民，取则尧、舜，保全君子，辨别小人。明年入贺，卒于京师。行人张岳讼其直节，赠大理少卿，赐祭葬。天启初，追谥忠裕。

世宗皇帝还准奏把原址在卓坡村上生寺西边的立诚书院改为崇忠祠，春秋对黄巩进行官祭。

林俊见张岳如此仗义，遂礼贤下士，亲自到张岳住处来探望张岳。林俊夸奖张岳办事利索，有头有尾。两人聊了将近一个时辰，林俊才告退。张岳送他出门。

重修文庙

正当张岳准备东山再起的时候，嘉靖元年壬午（1522）七月初八日，张岳的父亲张慎接替江西新喻萧峻任广东英德县令才一年左右就不幸谢世。古人父丧叫丁外艰，母丧叫丁内艰。时任祠部郎中的张岳回乡守丧。

说来奇怪，张岳做了一个梦，梦中张慎指着一块墓地对张岳说："这是郭姓家的地，应当把我埋葬在这里。"第二天，张岳同地师（风水先生）黎道升一起找寻梦中墓地，果然在涂寨宣妙山找到一块相似的地方。一问，地之主人正是姓郭。于是就跟他商量购买葬父于此。因为其山尾在溪中如鱼，故名游鱼穴，全称是困犬拦游鱼穴。

嘉靖二年（1523）春，江西新建进士万虁任惠安知县。上任不久，他听说有礼部官员张岳守丧在家，即去登门拜访。万虁即向张岳征求为政之要务。张岳随即提出年久失修的县堂文庙方位偏差不正之事，建议万县令重修文庙，如此可以得民心、铺前程。万县令虚心地采纳了，对张岳的建议表示感谢。张岳还告诉万县令一段往事。

原来，包拯的父亲包令仪曾经于宋真宗大中祥符五年（1012）就任惠安知县，至大中祥符八年陈执中接任。陈执中从惠安发迹，从此一路飙升直至宰相。

包令仪24岁考中进士，做了惠安知县后不久，便把家迁到合肥，后任七品虞部员外郎。包拯于宋真宗咸平二年（999）生于庐州（今安徽省合肥市）肥东县解集乡包村，卒于仁宗嘉祐七年（1062）。当包令仪来惠安任知县时，包拯年纪为14岁。包令仪离任时，包拯年龄是17岁。而在他父亲就任惠安知县期间，包拯也随父来惠安。在惠安县学，包拯与张岳的祖先张惟德是同学，后来两人又同考取天圣五年（1027）进士。见载于《宋代科举资料长编》（北宋卷）。由此可知张惟德即是包令仪的学生之一。张惟德中进士后为家乡做的一件好事就是扩建文庙。

万县令得知后大喜，连声夸奖张岳有乃祖之风。

《惠安县志》载：

> 宋初置县时即立学在邑之西。乾兴初，令李畋以大理丞知是邑，下车谒庙，见其倾圮，乃谋于邑人四明从事张惟德，即旧基改作，像先圣及十哲于堂绘，从祀诸贤于东西庑。

张、李两人经常讲学于鸣皋堂，可见张惟德是惠安建县后倡导惠安教育的先驱者之一。

李畋，成都华阳人，宋太宗淳化三年（992）进士，以学行为乡里所称，甚得张咏器重，累官知荥州（今河南荥阳西），神宗熙宁中致仕，著有《张乖崖语录》等。

《泉州府志》载：

> 张惟德，惠安锦田人，唐宣州军事崇纪曾孙，刺史澜孙，善文章，有气节。天圣五年第进士，官四明从事。家居潜心讲学，门下数十人，邑令李畋雅敬重之，结为道谊交。畋为张乖崖帅蜀时所取士，文行甚高，著《乖崖语录》，以示惟德。读至"病中移心法"，敛手曰："于此

参破可以蹈吕梁之水。"畋亟称善。又劝畋学士，皆向进。畋力荐于朝，故有殿中之命。后出守循州，致仕。

张惟德的另一功德就是为《唐书》宰相世系表中的张九龄家族提供族谱，其名字亦载于其中。

经过一段筹备，征集到粮食六百担，于是万夔便向福建巡按御史简霄、提学副使邵锐、泉州太守高越（同于嘉靖二年任）等人汇报此事，均得到赞同批准。同年冬十月初便开始动工兴建。

之前，位于县东的涂寨文笔峰是惠安名胜和风水宝地，但以前的孔庙方位偏斜，与文笔峰不相对应，学门与孔庙之大门也相背，民间认为如此不利于科举成绩、人才培养及官员升迁。这两个重大偏差均在这次重修中得以纠正。这个失误已经延续了160多年，说明当时定位于明初。这次重修是比较彻底的，旧材料都撤掉不再用，全部换成新材料。顺序是先建夫子庙，后建明伦堂。夫子庙后为乡贤祠和名宦祠。又其后为斋舍，还有会馔堂（食堂）、宰牲（屠宰场）、藏器（储藏间）、庋书（藏书阁）、廥廪（粮食仓库）、燕居（休息室）、庖湢（厨房、浴室）。"凡学所宜有者，无不有"，总数达几十间。可见无论是从结构还是规模上来讲都是相当完备的。

到了嘉靖四年夏四月，上级就要调离万夔去闽县任职。于是惠安士民便向行部使者请求让他再留任一段时间，至工程竣工，得到批准。两个月后，新学落成，参与之人庆典一番，万夔离去，事情完满结束。而且整个工程没怎么花民间百姓的钱财，没有增加他们的负担。张岳为此撰去思文以纪念其功绩，肯定他是惠安有县学一百六十多年来第一个"辨方正位，抗故为新，阆爽巨伟，与山川相称"之人。

故《惠安县志》记载：

（万夔）始至，改建文庙，与文笔峰正对，改正学门，与庙不背；饬励生徒，振兴文教，惠人文彬彬，科目日盛，自夔倡之。

万夔的前任徐伦，正德甲戌进士，十五年由临海令调任，也是一位好官员。

他离任后，百姓更加思念他。张岳也记载了其在任间的事迹，惜已不存。

重修府志

嘉靖二年癸未（1523），安徽凤阳举人高越任泉州知府。鉴于泉州长期没有重修府志，便请请病假在家的陈琛重修《泉州府志》。陈琛推辞，却推荐了两位同年。于是高越便请给事中史于光和行人张岳合著郡志，于嘉靖四年乙酉（1525）完成，共有26卷，分为14类、17个纲目。

《泉州府志》最早始于南宋嘉定（1208—1224）年间，元至正十一年辛卯（1351）吴鉴撰《清源续志》20卷。

时隔170多年，泉州再也没有重修过府志。到史于光、张岳手中已是第四次修府志。然而，这个版本的《泉州府志》迄今却已失传，其内容相信已经消化于后来版本中。

此后，于明隆庆二年戊辰（1568）《泉州府志》，22卷（8志），安徽和州人万庆（嘉靖四十五年知泉州）再修，张岳的手下晋江黄光升著。

《闽书》记载：高越，凤阳人，嘉靖二年以御史来守郡。他在任时，浚泮池，通郡城河沟，修饰蔡忠惠、真文忠太守祠，延给谏史于光、行人张岳修郡志，笃礼提学陈琛。琛赠诗三十章以美之。可见高太守是个既有文化品位，又清廉勤政的清官。

这个序言请谁写好呢？高越一时想不到合适的人选。张岳便向他推荐原刑部尚书林俊。原来嘉靖二年，林俊年已71岁，遂请求退休回家。嘉靖五年，卒于家中，终年76岁，隆庆初赠少保，谥贞肃。

听说张岳来访，林俊忙说有请。张岳便将来意说明。林俊听了，丝毫没有推辞。听说张岳在编撰泉州府志，便跟他聊起了林氏在惠安的祖墓之事。

原来，在惠安县北十三都龙头岭下，有石三簇嵯峨秀异，乡人奉之甚谨，樵牧不敢犯。或传为宋太祖五世祖所葬。但是张岳考证宋诸陵无在泉者。宋仁宗至和（1054—1056）中，僧洞源作《泉南录》云：或言莆田林衍禧墓。张岳了解是赵将军墓。林俊便将其祖传家谱拿出来给张岳看，断定此乃其始祖晋将军晋安郡王林禄之墓。

净峰风骨：明代名臣张岳传

这就是现在的闽林始祖晋安郡王林禄墓,在原惠安县涂岭乡(现属泉港区)官路旁九龙岗。墓顶古篆石刻:"林始祖讳禄公九龙穴墓。"明代石雕尚存有石将军二,石羊二。墓碑文镌"晋安郡王林公诰封赘人孔氏墓",就是嘉靖乙酉(1525)裔孙太子太保、刑部尚书林俊命其子吏部郎中林达书写的。

不久,林俊便寄来了嘉靖乙酉《泉州府志》序(节选):

> 诸他郡固已修矣。泉,七闽上郡,志独废,文献无征,殆甚焉。
>
> 嘉靖癸未,中都高君越以材御史来守……乃合幕僚李君缉、胡君宁道、张君心,礼致郡之贤,有给谏史君于光、大行张君岳主撰述,参校则邑博邓君文宪、郡训导郑君道。本旧志,考信史,积如干日,为类十又四,卷二十又六,巨细纤微,编辑无爽。而宦蹟士品,加抉择焉。公而明,严而则,则古良史才也。而进民有礼矣,定其趋,像其贤,鼓以成俗。今之温陵,将诸郡乎最,斯志可以观矣。
>
> 君温缜端毅,持大礼,举废兴坏,类有可书,序郡志于志云。
>
> 嘉靖乙酉仲夏望日,赐进士出身、荣禄大夫、太子太保、刑部尚书莆见素林俊书于云庄青野。

另一名为《泉州府志》作序言的是邵锐,浙江仁和人,明正德三年(1508)进士(礼部会试荣获第一名会元)出身,时任福建按察司副使、提学使者,后官至山东布政使,终授太仆寺卿。《重纂福建通志》评价他督学福建时"造士有方,文风大振"。

从林俊的序言中可以看出,协助史于光和张岳编撰府志的有幕僚李缉、胡宁道、张心,参校则邑博邓文宪、郡训导郑道。府志分十四类,二十六卷。

而张岳所交的泉州府官员中,关系最密切的当数李缉。

李缉,号春江,江西余干人,弘治辛酉举人,正德十二年(1517)自濮州移泉州同知,疑狱及积案不可究诘者,缉迅之无不立判,尝叹戎伍勾补之弊,非古行法独恕。独子畸户多蒙矜恤,民赖以保全者甚众。又据郡乘及《闽书》记载,李缉为人仁慈果断,与民省事,泉人德之,请惠安张岳为四言诗一首,纪其政绩,镌刊砻石,立于万安桥侧。惜岁久年湮,碑已毁圮无存。现仅存有张岳的《赠郡丞春江李侯序》。

洛阳桥位于泉州府晋江与惠安交界处，泉州太守蔡襄建于北宋皇祐五年（1053）至嘉祐四年（1059），系中国第一座梁式跨海大石桥，与赵州桥、卢沟桥、广济桥并列中国四大石桥。其桥梁建造技术采用了三大绝技："筏型基础""浮运加梁""种蛎固基法"，是中国乃至世界造桥技术创举。其中的"筏型基础"乃是蔡襄从泉州太守迁福州太守之后，借鉴了福州马尾亭江的唐末所建闽都第一桥——迴龙桥而来，其技术比西方领先了上千年之久。

张岳有首《游洛阳桥》的七律诗传世，缅怀蔡襄：

树底孤帆带夕晖，闲亭下马拂征衣。天回戍垒春流迥，风静官桥晚浪归。
水国蒹葭长渐渐，沙汀凫雁远微微。昔贤已去荒祠在，滴沥桐花满钓矶。

另一名为张岳所赞许的是前泉州府同知罗懀。罗懀是浙江桐庐人，弘治三年以举人任泉州同知，与郡守李哲同时。他"事无巨细，协谋可否，唯恐公家之需或缺，闾阎之情有所不堪"。张岳评论泉州府的主要官员称："五六十年间，我耳目所闻所见，仅得两人，就是罗懀与李缉。"（见《闽书》）

嘉靖二年癸未（1523）夏，倭寇发于广东惠州、潮州之间，由汀州、漳州蔓延到福建，掠夺泉州及莆田一带。由于防守力量不足，各地主官只能派兵重点守城，防备府藏、廨舍、簿书。出城外数里就只能任由倭寇蹂躏了。

时浙江临海人柴镰，字仲和，由闽县改任永春，马上向居民发出警告，组织保伍训练民兵，巡逻传柝之声达四境。寇知有备，乃避去。福建各大府郡震惊，莆田蒙祸尤烈，只有永春因为柴镰应对措施得力，幸无事。其秋，寇退。有远见的人忧虑倭寇还会再来。果然，第二年秋天复至莆田，肆掠如昔年之为。柴镰赶紧率兵马控制各险要之处。倭寇至，判断不能逾越，拐向安溪。听说泉州府城兵大集，还走德化。柴镰以所率兵力和其他各县全力歼之，自花石岭追至小尤中团，凡十余战，悉俘其党。

乱定，柴镰"迁学宫，修邑志，毁淫祠，为社学，擢汀州府通判"。

永春耆民陈某等认为柴知县平寇有功，专门来泉州府请求请为他写篇赞颂文章。李缉便推荐张岳。张岳遂为永春县令柴镰作《赠永春柴尹序》，称赞他守土有责、防寇有功、待民有恩。

柴镰趁机请赐同进士出身行人司行人张岳、赐进士出身吏科给事中前翰林院庶吉士晋江史于光和赐进士出身南京吏部考功司陈琛三人为永春义烈殿《义烈祠记》分别篆额撰文、书丹。

义烈殿位于五里街尾儒林中部，原来叫邀祠宫，始建于南宋之初。明初宫中塑关帝圣君、关平、周仓及赤兔马。因以"周大将军"圣灵，也叫将军爷宫。因县令柴镳在此募集民勇抗击倭寇誓师出征，事后为纪念阵亡勇士，勒碑祠记，此宫就更名为义烈祠。

修完泉州府志，高越就可以放心地离任了。嘉靖五年（1526），顾可久以户部郎中来泉州接任太守。之前两人因同谏南巡受廷杖且被捕入狱。张岳见顾可久慷慨激昂，无凄恻声，就和他定为至交。顾可久就任不久，就来拜访张岳："应该如何来治理泉州呢？"张岳说："民心无常，在于为善待所感动。"顾可久说："很好啊！诗歌因为有情感而成声，政事因感动而成理。"

> 可久为治崇廉耻、敦风俗，简而有体，明而不苛。省属邑不益之费，斥去浮惰之穴于官病民者。定赋期，令民各以期输，而总赢乏之数为稽查。讼者至庭，悉两造之词而参伍之至词穷情见，然后罪其尤其无良者。闲雅镇定，吏卒敛畏。训小民如教子弟。所措置皆中款。会课土务先实行，所取文必根于理。（张）岳称其笃于自信，有汉循吏风。陈琛称其善政善教，本仁而兴理。（旧志参《闽书》《紫峰文集》《小山类稿》）

后来，顾可久受命入朝述职，作为生死之交，张岳还为他写了一篇《赠郡守洞阳顾侯入觐序》，对他在泉州的政绩给予很高的评价，同时也预贺他此后一帆风顺。

> 顾侯在吾郡，独雍容简静，守法令，崇廉耻，敦风俗。威有所可伸，不矜于立威；明有所可察，不矜于尽明。如父兄之训治子弟，期于肝膈相慕恋而已，可不谓之笃于自信，而有汉吏之风邪？

文中赞扬了顾太守治泉的政绩，将他比作汉代著名的循吏，同时对顾的京师之行寄托了殷切期望。

顾可久，字可新，号洞阳，无锡人，明代正德九年（1514）进士。顾可久从泉州离任后，祀名宦，于嘉靖四十年（1561）病卒。

顾可久是海瑞的老师。明隆庆三年（1569）海瑞巡抚江南，特地到无锡悼念老师顾可久，并奏请朝廷于惠山寺塘泾建立顾可久祠。海瑞在《谒先师顾洞阳公祠》诗中，对老师仗义直谏，不畏权势，敢于犯上的名节备加赞赏，凝聚一片景仰之情：

> 两朝崇祀庙谟新，抗疏名传骨鲠臣。志矢回天曾叩马，功同浴日再批鳞。
> 三生不改冰霜操，万死常留社稷身。世德尚余清白在，承家还见有麒麟。

闲时，张岳便到惠安涂寨灵瑞山读书。灵瑞山有个员常寺，早叫广福寺，建于五代十国时期后梁朱温太祖乾化二年（912）。因云游的开山祖师广东人叫赵广福而名，至宋英宗治平二年（1065）改名员常寺。元朝时因元兵破坏仅剩一佛殿。山势横列若屏障，中间上方一峰特起，叫灵瑞岩。洼坎尺许，有清泉流出，故又叫龙泉山。山正中有一石叫香炉石，左右还有两块分别叫烛石和鼓石。山的北面有员常院，院东北麓的一块大石上，石痕浓淡，隐隐成一个山字形，怪伟可喜。张岳曾经与本县举人王桢甫在此读书。张岳撰嘉靖《惠安县志》记：

> 灵瑞山，自城山分支北行十余里为是山。自台望之，如屏幛然。上有灵瑞岩遗址。山之东麓洼坎尺许，停蓄清水，涸之，泉脉辄涌出，曰龙泉。其北为员常院。院东北麓大石上浓淡隐隐成山字，甚怪可喜。

嘉靖四年乙酉（1525）两人又相约重游故地，张岳有诗十首咏员常寺（有序）：

> 乙酉秋八月，与王子桢甫约游员常。登西麓，缘斜径，穿林薄中，秋气度篁松，飒飒有声。是夕，宿方丈。寺僧赴邻舍斋会，命稚子摘园蔬对酌。凌晨复登山北势穷处，有石颇奇怪，石痕浓淡，隐隐成山字，径三尺余，字画雄健飞动，殆不类人间所书者。因忆往岁读书山中，山之形胜，登览殆遍，及后出仕，居京师，常来往，于心不忘。拟筑精庐

一区，因山势回合，扁以"九中"之号。友人浙赵弘道善大书，预为乞其书扁，尚未知有此奇字之胜也。岂造物灵怪，隐见有时，将待吾二人发之与？与王子叹讶者久之。自是又再越宿，或坐茂荫，听淙流，登灵瑞高峰，吊观古迹，夜玩月东廊下。比更深就枕，疏灯永夜，与月色相荡，使人清极不成寐。诘旦僧归，复呼童引酌，因料检所为诗十章。每一酌，辄歌一章，传于好事者，以备山中他日故事。

其一

昔日读书处，绿萝映草堂。风尘惊岁隔，梦寐入宵忙。
拟作九中舍，更寻物外方。兹心恐未遂，临眺独彷徨。

其二

不堪秋兴极，倚徙陟南冈。野色开朝雾，溪声散夕阳。
孤村鸥鸟外，小艇荻花旁。一眺真奇绝，浩歌意转长。

其三

竹识初时种，抽梢今几年？老僧行挂衲，稚子解分泉。
共惜流光逝，翻悲秋露滋。出山缘底事？抚物自堪怜。

其四

突兀石痕古，苍茫字画分。千秋谁辨此，我辈发奇闻。
逸势翻龙篆，精光动斗文。秦碑与汉鼎，摹写枉纷纷。

其五

偶尔寻幽去，藤萝小径通。野花深烂漫，涧水细玲珑。
不作悲秋赋，还横短笛风。云根有仙诀，安得命飞鸿？

其六

地僻经过少，山空草木深。展书时一读，乘兴复登临。
红绿暂时景，高阜万古心。此中真意思，莫遣更浮沉。

其七

晚凉欹枕罢，振策复山行。冉冉云穿袖，迢迢谷递声。
平原天际尽，孤屿海中明。忽觉襟期远，呼觞坐自倾。

其八

月华流寓县，静夜此山中。寂历无人会，孤高几处同。
秋声藏远树，物色度虚栊。预恐星河落，徘徊小院东。

其九

嶂合孤烟暮，秋初响籁清。到来情已惬，坐久累还轻。

留偈僧何在？通宵月自明。年华驻筇竹，从尔谢山灵。

其十

寂寞非人境，清虚惬道心。听经猿入定，破梦鹤鸣阴。

刻竹题诗遍，望云怀古深。萧萧羞两鬓，吾欲投吾簪。

王以宁是正德二年丁卯（1507）举人王奇橙子，字桢甫，号古泉，与张岳叔父张悌同为嘉靖七年（1528）举人，后来连考进士十三次未中。

雍正《惠安县志》卷九山川之灵瑞山记载，当时居民在寺旧址掘地，挖到古砚一枚、磁器盖一枚，盖子还镌刻有"张氏库记"四字，或为张岳当年所用之物。

再任礼部

张岳三年守丧毕，由吏部重新安排工作。嘉靖乙酉年（1525）冬张岳和要到兵部报到任郎中的仙游王与乔一起北上京师，两人途中经过武夷山，幔亭峰，领略了武夷山水之灵秀。其后继续北上，一路经过长江、淮河、泗水、汶水，还到山东齐鲁考察了一番。

到了京城之后，张岳生了场病，深居简出，王与乔还经常抽空来看望张岳，与他闲聊故乡的风土人情，农桑节气。这样的日子长达三个月之久，直至王与乔被授予负责气象的阴阳训术官衔才结束。算来此时已是嘉靖五年丙戌（1526）初夏了。

话说张岳到了北京后，很快就感觉到京都官场风气已是今非昔比。朝中众人趋炎附势、不求维护正统封建伦理，只求自己荣华富贵。经过正德朝廷杖的那次教训，朝中风气已经发生了很大变化。因此，他在致同科举人、正德九年进士、时任监察御史莆田马明衡的信《与前侍御马师山》中流露了自己的悔意，希望能到南京任一闲职：

某草率为此一行，甚觉无谓。到此愈悔之，亦曾与吏部求一散地往南京。当道者拘于年资，未敢相信。不知吾人仕进，惟其才力所宜与心之所安者，何如一切格以文法，真可笑也。

向日处京师三四年，其时朝廷虽甚多故，然缙绅习尚，犹颇近正。其最下，不过依徇苟且、求为好官尔，固不敢文饰奸言、阖辟鼓弄、立党相挤、显肆无忌，如今日也。彼甘心破颜而为之者，不足责矣。吾辈之中，至有弃其平生而阴附之者，亦有坐持两端，彼此观望，以为他日地。一时掩覆，初若不觉，而其心术不端，趋向不定，将积习败坏，至率兽食人乃已。甚可惧也。

时事既非吾力所及，祖母、老母俱垂白在堂。石田茅屋之间，岂无可容身者？南京之志，不敢中止。纵不可得，亦当别寻一事作归计尔。二舍弟在书院，朝夕甚蒙指教，恐其不知此意，乞呼来语之，幸幸！

鉴于张岳的胆识与才学，吏部尚书、山西乐平人乔宇多次要提拔他出任科道监察御史。乔宇是蔡清所结交的朋友之一。张岳谢绝了他的好意。不久海南陵水廖纪（1455—约1534年）接任吏部尚书，也是计划让张岳出任御史，张岳又推辞了。

御史在当时虽然官阶不算高，却是个实权的位置，拥有参奏上一级官员的权力，算是个肥缺。可是张岳对于这种安排却坚辞不就，认为"是职难尽"，不愿就任。所以何乔远父何炯在《清源文献》中称赞张岳说："在士大夫热衷于竞争上进之时，岳公于功名独退一步，与宋代大儒辞馆阁等要职之命不赴者相同。"

张岳的志向是要当一名大儒，而不是一名有实权又威风的御史。

于是吏部就任命张岳为礼部右司副（司正之佐助）。张岳以母亲年老为由，要求换一个便于看顾亲人的地方，于是就改任为没有实权的南京兵部武选司员外郎（从五品），后升南京礼部祠祭司郎中（正五品）。

在南京时，张岳给韶州太守唐升写了封信《与唐启东韶州》，对他父亲张慎当年在韶州所属的英德县一件未完成的心愿向唐太守通报，希望他能来完成这个遗愿。

原来，张慎初步只想为唐介立祠。后来考虑到英德县自宋以来二三百年间先后还有郑侠、洪皓等名贤值得纪念，故计划立祠一起纪念他们，没料到自己任职不到两年就因病去世了，留下遗愿未了。所以张岳很想了却其父的心愿。

唐升，字启东，四川叙南卫人，戊辰（正德三年，1508）进士，时任广东韶州知府。唐升在礼部任精膳司郎中时，张岳是礼部主客司郎中，两人是同事、好友。当年唐升回乡省亲之时，张岳就曾应邀作诗三首相赠。但唐升并没有将此事付之行动。此事直到清康熙戊辰（1688）进士、山西阳城人田从典（1651—1728）任广东英德知县时，才为在英德任过县令的宋代贤臣唐介、郑侠、洪皓建立"三贤祠"。

嘉靖六年丁亥（1527），张岳还为潮汕朋友薛训术、薛师清的母亲撰《寿图叙》。可惜在张岳为他人的母亲祝寿前后，自己的祖母和母亲却不幸先后谢世。张岳又得回乡守丧。

第四章 挑战阳明

由于受到泉州学派及蔡清的深度影响，张岳前期的志向是当名大儒，要维护程朱理学的正宗地位，反击王阳明心学，在学术上做出成就。他利用三度守丧的空余时间，深入钻研百家学说，奠定了扎实的理论基础，成长为一名多才多艺的大才子，不仅为泉州地方文化作出了贡献，还成为闻名全国的理学大儒。

嘉靖六年丁亥（1527）五月二十五日，张岳的祖母林氏去世，寿76岁，葬蜈蚣坑，在今东岭中心小学边，墓"文革"中毁。同年七月二十日张岳母亲郑氏病逝，寿57岁，与张慎合葬涂寨宣妙山游鱼穴。当张岳先后中举人、进士后，郑氏并不感到特别惊喜，只有听说张岳要继续学习深造以求修身寡过才高兴。对于那些名贵好玩的东西，郑氏从不喜欢，说："我家历来贫寒如故，但愿子孙不改此家风就足够了。"郑氏临终之前，还交代子孙"必读书、守礼法、为善人"。

张岳在《与邵端峰大参》信中说："起先我因祖母去世回家，尚未抵家，我母亲又不幸去世。"一连两场丧事，张岳倍感悲伤。

近三年守丧期间，张岳没有虚度光阴。埋葬了祖母和母亲之后，张岳便结草堂于净峰，建了个山心精舍，读书其中。

净峰是惠安东部净峰镇的一座名山，海拔95.8米，是惠东平原广袤海岸线上一处难得的山体景观。在浩渺无际的蔚蓝色大海的背景上，净峰山卓然挺立。它因具有独特的山光海色而被邑志称为"东极名山"。

登上净峰山顶，东、南、北三面海碧天蓝，浩无涯际；周边阡陌交通，村落相连，极目所望，四面景物，尽收眼底，令人顿觉气爽意畅，心旷神怡。清代画家郑板桥书题有"天然图画"，近代高僧弘一法师称其为"世外桃源"，都恰如其分地表达韵味。其西三四公里处就是张坑一带。

净峰寺始建于唐咸通二年（861），开山祖师是僧觉如。唐时还有乙真和尚驻锡。南宋时被神化了的和尚、被宋端宗敕赐为"灵应大师"的桥梁建筑大师道询就是净峰山下人。净峰寺是惠安一座唐建寺庙、至今尚存的千年古刹，同时也是一座集佛、道、儒三教于一身的特殊寺庙。

明《闽书》卷十《方域志》载：

> 尖山，一名净山，亦名净峰，下瞰东溪，山多怪石如水啮，最高而峭拔者三，登之见日出，傍有石窦，中洞深可居，今湮废矣，是产朱丹之石。宋高僧释道询，山下人，详见晋江乌屿。

明隆庆惠安县令叶春及《惠安政书》载：

> 东为净山，锐而秀，亦名曰尖，奕以凤山、楼山，盖都之冠冕焉。长湖带之，南汇于海，据上游居之，鸡犬相闻也。

叶县令认为虽然净山高度不算高，却像是三十一都的一项官帽，因为有张岳以净峰为号，自然显得更有高度了。

绍兴之辩

守丧期间，张岳做了几件大事，第一件就是到绍兴与王阳明大辩论。

王守仁（1472—1529），原名云，更名守仁，字伯安，号阳明，学者称阳明先生。明成化八年（1472）九月三十日生于浙江余姚县城瑞云楼（今武胜门内寿山堂）。父王华，成化十七年（1481）状元，官至南京吏部尚书。守仁是弘治五年（1492）中举人，遍读朱熹遗书。为决疑虑，他"格"竹七天，无所得且罹疾，十二年（1499）中进士，十八年于北京与湛若水结为好友，同倡"圣人之学"。

正德元年（1506），刘瑾专权，矫诏逮捕戴铣等，守仁时任兵部主事，抗疏救援，要武宗大开忠诚正直之路，触犯刘瑾，受廷杖，贬为龙场（今贵州修文县治）驿丞。正德三年春至龙场，他自筑草棚栖身，悟到要达到格物致知，必须向自己的内心中求，不应该求之于各种事物（后人称"龙场大悟"），又创龙岗书院，为开化西南首举；次年应聘主府城文明书院讲席，始宣讲"知行合一"，学转陆九渊，渐自成体系；十六年初始于南昌揭示"致良知"学说，终完成"心学"体系。"无善无恶心之体，有善有恶意之动。知善知恶是良知，为善去恶是格物。"这就是《传习录》中记载的为王学继承人争论不休的"四句教"，是其主要哲学主张的概括表述，也是其学说大旨口诀。

六月王阳明升南京兵部尚书，九月归余姚，会74弟子于龙泉山中天阁，指示"良知"之说；十二月被封为特进光禄大夫、柱国、新建伯；此后六年许，因父亲去世回乡守丧，期满亦不被召用，专事讲学。

嘉靖四年（1525）九月王阳明在余姚中天阁讲学，门人300余；嘉靖七年十一月二十九日（阳历1529年1月9日）卒于江西南安青龙浦舟中，年57岁，葬绍兴兰亭洪溪，谥文成。

王守仁是中国哲学史上主观唯心主义的集大成者，又是教育家、军事家、文学家和书法家，著有《阳明全书》（又称《王文成公全书》）。

《明史》载张岳"自幼好学，以大儒自期，经术湛深，理学精粹，不喜干守仁学，以程朱为宗"，曾只身徒步到浙江绍兴与"公卿尽出其门"的年长20岁的王学大师王阳明辩论。一个是后起之秀，学饱才富；一个是一代宗师、大家风范。于是两人就如何理解知行之主旨展开辩论，三日没能取得一致意见。

在张岳致福建按察司副使郭持平的书信《与郭浅斋宪副》中可以知道张岳最后与王阳明论辩的高潮、结尾及焦点所在。从《与郭浅斋宪副》里面的四问四答中，我们可以知道两人的分歧。

要理解这场争论的中心焦点，其前提是要了解"明德亲民"的意思。

"明德亲民"来自儒家经典《大学》首句："大学之道，在明明德，在亲民，在止于至善。"《小戴礼记》（简称礼记）中的一篇，是系统阐述修身治国之道的一篇专论，北宋时，程颢、程颐将它与《中庸》从《礼记》中抽取出来，加上《论语》和《孟子》合称为"四书"。

也有人如此注释：

大学的宗旨，在于把内心本来具备的如日月一般光明的德行显明出来，在于使民众亲近归附，在于把无私无为的大道作为立足点、行动原则和最终归宿。

说解：

"大学"相对于"小学"而言。人生八岁入小学，而教以礼、乐、射、御、书、数——此六者可谓之"小六艺"，皆为应用性或技术性的知识技能。自十五岁而入大学，教之诗、书、礼、乐、易、春秋——此六者可谓之"大六艺"，皆为穷理、正心、修己、治人之道。所谓"大学之道"，就是修身治人之道。

"明明德""亲民""止于至善"，此为《大学》的"三纲领"。"明明德"是自我修养，"亲民"是推以治人，"止于至善"是合而言之而达到内圣与外王双修，达到天下太平。

"明明德"是使"明德"显现出来。人由天地而生，得日月之光，所以，"明德"是与生俱来的，只要这种明德不被外物遮蔽，就能保持善性。这种"明德"与天地日月一样无私无为，孔子说："天无私覆，地无私载，日月无私照。"所以，后天的修养并非增加自己的德，而是把与生俱来的心性充分发挥出来。能够借助于后天的修养使它不断扩充，就能使它显明于内心、照耀天下。明德被遮蔽就谈不到自我修养；明德不显明于天下，便达不到齐家、治国、平天下的境界。这是自我修养的途径。

"亲民"是推己及人，使天下归仁，使民众心悦诚服。这是君子从政的原则。"亲民"不是从政的君子自己有意亲近民众，而是像天地生养育化万物那样，不居功、不主宰，将自己修养之后的明德充分扩充，施展于从政的过程之中，从而使民众自然而然地归附，不把名利的诱惑与武力的压服作为首要的方式，不把自己凌驾于民众之上。所以，无论是君还是臣，都不应自高自傲、居高临下，以教化者自居，而应与民同其心。

"止于至善"是达到"至善"的最高境界。"至善"是什么境界？是天地无私无为的境界，兼融至刚至健、至柔至顺的境界。"善"还是有痕迹的，"至善"则如天地生物而无言，已无善恶之痕迹可寻。"止"本来是指脚趾。脚趾有站立的功用，所以可以引申为立足点；脚趾有行走的功用，所以可以引申为行动；行动必然先要知道方向，所以可以引申为最终归宿。君子无论是修身还是从政，都需要立足于至善，以至善为行动原则，使至善普及于天下。这也就是"内圣"与"外王"兼备的境界。

王阳明认为"明德"与"亲民"是一回事，不是两回事，"明德"就是"亲民"，"亲民"就是"明德"。要弘扬"孝"的道德规范，必定要敬爱孝顺自己的父亲，尽自己做儿子的责任和义务；要弘扬"忠"的道德规范，就一定要忠于自己的君王，尽自己做臣子的责任和义务；要弘扬当弟弟的道德规范，就得尊敬自己的兄长，尽自己做弟弟的规矩。不是"亲民"之外还有另外一个叫作"明德"的东西。只要"亲民"功夫做得好、做得透彻，自己的道德水平就自然会体现出来了。

王阳明的观点实际上是把理论与实践割裂开来，认为认识在先，实践在后。其思想根源出自他的"知行合一"论。如今很多人从字面上将"知行合一"理解为言行一致、理论认识与实践相统一，却是误解了王阳明的本意。

彭运辉先生对这一理论的分析比较中肯、辩证：

王阳明的思想中典型的是知行合一。他首先强调人的活动是有目的、有意识的，即他说的"致良知"，但如何使人的主体与客体联系起来呢？王阳明主张"求理于吾心"，即"知行合一"。他用主体包容了客体，将客体的独立性、自然性和物质性否定了。对于行他解释道："凡谓之行者，只是着实去做这件事。若着实做学问思辨工夫，则学问思辨亦便是行矣。学是学做这件事，问是问做这件事，思辨是思辨做这件事，则行亦便是学问辨矣。"所以，王阳明的"行"范围很广，包括了学、问、思、辨，这在《中庸》里是"知"的四个侧面，在王阳明这里合一了，因为他模糊了两者的界限。

王阳明进一步提出，人的"一念发动处即是行"。这实际上是取消了真正的"行"，所以，明末清初的思想家王夫之（即王船山）批评他"销行以归知"。

王阳明这样用意念代替"行"也有合理的方面，他要人们树立一种信念，在刚开始意念活动时依照"善"的原则去做，将不善和恶消灭在刚刚萌发的时候，这也叫"知行合一"。所以，对"知行合一"应该全面理解，这样才能正确评价。

张岳则认为"明德"与"亲民"不能等同，是有明显区别的，人总有理论与实践相脱节的时候，不可能完全履行自己的道德观念与道德操守，所以"必戒谨恐惧"，也就是要慎独的意思。人们的许多日常行为，虽然出于自己习惯性的道德准则，但并不是为了"亲民"这个出发点才这样做的。

今天看来，这场争论有点莫名其妙，不知所云，但在封建时代可以说这却是一件非常严肃而重大的理论话题与最高的道德问题之一，是张岳不可不认真、慎重对待和分清的大是大非问题。因为从道德的角度来讲，对普通百姓的要求与对封建帝王的要求是大不相同的。平民百姓可以不管"明德"与"亲民"有什么不同，两者是不是一分为二，或是合二为一。而对封建帝王的要求就不一样了。对封建帝王来说，是弘扬帝王的"明德"思想，关键就是要体现在"亲民"这一方面，用今天的话来说就是要关心天下百姓，君王对黎民百姓要"亲"，百姓和臣子对君王要"忠"。如果把"明德"与"亲民"混为一谈，就会模糊对不同道德层次和对象的要求，造成"君不君，臣不臣"的恶果，动摇了《大学》之道的根本。所以张岳认为王阳明的学说说来说去还是脱离不了程朱的理论体系，完全不必自己另外生造一个新名词、炒作一个新概念来惑众、来增加人们理解上的困难。

由于两人所辩论的内容在今人看来非常晦涩，我们暂且不作更详细分析。何乔远在《闽书》卷之八十九《英旧志张岳传》中为后人留下了一句非常关键的话："文成摘驳朱氏语数十，岳言：'朱何可毁也？间纵小异，奈何并其大而疑之？'既别去，文成曰：'子亦一时豪杰，可畏也。亡奈旧闻缭绕矣。'"

这句话说明了三层意思：

其一，表明张岳并非一味顽固地、主观地全盘接受朱子的思想，而是认同王阳明对朱子语录中片言只语的驳斥。

其二，王阳明也佩服张岳的真才实学，不能不认同张岳的观点，故称赞张岳是"一时豪杰，可畏也"！这出自一代宗师之口，是相当不容易的，也可以说是非常罕见的。

其三，表明二人的根本分歧在于其思想体系，也在于其思想方法。在张岳看来，即使朱子的某些观点有误或不全面，也不能以点代面、以偏概全，就此全面否定朱子学说的总体价值。而在王阳明眼里，张岳虽然是值得敬畏的"一时豪杰"，但是他的思想体系总体上说都是陈旧保守的，被程朱"旧闻"所缭绕，接受不了新思想。这是点上表扬，面上批判，在他眼中自然也是不足取的甚至是不可救药的。

张岳批评王阳明有一句话很有分量："王氏讳穷理、任良知，安知亡？或指人心为道心、气质为天性者。"

张岳认为，王阳明片面地强调"良知"、只强调自我感觉的一面，却忽视了努力求索事物原理的一面，忽略了对事物本质的分析与探索。用今天的唯物主义观点来说，王阳明是强调意识第一性，物质第二性，与张岳完全相反。这是张岳根本无法认同的。这不仅是思想方法论的分歧，也是思想价值观的分歧。这就注定了两人在今后思想道路上不可化解的分道扬镳和各自的人生追求。

之前，几乎所有怀有疑问去找王阳明求教的，包括几个有较高水平敢与之辩论的，都全部拜服而成了王阳明的学生和门人。唯有张岳是个特例，是大明朝嘉靖年间独一无二的未被王阳明所折服的程朱弟子，因而这次辩论也就有了非凡的意义。

张、王之辩最后以王阳明理屈词穷，尴尬地干笑而无以回应，勉强夸奖张岳"你也称得上当代的豪杰，后生可畏"而告终。两大门派这次历史的碰撞如彗星般闪耀于明朝的天空，故被载入史册，时人评论守仁以名胜，张岳以实胜。

可以说，这是张、王一次才智的较量，是闽浙两省的一次文化交流，是以儒学正统地位而居的程朱理学与独创一派的阳明心学的一次正面交锋，是明代中国思想界哲学界客观唯心主义与主观唯心主义之间一次最直接的短兵相接，是理学与心学两大学派继南宋朱熹与陆九渊江西铅山鹅湖之辩（也是三天）后又一次历史性的论争。这次论辩表明张岳是程朱理学的坚定捍卫者，也说明张岳理学根基的扎实和深厚。因为张岳本是要当一名学有专攻的学者，至于以后朝廷老是把他当作武将和元帅来用，则非他本意。

正是有了这一次交锋，张岳以后对王阳明很不认可，批判他是欺世盗名之徒。客观讲，在今人看来，王阳明的学说对后世的影响是非常大的，故有"王学"之称。这主要是因为他的思想是在旧理学基础上有所创新，自立门派。《明史》评论"终明之世，文臣用兵制胜，未有如守仁者也"。其实在用兵方面，张岳却毫不逊色。所以清末翰林福建莆田张琴对两人有过一段评论：

> 明世以儒臣建立功勋者，惟王阳明与公二人。阳明生擒宸濠，公屡平蛮峒，皆文人而知兵者也。然姚黉之学主"良知"，公之学独宗程朱，以"践履笃实"为主。公诋阳明，讲学不为之下。二公学派不同，而建树勋名，名昭垂史册，所谓"君子和而不同者"，非耶？（见重刊《张襄惠公文集序》）

而在明代，这场争论就在全国的理论界和哲学界产生了重大影响。所以全国不少官员、学者都不约而同地把此事记载入史书。

明邓元锡《皇明书》之理学传：

> （张岳）学以宋大儒程、朱为宗，尊信《传》《注》，出入以度，见一切谭说性命，皆指为"笼罩"，排之甚力。一时圣贤，莫之屈也。作《学则》，首以"存养之要"，继以"动作礼仪威仪"之节，而求端"未发"以之为本，曰："心才静即觉清明，学须静多于动。至动而未始不静，庶矣。"

明嘉靖四川参政郑世威《恭介奏议》：

> 泰和罗钦顺、惠安张岳，亦称贤士大夫，皆与王守仁同时讲学，两尝指击其说。盖守仁以名胜，钦顺、张岳以实胜，《困知记》《小山类稿》可考也。

明王应山纂《闽大记》张岳本传：

岳学宗程、朱，严辟姚江（指王阳明）伪说，惟以穷理实践为务。

明隆庆南京兵部侍郎耿定力《耿司马定力祠记》：

公之学，以戒慎立本，而不恃知觉；以穷理居要，而不事笾豆；以实践为归宿，而不侈讲论。本末次第，较然不疑。公于文成稍晚出，然犹及上下。其论虽所入之途辙稍异，而其诣有实地，旋有实效，则不可以轩轻论也。

明万历四川提学副使骆日升撰《镇粤楼特祀碑》：

时良知之学满天下，而独襄惠公弗是也。尝见文成公，辩论往复不肯见诎。文成高足弟子双江聂公语："公诚豪杰，顾无奈旧闻缠绕，何也？"公笑曰："吾尊吾所闻足矣。"

清著名思想家黄宗羲《明儒学案》卷五十二《诸儒学案》中六《襄惠张净峰先生岳》：

先生曾谒阳明于绍兴，与语多不契。阳明谓："公只为旧说缠绕，非全放下，终难凑泊。"先生终执先入之言，往往攻击良知。其言："学者只是一味笃实向里用功，此心之外更无他事。"是矣。而又曰："若只守个虚灵之识，而理不明，义不精，必有误气质做天性，人欲做天理矣。"不知理义只在虚灵之内，以虚灵为未足，而别寻理义，分明是义外也。学问思辨行，正是虚灵用处，舍学问思辨行，亦无以为虚灵矣。

清查继佐《罪惟录》卷一九《武略诸臣列传》张岳本传：

《明史》论曰：净峰武功，与王文成埒，皆以讲学得之，似不足低昂其所守。"笾豆荒诞"，语似太过。然不上一钱政府，而身名故全。文成没身，议其后者多矣。

耿定力认为张岳的理论特点是"以实践为归宿"是相当有概括力的。这正是今天我们依然肯定其理论精华符合唯物主义观点的价值所在。

如果说张岳起先只是对阳明学说"不能释然",那么到后来便已经从"不能无疑"上升到了指责阳明之说"为蔽也滋甚",进而发展与王学批判论者并肩笔伐的路径上。

从绍兴回来之后,张岳在净峰草堂继续钻研学说,也许是觉得意犹未尽,张岳还编撰了《圣学正传》及《载道集》(今已失传),时间也是在见王守仁辩后所辑,还制订了《草堂学则》二十条:

> 首存养而继以动作威仪之节,列北壁,朝夕省克,曰:"仁,人心也。"吾夫子论为仁曰视听、曰出门使民居处执事,与人皆就日用亲切处,指示下手工夫,不在另寻一个浑沦之体自名心学也。

《草堂学则》一作《净峰草堂学则》,包括存养之要(凡四条)、威仪动作之节(凡十七条)、杂言三十四条。《钦定四库全书总目》如此评价:

> 史称岳博览,工文章,经术湛深,不喜王守仁学。今观集中《草堂学则》及诸书牍内辨学之语,大都推阐切至,归于笃实近里,盖有体有用之言,固与空谈无根者异矣!
> 总纂官臣纪昀臣陆锡熊臣孙士毅总校官臣陆费墀

《草堂学则》主要摘取自《孟子·牛山》以下诸篇及《礼记》之《曲礼》《少仪》《玉藻·九容》。张岳深受孔孟儒家学说的影响,对礼教尤为看重。在张岳眼中,遵守封建礼教是立国之本,是维护封建王朝秩序至为重要的理论基础和行为规范。所以他从古代教科书《礼记》四十七章节中仅选取了三章节中部分通俗易懂的内容,辑为自己言传身教的专用教材,来大力推行和实践,防止年代一久,学子被歪门邪道所蒙蔽。

"动作威仪"出自孔子的《春秋》。孔子在《春秋》中对此理论作了充分的发挥:"刘子(刘康公)曰:'吾闻之,民受天地之中以生,所谓命也。是以有动作礼义威仪之则,以定命也……'"

这段话全面发挥了儒家的道德本体论。孔子将礼视为天地之经义,将礼乐与性、命联系起来,提到本体论的高度,并把自然天地之道作为仁义礼乐存在的合理性与必要性的依据,这就为儒家理论建立了最高的依据,哲学的基础。

张岳的《草堂学则》,弥补了阳明心学在修养过程中忽略外在行为规范的不足,反映了张岳以外巩内、内外合一、理论与实践要相结合的辩证观点,对阳明心学来说,应是一种纠偏。

回到净峰草堂的这段时间里,张岳勤奋学习,博览群书,对各种学说和知识无不窥探,昼夜都制定了自己学习的计划和课程。至天文兵法、稗官野史,张岳亦不漏过,即使连带涉及,他也要亲自校正。正是这段内功的修炼,使得张岳学富五车,文武双全,为日后报国尽忠打下了扎实的根基。可以想象,从小以大儒自期的张岳,站在海拔不到百米的净峰之巅,应是一种"居庙堂之高,则忧其民;处江湖之远,则忧其君"的心态;应是身在故乡、志在五岳的抱负。此后,带着故乡人民的重托与厚望,净峰作为一道护身符、一副历史的行囊伴随着张岳度过三十年的戎马生涯和坎坷仕途,一次次化险为夷,屡建奇功,威名远播。而净峰之名也日夜伴随着张岳响彻大明王朝,响彻大半个中国。连《四库全书》编者纪晓岚等亦感叹张岳"以礼忤张璁、继忤夏言、忤严嵩父子,而卒得以功名终,盖有天幸然。其刚正之操,天下推之"。

当张岳还在净峰潜心读书之时,他的年友聂豹于嘉靖四年(1525)出任福建道监察御史,并到泉州视察。按照老规矩,御史出行泉州,没有与泉州府官员会面办公之前不得会客。可是聂豹一到惠安,就先来拜见张岳,说:"像净峰公你这样的朋友,就是一日见面十次,又怎么会嫌多呢?"与聂豹同行的还有同年友、福建按察司副使郭持平(号浅斋),两人均亲自到张岳净峰草堂中拜访,互相交流,考证得失对错。

聂豹(1487—1563),字文蔚,号双江,永丰双溪(今永丰县佐龙乡聂家村)人。嘉靖四十二年十一月初四日卒于家,享年77岁;隆庆初(1567),赠少保,谥贞襄,赐祭九坛。

聂豹,正德十二年进士,授直隶华亭县(今上海市松江县)知县,嘉靖四年迁为福建道监察御史,不久被差往应天等地稽查马政,后又巡按福建、知平阳府、陕西按察副使。嘉靖三十二年,升为兵部尚书。

聂豹受业于王守仁之门，精通格物致知之学，在江右王学中占有重要地位。为了传播王学，培养人才，他每到一地，都要兴办学校，亲自讲学，弟子遍布吉郡、姑苏、八闽、三晋。

郭持平，江西万安人，张岳同年进士。

聂豹和郭持平这趟泉州之行有着共同目的，即欲在福建推广和传播王氏心学，扩大王氏影响。为了达到这一意图，两人找到了一个突破口——浩然亭，即一峰书院堂名，也就是泉州一中的前身，与晋江县令钱楩三人"协议而趣成之"。这是聂豹创建一峰书院的根本目的。

其中背景之一就是聂豹与罗伦同是永丰县人。于是泉州知府顾可久、晋江知县钱楩、通判李文、推官徐照等人，把原泉州府治东北处罗一峰经常讲学的净真观改建为一峰书院，以纪念泉州提举市舶司罗伦来泉在此聚徒讲学的"过化"之功。

虽然当时"王学满天下"，但是在泉州却受到异常的抵制，几乎是水泼不入，没有多少市场。相反，因为泉州当时就是福建朱子理学的传播中心，一峰书院建成后，自然成了以蔡清为首的泉州理学"清源学派"的据点和传播中心，也是福建理学界的主要基地。以后外省的人谈论福建理学，必定以泉州为代表。这是聂豹所始料未及的。当然，聂豹也不是一无所获。他起码也"策反"了一个蔡清的门人，挖了"清源学派"的墙脚，让晋江人黄明改换门户来投靠他。这对聂豹来说多少是个安慰，否则面子就丢大了。

聂双江与郭持平这趟来泉州与张岳的一番学术争论，可以说是张岳与王阳明绍兴之辩后的余波。

聂豹任职巡按是从嘉靖六年（1527）开始。从宋仪望撰《明荣禄大夫太子太保兵部尚书赠少保谥贞襄双江聂公行状》中可知，聂豹真正到任则是在戊子年春即1528年春。所以张岳在信中称呼聂豹为聂双江巡按。

虽然聂豹才加入王阳明门下不久，但他与郭持平仗着福建省官员的身份来推广、宣传王阳明学说，在行政资源上自然占有几分优势。如果说张岳与王阳明交锋是第一回合，那么与聂豹、郭持平的交锋就成了第二回合。而聂豹离泉后，张岳与聂豹的争辩还意犹未尽。此后又与他以书信切磋了好几个回合。这从张岳三次《答聂双江巡按》信中便可知。

第一封信，张岳重点阐述自己对程、朱"格物"的理解，批驳了王阳明"致良知"的迷惑性和危害性，就好像墨子和乔达摩（即如来佛）思想的主要"病根"在于"无君无父"一样。如果不求甚解，或一知半解，不下切身工夫，只是笼统地以"良知"来掩饰，将陷入只会"虚张声势，恐吓威胁，不能自圆其说，只会左遮右盖"的境地，这对于搞学问也好、做人也好，最后都会导致误人子弟、误入歧途。这实际上是在以自己的亲身体会不点名地批评其师父王阳明。第二封信中张岳同样提醒聂豹"其弊病祸害将至离经叛道，大为社会道德之害，不能不引起人们深深的忧患而事先加以预防"。张岳已经敏感地预见到王阳明的心学一旦在社会推广被年青一代所接受，将会造成极大的社会危害。

《答聂双江巡按二》是张岳对聂豹畅谈自己质疑当时文学界"文必秦汉"的独特观点，其时间在嘉靖"唐宋派"领袖王慎中之前，故张岳堪称唐宋派崛起之前明中期文学提倡唐宋散文的先驱。张岳开头即批评了"大抵当今之谈论文章者，必谈秦汉时代，以现代为可厌"的不良现象，明确指出存在着"暗郁不章，烦复无体"的缺点，认为当代学者如果一味钻牛角尖，奔走于谲诞险薄之域，还不如浅近平易便于理解为好。

张岳认为：

> 三代而下，数圣人之经，秦火之后，人自为说，至程、朱始明矣。虽其言或浅或深，或详或略，然圣人遗意，往往而在。学者不读之则已，如其读之也，岂可不深造而致其详？详读古人之书，而有得其深浅详略之所存，意有未安，姑出己见为之说，期于明是理以养心而已矣，不在创意立说，以骇人耳目也。有是心，而言又未或当，其自蔽也甚矣。
>
> ……此类得失，本无足辨，然场屋去取，学者趋向系焉。新学小生，心目谫薄，一旦骤见此等议论，必以为京师好尚皆如此，其弊将至诡经叛圣，大为心术之害，有不可不深忧而豫防者。

张岳将反对"文必秦汉"的思想与主张深造程朱理学、抨击"心学""诡经叛圣，大为心术之害"的深忧是联系在一起的。他认为阳明"心学"背叛程朱理学、对思想界造成的混乱才导致文学界奔走于"谲诞险薄之域"的困境。这种思想深度远比王慎中洞悉"前七子"之文学创作"文必秦汉"的弊端深刻得多，时间也更早得多。反过来说，王慎中之所以后来能够成为"唐宋派"领袖，得益于张岳的学术思想与文学理念对他的启发是无疑的。这正是王慎中特别推崇张岳的根本原因。因此，张岳的《答聂双江巡按二》将成为研究明中期文学创作理论的重要文献，验证何乔远《闽书》卷八十九张岳本传及《明史》张岳本传关于评价张岳"自负正、嘉两朝文第一"并非夸张之言。

第三封信则是对张岳编写"《净峰草堂学则》""存养之要""动作威仪""杂言"之动机及过程的绝妙注释。同时也表明张岳对孔子"仁"思想的学习心得体会是"皆就日用最亲切处指示人下手工夫"。意即从普通的日常生活中的行为动作规范做起，从视（眼睛）、听（耳朵）、言（口）、动（手脚）做起，从我自己做起，从小事做起，而不是像王阳明那样强调凡事问之于心，问之于良知。所以说张岳已经领悟到了孔子和程朱学说的精髓，故撰《净峰草堂》以实践之。

王宣是一峰书院的首任山长，今称校长。他与陈琛、张元玺、李墀号称泉州四君子，与张岳的父亲张慎是同榜举人。

王宣号一曙，以举人身份载入《明史》列传第一百七十儒林一，这在全国也是相当罕见的，非有精湛博学的超群学术知识不可。

王宣去世后，张岳继任山长，时为嘉靖八年己丑（1529）。张岳相当怀念王宣。在《小山类稿》卷八书三《与陈紫峰同年》的书信中，张岳还交代陈紫峰要为王宣遗稿刻印出版。

张岳出任一峰书院山长，与他的反对王学是有紧密联系的，是与王阳明办书院传播其心学针锋相对的举措。他的动机及忧患意识在其《杂言三十四条》中已表达得相当清楚：

> 学者当就日用应事、七情所感民处，深察夫气习之偏，而讲学以克治之，然后德性冲和，义理充畅。不然，偏之为害，将流为诡谲粗犷，其患有不可胜言者，不可不察。

张岳要以一峰书院为阵地，与王阳明相抗衡，纠正心学给学者、士子乃至官场带来的偏颇。李光地在《重修蔡文庄先生祠序》中说，其时王阳明心学大盛行于东南各省，但是福建学者和士大夫却并不买账，更不遵从，挂靠于王阳明弟子名录者几乎没有一个。这都是因为福建人更熟悉福建学者，遵守蔡清学说，实践规矩，而不是虚张声势、浮夸自吹之辈所能窃夺。这段评价对张岳同样适用。

当年一峰书院的更加具体的教学内容及教学方式不详，但从张岳给聂豹的信中却可以略知一二。

张岳反复强调，如果不从日常所用最平凡普通之处下手，使之有所坚持遵循有据可守，并互相劝戒勉励，使之逐渐有所得，而只是以含糊不清的浑沦笼统之语来告知之，则恐怕听者未必能够理解我的意图。

他不但主张要学习古代礼仪，而且强调要通过日常生活的实践来强化学生们的意识，从小事做起，从身边事做起，做到言行一致，身体力行，而不是通过强化自己的意识来约束自己的行动。所以张岳从《礼记》中选择《曲礼》《少仪》《玉藻》中所记动容威仪之节，逐条掇出，相与讲明而服行之。坐时、行时、立时、拜跪时、独处时，至应事接物时、提掇精神，常常照管，目的在于使其精神面貌无时而不庄敬，动作无时而不保持遵守，让礼仪成为其学生的日常行为规范，成为其学生时刻不可离身的一个有机组成部分，使学生们成为一个合格的知书达礼的正人君子。这样做同时也便于同学间的互相监督，即使稍有放肆失礼，则朋友同学之间也会指其不足规劝纠正之，使理论与实践、教学与应用合而为一。其可操作性是显而易见的。

可以说，一再重视实践、强调实践对人对事物的认识与修养的重要性，是张岳与过分强调心学之"良知"，即主观认识的王阳明之间的根本区别。在张岳看来，这才是真正的"知行合一"，而不是像王阳明所说的"知"即是"行"，以"知"为"行"，以"知"代"行"。张岳认为"知"与"行"是两码事，不能以"知"来代替"行"，不能以认识来代替行动（实践）。"知"最终还要靠"行"来落实，否则就是一派空言。这就是张岳创建净峰草堂培养学生的动机与目的，也是他在泉州一峰书院任山长时推行和倡导的教育思想和哲学理念。

因此《耿司马定力祠记略》中对张岳有一段非常深刻的评价："公之学以戒慎立本，而不恃知觉；以穷理居要，而不事笼罩，以实践为归宿，而不侈讲论本末次第……"所以《泉州古代书院》在谈到泉州古代书院的教学特点时记："明代有何乔远、张岳、顾珀等人，都是当时著名的学者，是朱子学说的研究者与传播者。他们不仅积极创办书院讲学，而且把理学研究与讲授结合在一起。他们研究的方向和内容，也是他们建书院、进行教育和教学活动的方向和内容。"

想当年王阳明尚无法让张岳屈服，而聂豹就更不用说了。所以聂豹无奈之下，只是对张岳说："您真正是一名豪杰，只是被旧思想所缠绕，这是为什么呢？"而张岳则笑着回答："我尊重自己所学到的知识就足够了！"

对张岳与聂豹的这段争论，时人惠安进士李恺在其所撰《少保襄惠张公传》中有段评论，认为张岳所回复尚书聂豹的书信，辩论王阳明浑沦笼统之错误，让他回归承认孔孟程朱理论关于求仁之训示、知行、体用、持敬、分殊合一之道理。张岳所摆出来的证据，真的让人听后欣然醒悟。

因此明代同安金门人、万历十七年（1589）进士、南京光禄寺少卿蔡献臣评论说，明正德间丁丑榜，我们泉州府被视为录取得最出色，因为有学宪公陈琛、襄惠公张岳、大理寺丞林希元。这三位先生皆精通于经学，以文章气节名噪一时。虽然三人所发挥作用不同，生平遭遇也各不相同，却都非常为饱学之士所尊崇，称赞他们是我大明朝第一流人物则是一致的。

聂豹一手促成的一峰书院成为福建朱子闽学的重要阵地，泉州成为福建乃至全国的易经研究中心，与他的初衷是大相径庭的。

因为旁有石如梅花之瓣，故一峰书院又别称梅石书院。现梅花石保存在泉州一中西侧，保护完整。陈琛当年作有谒祠诗一首：

牛山须禁牧牛羊，藏久良弓要力张。远大也须甘淡泊，元微亦只在平常。

悟来始信无名语，老去方知有故乡。敬起一峰吾敢问，定行白水答清浆。

与聂豹的争论结束后，张岳撰《一峰罗先生书院记》。

故翰林修撰罗一峰先生，初入仕，即上疏数千言，论大学士李公不当起复，落职提举泉南市舶司。未几召回，守资南都，即浩然弃归。天下既闻其风而高之。比归，杜门讲学，不以世事屑意，而尤严其节于辞受取舍之际，俊伟明白，必欲得其本心而后已。故久之而天下益信服焉。

嘉靖己丑春，按察副使万安郭公持平，巡历至泉，以先生尝谪居于是也，而尸祝之典未举，维时郡守顾侯可久以入觐去，乃谋别驾李侯文、节推徐侯照，得城北丛祠一区，请于巡按御史聂公豹。斥去昏淫之鬼，因旧材，稍易蠹坏，悉以坚良。以三月朔日，率郡之人士，奉先生神主而舍奠焉。既又治其斋居讲堂，下及庖湢之属，凡为屋四十间有奇。择士之有志者居之，延乡进士王宣颛职其教。是夏，顾侯及晋江尹钱某至自京师，则教士续食之法，讲求益备，而书院之传，可以久而不废矣……

《一峰罗先生书院记》记录了当年书院创办的历史缘由、办学目的与办学规模，为后世保留了一份有关明代泉州教育史的宝贵资料。文中内容更多的是表达张岳对状元出身的罗一峰先生刚烈气节的敬仰之情，对罗先生"唯求得其本心"、不"迁就于功利"、"宁终其身困约，而不肯少贬以徇流俗者"之贤者作风的深切体会与思想共鸣，以及对罗一峰不幸遭遇的慨叹与同情。

张岳的《一峰罗先生书院记》发表后，当年那个晋江学生张冕非常钦佩，认为这才是正宗的学说，又来求教于张岳，后来中进士，嘉靖三十五年为桂林同知，后官至广西右江参议，为徐阶所赞赏。《闽中理学渊源考》卷六十四之《参议张庄甫先生冕》载：

> 张冕，字庄甫，晋江人，尝读张净峰所作《罗一峰书院记》"推本于不欲不为，为得其本心"，辄叹曰："此正学也。"嘉靖十九年登乡荐，二十六年成进士，知乌程县，迁桂林府，擢湖广参议，迁广西参议，分巡右江，寻报罢。
>
> 冕通籍二十余年，名节自砥，视权门若浼，视污吏如仇；所至养老存孤，设木铎，行乡饮酒礼，凡古人教民之具，皆实意推行之。考功注冕"一介不取，百折不回"。司空刘麟每贻书必称"孝廉"，目为铁汉。盖生平仰止净峰，故其行事亦略与相类。（旧郡志、新郡志、闽书）

王慎中《浩然堂问答序》载：

> 浩然堂者，罗一峰先生书院堂名也。书院以祀先生而待学者。堂之

命名，盖推仰先生之能养浩然之正气，且以示来学，使知所尚也。书院之创，实聂双江公以侍御按闽，宪使郭浅斋公协议而趣成之。是时，聘王一曜先生、张净峰公主教事，学者彬彬兴起向风……堂左有净峰公所为记石岿然在。读之，使人有省也。

王慎中（1509—1559），是中国文学史上明中期的著名文学家，字道思，号南江，又号遵岩居士，晋江安海人，后迁居泉州城内。王慎中少时从蔡清高徒易时中学习，18岁就高中明嘉靖五年（1526）进士，这在全国都是极其罕见的；初授户部主事，十年（1531）改任礼部主客司员外郎，时张岳就是他的顶头上司主客司郎中。王慎中升河南参政时未能曲意奉承、巴结上司，被当时首辅大学士夏言所恶而落职。是年，王慎中仅33岁。

他在文坛上独树一帜，与毗陵（今常州）唐顺之齐名，有"晋江王，毗陵唐"之誉，在中国文学史上世称"唐宋派"，是"唐宋派"的主要代表人物。

王慎中对张岳相当佩服与敬仰，两人的感情是相当深厚的，而不仅仅是一种单纯的同乡之情。此外，王慎中与张岳的堂叔张悌、长乐的郑世威、南安的洪廷实（张岳亲家洪廷桂弟，后任贵州铜仁府同知）、晋江蔡清子蔡存微（后任广州府东莞知县）均是嘉靖四年同科举人。王慎中后来成为明朝中期"唐宋派"的文学领袖和"嘉靖七才子"之一，应是受到张岳崇尚唐宋文风的影响和启发的。这可以从王慎中给张岳的书信文章中看出端倪。《小山类稿》序又名《张净峰公文集序》就是王慎中所作，见万历十五年《小山类稿选》卷首：

予观御史中丞张净峰公文集，叹绝学之在此，而慨其道之不大行。然其功烈之震曜，德义之彰明，则卓然一出于学术矣。公仕虽尊显，然不得在朝廷，常握节授钺，以征伐戎夷为事。荆、粤、滇、蜀，穷四履之所至，禹、益之所徐俟而后格，方叔、召虎所为声罪致讨而后服。以威以怀，倍有其劳，而并著其绩。东驰僰道，西控象郡，兼东西二方之南，延袤数千里之间，皆诸葛武侯瘴瘵仅平之地，谓公为今之武侯，非欤？自诡管、乐，宜非公本志之所存也。

公之学，上据六籍，旁括百氏，流略泛该，而本统不紊，细而不可不陈者数，粗而不可不守者法。详讲而精择，博取而约受，折衷诸儒之传，贯穿历代之变，意不能匿乎其言，而名必适乎其义，支辞曲说，不摈自黜。叔末之制，踵袭寡陋，溯推源派，知古人之治，必可施于今。信乎可考正于王道者矣。盖武侯之学，究于用矣，而当衰运崩析之际，其时不逢，施之卒不究。公之生，有其时矣，而不得立于朝，其道亦卒不究于用，皆今昔之大概也。

公平生嗜书，自少至老，未尝一日舍书以间断。其在兵间，卷不去手，潜思力索，弥久不倦，与独观大意所读之方异矣。故能笃信固守，不为异术小道所乱，而免于不纯之弊也。就其文观之，气象宏裕而敢发时见，法度谨严而豪纵有余，如山岳之为重，河海之为涵，出云兴雨，姿态百变，怒浪悠波，伏起靡常，使人喜探乐玩，而阻高避深，又足惊悼惮畏，自失其所观也。观其文，亦度几得其所以为人欤！

公之弟兵部君维直氏，刻公斯文于家，而谓余序之。夫功烈、德义，难以兼有文章，此公之独盛于今人也！

文之合乎道，而功烈、德义由是以出，尤公之所以为盛也。予帮特着之，以待斯集者考论焉。

嘉靖三十五年，岁在丙戌秋八月既望，赐进士出身、大中大夫、河南布政使司左参政、郡人遵岩王慎中顿首谨撰。

王慎中对张岳的敬重还体现在其《遵岩集》中，对自己与张岳等人的交情并得到他们的赏识而引以为荣，对张岳的文学才华相当敬佩，甚至即使此前在评价陈琛、林希元和张岳三人时对张岳特别推崇而引起张岳的一度误解甚至是反感，也依然坚持自己对张岳的高度评价：

始丁丑榜得士，吾郡最有名。给事史笋江公于光，今金事林次崖公希元、中丞张净峰公岳，与先生（指陈琛）并以经学为海内巨工。

张公尤号为闳博而杰于文。给事公淡于仕进，与先生同趋好，滞一官以卒。金事公喜事功，龃龉于世，迭起迭仆，卒无所就。中丞公方据融显事功，为一时绝出。然林公悔其颠踬，张公亦以酬俗成务为多忧，而恨道之难行，未尝不高先生之决而慕其清也。

某生最晚，犹及侍言于给事公。林公、张公，皆辱俯与为友，忘其年辈之后也。谬学乖驳，与二公有所往反，二公不以为是，予犹谬自信，且不揣而思有以易二公也；独不及事先生而请其说，然以二公推之，知其不予是，而予亦宜无以易先生也。然而知先生之心而能言之者，某则不敢让也。

当聂豹于嘉靖九年庚寅（1530）四月到苏州任知府后，因受到诽谤，加上身体有病而萌生退意，负气上疏要求辞职，在尚未得到批准的情况下就准备擅离岗位打道回府。去探望他的张岳，离开后还是不放心，第二天又去信劝诫，为他分析利害关系，出谋献策，详见《小山类稿》卷七书二《与聂双江苏州》。两人虽然属于不同的理论派系，但却是至死不渝的铁哥们。

张岳反对王阳明的所谓"知行合一"论还体现在他《答参赞司马张甬川》一文：

> 向蒙示以"近时学术之弊，曰无理学，无心学"者，剖判明尽，承教多矣。
>
> 夫为学之道，以心地为本，若真所见谓心者而存养之，则其本体固自正。然非体察精密，义理明晰，有以备天下之故于寂然不动之中，而曰心得其正者，未之有也。近时不察乎此，纽捏附会，恫疑虚喝，既不知有义理工夫之实，而亦安识所谓心体者哉？其团合知行，混"诚"、"正"于修、齐、治、平，而以"心"字笼罩之，皆谬为大言者也。某之疑此久矣。朋友间一二有志者，皆相率而入于此。无可与开口者，又恐徒为论辩而未必有益，故于门下每倾心焉。
>
> 窃又思，近时所以合知行于一者，若曰"必行之至，然后为真知"，此语出于前辈，自是无弊；惟其曰："知之真切处即是行"，此分明是以知为行，其弊将使人张皇其虚空见解，不复知有践履，凡精神之所运用，机械之所横发，不论是非可否，皆自谓"本心""天理"，而居之不疑。其相唱和而为此者，皆气力足以济邪说者也，则亦何所不至哉！
>
> 此事自关世运，不但讲论之异同而已。凡此皆欲质正于左右，而其所望于左右者，甚重且切也。

参赞司马张甬川即张邦奇（1484—1544），字常甫，号甬川，浙江鄞县古林镇张家潭人，是原兵部尚书张时彻的侄子，弘治进士，嘉靖初当过福建提学，官至礼部尚书，卒于南京兵部尚书任上，赠太子太保，谥文定；著有《张文定甬川集》。明代巡抚兼总兵时称参赞司马。

张邦奇以涵养为功，以周敦颐、二程、朱熹之学为宗。他指责王守仁是"为异论者"，认为其"一直要将六经视为糟粕，摒弃程、朱诸子之说，置而不用"，和张岳属于同一条理论战线。

张岳抨击王阳明的学说是"恫疑虚喝""谩为大言"的邪说，"以知为行"，忽略了实践出真知这个关键环节。他强调自己和王阳明的学说观点不是一般的不同，而是关系到国家命运和人世间道德标准的走向，不可以等闲视之。他认为，北京朝中大臣不再坚持真理和正气，风气大变，其恶果正是由于王学的时髦和流行而引起的。这就是他说的"率兽食人"。这篇文章可以说是张岳理学观点的代表作之一。

在写给明弘治九年（1496）进士，仕止兵部右侍郎的黄衷（1474—1553）的《矩洲文集叙》中，张岳称赞黄衷《矩洲文集》"雄浑而不浮躁，详赡而有准则"的唐宋传统风格，肯定"其辨析事情，该贯物理，至于是非邪正、兴衰理乱之际，反复恳切，务为实用"的踏实文风，同时批评了今世从事写作捉刀之士，类似以难读不易理解为功夫，明确指出其弊病，表面华丽实际无用而缺乏滋味；其荒诞者，则又指摘头绪，超然于言语文字之表达，以自附于所谓心学者。其技术越高，其徒有其表投机取巧歪曲篡改的恶习就越厉害。

由此可见，张岳对王阳明学说从思想界、理论界、学术界的消极影响扩展到文学界是极其反感和担忧的。他主张文风要端正，文字要通俗易懂，"务为实用"，要切合实际，为社会和生活服务，不要造作，以"难读不易晓为工"，不要盲目模仿秦汉时期的学风来故作深沉，不要以追求"心学"为时髦来蒙蔽和误导大众的文学创作。显然，张岳视王阳明之"心学"对文学界的影响是种歪风邪气，对其隐蔽性和欺骗性有很高的警惕性，所以坚决排斥。

但由于张岳对王阳明"凡一切谈说性命，指为笼罩荒诞，排之甚坚"，故明末清初查继佐撰《罪惟录》列传卷之十九《张岳传》中亦批评张岳"笼罩荒诞"的说法批评过头了。其实一点也不过头，只是很少有人像张岳如此敏锐地预见到王阳明心学给社会造成的危害罢了。

福建巨儒

张岳是明中叶的理学名臣之一，也是福建朱子学派的代表人物之一，明中后期理学家直至清代对他都有很高的评价。

《邹文庄守益集》：

> 吾友义城子、双江子、南屏子，亟称净峰蚤有志天下事，毅然以古人为标的。本以笃实，出以整暇，而持以恒久。故随所寓，粲粲成章，要自学术中基之。

林缵振《海云馆集》：

> 净峰先生资禀深凝，从儿时则已游心理性，不为词章功利之技。逮长而敦行躬践，旷览实诣，粹然号称真儒。其精者已足以对之神明，而益严于酬应之迹。其大者已可以措之佐理，而益谨于惟隅之近。源流所究，盖得于余干之胡（居仁）、河东之薛（瑄），而有以溯夫紫阳（朱熹）之传。

林缵振，漳浦人，明神宗万历二年进士第 11 名（会试第 7 名），于工部主事任上早卒。

江西新城县理学家、文学家邓元锡（1529—1593）著《皇明书》记：

> 岳弱不好弄，端凝如巨人，弘毅渊默，读书过目成诵，终身不忘。自《丘》《索》《坟》《典》以及子史百家，莫不贯串，精彻隐颐。一时巨儒，皆出其下。

明徐时进《鸠兹集》：

> 襄惠公于学无不窥，而才与识多独诣，世既不竟公用，公亦不为世用。惟此先民之绪，兢兢守之，别传有称"弘毅"二字。公诣其深者，

洵哉实录，无庸分别门户论学矣。

徐时进，万历进士，宁波人，官终太仆寺卿。

清初名臣安溪李光地相当推崇蔡清，对陈琛、张岳、林希元等人的传承和贡献也给予历史性的肯定：

> 虚斋先生崛起温陵，首以穷经析理为事，非孔孟之书不读，非程朱之说不讲。其于传注也，句读而字义，务得朱子当日所以发明之精意。盖有勉斋、北溪诸君子得之于口授而讹误也，而先生是订。故前辈遵岩王氏谓："自明兴以来，尽心于朱子之学者，虚斋先生一人而已。"自时厥后，紫峰陈先生、净峰张先生、次崖林先生，皆以里闬后生受学而私淑焉。泉州经学蔚然成一家言。（《重修文庄公祠序》《蔡文庄公集》卷七附录）

也就是说，从蔡到陈、张、林，福建朱子学已形成了完整的思想体系。

清乾隆十三年进士、提督湖南学政、翰林院编修安溪（一作晋江）陈科捷在《紫峰文集序》中也概括了陈、张、林三人在明代福建乃至全国的学术地位，以及他们各自的学术特点：

> 明之中叶，有虚斋蔡文庄公出，尽心正学，蔚为一代儒者之宗。陈、林、张、史四先生继之，道以大明。然惟紫峰先生独亲受业虚斋，引为畏友。诸先生皆所谓私淑斯人者也。次崖之《四书》《易经》《存疑》，与虚斋之《蒙引》、紫峰之《浅说》，并为学者所尊尚，而限于位，欲有所建立而不能……净峰著有边功，而不能一日安于朝廷之上。今读其书，亦可以见其体用之所存。先生学行出处，详于净峰。

继康熙朝宰相李光地之后，他的孙子广平府知府李清馥撰写的刊在《钦定四库全书》之《闽中理学渊源考卷六十四》更是将张岳的家传理学作为一个学派加以整理、记载。

如果把蔡文庄公比喻作鼎，那么，陈琛、张岳和林希元就好比是鼎之三足。师徒四人，就是明中期福建程朱理学的核心人物，也是明中期中国程朱理学的核心。

第五章

千古一志

张岳为撰写县志，迁居辋川小山，不但在此完成了嘉靖县志，被后人誉为"千古一志"，也将自己的著作命名为《小山类稿》，后收录于《四库全书》。

小山情缘

嘉靖八年（1529）冬，张岳从故乡香山下张坑迁居本县辋川小山，结庐而居。

五公山，在灵鹫山南，相传梁时有唐公、宝公、志公、化公、朗公共隐于此。山上存灵符五道及五公山三字。南唐保大中（943—958）检校尚书江盈家居山之东麓，故又名下江山。其北麓隆起一丘，即是小山。

话说陈玉瑜嫁给张岳已经十五六年了，却未生一子，心里非常负疚，陈氏便做主为张岳纳二夫人黄氏。黄氏仅生张宓一子。陈玉瑜又给张岳找了个三夫人庄氏。

庄氏是本县七都前蔡里（今泉港区山腰）人，是庄子严的女儿。庄子严是个家产富裕之人，配吴氏，于正德癸酉年（1513）十二月下旬生了庄氏。小山离山腰甚近，仅七公里之遥。在小山听说豪门大族有个庄氏德行善美，贤惠可爱，张岳便于嘉靖初纪向待字闺中的庄氏提亲，正式下聘礼，结为百年之好。

庄氏婚后，对张岳和陈夫人都相当尊重，小心谨慎，颇得喜欢。后来庄氏为张岳生了两男一女，长子张寓生于嘉靖戊戌年（1538），后中举人，官至庆远知府，累诰赠奉政大夫。次子张宿生于嘉靖乙巳年（1545），一女后嫁晋江池店秀才李忱，是重修洛阳桥的泉州首富李五的后代，后中进士，任江西安福知县。庄氏于嘉靖辛酉（1561）七月二十二日卒，年仅49岁。详见其孙张迎撰《明张宫保公副室孺人庄氏圹志》。

　　张岳后来在石江铺小山乡留下一方《小山刻石》。石刻云：

　　　　小山在五公北麓，前抱平芜，后负列嶂；大帽盘纡于其左，辋海湾环于其右。嘉靖己丑冬，余始迁自香山下，结庐居焉。诸葛长啸之庐，司马独乐之园，其古人高风，匪余敢望。若夫山川幽旷、景物鲜澄，仰观于山，则云萝发兴；俯狎于野，则鱼鸟会心。盼北极于中宵，结殷念于千载，虽古人可作，未必不同斯抱也。屋成，歌小山丛桂之章以落之。遂书其所以，勒于山石，以念来者。

　　　　　　　　　　　　　　　前进士净峰道人张某维乔父书

　　从文中分析，小山刻石是张岳的儿子后来立的，不是张岳本人所立。天启间，张岳曾孙张圣听乃请晋江阁老张瑞图，磨石书刻。县志载：

　　　　石鼓铭亦在小山襄惠居第前。铭曰："厚重少文似（周）勃，沉静寡言似（霍）光，守节坚贞不可拔似（汲）黯，是惟净峰张氏之石鼓。"后居第焚于寇，石鼓亦毁，惟小山刻石存焉。

　　周勃是汉朝开国功臣和灭吕后的主要功臣，霍光是汉武帝的左右臂之一，汲黯也是汉武帝的相国。从小山刻石中，不难看出张岳欲辅佐明君出将入相的远大志向和忠贞报国之心。

　　清乾隆五十年乙巳（1785）恩贡生邑人曾廷凤有《过小山张襄惠宅》咏之：

　　　　昔年襄惠读书处，茅屋依然映碧萝；抗疏雨影光日月，悬军万里壮山河。

风裁凛凛韩忠献，寒寒棱骨马伏波。堪笑分宜门不容，于今争得臭名多。

公忤分宜，虽终身不合，未尝通苴苴。

嘉靖县志

张岳在守丧期间的另一杰作是编纂了嘉靖《惠安县志》。

嘉靖九年庚寅（1530）春，履任两年的惠安县令莫尚简请在家守丧的张岳来完成这项任务。张岳欣然接受。为了完成这一历史任务，张岳跋山涉水，足迹遍及全县。如为了介绍《诸山大势》一卷，他还亲自"登龙山绝顶，环望邑中诸山"。嘉靖八年出任惠安教谕的广东顺德人何彦（后登十四年乙未进士）在同年秋所作的《惠安县志后序》一文中记录了张岳授受任务后的行踪，介绍张岳为此广泛征集史料，通过不同渠道探求，确定标准，几易其文稿，核定其事实，端正其体裁，疏通其条目。

张岳不断筛选历史事实，采访征集老前辈所闻所见，重点选择其中可以"厚民生、善风俗、兴政务"的内容，编纂成卷，共分成十三卷。

以卷十中《典祀》一节为例，自宋以来，资料缺乏，其政绩皆未记载入图牒，只有断碑残刻，时见名字。张岳为此寻访邑中老人，记其所见所闻，并查找各种书籍为参考，择其中政绩比较显著可以考证者而记载之。

所以《嘉靖惠安县志》虽然篇幅不长，只有十三卷，但却搭起了惠安历史的基本架构，文字精练简要，为后人续修奠定了良好的基础。

先看嘉靖《惠安县志》开篇序言：

嘉靖庚寅，封川莫侯敬中为县之二年，观风采，言知邑志阙状，乃以属之乡大夫张君维乔，既为之旁考博询，裁成义类，而又各为论叙以发之，有激而暾，有婉而引，盖自建置以至人物，凡十三卷，而因革损益之故，纤悉具之矣……

赐进士出身、奉议大夫、湖广等处提刑按察司佥事莆阳林应标书。

再来看看张岳自己的序言，见《小山类稿》卷十九志论《惠安县志论》（有序）：

> 右《惠安县志》十三卷，嘉靖庚寅春，邑大夫莫侯敬中以纂述之职属余。余为采摭故实，旁征故老闻见，择其可以厚民生、善风俗、兴政务者，次第成卷。卷有题辞，不发凡起例，而所以纂述之意，各于叙论见之。其非吾邑之故不以剽入。
>
> 《传》曰："见异辞，所闻异辞，所传闻异辞。"世有远近，则其辞不能无详略也。自有邑以来至今，上下五六百载，中间陵谷之变，尚不能尽同，况于时事之因革从宜、寖远寖忘，岂一人一日所能尽识？是故其遗落多矣。若夫记述所事，欲以厚生善俗而兴政务，区区之辞，感发于所见闻，有不觉其繁且多者。世必有读余言而得余心，则是十三卷者，其亦足备吾邑之刍荛也与。

《惠安县志》十三卷具体又分为形胜、封域、图里、险塞、诸山大势、诸水大势、潮汐、土田、水利、桥梁、本业、习尚、岁时、杂占、谷属、蔬属、木属、畜属、鸟兽鱼虫之属、货属、户口、田赋、课程、支费、兵役、学政、书籍、典祠、乡贤名宦、杂祠、丘墓、官职、选举等条目，包含了地理形胜、气候、农业、渔业、林业、交通、商业贸易、人口、财政、税收、军事、教育、文化、民俗、民政等方面的情况。这总共33条目之下又各有论述。

综观上述所论45条，诚如张岳其言，张岳修撰《惠安县志》的指导思想排在第一位的就是厚待民生。字里行间，无不透露出张岳从各个现实角度对国计民生尤其是对惠安时政的思考、对黎民百姓负担的同情与关心、对百姓生命安全隐患的忧虑、对执政方略和改善惠安现状的设想，充满了忧患意识和民本思想。如赐进士出身、奉议大夫、湖广按察司佥事莆田林应标所说"有感慨而叹息，有婉转而引喻"。惠安教谕（非教导）何彦评价其内容"婉约而多感慨，正直而不偏激；久远而有考证，近年而不丑恶"。

可以说，"厚民生、善风俗、兴政务"就是张岳编纂县志的宗旨、理念和选材标准。

在卷一《险塞》一节中，张岳居安而思危，尤其是对惠安安全的考虑忧心忡忡，反复强调"可不戒哉，可不戒哉！"可惜张岳的警告不幸而言中，时隔23年后倭乱发生乃应验。永春县令柴镳积极准备防寇的成功事例对张岳来说是感触匪浅，也是个很大的启发。所以他就惠安无城可防、无兵可守的安全隐患提出了警告，并首倡兴建惠安县城，然而却没有引起足够的重视。对张岳而言，他对故乡父老的关心无法实现，这是件非常令人遗憾的事情。

水利问题，当时的学者往往忽略不谈。在卷三《水利》一节中，张岳批评了其时学者大多不谈水利，认为是庸俗，无益于名誉与理学的不良政风。针对惠安十天不下雨就告旱的气候条件，张岳却独具慧眼，从惠安干旱少雨的事实出发，认识到蓄水与农业生产的重要关系，大胆预见"如果恢复土田，以沃土瘠地、燥地湿田相乘除，估算其需灌溉注水者有多少何，稍微带领民众努力以振兴之，不及数年，其获利犹可达到丰收之年的一半"，对惠安百姓的关心溢于言表。张岳对"事当为而莫为"，只能婉转地表达了可惜遗憾的内心。实际上，他这也是在向县令莫敬中及其继任者暗示其应当做的政务。

在卷四《习尚》一节中，张岳隐名批评正德元年丙寅（1506）任惠安知县的广东顺德举人梁纲。可以说，在梁纲任中，张岳本身也是一名受害者，对其苛政是有切身体会的。"某人以苛刻为政，剥肤敲骨者六年，加之屡有水旱之灾，民穷，虚伪奸诈渐生，惠安风俗开始为之一变。"张岳对惠安风气的恶化表示愤慨，对梁纲的横征暴敛表示谴责，要继任者引以为戒。张岳认为："抢夺百姓以自私，而平民与国家都没有得到利益，就应称为蛀虫。"

在卷四《岁时》一节中，张岳感叹道："如果能够使平民欢欣和悦，及时享乐，而无愁怨之声，这非做到赋平、刑省、岁丰、时和不能达到这种程度，怎么能够一日之间就能强求达到目标呢？从这一点就可以察知一个地方的政情了！"可以说，这既是张岳的社会理想与个人愿望，也是张岳的自我追求和个人实践。当然，这种理想与愿望在当时是不可能实现的。而张岳只能努力以自己的能力和许可的范围之内来尽自己的一份力量了。这就是历史的局限性，也是张岳的心病。而详文中，其岁时无不与农业生产联系在一起，反映出气候对农业生产的影响，以及百姓对气候天象的经验总结。他的用意就是选择其中一些应验的生产生活知识，"为老农民的所闻所见和人事农业生产的经验提供参考"，作为老农适时耕种收割的参考依据。

卷五《物产》中谷属类亦如此。张岳认为"蔬菜品种对于平民的日常生活饮食关系非常密切"，感慨"可惜咱惠安百姓之勤力于此者相当少。蔬菜品种甚多，只是依惠安土壤地理气候所适宜种植取其最佳品种罗列之，以供老菜农参考"。在同卷木属类中，张岳对绿化家园和生态环境问题的重视也可见一斑，他怀念以前山海间"无不茂林蒙密"的美景，反对滥伐森林树木，主张对成长期的山林给予保护。这在470年前是难能可贵的，说明张岳的思想很有前瞻性。张岳还将草木之消长与气数的盛衰联系起来，实际上是认为自然环境的变化是与社会环境密切相关的。盛世则必保护自然环境，创造舒适的人居环境和生活条件。反之，就会造成自然环境的恶化。这就是张岳所说的气数，因而他发出"可怕"的警告。所以说，这也是张岳对现实社会的一种很委婉的批评。虽然，这种"气数"论带有唯心论的色彩，但是其保护林业、倡导绿色环保的思想无疑是值得今人借鉴和学习的。

对于果属类，张岳认为，随着人口的增长，土地特别是良田不足于耕种，造成游手好闲懒惰虚伪之辈增多。因此，张岳设想让他们多发展水果种植业，以弥补农业生产之不足，改变他们懒惰的习惯，以防范社会风气的恶化。

在货属一节中，张岳为我们详细记载了惠安早在宋代制糖业发达的盛况及制糖工艺。

张岳认为古代先王在管理百姓时，"审度天时地利，根据民众所适宜，以谷粟桑麻为本，辅佐以山海之利，流通以货币，使人民适时变通而不知疲倦，以成全其政务。"如此五材并用，就能均衡地获得利益。如此经营管理，就会出现三种情况："为民兴之则王，为国兴之则霸。如果只是巧取豪夺以自私利，而人民与国家都没有获得利益，就称为国家和社会的蛀虫。"接着他针对现实反问当今的统治者："如今之统治百姓者，是属于王呢？还是霸呢？或者是蛀虫呢？"这里，张岳是在直接叩问施政的出发点和官员们的道德良心。在张岳眼里，"厚民生"正是"兴政务"的主要内容与核心价值的体现，是国家兴旺发达的标志，是衡量和区别"王""霸"与"蠹"的标准。

如何判断民生的好坏呢？张岳认为民生好坏的标志在于人口是否兴旺。而人口要兴旺，最重要的是要保证百姓有粮食吃。这是他将户口田赋列为县志第六卷的原因。在卷首，张岳就开宗明义说道："民生好坏在于人口是否众多。没有足够的人口土地就会荒芜；人口繁荣的关键在于粮食，没有粮食人口就会衰亡。"

张岳记载，惠安的户籍制度始创于宋太宗至道元年（995）。由于历史上的苛捐杂税，致使民不聊生。他说："宋代时差役不均衡，应衙前（衙前是宋代负担最重的差役。职掌官物押运和供应，负赔偿失误和短缺等责任，承役者往往赔累破产）都破产了，导致父子兄弟各自独立为户，或嫁遗孤孀，求单丁以避重差，欺瞒户口，不足凭信。南渡（1127年）后下诏各州县官，以人口多少作为考核政绩上下等级标准。但是这样又使得人口冒报增多之弊复生，直到宋室灭亡而不能革除。"到宋淳祐（1241—1252）年间惠安户数有3076，人丁有39615。到元朝至正中（1341—1370）户数为8055户，人丁有40000多一点。而到了明朝嘉靖元年（1522），经人口普查统计登记在册的，惠安总户数有4549户，人口38821人。而民户为2833，人口16210。军户则有1368，人口18295。张岳感叹，惠安军队户数占全县的三分之一，军户人数竟接近总人口的二分之一，实在是太多了！张岳批评执政者没有根据社会发展的需要，依然沿袭明初的做法，动不动就将犯罪之人编入戎伍，并且采取父子兄弟株连甚至世代株连的极端办法，丝毫不考虑那个时代的民户很多已经消亡的现状，大胆明确提出了"穷则思变，变革则通顺，现在应该是时候了"的改革要求。因为军队的数量直接关系到百姓的负担。这样所造成的恶果是："及今则有岁办（各地每年按时向朝廷贡办之物料，有额办、坐办、杂办之分）、杂办（在规定的赋税之外，因特殊事故加征的税），名额繁杂丛生，无不从人口中征收之。如此多的役赋就如同过去宋代一样了。"张岳认为当今百姓的负担加重，其重要原因之一就在于军队兵力的庞大，将军费和养兵的费用无不摊派到百姓身上。所以张岳建议应该大力削减兵力，使兵力与民力形成合适的比例，要吸取宋朝灭亡的教训。这是张岳"厚民生"思想的又一体现。

张岳认为，土地制度不明确的弊病自唐朝中期就开始了。到了明朝，虽然有关户口的法律比较详细完备，但是"法律实施日久，弊病就会滋生。老奸巨蠹，就会蟠伏寄居于其巢穴之中。"就土地而言，当时隐瞒不报的手段非常之多，"田产有'暗飞''诡寄''包荒''移换'，钱谷有'驾空''埋迹''虚入实出'之弊"。如果单纯地从户口簿和田契交接之间，而想要察知其头绪是相当困难的。这就造成了土地和粮食税收和征粮问题上有很大的漏洞。许多大户采取各种不正当的手段，隐瞒土地数量以达到减征的目的，而更多的百姓明明没有那么多土地，却要多交税多纳粮，加大了贫富不均和社会矛盾。如果不是深入民间，做扎实的调查研究，张岳就不可能对土地问题了解得如此透彻。

当时流行的做法是，"弓量（以弓为丈量土地的器具和计算单位）都是依据庄稼成熟的田园与地定赋，不再分别土地等级。和平日久，荒芜之地、平日开垦之地、溪水流失及流沙覆盖之患，到处都有，轻重不等。严重者甚至有身无立锥之地，但是其户数依然悬挂着虚假粮食产量，征收的差役重叠，导致百姓流离失所，不可胜数。"

如何减轻百姓负担、体现公平原则、让百姓安居乐业呢？张岳的设想是这样的：若能统一重新丈量全县田地，按一定数额折算，分上中下三等，计亩定赋，则可使贫富适均，民无嗟怨。地分三等，这实际上在明初张岳的老祖宗张彦宗就向朝廷提出来了。但是这种方案与现行实施的措施是相违背的。大家都不敢私自改动，也就无法实施。在朝廷和各级地方政府不顾百姓负担，依然沿袭着过时的土地制度和税收制度时，张岳这一改革方案的提出，无疑是要冒着一定的政治风险的。因为这种善良的愿望往往会授人以柄，引来政敌的无端攻击。正是从惠安的实际出发，张岳以后到任之处，都注意发展当地的农业生产，提高农民收入，改善百姓生活，受到辖区官吏及百姓的很高评价。张岳无法改变这个朝代，但却以"独善其身"来"兼济天下"。

张岳设想的另一方案是实行屯田制。他将位置锁定在惠安西北部黄塘一带。他认为，惠安西北部兵乱后，荒废田地特别多，又多废弃寺庙及灭绝民户。起先设置军屯时田皆肥美。及到再次屯田时，都已经全部如强弩之末了，很多只剩下空架子，只能从别的地方凑补。加以山岚瘴气，水土不服，逃亡者多。正统年间（1436—1449），起初令每支军队只征收大米六石，其余听便自给。后来屯田区粮仓废弃。不久，沙县邓茂七造反，屯军调回守备。到事态宁息之后，乃拨剩余的男丁代种，一人兼种数户。至弘治（1488—1505）末年，差遣官员清查，抽出兼种之人，户田另由他人耕作。可是新增军士屡以这种做法有大弊病上告。巡案御史也有不同结论，或者奏请停止征收，或者又奏请再次废除。文书前后不一。管理屯田的官差往往一起征收到自己口袋中，其弊至嘉靖间犹未改革。

当时在惠安实行屯田的有四处，一是福州右卫屯田，在县西十四、五、六、七都大中等处，一是泉州卫左所屯田，在县西十五、六、七都柯溪等处，一是永宁卫崇武千户所屯田，在县西十五都大中等处，一是福泉千户所屯田，在县北涂岭等处。张岳认为，使一个人兼耕种数十亩，错杂于民田之间，造成互相侵占，纠纷自然会多。所以不能不为其制定标准。张岳认为应该结合新旧的办法而均量之，采用明永乐年间的标准，大约以庄稼成熟的田园二十六亩为准。剩余的田地则区分其收成高下，分发士卒另外安排。这样的效果就可使业产均分、赋税归一，争讼减少。

至卷七，张岳认为对盐铁税费的征收，自五霸之下已不足论。而在《支费》一节中，张岳形象地将州县的行政开支比作"如投石于水，石没而水无迹"。收入不足，就要想方设法来弥补，如此一来就必致增加科税罚款；科税罚款再不足够，必至影响生产积极性而导致产量下降。张岳谴责各级地方官员不顾朝廷近时屡下节省费用的诏书，将其当作耳边风，警告"岂知民众微薄的财富一旦用尽，沉痛之情无所上告，则会催生怨恨，足以损伤和气，而生意外之灾？"

在张岳眼里，惠安各任县官中，能节省费用者不少，唯有正德十四年任惠安县令陈逅所裁定的，最为妥当。当年惠安的行政开支主要有这几方面：官吏、师生、千户所、巡检司、驿、河泊所官吏，还有孤老每月生活费用，春秋祭祀、乡钦、贡士之常礼。总的说来，应是入不敷出，收支失衡。正德八年，福建巡按御史李如圭（张岳的恩师）担心民力不堪重负，令里长甲长以丁米出银若干，成为惯例，以节省费用。后来，银两积压于国库不用，可是里长甲长每日支出如故，就逐渐有厌烦之言。所以到正德十四年，惠安县令陈逅痛下决心节省虚浮收费种类，限定并削减开支经费，收到了很好的效果，出现了各种负担都是减轻，至有好几日都不征收一钱，民众非常便利。

陈逅，嘉庆《惠安县志》卷二十一名宦有载。

在同卷《职役》一节中，张岳批评"无年不差、无人不役，大非制定法律体恤百姓之本意"。对这个问题，当局者还可以推诿为采取平均主义，公摊均摊。但是，张岳进一步追问："官府财物出入之相逼、按名册征集之烦恼、水旱丰歉之不均齐，则时有追踪与舍弃，此岂无其道而处之，而为是十分浅薄？故曰：心诚求之，不中不远长民者，患无其心焉尔。"张岳认为，要有一颗为民排忧解难之忧心，为百姓利益着想之诚心，这样才会在碰到特殊情况特别是自然灾害时有备无患，达到"制定法律体恤民生百姓"、国富民强的目的。

在《兵役》一卷中，张岳对当时的征兵制度也提出责问，对明军尸位素餐的不卫民不作为提出抗议，对平民的不幸表示同情："百姓出粮食以养兵，兵出力以卫民。这虽然是后世之制度，然而施行既久，兵民两便。近者养兵不用，缓急征调都找百姓，士兵又该干什么事呢？如此则是百姓既出粮食以养兵，而又出力

净峰风骨：明代名臣张岳传

以卫兵，何其不幸！"

张岳是不信佛教乃至反对和主张限制佛教的。卷十从祠一节中，张岳甚至设想能够调节佛教寺院不断增加的田赋收入，希望有所变通，以裕民资国，其忧国忧民之心无处不在。张岳认为佛教的要害在于无君无父，完全颠覆了做人的伦理道德和家国情怀，可谓一针见血。

在卷十一《官秩》中，张岳认为，惠安仅相当于中等县，其基本县情是"地瘠赋重，民贫用啬，而收费项目太多，吃公饭的超过干事情的实际需要，习儒之人坐食以消耗国家库存，有才无德者生事以扰民"。张岳以为这种现状应该改变，否则百姓贫困的现象就不可能得以改观，"其形势如不稍加裁减节省，则百姓之贫困就不易复苏"。因此，张岳主张进行行政体制改革，大量裁减人员，使职位与职责相对称，才不会人浮于事、坐吃俸禄，这是"理世之先务"。按照张岳的想法，一个县的官员、公差人员，论其缓急轻重，大体可以减少三分之一左右，这样才能使官员与事情相称，不会人浮于事，繁简得中，体制严明，系统清晰。此后张岳出任廉州知府，可想而知，他也是从上述各方面来施政和安民，并引以为戒的。

张岳的《嘉靖惠安县志》也成为不少专家学者学术研究的资料来源之一。据中国人民大学书报资料中心载，王曾瑜在《开拓宋代史料的视野与〈三言〉、〈二拍〉》一文中指出："例如宋代五等户最完整的史料，竟是《嘉靖惠安县志》提供的。"

《嘉靖惠安县志》不仅仅是一县之志，而是张岳治世治国的政治主张和远大的理想抱负，是他为官从政的基本理念，也是他亲自描绘的一幅政治体制改革蓝图。他是跳出惠安说惠安，是站在更高的平台来审视和思考惠安的问题与出路，探索一条适应于包括惠安在内的更大范围的改革之路。当然，他的改革思路还不是系统性的、根本性的，也缺乏现实的可行性。惜其后为严嵩父子所压，未能身居宰相之要职，否则他将是一个提早出现的张居正式的政治改革家。

上述这四十五论，是了解张岳的人生观、价值观及其民本思想的重要途径，是研究张岳政治思想、经济思想、民生思想的重要内容，是对张岳理学思想研究的有益补充，千万不可以轻视为小小的一县之志忽而略之。故后人评为"千古一志"。正因如此，张岳所撰《嘉靖惠安县志》的一大特色就在于通过"论"而充分体现出自己对惠安百姓乃至天下苍生的深厚感情，注入了自己鲜活的感情因素，而不是平铺直叙、四平八稳、隔靴搔痒，这是一般的史志中所缺乏的。张岳也因此成为广大平民百姓利益的代言人，日后还成为实践者，因而感人至深。这就是张岳过人的可亲可敬可贵之处。嘉靖《惠安县志》是张岳对惠安的一大贡献。他为惠安、为历史留下了一笔宝贵的历史资料和精神财富。

从张岳在嘉靖《惠安县志》卷十二中自填的履历表介绍及其所记有嘉靖二十六年进士丘瓒和庄朝宾来看，嘉靖县志起码是在张岳任职两广总督之后即嘉靖二十六年（1547）后才完稿付印的。

宋太宗太平兴国六年（981）惠安从晋江分析出来独立建县以来有550年了，之前世人都误认为惠安没有县志。其实在张岳嘉靖志之前，就已经有一部了。邑志可考者，见于明初南京珍藏的《文渊阁书目》著录，然修纂者、修纂时间、卷数、版本均未详。从时间判断，肯定是宋元版本。故世人均误以为嘉靖志是惠安第一部县志。

但是，张岳在编纂《嘉靖惠安县志》时并没有采纳林俊关于龙头岭古墓是林氏始祖的说法，仍然坚称是赵将军墓。对这个问题，乾隆贡生、时称"会稽才子"的绍兴陶元藻（1716—1801）在其著作《泊鸥山房集》38卷《龙头岩古冢辨》中如此解释道：

> 莆田林氏族谱纪载甚详密，惟始祖名讳下注葬龙头岩一节，余窃疑之。岩在莆田、惠安两邑之界，山势峥嵘，石骨林立，有古墓一穴。穴前树碑，大书全闽林氏始祖之墓。考张襄惠公手定惠安志，龙头岩只有曹将军墓，无林氏始祖墓。著曹为某朝人，亦不详其官爵里地。余尝徘徊岩下，以形家术证之。龙穴砂水，无不尽善。林氏子孙亿万余指，簪组相望不绝，为八闽巨族，于地相符。而曹将军无碑碣可求，其后裔亦无从访而得之，何式微至此？嘻，可怪也已。
>
> 然惠与莆接壤，襄惠籍，当时林氏已多闻人。襄惠岂无往来？朋旧何难？易而书之，盖其称曹将军者，必有所本。矧襄惠为人又正直刚方，其中必有断然不可迁就者。在乾隆丁亥，惠令杨蔷圃延余重纂其志。林氏请余更定。余仍归其墓于曹将军，而林氏始祖之说附载其下，亦史有阙文之意云尔。

乾隆丁亥为1767年，惠令杨蘅圃即杨廷桦，顺天大兴（今北京）进士，乾隆三十二年再任惠安县令。如此，则《惠安县志》尚有另外的乾隆版本。陶元藻所撰序言交代了此事的来龙去脉及新志的概况：

重修惠安县志序

忆余四十年前，从先大父宦游于惠，惟时大父以漳郡司马摄邑篆，无多期，而余年又幼，未能遍览川原之美、人物之奇，第当授书于鸣皋堂畔。闻师长，辄屡屡称此地有名儒曰张襄惠，心窃志之不能忘。乾隆甲申夏，摄令雪崖徐君招余论文官舍，因复税驾于螺阳，乘少暇一陟科山，摩挲卢高士石刻苔痕，南过洛阳桥，然慕蔡忠惠济川勋绩，终古如新然。所谓九澳六城三寨，有关于山海之巨者，仍未之一觏也。去年秋，余自剑津排纂，事竣侨寓三山。蘅圃杨君乃以邑志事属于余。余谢不敏……前朝黄志以续名编，亦仅载其半。其可以志称，惟张襄惠一编耳。夫襄惠至今，一百五十余载，其名流词客，来往是邑者，实繁有徒。即邑之贤士大夫淹贯能文者，又不知凡几，而姑俟诸飘蓬山海学殖荒落之人，谬操铅椠，用观厥成，则余生平之一至、再至以及于三至者，若与鸣皋古治，夙有前缘，而畴昔之神往心维于襄惠者，固非偶然也？

张岳嘉靖志原文为赵将军，非曹将军。
雪崖徐君，应是徐观孙，嘉庆县志载乾隆三十年任，北直通州举人。

第六章

一忤张璁

　　嘉靖即位后第三天，就派人到安陆接母亲蒋妃入京，其场面可谓是盛况空前，极其奢侈豪华。第六天即嘉靖元年壬午（1522）四月二十七日，这个 15 岁的皇帝嘉靖就给满朝文武出了个天大的难题，命礼部召集官员讨论兴献王主祀及封号呈报，要追封他那死去的父亲为皇帝，掀起了一场大礼议的轩然大波，引发了一场满城风雨的政治风波，也引起了朝中不同政治势力的大洗牌。

　　按照明朝先皇的祖训，兴献王生前非皇太子，即使儿子当了皇帝，也是没有资格尊封为皇帝的。

　　世宗朱厚熜是孝宗的侄子，武宗的堂弟。但他诏追其父兴献王为皇考，奉迎母亲来京。此诏遭到内阁大学士杨廷和、礼部尚书毛澄等权臣抵制，他们援引汉定陶、宋汉王故事为例，不予认可。

　　从礼法上看，如果追封兴献王为帝，那就是对正德帝的不恭不敬。而不追封，对嘉靖个人来说就是对先父的不孝。杨廷和等主流派认为，嘉靖既入嗣弘治，是以小宗入大统，当称弘治为"皇考"，兴献王只能称为皇叔父，不可加尊号；在祭告生父时，还要自署名称侄。但嘉靖帝大怒说："父母可以如此改变吗？"下令让廷臣再商议。但是廷臣却没有理会新皇上的旨意。自古忠孝难两全，所以才有"百善孝为先"的古训。这本来是大臣们犯难的事，谁能料到如今这个难题也落到了嘉靖帝的头上。大臣主忠，皇帝主孝。要让嘉靖帝当个忠孝两全的全国模范看来一时是不可能的了。君臣一时陷入僵局。

打破僵局的这名进士张璁尚在礼部观政实习，为逢迎皇帝心意，他在同年七月上了一个《议大礼疏》，论证一番，认为嘉靖可以为生父及母亲加尊号，其生父为皇考，孝宗为皇伯考，并尊生母为圣后，为嘉靖帝提供了理论历史依据。他还上了一道《正典礼》的奏疏，阐明汉定陶王和宋汉王的儿子是入宫承嗣为皇子，而后继承皇位，此为继嗣。而当今皇上是以伦序而立，是为继统。统与嗣不同。并据"孝"和"尊亲"传统，说明礼法核心是人情，申明世宗登基后即议"追尊圣考""奉迎圣母"，本乎大孝之道，顺乎人情之理。详见《明史》张璁本传。

大礼疏

孝子之至，莫大乎尊亲。尊亲之至，莫大乎以天下养。陛下嗣登大宝，即议追尊圣考以正其号，奉迎圣母以致其养，诚大孝也。廷议执汉定陶、宋濮王故事，谓为人后者为之子，不得顾私亲。夫天下岂有无父母之国哉？《记》曰："礼非天降，非地出，人情而已。"汉哀帝、宋英宗固定陶、濮王子，然成帝、仁宗，皆预立为嗣，养之宫中，其为人后之义甚明。故师丹、司马光之论行于彼一时则可。今武宗无嗣，大臣遵祖训，以陛下伦序当立而迎立之。遗诏直曰："兴献王长子"，未尝著为人后之义。则陛下之兴，实所以承祖宗之统，与预立为嗣养之宫中者较然不同。议者谓孝庙德泽在人，不可无后。假令圣考尚存，嗣位今日，恐弟亦无后兄之义也。且迎养圣母，以母之亲也。称皇叔母，则当以君臣礼见，恐子无臣母之义。《礼》"长子不得为人后"，圣考止生陛下一人，利天下而为人后，恐子无自绝其父母之义。故在陛下，谓入继祖后而得不废其尊亲则可，谓为人后以自绝其亲则不可。夫统与嗣不同，非必父死子立也。汉文承惠帝后，则以弟继。宣帝承昭帝后，则以兄孙继。若必夺此父子之亲，建彼父子之号，然后谓之继统，则古有称高伯祖、皇伯考者，皆不得谓之统乎？臣窃谓今日之礼，宜别立圣考庙于京师，使得隆尊亲之孝，且使母以子贵，尊以父同。则圣考不失其为父，圣母不失其母矣。

疏入，帝大喜，下廷臣议。

嘉靖帝正当找不到历史依据而大伤脑筋，阅完张璁这奏疏后大喜过望，认为这是篇一字千金、价值连城的好文章，为本朝这么一位杰出的理论家和历史学家而拍案叫绝！

《明史》张璁本传载："嘉靖帝方受扼制于朝廷议论，得到张璁此疏，大喜过望说：'此论一出，我们父子得以保全了！'赶紧下发给朝廷大臣们讨论。朝廷大臣们被这种言论大吃一惊。"

这说明，嘉靖帝是将张璁视为救命恩人来对待的，所以此后对张璁一生之宠信厚爱达到了无与伦比的程度。

张璁（1475—1539），号罗峰，浙江永嘉永强三都普门（今属温州市瓯海区）人。后因"璁"字与明世宗朱厚熜的"熜"字同音，世宗特赐名孚敬，字茂恭。张璁年24岁中举人，后7次上京考进士，都未录取，于是在家发愤读书，专攻礼学，直到正德十五年47岁才中二甲进士，开始在礼部观政实习。

大礼议之后，张璁深得嘉靖皇帝的赏识与信任，一再超常规火箭式擢升，五年后即嘉靖六年（1527）十月便以礼部尚书、文渊阁大学士参与机要决策，第六年即晋升为首辅，成为整个明朝提拔最快之人。

故谈迁著《国榷》卷五十二载张璁"窥探皇上的意图，开启了一个先例"。张璁的理由是"没有听说废除父子之天伦，而能侍奉天地、主宰百神的"，"天下哪有无父母的国君呢？"

但张璁此说遭到杨廷和等的激烈反对。杨廷和"先后退回嘉靖帝御批四次，持章表上奏坚持自己的观点接近三十疏"，即使嘉靖帝"每次召见杨廷和赐他上等好茶好言抚慰，想请他有所改变，杨廷和始终不肯顺从皇帝的意图"。朝中大臣自然分成两派，一派反对加尊号，一派支持加尊号，互相争论，煞是热闹，最后演变成一场政治斗争。张璁因此一度被排挤出京，到南京任刑部主事。

张璁带了好头之后，趋炎附势者马上押进赌注，因为庄家就是当今皇上，态度已明，输也输不到哪里去。一篇好文章可以改变一个人的命运。因为书中自有黄金屋。张璁此文因改变了历史而全文载入其《明史》之个人列传之中。随后一个叫方献夫的官员也上了《议大礼疏》附和。嘉靖帝再次大喜，急令廷臣赶紧重新考虑。

方献夫是广东南海人，弘治十八年（1505）进士，任广西某县知县。嘉靖继位后，为使其母名正言顺做皇太后，欲将其母灵位移入太庙，但一时苦于无人上本保奏。时有石湾人霍滔任礼部尚书，深知嘉靖的心思，但欲奏又不敢。巧逢方献夫回京上任，霍滔对方献夫说起此事，方献夫劝道："大人为何不上本保奏此事呢？"霍滔道："我若上奏时遇皇上大怒，无人保我，怎么办呢？不如你上此本，倘有不测，我可保你。"方献夫便即日上朝奏请把嘉靖母亲灵位移入太庙。嘉靖听后十分欢喜地说："论才智没有人比得上你！"遂封方献夫为武英殿大学士，右相，谥文厢公。

嘉靖三年（1524）六月，张璁和同在南京任刑部主事的桂萼进京，桂萼亦力主兴献王为皇考。朝廷群臣汹汹，欲扑杀张璁、桂萼。用王世贞的话来说是"天下迫于压力讨论大礼之事，而日见非议张璁公的人十人中有九个"。用张璁自己的话来说是"当时满朝大臣忌妒我，甚至有想杀我的"。张、桂二人后得到掌团营禁兵的皇亲国戚郭勋的支持。嘉靖则知道张璁有危险，马上提拔张璁、桂萼为翰林学士，向众大臣发出一个明确的信号，表明自己的态度，君臣之间严重对立。

嘉靖三年甲申旧历七月，尚书金献民，侍郎何孟春、翰林修撰杨慎带头搞"集体上访"，聚集守旧派朝臣229人跪在左顺门哭谏，大呼弘治帝。嘉靖命司礼宦官劝他们离开，仍跪伏不起。嘉靖激怒之下，派遣锦衣卫将为首者8人拘捕。一时群臣皆哭，声震阙廷。事态愈趋剧烈。嘉靖大怒，又逮捕134人，其余80多人录名待罪，四品以上夺俸，五品以下受杖，受杖者180多人，下狱190人，其中17人被创死亡，另有8人编伍充军。九月，大礼遂定，尊其生父为皇考，生母为皇太后。至此，这场明朝著名的"大礼议风波"到了高潮，反对派也开始走下坡。同年九月丙寅，始定大礼，称孝宗敬皇帝为"皇伯考"、昭圣康惠慈寿皇太后为"皇伯母"、恭穆献皇帝为"皇考"、章圣皇太后为"圣母"，诏谕天下。到嘉靖七年戊子（1528）旧历七月，嘉靖又诏告天下，尊皇考献皇帝为"恭睿渊仁宽穆纯圣献皇帝"；圣母蒋太后为"章圣仁慈皇太后"。大礼议风波自然以嘉靖完胜而告终。

明沈德符撰《万历野获编》【嘉靖初议大礼】记：

> 世宗欲考兴献帝，其议合，得大用者七人，以称大礼用者五人，言大礼用而不终者四人。

"得大用者"之首就是张璁。张璁因此升任首辅，而杨廷和被免职，追随杨廷和的一班人或下狱、或流放。《明史》列传第八十四之张璁列传记：

张璁，字秉用，永嘉人。举于乡，七试不第。将谒选，御史萧鸣凤善星术，语之曰："从此三载成进士，又三载当骤贵。"璁乃归。正德十六年登第，年四十七矣。

世宗初践祚，议追崇所生父兴献王。廷臣持之，议三上三却。璁时在部观政，以是年七月朔上疏。（略，全文见上文《大礼疏》）

帝方扼廷议，得璁疏大喜，曰："此论出，吾父子获全矣。"亟下廷臣议。廷臣大怪骇，交起击之。礼官毛澄等执如初。会献王妃至通州，闻尊称礼未定，止不肯入。帝闻而泣，欲避位归藩。璁乃著《大礼或问》上之，帝于是连驳礼官疏。廷臣不得已，合议尊孝宗曰"皇考"，兴献王曰"本生父兴献帝"，璁亦除南京刑部主事以去，追崇议且寝。

及廷臣伏阙哭争，尽系诏狱予杖。死杖下者十余人，贬窜相继。由是璁等势大张。其年九月卒用其议定尊称。帝益眷倚璁、萼，璁、萼益恃宠仇廷臣，举朝士大夫咸切齿此数人矣。

张璁任首辅后，由于有嘉靖帝撑腰，"相当傲慢地对待百僚，朝中无人敢与对抗者"。因为张璁的报复心非常之强，如《明史》张璁本传所记，"璁积怒廷臣，日谋报复"。万历时他的两位温州同乡均公开批评他。一个是温州著名藏书家姜准，在其所著《歧海琐谈》中说张璁"休休之量，是其所短"。另一个是著名文学家沈德符，在其所著《万历野获编》中更是秉笔直书："嘉靖初的张璁，如今万历初的张居正，都是绝世奇才。然而永嘉阴险，江陵粗暴，皆刚愎自用，对待异己者则百端排斥之。"

因此除了南京吏部尚书桂萼、吏部员外郎方献夫、御史席书等极少数人附和之外，许多大臣都因"议大礼"事件而鄙视他、仇恨他，视他为小人，暗中与之对抗，结果后来形成了以礼部尚书夏言为首的反对派。连宫中太监崔文都在一只螃蟹的背上写字："桂萼张璁"，讽刺其横行霸道。

张璁于嘉靖十八年二月初六日逝于家，终年65岁，谥号文忠，追赠为太师。《明史》张璁本传中最后评论他："孚敬……而性格狠毒刚愎，总想报复，不爱护善良之辈，想要力破人臣私党，可是自己却先成为私党的党魁。议'大礼'兴大狱，因此受到一辈子的恶评"，可谓盖棺定论。

嘉靖初朝廷百官群访大事件，在《明史》卷一百九十一、列传第七十九之何孟春传中记载得最详细。何孟春传中所列举的参加这次政治示威活动的九卿中有侍郎孟春等23人；翰林院有学士丰熙、侍讲张璧、修撰舒芬、姚涞、编修崔桐等22人；给事中有21人；御史何鳌等30人；诸司郎官中，吏部有12人；户部有员外郎顾可久等36人；礼部有仵瑜、丁汝夔、臧应奎等12人；兵部有郎中万潮、主事汪溱、郭持平等20人；刑部有27人；工部有15人；大理之属有11人。总数多达229人，占了文武百官的绝大多数。

而上述名单229人中，已找不到张岳和许多第一次廷谏受杖打之官员的名字。到底是张岳吸取教训贪生怕死没有参加呢，还是另有缘故？其实原因在于张岳这几年因亲人接连去世而回家守丧，躲过了又一次灾难。否则以他的做人理念和道德标准，不参加才怪呢！

至嘉靖三年十一月甲子，病休在家的侍郎胡世宁"闻大礼之议，诸臣有廷杖死者"，针对嘉靖帝的过激手段提出批评意见而上疏，见《明通鉴》卷五十一。胡世宁此疏一入，嘉靖虽不听从，也不再发怒，不久就召他任兵部左侍郎。看来嘉靖帝后来也反省了自己的冲动和过激，纠正了自己的不是。

有的史学家认为这一场大礼仪之争，实质上是前朝权臣与新继位的年轻皇帝的权力之争。此论未免偏颇，这只是站在嘉靖帝的立场上来分析问题。难道几百号朝廷官员都是为了升官掌权吗？实际上对于朝中众大臣来说，这首先是一场封建宗法和封建伦理道德之争，是种理念之争。这场议礼，归根到底，在封建宗法制度上是一场帝系之争，也牵涉到世宗和首辅杨廷和之间的权力斗争。对绝大多数人来说，他们维护的首先是封建礼法宗法制度和封建伦理道德的权威性和正统性，自以为是维护天地之正气，故而希望身为天子的嘉靖帝起表率作用，故将是否反对嘉靖帝为其父母加封皇号并参加廷谏作为判断忠臣和奸臣的主要标准。

而嘉靖帝却恰恰相反，定性为组织路线之争，他将是否拥护他这一决定作为考察和重用大臣的主要依据，作为贯彻他一朝天子一朝臣之组织路线的试金石，对于拥护者不惜以高官厚禄相许，对反对者即使是当初拥立他坐上皇帝宝座的大恩大德之人杨廷和也长期怀恨在心，即使在杨廷和死后也余恨未消，对这个重臣连朝中礼仪惯例也不给，"始终以议大礼的缘故衔恨之，故赠封优恤不再实行。"

（见《明通鉴》卷五十四）而对于在这场风波中反对加尊号的为首之人如杨慎、丰熙等人，嘉靖帝直到嘉靖十九年（1540）历经 9 次大赦之后仍不放过，此后再也没有颁布大赦之令。

对于拥护者和反对者来说，这场争论同时也是一次思想战线之争，是程朱理学与阳明心学之间的较量。诚如张宪文所撰前言：

> 议大礼，表面上是辨统与嗣，是争帝系，但从深层次的学术思想来看，实质上却是封建社会儒家居统治地位的程、朱理学和新兴的王阳明心学的一场斗争。杨廷和守的是宋儒程颐的《濮仪》，他认为《濮仪》是"最得义理之正，可为万法"的。也就是说他所遵循的是绝对理派的程、道学。而张璁的理论，却认为"礼非从天降也，非从地出也，人情而已矣。"而先后赞同张璁之说的方献夫、霍韬、席书、桂萼、黄宗明、黄绾等也无不以"礼本人情"立论，强调礼要切合实际，要缘人情，如不切合实际，不顺人情，就是非礼，也无所谓礼。其中，席书与王守仁是好朋友，昔年他任职贵州提学副使时，即请守仁在其地授徒讲学。方献夫、黄宗明、黄绾等都是王守仁的学生（笔者注：张璁外甥北京国子监祭酒王激亦守仁门人），霍韬则是方献夫的同乡。值得指出的是，在议礼过程上，席书、霍韬等都曾致书向王守仁请教。守仁因受朝廷排斥，虽未上疏参议公言于朝，但当人们向他请教此事时，也都参与讨论，申明自己的观点。如其答霍韬书云："往岁曾辱示大礼议，时方在哀疚（指因父丧在家守制），心喜其说而不敢奉复，既而元山（席书）亦有示，身居有言不信之地，不敢公言于朝，然士大夫之问及者，亦时时为之辨析……"（《王文成公全书》卷二十一外集三《与霍兀崖（韬）书》）这就表明王守仁是赞同张、桂、席、霍等考兴献王的主张的，实际上是参与了这一论议的。所以大礼之争，就学术而言，可以说是陆、王心学对程、朱理学发起的一场论战。

这是完全正确的，可以从翰林院修撰杨慎（首辅杨廷和子）的一篇奏疏中得到佐证。杨慎说："我们这些臣子与桂萼之辈学术流派不同，议论观点自然有异。我们所依据坚持的，是程颐、朱熹的学说。而桂萼等人所坚持的，是汉哀帝佞臣冷褒、段犹的余孽。如今陛下既然提拔桂萼等人，不认为臣等言论是对的，臣等不能与其同列，请求皇上把我等赶出朝廷。"（见《明史》卷一九二《杨慎传》）

这个判断还可以从明支大伦的《永史》之《永·昭二陵编年信史》得到证实："当年议大礼时，满朝元老公卿上百人、官员三百余人，全部统一说辞……口执程、朱之成说，至撼动宫门，跪伏阙下，哭声动地。"

也正因为有这次惨痛教训，张岳从此对阳明心学的危害性有了切肤之痛的深刻认识，认为阳明心学实质上属取舍在我、没有原则的实用主义，是社会的"病痛"，"其弊端将至离经叛圣、大为心术之害，有不可不深自忧虑而提前预防者"，故非常坚定地排斥之，成为程朱理学战线中一名毕生反对阳明心学的重要干将，也激起了他后来要找王阳明当面辩论的雄心。这也是张岳当年找王阳明辩论的动机。

贬任广西

由于张慎去世时嘉靖帝登位仅三个月，张岳避开了大议礼初期的是非。当他为祖母及母守丧完毕回朝时，大议礼之争尚未结束。于是在这场政治斗争中，张岳再次身不由己地卷入了大议礼的纷争之中。

嘉靖十年（1531）起，张岳在礼部任主客司郎中之职。主客司全称叫主客清吏司，是礼部四个司之一，另三个分别是仪制清吏司、祠祭清吏司和精膳清吏司。主客清吏司掌管外国朝贡及国内少数民族土官朝觐之事。仪制清吏司掌管礼仪、宗封、贡举、学校之事。

时朝中正直的大臣均死守正统的封建礼法，不以皇上的意志为转移。而张璁则不然，他把迎合皇上之意作为自己一次难得的升迁机会，力图从理论上、实践上来证明嘉靖帝这样做的合理性和合法性。

当时嘉靖帝要举办大型的"禘礼"，即祭祀帝王之礼。这可难倒了礼部的官员们。因为嘉靖帝的父亲不是皇帝。如果硬要将嘉靖帝之父兴献王按照一代帝王来祭，起码会与正德帝产生冲突，并产生世系上的混乱。可是张璁是个相当投机取巧的现实主义者。他不顾基本的历史事实，让礼部官员将嘉靖帝的祖先当作帝王的级别和待遇来安排这场大型活动，按照自己的意思上奏以迎合皇上。礼部官员知道这样做不对，勉强服从他的意图而起草奏折。奏折起草完后，当时的礼部侍郎李时（河北任丘人，官至少傅兼太子太师、吏部尚书、华盖殿大学士，卒于嘉靖十七年。）平时对张岳的才华就很有印象，对张璁的做法也有看法，就来征求张岳的意见。

张岳说："这样做是不妥当的，皇帝之祖宗姓氏都无法详细明列。如果按照张璁的做法，到时皇上亲自参加，'首举大祭'，可祭祀的并不是他的祖先，难道会高兴吗？据实写不符合礼法，是大荒谬的。"

李时听完之后回答说："你的意思合我意，然而又该如何答复皇上呢？"

张岳说："应当大体以皇初祖立堂或立牌位。这样对皇上以上的帝系就是有千百世也是无碍的。"

张岳的这个意见充分显示了他在礼部时对封建礼法有比较深入的钻研，对于当时相持不下的两种截然相反的意见无疑是个比较折中的办法，也反映了张岳灵敏的权变和智慧。

李时顿时豁然开朗，喜形于色，第二天就去向张璁请示汇报，"颇微词以观其俯仰"，试探张璁的态度如何。

张璁不以为然，反而责问李时："为什么要改变我之前的说法？"

李时回答："手下有个郎中是这样建议的，很有说服力，值得一听。"

张璁自负自傲地说："一个后进晚辈，又懂得什么呢？"坚持以初次所议的意思上报皇上。没料到皇上内批"皇初祖位"，如张岳所言。张璁大惊失色，急忙追问昨天礼部郎中中论禘祭者是谁？才知道提议者是张岳。

张璁对张岳这个名字牢记在心，生怕张岳抢了自己的风头，便叫来温州外甥、国子监祭酒王激商议此事。王祭酒对张岳的才华和人品有相当的好评，就趁机向张璁推荐张岳。张璁听从了王祭酒的推荐，委托他向张岳传达，准备让他担任"馆职"之类的要职。

"馆职"是统称。明、清两代称翰林院、詹事府官员为馆职。不必解释大家熟悉的翰林院，单说詹事府，掌统府、坊、局之政事，以辅导太子，明中期以后，詹事府成为翰林官迁转之阶。詹事府设置詹事1人（正三品），少詹事2人（正四品），府丞2人（正六品）。

张璁此举意在将张岳收为己用，维持皇上对自己的恩宠，以巩固自己作为嘉靖朝封建礼制头号理论权威的地位。如果张岳答应了，即使没去翰林院，至少他也可去詹事府，职务起码可升到少詹事。对于张岳来说，这是一次相当难得的升迁机会，他马上可能从郎中（正五品）之职一跃而升为四品以上职务，而且前途无量。时张璁是嘉靖帝的大红人，非常受器重，时人对他阿谀奉承都唯恐来不及。

然而张岳却把张璁当作一个为了升官可以出卖原则和灵魂的小人，秉持"道不同，不相为谋"的态度断然拒绝，不趋炎附势，因此与张璁结下了芥蒂。官场上少不了以才招怨、以德招恨的事例。张璁认为非友即敌，对不识抬举的张岳从此怀恨在心。

张璁还不死心。他手中还有一张牌。张璁在礼部时也认识了太监辛震贵，便把他找来，交代一番。有一天晚上，辛震贵就以拜访老乡为名，亲自到张岳住所探望，一番寒暄之后，辛震贵便如此如此地动员张岳，并奉上数万金银。

谁知张岳非常讨厌宦官干政。明英宗时宦官王振擅权，导致历史上有名的"土木之变"，英宗当了残元的俘虏，重蹈宋二帝之耻。明武宗（即正德帝）时又出了大宦官刘瑾，专擅朝政，时人称他为"立皇帝"，武宗为"坐皇帝"。因此，张岳对这个太监出身的老乡一点也不留情面，将他赶了出去。辛震贵由此对张岳怀恨在心。民间盛传，张岳后来就是被辛震贵害死的。

故万历《惠安县志》载，张岳当行人时，惠安老乡宦官辛震贵受重用，留下一大笔钱达数万，秘密嘱咐张岳要怎么怎么做。张岳把他赶走了。

于是在这一年，张璁就动用权力把张岳调出京城任广西提学佥事，行部（巡行所视察的地方称行部）柳州。

显然，张璁对张岳也并没有特别的待遇。敬酒不吃，好，就让你吃罚酒。看你张岳有多少酒量！提学佥事是几品官呢？也是正五品。一般来讲，中央一级部门的官员到地方就任都是要高升一级的。而张岳却是平调。张岳就这样穿着张璁亲手做的小鞋离开京都，磨破脚皮走到了广西。只是此时的张岳还不知道，张璁那双阴毒的眼睛还在盯着他。他在考虑，送完小鞋之后，还应该送点什么礼物给这个不知天高地厚的后进，最好让他吃不了，也要兜着走。

对这个新职责该如何履行，嘉靖辛卯（1531）三月临行之前，张岳专门请教了湛若水先生。湛若水为撰《送广西提学金宪张君惟乔之任序》。

张岳担心广西之地离朝廷遥远，属蛮荒之地，对教育可能不太重视，所以请教湛若水施教之道。湛若水以"普天同性、道无二教"来启发张岳。张岳咨询拟以"德行道艺"作为他主抓教育工作的指导方针，得到了湛若水的认可。湛若水认为"德行道艺"这个教育的主题是没有古今远近之分的，同时对张岳的简历和为人也给予了充分的肯定，认为张岳本身就是推行"德行道艺"的模范，"所到之处均有良好声誉"。他夸奖张岳既有推行"德行道艺"的意识，又有身体力行的带头实践，对张岳此行给予相当的肯定和鼓励，勉励张岳"以古人之仁心，行古人之教育，还担心什么哪里会不成功呢"！

从这件事分析，湛若水对张岳的态度与张璁是有相当的距离的。所以，后来直至张岳担任两广总督前后在两广平乱，湛若水依然去信为张岳祝贺。

湛若水为什么会为张岳改任作序呢？原来，湛若水当年就是张岳的顶头上司礼部侍郎，尚书是夏言。而且湛若水的祖籍就是惠安邻近的莆田。

湛若水成化二年丙戌（1466）十月十三日巳时出生于广东增城县甘泉都沙贝村（今新塘镇），字符明，号甘泉，历任礼部左侍郎、南京礼部尚书、吏部尚书、转南京兵部尚书，奉敕参赞机务；十九年庚子（1540）夏五月获准致仕，结束36载仕途生活；三十九年庚申（1560）四月二十二日卒于广州禺山精舍。隆庆元年丁卯（1567），特赠为太子少保，谥文简。

话说张岳被张璁调任广西行部柳州。当时柳州的驻军因为欠缺军饷，出现骚乱。柳州城为此已关闭五日之久。而太守杨埌却吓得躲在城里不敢出来解决。

张岳见事态已经发展到如此地步，如不及时平息则后果将不堪设想，虽然本来这件事与自己无关，但他还是自告奋勇去找杨太守，说："这些士兵已经在骚乱，太守你也不通气一声，是觉得这不关提学的事吗？既然我来到这里任职，又怎能放任不管而推辞呢？"

杨埌顺水推舟说："那这件事就交给你自理好了！"

于是张岳把他们召集来问："为什么要动乱呢？"

众人回答说："太守不给军粮已经一年了！"

张岳说："我给你们解决军粮，但要送你们到军门听调如何？"众人都叩头说非常有幸。于是张岳就把他们遣散归营。过了一日，张岳要把他们全部派送到军门听调。众军士既得到军粮，都不愿再听调。张岳暗中调查了其中为首倡乱者和桀骜不驯十八人，借口说："送军门，非健卒不可"，按名简阅，独留十八人，置之军法，平息了一场兵变。

张岳出任广西提学佥事时，林俊为两广总督、兵部尚书，于嘉靖十年三月完全平定始发于九年夏的广东新会、新宁之乱，张岳撰《贺林公司马平寇序》庆贺：

> 公之心则仁矣！盖闻用兵本仁，而义以行之，终之以礼。于是有释俘献馘、凯歌饮至之礼，古之道也，所以劳劳息民，流惠泽而作士心也。征古之礼于今日，则人之功，安得终辞？
>
> 于是镇守广西副总兵张侯某，先群校举觞，而提学佥事张某为叙其事，礼也。

张岳非常精辟地概括了明代对待少数民族暴动的矛盾态度与抚剿皆失的弊病："安抚他们则恩惠不被怀念，而几乎等于被亵渎；攻打他们则威信不足于控制，而几乎等于被轻视。"同时张岳又从道德礼义的角度分析了用兵的三个阶段："用兵本意出于仁心，其过程中要施行道义，最终归结于礼义制度。"这些原则对张岳后来的剿抚都产生了直接的影响。

时在广西有南北两岳，南为张岳，北是右参政上海华亭胡岳，号浦南。胡岳相当器重张岳，两人结成好友。时因福建缺按察使，廷推（重要高官由九卿或再加上巡抚、总督开会来公开推举，是为廷推）胡岳接任。广西同僚对胡岳的离任感到惋惜，认为福建不是合适的地方。由于张岳是福建人，所以嘉靖十年辛卯（1531）冬十一月胡岳临行前曾来请教张岳有关福建的风土人情，与他探讨到福建就任后将要做的事。张岳对他人之说不以为然，认为这是一个很好的施展才华的机会，勉励胡岳到任后，省略去一切苛捐杂税，激励被压制的正义之士，破除十数年偷惰苟且之陋习，与属僚更新习尚，树立新风气。如此则后人评论福建政事者，将视福建纲纪制度的改革改善，自胡岳开始。见《小山类稿》卷十二序二《赠宪使胡公浦南序》。

也是在广西（别称广右），张岳与老朋友孙懋再次见面。早在正德八年（1513），张岳就与任福建浦城知县的孙懋相识。原来张岳中解元那年，孙懋被抽调担任福建乡试试卷弥封官。如今两人又在南京重逢。其后又隔了11年之久两人才又在广西第三次握手。此时张岳尚未任江西巡抚，身份是广西提学佥事，而孙懋则从广西改任江西参政，张岳作《赠大参孙公毅庵序》：

> 昔人论士行得失，深致谨于方圆之辨。自灵均已有是言，其曰：

"何方圆之能周兮，夫孰异道而相安？"盖不以圆为善也。柳子厚反之曰："人当方其内而圆其外。方所以能守，圆所以能行。"余以为内外一理。既有意于圆其外矣，则夫方诸中者，安能固守而不变哉？孟子曰："规矩，方圆之至也。"是皆有天则存焉。圣贤之道，天则具于心，而时措从宜，以适于用，未尝不方也，而亦未尝不圆。故学者之所以持身应变，岂必于其方圆之迹云乎哉？亦反诸心，以严其天则而已矣……

夫方圆，皆天则也。非圆无以济方，非方无以用圆。然或不得已而至于过也，则宁于方焉过之，无宁于圆。故曰："行己有耻。"又曰："人有不为也，而后可以有为。"皆欲人以方自励也。方中其节，无抗之为激、狭之为隘、执之为滞，是亦圆而已矣。况夫无是病而备，其则如公者，于以适天下之用，焉往不宜哉？

这是一篇可以深入了解张岳为人准则和性格特征的好文章，也是一篇充满了朴素辩证唯物主义思想的哲学观。文章辩证、深刻分析了方圆"非圆无以济方，非方无以用圆"的辩证关系，并引申到为人的"士行得失"，表明了张岳"宁于刚直方面超过之，而不愿过于圆滑世故"的鲜明态度。这是一种积极的、负责任的人生价值观和为人处世的标准，也是张岳行事刚毅果断、只论是非、凡事不为自身利益着想、不管对方后台多硬而坚持秉公办事的硬骨头精神和凛然正气的体现。因此，其老朋友林希元曾称赞张岳"其行方而能圆"。所以张岳以此作文与孙懋共勉。因为孙懋也正是这样的一个因正直坦言而屡屡吃亏的人。

孙懋，浙江慈溪人，正德六年（1511）进士，授浦城知县，嘉靖十二年任广西布政使；十六年（1537）入为应天府尹，坐所进乡试录忤旨，致仕，嘉靖三十年六月卒，赠副都御史，赐祭葬如例。

毅庵应是孙懋的外号。可以说，张岳与孙懋的再次重逢对于两人来说都是一件值得高兴的事，起码在广西两人应是一对好搭档。

嘉靖十一年壬辰（1532）孟秋（农历七月），张岳因贺万寿节（给皇帝庆贺生日）入京。去北京之前，张岳先把自己的家属送归老家惠安辋川小山精舍。他的长子宓就是在这个时候出生的。万寿节是八月初十日，故张岳起码应在六月就得起程，才赶得上八月初十日的皇上生日。

江西提学

此次上京，张岳得以改任提学江西，督理学政。嘉靖十一年十月甲辰，升广西佥事张岳为江西按察司副使，提调学校。

但张岳此时却坚持不去答谢已是身居首辅的张璁，刻意与他保持距离。而此时，他的同科进士夏言已于同年九月代李时任礼部尚书之要职。

从北京回来就任江西提学不久，已是1533年夏天，江西佥宪茶山陈君升任广东参议。同僚们觉得论友情应当有赠别之言，就请张岳写了一篇《赠茶山陈君之广东少参序》以赠。

茶山陈君即陈端甫，字子引，号茶山，江苏常州人。"节愍"陈公就是他的高祖父陈洽，在明成祖朝时参与平定安南（今越南），后在明仁宗洪熙年间英勇牺牲于安南。曾棨撰《资德大夫正治上卿兵部尚书赠（少保）谥节愍陈公洽墓志》。这段历史教训成为张岳日后反对出兵攻打安南的理由之一。

嘉靖十二年癸巳（1533），在江西，张岳闲时有读书的习惯，无论冬夏寒暑，特别喜欢学习、借鉴同僚的一些做法，了解一些历史事件的来龙去脉，以达到办事公正、公道、公心的目的。

唐龙（1477—1546）曾经在正德帝时宁王造反期间巡按江西，稳妥处理了涉案者的善后工作，罢了三司（布政司、按察司、都指挥司）的官，同时请朝廷派驻江西的部队班师回朝，使南昌平民恢复了正常生活。

1532年，张岳趁去京师之际，还绕道到陕西探望兵部尚书唐龙。离开陕西前唐龙送张岳一本《奏议篇》，内容全部是他在江西任内所上的奏议，张岳读后颇有收获，对于自己在江西的从政有参考价值，1533年冬，张岳将其奏议编辑成书，因此作《唐渔石江西奏议跋》。

唐龙，字虞佐，号渔石，浙江兰溪人，登正德三年（1508）进士，历任兵部尚书、刑部尚书、吏部尚书，加太子太保，卒谥文襄。唐龙与严嵩关系相当友善。唐龙曾经因此被罢官，实夏言主之。其子汝楫历来依附严嵩，嘉靖二十九年庚戌得取状元，官至左谕德，后坐嵩党夺官。

当时王阳明新学在江西非常盛行，江西人很崇尚阳明心学。张岳却是程朱理学的坚定维护者，在江西教育中仍然坚持以程朱著作为正版，不予采纳王阳明的新作和新说，约束士子不要谈论王阳明的"良知"说。

时科举制度曾有改革，全国推行选贡法，首辅张璁为主负责其议选，无论食廪年限等次都予录取，年龄虽少但是有文学才能者亦不论其是否为廪膳生员出身，也不管这样会不会导致岁贡名额归零。不仅如此，张璁还在全国"沙汰生员"。而选贡是明代用以补充岁贡不足的录取士子方法。

张岳对张璁的做法有相当的抵触和不同的想法。他说："边远山谷，士集夷风，边远之县久未分科选拔官吏，每年才给予贡生名额，使其以礼教区别于少数民族的风气，是为了逐渐以改变之的缘故。"见《广西通志》卷六十七名宦明记张岳传。

基于以上认识，张岳居然敢于不执行张璁的这一措施。而此时的张璁，早已不是当年的无名小卒，而是在短短的六年间，从六品官的刑部主事骤升为红极一时的正一品官、嘉靖身边的大红人了。而张岳敢于反抗强权的铮铮铁骨也因此将再次接受严峻的考验。

张璁本对张岳已耿耿于怀，这次见张岳仍然不买他的账，于是就借口广西在选贡中没有遵守考试新规则为由，把广西选贡七人黜落，指责张岳选拔贡士不符合制度要求，把张岳降职为广东盐课提举，同时暗中交代广东巡按御史要修理修理张岳，给他点颜色瞧瞧，让他放明白点。

对于这次被贬的原因，后来的首辅徐阶说得很清楚："张岳从礼部主客司贬出为广西提学金事，又再改任江西，因为广西所选贡士廷试黜落七人，再贬广东提举。当初张岳任职主客司时，礼部尚书与执政张璁讨论大礼，意见不合。执政获知这个点子出于张岳，忌妒他，但是当时没有立即治罪，至此乃将张岳贬出。""张岳任官风采毅然，不为自身考虑利害关系。广西的考生已经明白张璁对张岳已心怀不满，将报复他。所以广西的考生为了不连累张岳，已经私下互相协商干脆不参加考试。而刚好人在京都的张岳却设身处地为他们着想，力劝他们说：'你们跋涉万里以求升斗之禄，为什么非要因为我的原因而这样做呢？'到他们考试完毕，张岳果然因此被处分。张岳明知是张璁在搞鬼，也不去求他。"详见徐阶撰张岳墓志铭。

对张璁淘汰生员这一举措，万历状元焦竑在《玉堂丛语》中也提出质疑，并借御史杨宜之口指出其危害性，谴责他这一做法：

张孚敬为人刚狠，故所行多从苛刻。如淘汰生员之举，是何意念？

净峰风骨：明代名臣张岳传

孚敬既去位，御史杨宜上疏曰："迩者沙汰生员之令一下，而督学使者奉行过刻，略无爱惜之意。其年少者以文词不工见黜，长者以齿貌近迩不容，甚则浪据毁誉，即加摈弃。沮父兄教子弟之念，驱衣冠为田野之佣。自史册所载，有增广生员，有增置学舍者矣，有沙汰天下僧尼者矣，未闻有沙汰生员之名也。宜下所司，加意作养，毋徒以黜退为功。"时夏言在礼部，尽反孚敬之政，议复如宜言。

可见张璁这一所谓改革是不得人心的，严重浪费了教育资源，给全国知识分子造成了重大伤害。杨宜在奏疏中同时批评各省"督学使者在执行过程中过于苛刻，略无爱惜之意"，造成年少者和年长者均以不同理由落选，执行张璁的主张做得太过分了。显然，张岳并不在他的批评对象之列。可是当时又有几人敢于提出不同意见或拒不执行呢？可见张岳是个例外，只是，他的对抗无异于以卵击石，自寻麻烦。但张岳却明知山有虎，偏向虎山行，即使是付出代价，也要坚守自己的原则。这就是他的气节与人生信仰。

广东提举

任江西提学才过一年半多的张岳，于嘉靖十三年（1534）冬被张璁调到广东来，任盐课司提举。

敬佩张岳为人的礼部侍郎陆深为张岳此行赠诗送行，表示自己对昔日手下无端受到报复打击的惋惜之情。

张净峰金宪谪广东提举

胭脂的的照疏林，蝶冷蜂寒春未深。

一夜无端风雨横，朝来多少惜花心。

陆深（1477—1544），明代文学家、书法家，字子渊，号俨山，南直隶松江府上海县（今上海市浦东新区）人，弘治十八年进士。诗见《俨山集》卷十七。

这是一个已经布好的陷阱，猎人已经磨刀霍霍。

明代管理盐务的最高机构主要是户部，即中央盐政机构。食盐由政府专统专卖。地方盐产区的盐务机构则分为三级，即都转运盐使司、盐课提举司、分司。盐课提举司主管各州县的盐业生产、收购和分配。

广东巡按御史到达潮州时，张岳因患足疾无法行走而在休养读书。守巡使者请张岳同去拜见御史。张岳解释说下官因脚患病尚未就任，到时庭参。

御史知道张岳有副硬骨头，听后冷笑着说："是那个曾经两次任提学的人吗？他会愿意庭参吗？"庭参是封建时代下级拜见上级的一种仪式。下级官员趋步至官厅，按礼谒见长官。文职北面跪拜，长官立受；武职北面跪叩，自宣衔名，长官坐受。

张岳一到广州就向御史报到，这个御史是宰相张璁安排的亲信，早已得到张璁的明令或暗示，就立即给张岳来了个下马威。

当时御史见张岳来报到，就现场表演了一场闹剧，因一件小事借故杖打一名典史。太守、县令都跪下来为典史求免。只有张岳不动声色，冷眼旁观，一言不发。御史本来就是醉翁之意不在酒，借题发挥而已，见张岳如此反应，便出了个难题问张岳："张提举独自笑而不言，你认为我这样做是对的还是错的？"

张岳回答："提举不参与民事，典史之是非，提举不知情，怎么敢以不知道的事情来妄断是非呢？"

第二日，御史便发檄文让张岳署南海知县。张岳以生病为由坚决推辞。御史就派遣防夫拿着他的令牌前往强迫，并交代威胁张岳"迟到一刻都要治你死罪！"张岳却依然抗命，退还御史的令牌。这个防夫在御史身边仗势欺人、恃强凌弱已经习惯了，没见过像张岳这么敢于抗命的硬汉，把自己当成御史的化身，便恼羞成怒地冲上公堂大骂张岳，威胁张岳说如果张岳胆敢不按时去就任就让他好看，强迫张岳去南海就任。

张岳发怒，命手下杖打了他。张岳这样做是有法可依的。根据《大明会典》卷之一百六十五律例六礼律条《公差人员欺凌长官》规定：

> 凡公差人员在外，不循礼法，欺凌守御官，及知府知州者，杖六十。附过还役，历过俸月不准，若校尉有犯，杖七十。祗候禁子有犯，杖八十。

净峰风骨：明代名臣张岳传

狐假虎威的防夫从来没吃过这样的亏，便自己故意把御史的令牌毁掉，回来却添油加醋地挑拨御史说是张岳抗命居然把御史的令牌都摔坏了，无非再加上几句说打狗也要看主人，极尽挑拨之能事，说张岳如此大胆，分明是要与御史作对，要御史为他出一口气。

御史盛怒之下随即修书一封弹劾张岳，立即派人上奏朝廷。张岳的同僚、州中柴、陆二司连忙代为劝解，硬要张岳前去谢罪赔礼。但张岳却说："岳无罪，为什么要去谢罪呢？"柴、陆两人说："你打了御史的防夫，难道不是罪吗？"张岳语气坚决地回答说："提举杖打防夫，定为得罪御史。御史为重。防夫侮辱提举，难道不是得罪天子吗？天子反而为轻吗？提举宁可脑袋丢掉，也不能那样做。二公不要勉强我为此一行。"

张岳不为权势低头的刚强性格再次一览无余。御史听了张岳如此强硬而又理直气壮的言语，自己反思有些过分，便赶紧派人追回已经上报的弹劾奏疏。否则张岳又将面临一场苦难。张岳的硬骨头精神由此再次得到验证。

张岳到任后，就开始审阅过去所发的文件和大事，桌上的文书占满了整个桌面。张岳为熟悉本职业务整整花了两个多月的时间，仅得其要领，于是张岳便开始考虑"纠正户口之错误，追究盐丁灶户之互相欺诈，辨别官方与民间出纳交易之弊病，严格执行禁令"，对过去的陈规陋习予以改革，严禁走私盐、私自交易和漏报瞒报，堵塞漏洞，严防贪污，为广东省和大明朝增加财政收入。

广东盐课提举司最早设置于洪武初，下辖有 14 个场，每年供盐 46855 引 100 斤，约 19000 吨：

小江场盐课司	右桥场盐课司	东莞场盐课司	招收场盐课司
靖康场盐课司			
矬峒场盐课司	隆井场盐课司	淡水场盐课司	双恩场盐课司
咸水场盐课司			
归德场盐课司	海晏场盐课司	香山场盐课司	黄田场盐课司

而据张岳所记，当时广东盐课司所辖盐场只有十三场，由下属各官员分头管辖。其中副提举朱昱分管香山以西五场。供应范围包括两广、湖广（湖南、湖北）、江西、福建北部共六个省。

朱昱是湖南衡阳人，监生出身，嘉靖十二年任职至今，虽然年纪已将近70岁，但办事却相当认真负责，是个比较本分又勤政之人，办事有条理，记录又详细完整。所以张岳对这个副手相当满意，私下感叹认为用人不一定要刻意讲究年龄，"只当论勤惰，无论老壮，像朱昱如此有职业道德者，怎么能与少年竞虚浮者比较而论呢！"

可是过了几个月后，朱副提举却向张岳提出要退休回家。张岳见此人可靠可用，就把他的辞职退休报告扣住不予批准，也不上报。朱副提举过了一段时间见没有动静，就来询问张岳。张岳只好坦诚相告，对他表明了自己的挽留之意。可是他却着急地向张岳说明他的生平简历，解释要辞职回乡的原因。原来此君也是个见多识广之人，也看淡了官场的是非非，对前途也不抱什么希望，又担心万一出事，毁了一生努力，所以不愿以"垂老之年，驰骋于忧患之途"，希望能安全着陆，免后顾之忧。张岳察其志坚决无法挽留，只好违心地签名批准，并按程序上报巡院及宣察两司。当时张岳已经接到调任廉州太守的任命，要到京都复命，于是便酌酒相别，对朱君说："你是衡阳人，我曾经渡过湘江，到过衡山，据烝阳、湘西之会，凭借石鼓眺望洞庭湖，认为这里的景色真是天下之奇观，每当我回想起那里神思就会飘飘然。如今你真的要去游览了，回想过去所奔波勤劳的事情，都是土苴一样的糟粕，不值得一提一录了。古人说以仕途求上进为宦机，是荣辱得丧所潜伏之所。一定要淡忘荣辱，平衡得失，才不会违背自己的本意，只有能够事先预见到这一玄机才行。如果不是朱君经世故、知进退，适可而止，又怎么能够做出如此的决定呢？"张岳的同事徐君某，认为张岳这番话很有道理，适宜于记录下来作为赠别之言，张岳不好推辞，就写了这一篇《赠副提举朱君归衡阳序》。

石鼓是湖南衡阳北面的一处名胜。一说石鼓四面凭虚，其形如鼓，因而得名。《水经注》载："山势青翠圆滑，正像一面鼓。山体纯石无土，故以形状得名。"另一说，是因它三面环水，水浪击石，其声如鼓。环绕这江口石鼓的是三条江合成，一条叫蒸水，从邵阳而来。另一条叫湘水，从零陵而来。三是耒水，从郴州而来，三水汇合，浩浩荡荡，直下洞庭。而石鼓正当其冲，横截江流，为石鼓千古之奇观。与岳麓书院、嵩阳书院、白鹿书院等并列全国四大书院之一的宋朝衡阳郡人李士真创建的石鼓书院就在这里。后朱熹也在此讲学，使石鼓之名空前大振。后有范成大、文天祥、辛弃疾、王夫之等人分别到此游览或讲学，更为书鼓书院大添威名。这里就是当年朱熹指导张巽时提到的他于1187年所作的《衡州石鼓书院记》的地方。

其时顶头上司、盐道专员福建同乡李默于春节间给张岳写了封信，并寄给他一本自己写的《宣城志》，对张岳如何施政多有教示，提醒他的盐税征收改革问题考虑不周之处。

张岳回信《答盐道李古冲》汇报了他的改革方案。

> 盐丁陈横山责丁于田，其初只欲抑大户之诡税者尔；不知田之去留无常，而丁引一定，难以卒改。异日田去丁存，有无穷赔纳之苦。一时思想，偶不及此。东莞、黄田两场，某所编量为豁免者甚多。其他若税盐差役及均派栅甲数事，横山所议，多有可采者。某旧有一议，欲悉查出沙田，谓以田办盐，如民田之以亩科税。此法若行，则小民之有引无业者，稍可轻减；而大户之白地煎盐而无课者，必多方沮挠之。但委任得人，亦不难行也，试检看如何？

张岳要扶持的是"有引无业"之普通运输工，以达到减轻大多数盐民负担的目的。引指运销货物的通行凭证。他要征收的是那些大户之"在无庄稼的土地煎盐而不用交税者"，防止大户的偷税漏税。所以他支持盐丁陈横山"责丁于田"的方案，将盐丁人数与盐田数量责任挂钩。而对自己编列的东莞、黄田两场，"量为豁免者甚多"。他是能理解和体谅广大盐民的辛苦的，也是能以实际行动来保护他们的正直官员。张岳承认了改革方案的不完善，"不知盐田之去留无常，而人丁与盐引数量是相对固定的，难以突然改变。异日盐田失去而盐丁仍存，就有无穷缴纳之苦。一时思想，偶然没有考虑及此"。但他对陈横山的方案总体还是肯定和支持的。对改革中出现的问题，张岳并没有因噎废食，而是在继续改革中检验其成效，没有停止改革的步伐。他相信，只要委任得人，亦不难实行，试看实践检验结果如何？他要让实践来检验证明。这是张岳首次实施的经济改革，与他当年反对张璁设计的士大夫穿的"忠静"服形成鲜明对比。这说明张岳并不是一个墨守成规的保守人物。

张岳在此期间还认识了一个叫林一清的莆田籍官员。林一清就任岭东石桥艖使前拜访了张岳。张岳应邀为他写了一篇《赠林一清之石桥司艖序》。

石桥盐场和归善淡水盐场、海丰古龙盐场都属惠州。早在宋代，惠州所属的石桥盐场年产盐6000石，是当时广东最大的盐场。

从张岳给林一清的序言中可知张岳要改革盐税征收的动机。明朝国库的大半收入均来自盐税，这就是盐民始受其祸害的根源和起因。而此后，墨吏、豪家浑水摸鱼，国家财政日益亏损，于是税收逐年增加，直接造成了盐民之祸害更严重的结果。因此，张岳的改革只能作浅尝辄止的改良，以自身的清廉来减轻盐丁的负担，无法作出根本性的改变。

各位千万不要小看盐官。只要曾到江南一带参观过杭州胡雪岩故居、扬州个园、苏州园林的，包括惠安乾隆间首富东岭许山头的小小盐官许百万许炘，就会明白盐商的利润和管理盐场、盐业的官员的油水有多高，可以说是居全国收入最高阶层。所以，张岳的赠言也是意在告诫林一清不要加大盐民负担，理解盐民"所以重困"的根源，不可"剥夺其赖以为生者以自利"。从此文中可以发现，张岳"厚民生、善风俗、兴政务"的从政理念是如影随形、一以贯之的。

首撰通志

张岳任广东盐课司提举时还做了另一件有意义的事，就是主纂《广东通志》，于嘉靖十四年（1535）刊行《广东通志稿》四十卷首一卷。广东省地方史志办公室对此书是如此介绍和评价的：

《广东通志》四十卷卷首一卷

（明）戴璟修，张岳纂，明嘉靖十四年乙未（1535）刻本，叙事至嘉靖十四年，北京图书馆藏，广东省中山图书馆晒蓝本 K1/1[2]《明史·艺文志》作72卷，误。戴志的纂修是前总督陶谐案行各府取志，集中提举张岳、教授何元述、教谕王时中等暨学生十余员纂辑，戴璟发凡举例，订分野至杂著六十四条，各按旧志纂录，但尚多抵牾疏略。戴璟卸任，而未获代，乘此暇闲，复博采《一统志》，搜逸芟芜，增订人物。每篇前作叙，篇后作论赞，皆戴璟撰写。历时三月而成（八月初旬至十月冬）。

是志就广东地理特点及当时政治状况，在番舶、海寇、黎瑶僮等少数民族以及与当时民生之最患者驿传、差役、田赋之类做了比较详细的记载。因成书时间匆促，质量可想而知。

《四库全书总目提要》作如下评价："是书乃璟于嘉靖乙未以临代时两月而成，未免涉于潦草，其门类亦多未当……作为《广东通志》的首创本，保存不少地方资料，草创之功，应予肯定。后人修志，有所借鉴……"

教授何元述系晋江人，号小洛，时为惠州府学教授，后升广东按察司佥事。

协助张岳的另一人王时中，字执之，侯官人，嘉靖戊子（1528）举人，嘉靖十一年署顺德教谕，寻迁广西阳朔令，擢守横州。

至此，张岳已经参与过县志、府志和省志三级地方志的编纂工作。这无论是哪个朝代的官员也是不多见的。只可惜三个月的时间太短，留下一些遗憾，只能以初稿称呼之。假以时日，此《广东通志初稿》将成为一部更成熟的志书是必定无疑的。纵然如此，也不妨碍《广东通志初稿》作为广东省地方志的龙头地位。21世纪初启动的广东省地方志再版工程，张岳的《广东通志初稿》依然是首部。

此后张岳好友黄佐于嘉靖四十年重刊《广东通志》七十卷，其书体裁渊雅，颇具条理，惜无原刻完本。后郭棐至万历二十九年再纂通志，较前志详备。

黄佐（1490—1566），字才伯，号泰泉，广东香山人，12岁考取举人，明正德十五年（1520）中进士，次年选庶吉士，授编修，兼左司谏、侍读，掌南京翰林院（嘉靖十九年）、南京国子祭酒、少詹事等职。他晚年谒哲学家王守仁，与论知行合一之旨，数相辩难，得到王守仁称赞，授江西佥事、广西学督等职，曾因与大学士夏言议论河套事不合，弃官归养。其学以程朱为宗，但理气之说独树一帜，著作尤多；明嘉靖三十六年（1557）修《广东通志》七十卷、《广西通志》二十四卷，著作共计460多卷。

《黄文庄佐集》中载："我的好同志张净峰，和他谈论经世大略及财赋兵法，似乎没有可以难倒他的。他还说过：'如果我的人生理念行不通，则当仿效孟子，著书度老'。"可见黄泰泉对张岳的博学多才无论是国家大计、经济财赋收入乃至军事策略都是相当佩服的。

黄泰泉与张岳一样都是对程朱理学志同道合的哲友，张岳有两篇文章就是写给黄泰泉的。一是答《黄泰泉太史》。古人称翰林院翰林为太史。所以信中第一段内容主要是与黄泰泉探讨学术问题，主题是抨击王阳明的"心学"给社会带来的负面影响，时约为 1535 年。

从第二段开始，张岳批评了黄泰泉所修通志文字晦涩、不知所云及体统不分等存在问题，也提出了自己的看法和希望。

嘉靖十六年丁酉（1537）冬，应广西南宁府太守郭世重之请，张岳为他主编的《南宁府志》题了序言，同时谈到了他在广西任提学时的往事与见闻。

从文中可知，朝廷当时对广西南宁等地是相当忽视的，"原因是视南宁如在边远荒野，视左右二江（即郁江、黔江）流域瑶、僮族群无异于政令教化所达不到之处。"所以张岳在为《南宁府志》作序时特别花了大量篇幅来讲南宁地理位置的重要性，实际上是从军事的角度来阐述南宁的战略价值，特别提到南宁与交趾（越南）的关系问题，充分证明了张岳的深谋远虑及锐利的战略眼光。此后发生与交趾的争端就充分证明了张岳的先见之明。

郭世重即郭楠，字世重，号白峰，是泉州晋江老乡，与陈琛同是正德五年举人，正德九年进士，与张岳同为蔡清的门人，为主学《易》，官终南宁知府。郭楠于嘉靖十七年（1538）完成《南宁府志》著作并刊行，另著有《郭世重奏议遗稿》，传见《明史》卷一百九十二列传第八十记。

郭楠曾为福建巡抚聂豹辨明冤狱。原来聂豹尚未出仕时，其才华为永丰县首富赵某之女所爱慕，赵千金曾暗抛一条有聂豹诗作的手帕给聂豹，却被一地痞无赖所偷。入夜，无赖持手帕欲会小姐，被赵父发现，即持刀杀死赵父。聂豹以通奸杀人嫌疑被捉拿归案。幸亏御史郭楠洞察其情，无罪释放，并成全两人之爱情。后人把这一段才子佳人的传奇故事编成戏剧。

话说回来，不久朝廷提拔张岳任廉州太守。张岳前去向御史告辞，御史才负疚坦言说之前所以如此对待张岳的原因，都是出自宰相张璁的授意，请张岳谅解。查《广东通志》卷二十七职官志巡按御史名录，戴璟是 1535 年卸任御史的，完全有可能在 1534 年即任此职。那么两人此后合作编纂《广东通志》初稿则表明两人关系已正常化了。

第七章

降交征黎

历史上越南是中国的藩属国，但却也是与中国历史上发生战争最多的一个国家。明嘉靖年间就差点爆发大规模的战争，在张岳等人的努力下，这场战争终于得到和平解决，以安南国王投降而告终。

廉州知府

嘉靖十五年（1536）八月，张岳接湖广麻城进士、嘉靖十二年任职的詹莹，继任广东廉州太守，官阶为正四品，中顺大夫。

一、教养为先

洪武十四年（1381），廉州由州升为府，复置合浦县、钦县，复为州。合浦县城为廉州府驻地。廉州府辖钦州和合浦、灵山、石康三县。明成化七年（1471），将石康并入合浦县。廉州府辖钦州和合浦、灵山三县。钦州复辖灵山县，统隶廉州府。

在《赠郡推王君序》中，张岳形象地描述了廉州当年的情况：

> 廉古称地僻而俗朴。余始自郁林出南流江，浮廉水而下，览观山川

物产与其习尚，仿佛于古所云。然余窃怪国家治日久，舟车烟火，远通于万里外徼，是郡独恭然，荒林莽野，弥望萧条。其居处稼穑，艺事服用，皆偷窳灭裂，不足以为厚生可久之计。少有征发，辄弃而去之，如弊甑枯杵，无复爱惜。岂地僻则人玩，俗朴则易欺，物殆有以病之而然欤？譬之魑魅魍魉之病于物也，必以其深山广泽人迹罕及之地。若都邑庐市，一有是物见焉，人必群聚而谯之矣。

廉州相对于大明朝来说，当然是个相当偏僻的地方，不是建功立业之所。虽然张岳惊诧于大明朝立国百年之后廉州依然一片萧条荒凉，"不足以为厚生可久之计"，然而在京城失去发展机会的张岳，却在此荒芜之处改变了他的人生轨迹，从此走上步步高升的仕途，正是"祸兮福之所倚"。这是他完全没有意料到的。

合浦在明朝前期因为地属廉州府治，没有专门设立学校。洪武八年（1375），连县衙都被裁减，14年后才恢复。时皇帝诏书天下州县都要设立学校，知县卢文会首先创建于府学之东。因为时间久远倒塌。正统十年（1445），广东提学佥事彭琉重修。成化八年（1472）分巡佥事林锦重建。由于位置偏僻，就读的人不多，人气不旺，教育成效不明显，出不了多少人才，不久学校又出现重大质量问题而倒塌，只剩下斋堂数根楹梁而已。

张岳到任后的第三天，就首先调查当地教育情况。张岳先到合浦县儒学视察，看到县儒学眼前的破坏情形，感叹地说："唯有这项工作才是首要的政务。"确定了把兴办教育作为首要任务的思路。接着他又带领一批读书人，视察地形，选择位置，登高群望，得地于城南，地势高挺，空气清新，令人心旷神怡，前有一座山叫文峰，后有另一座山叫三台，周边四水环抱。张岳对众人说："再也没有比这块地方更合适的了！"当地儒绅耆耄都拥护张岳做这件事，选择了动工兴建的日子，并请示上级同意，于嘉靖十五年（1536）十月动工，工程整整花了一年才完工。

根据当地的风俗，要迁移合浦县学还要有一定的程序。张岳为此还撰写了《迁合浦县学告土地文》，给土地公先通个气，打声招呼，表示尊重之意。

合浦县儒学建成后，规模不小，范围有三亩之大。这样壮观的学校大家见了都非常赞赏，认为它"规模宏大耸立，房屋欲翔，学宫之美，昔未有也！"是有史以来最浩大的工程。而总的开支仅花费白金152两，不包括工人工钱之数。因为"其钱财取之于公款之节余，其人力则借用平民在官府中服役之人"，故"节约而费用不增加，大功告成而公私两方都未惊动"。

而更加神奇的是兴建不久，海风居然自己刮来一堆漂浮的巨木，有三百来棵。这很有可能就是张岳一手策划的计谋，以示神助。而其余不足的木料，则取之于大廉山和融山。由于禁止船只在廉州一带海域行驶以防止偷采珍珠，当时运输条件很困难，张岳为此又另外写了《祭告海潮文》。

廉州历来雨水较多，但是张岳到任后却遇上旱灾。张岳遂撰《廉州祈雨告社稷文》，那是张岳爱民心声的独白：

> 古之良有司，教民稼穑，相五土之宜，并时五谷，故虽有水旱，不能为灾。太守为政三年矣，犹有不垦之田，不种之谷，腼颜事神，忧愧无已。神不垂矜悯，不督以灾旱，是使太守不能有其民，而终无以事神也。
>
> 神为民而立，太守为民而来。旱干累旬，民且荐饥，岂特太守之责邪？维神亟思其责，使太守有所倚仗，以育其民，不胜幸甚！

我们不知道这样的祭文在当时是否发挥了什么作用。可是不久从海南到廉州之间的海上交通运输就开通了，廉州人都相传说张岳所做的这件好事得到了老天爷的帮助，正所谓"吉人自有天相"。事后的事实证明，"太守为民而来"这句出自张岳对神明的发誓，道出了张岳人神可鉴而无愧于天地的坦诚心声。

协助张岳兴建儒学的主要有三个官员：浙江余姚人、府同知朱二守（即朱同蓁，相当于第二把手）、浙江永嘉人王节推（即推官王良弼），还有主管教育的教谕杨荏。

竣工落成之后，教谕杨荏向林希元汇报了整个建设过程情况，并约林希元写了一篇《合浦县儒学记》，见《林次崖先生文集》卷十记：

合浦县儒学记

> 合浦，附郭县也，故在前朝，学不特设。大明洪武八年，县革，十有四年复置。时皇帝诏天下州县咸立学。知县卢文会始于府学之东，建合浦县学。岁久而圮。正统九年，广东提学佥事彭公琉修。成化八年，分巡佥事林公锦重建。才久弗振，咸咎地偏，陋而弗修，寻以大弊，惟余斋堂数楹尔。后先胥袭，积有岁年，大非国家造士之意。

郡侯净峰张公至郡之三日，首观学校，见而叹曰："惟兹首政，曷宜乃尔！"爰率诸生，登高群望，得地于城南，高而爽，旷而夷坦，前峰文笔，后峰三台，四水环抱。公谓众曰："地莫兹越！"既而儒绅耆髦佥云曰："吉。"闻于当路，咸报可。乃商匠虑材，度务卜日。以嘉靖十五年十月启手，越明年十月告成事。文庙五间，东西两庑各七间，神库神厨各一间，戟门七间，棂星门三座。后文庙，为明伦堂，凡五间，东西两斋各三间。敬一亭在文庙之左。棂星门之左为学门，进为仪门，了斋祠、尊尧亭附焉。后建师居二所。总缭以周垣，为丈一百五十有二。前凿泮池，为亩有三。规模宏敞，栋宇骞翔，丹青炳若，黉宫之美、学宫之美，昔未有也。计其费白金一百八两，人工之娄不与焉。其材取诸公帑之赢，其力借庶人执役之在官者。约节而费不浮，业成而公私不动，于是见公之经济矣。

是役之初兴也，忽有海风飘巨木至者三百，取木于大廉、和融山，负运方艰，俄有琼崖海舟之便，人曰"得天助"焉。二守余姚朱公、节推永嘉王公实赞其谋，教谕杨君莅尤其力。诸生某辈，大公之功，为图不朽，于是教谕杨君述其事，以记请。昔视学岭南，每以是督有司，兹乐厥成，记，予责也。

按，学校首政，士夫类能知之，及至当官，往往漫焉弗省，委之荒土，何欤？心有所夺，弗暇及也。净峰之心，非有夺也，政先学校，不亦宜乎？……

净峰名岳，字维乔，弱冠以《诗》发闽解，由进士历官，两任提学，再踣而起今官。其学博而知要，其行方而能圆，其政以教养为先。《诗》曰："恺悌君子，民之父母。"净峰有焉。兹记学，故不备。

该记详细记载了张岳所建合浦县学的经过、规模、经费、传奇色彩、张岳的简历及为人，称赞张岳就是《诗经》所说的百姓的父母官。应该说，林希元确实不愧是张岳的挚友，"其政以教养为先"道出了张岳对教育的重视确实是排在他从政目标任务的首位的。以后张岳只要公务空闲，就经常到儒学"坐下来一起读书，降低身份与秀才们为友"，以自己的行动带动廉州教育风气的形成，因此"廉州士子皆知勤学"。

其实，这座廉州府学当年在张岳手中也曾修建过，张岳还为它命名，叫尚志书院，并写了一篇《尚志书院记》。

黄佐亦撰《廉州府儒学记》以贺：

> 嘉靖乙未，惠安张公岳来知府事，惧无以称圣天子作人至意，乃程士业而砥砺之，凡裂缀之文、高虚之说，一切屏去。士亦翕然从焉。既三载，政成民裕，同知余姚朱公同蓁、节推永嘉王公良弼，佥议以南门内玄妙观爽垲峻厚可居，令训导廖景春、朱衮达诸当路请两易之。复议报可。用金易民居五十间，增廓其地，并计匠役木石之费，仅一百余两。经始以戊戌秋八月……功未告成，而张公擢浙江学宪以去。代者同安陈公健，益加惫致，以终厥事。次年冬腊月落成。使吴生正来征文记焉……

> 近世发明朱学，宜无若泉之蔡氏。而张、陈二公皆以承学出于其乡，相继振起。廉州士而宾兴之，必有超琼州才隽而上追邹鲁者矣。

廉州府学在张岳手中还另建有启圣祠，奉皇上之命在全国所有的学宫都要兴建这类的启圣祠。张岳也为此写了一篇《廉州建启圣祠告先师文》。

1534年初夏，廉州属下灵山县城重修竣工。嘉靖十五年（1536），时任廉州知府的张岳和海北盐课提举司提举陆时雍，在灵山县检查盐税征收情况期间，于十二月初一日接受分巡海北兵备道佥事王崇属下的请求，张岳撰文，陆时雍誊写《重修灵山县城记》。灵山知县赵仲衍，县丞沈鸾，廉州卫指挥佥事、灵山守备范铠，以及灵山守御千户所正千户严刚，共同出资刻石立碑。张岳撰《重修灵山县城碑》，载于林希元著《钦州志》卷六。

道光《廉州府志》卷二三《金石》载，《重修灵山县城碑》（存），赐进士出身、中顺大夫、知廉州府事、前江西提学佥事张岳撰。碑原竖立于灵山县城内，现收藏于灵山县博物馆。碑宽102厘米，高156厘米，厚10厘米，周饰花纹。标题是间距10厘米见方的隶书，分为3行，正文连款共25行寸楷，俱纵列。这是有关灵山县城建设的唯一碑刻文物。

闲时在家中，张岳便时常督促幼小的长子张宓开始学习《孝经》和《论语》。

张宓生于嘉靖十一年壬辰（1532）七月十二日，也就是说张岳到41岁时才生了儿子。十六年丁酉张宓仅6岁，开始启蒙学习。公务之余，张岳把他抱在膝盖上，指着一些文字测试他，用一些比较平常通俗的语言引导，为他讲解深奥的道理。天伦之乐，其乐融融。张宓原名桂，说来有段来历，这得从广西桂林说起。

据张岳的《名宓儿说》介绍，桂林城东有一座高峰峭立，俯临漓水，叫癸山。山中有腹洞中空，可以坐数十人。流石下垂，如悬杵削玉，离地仅五寸多。桂林传有古谶。1531年秋，张岳官署台阶下有两株桂树盛开，提学公署边一株邻近池塘边，芬芳异常。大参蒋子云每次经过那里都非常感叹欣赏，说"净峰公是有了吉祥的预兆了吧？"当年冬，张岳夫人就怀孕了，张岳认为这就是应了自己的好梦。次年孟秋，张宓出生。因为其先兆出于桂林，桂与癸发音相似，所以张岳就让乳母和佣人等称呼儿子为"癸郎"。

有一天，张岳在为儿子讲解《论语》中的《伯夷叔齐求仁得仁》篇时，儿子搂抱着张岳的脖子问道："阿爹，我能当像古代那样的贤人吗？"张岳笑而不答。不一会儿，儿子又忽然自己请求说："我昨天学习书法，写我的名字时与那个人（指桂萼）相同。那个人是小人，为什么把我的名字起名跟他一样呢？"张岳听了儿子小小年纪竟然懂得提出这样的问题和要求，心里为儿子的聪明伶俐感到非常高兴，就回答说："儿子你还年幼，所以叫你的乳名，等你长大了，再另外给你取个名字。"张宓他日把此事告诉了他母亲，说阿爹要给他改名。夫人知道后就来问张岳是否有此事。张岳笑着说："儿子要取个好名字吗？取好名容易，恐怕长大后又不合意，怎么办？"夫人回答："他还是个小孩子，就姑且给他改名吧。"因为张宓这一辈分的人取名时都从宀，所以张岳考虑改名时也要有"宀"，就取了个"宓"字。有一次张宓拿了一幅素轴在玩耍嬉戏时，问家人说"轴中作何物最善？"家人开玩笑说："不如求你阿爹的文章最好。"张宓听信此言，就来找张岳求文章。张岳一面责怪家人不该欺骗孩子，又念及儿子年小不可骗他，到嘉靖十七年戊戌（1538）才为儿子写了《名宓儿说》。

这是出自张岳自己所记载的唯一反映其家庭生活的一篇文章。可惜这种其乐融融的生活场景在晚年再也见不到了。因为他后来总督湖广、云、贵等省军务时都是孤身一人前往的，直到客老他乡。

《曲江延寿张坑族谱》记，张宓字仲初，别号桂源，以父荫初授前军都事，转右军经历，复召宗政府。隆庆庚午年（1570）升广西庆远知府，卒于官，崇祀名宦，见人物传；生于嘉靖壬辰（1532）七月十二，卒于万历甲戌（1574）四月初十。

在廉州期间，张岳牢记老师蔡清所教诲的"密箴"五十条，其中他最喜爱的是"劝君莫用半点私，若用半点私，终无人不知；劝君莫用半点术，若用半点术，终无人不识"。张岳把这条密箴作为座右铭"大书于后堂屏风，出入观省"。他认为：

> 夫君子之不敢用私、用术，非恐人之知识而后不为也。若小人，则直谓可以欺人而无所畏尔。先生此箴，正所以深探心术隐微之病，使之知其无益而或改也。二者之病，"私"尚易见，而"术"之为祸尤之灾，何以异此？读先生之箴者，所当深切而豫防也。故刻之，以广其传。

由于张岳当时是被贬任廉州知府的，时人都认为张岳从盐课提举落职当个知府不值得。因为廉州地僻，不是建功立业的好地方，不是一块好跳板。所以之前不少官员来到此地任职，基本上是无所事事，度度日子，忙着跑关系，好调任另一处好地方发职位。张岳却不以为然，认为廉州位置虽然偏僻但事务较简，迎来送往等应酬也较少，正是修身养性之所，是自己喜欢的那种地方。因此他闲时只是"每天取来佛教方面的书籍阅读，摘录其要点而收藏之"，说"我很喜欢过这样的生活"。张岳并不信佛，因为佛主张无君，这是张岳及同时代人绝对不可接受的。对于官府的政令及规章制度，张岳基本上还是不去变动它，只是侧重于教育、水利交通等基础设施建设及农业生产。

当地人不勤劳，不喜欢种田，弃地很多，造成大量的良田荒芜，影响了粮食生产。《广东通志》记载："廉州百姓天性不喜欢耕田种植。"廉人也不会戽水，不会使用水车灌溉。而这些农活张岳都做过，他便抽空和二夫人黄氏亲自到田间戽水，教会了当地百姓，把家乡的农业技术传播到廉州，大大提高了当地的生产力及抗旱防涝能力。为减轻农民负担，张岳还"省禁令，减徭役，督民种田"，促进了廉州农业的发展。

张岳的另一政绩是兴修水利，时为嘉靖十六年。廉州府在明代前期很少从事水利建设，水利处于初创阶段，明代中期才开始大量兴建水利工程，张岳到任后才掀起了水利建设的高潮。如白沙江在合浦县东北 50 里，嘉靖十五年（1536），知府张岳令民筑坝 15 丈，截流灌田数百亩"广为陂池，教民稼穑，当时田畴之利开于公者十常八九"。

《廉州府志》记载，有 8 个陂塘系张岳所倡筑，分别是陈调白沙江、蛟龙潭、五水江、黄芝水、七里江、木水江、偷狗水、大浪陂，皆张岳所灌溉之田地，约数千亩。百姓享受其利益，因而兴建生祠来纪念张岳。

可以说，廉州就是张岳在撰写《惠安县志》中所提倡的"厚民生、善风俗、兴政务"施政理念的一块获得丰产的政治试验田。

廉州百姓对张岳给予很高的评价，称他是历代官员中数一数二的好官。道光《福建通志》卷二〇五本传则称誉张岳"廉勤称粤中第一"。

《廉州府志》记载：

> （张岳）迁廉州府知府，正大光明，优于文学，下车初，辄求民瘼，凡苟条积蠹，汰而去之。其赋役、里甲，莫不调停规正，民咸称快。每公暇，则巡郊野，疏川导滞，钟水丰物，如陈调诸处，民得就业者不翅千里。又改建郡县二学，巍然一新。丁酉（1537），议征安南，梗忭时议，屡陈不可，民怀其德。

《廉州府通志》记载：

> 自净峰张公莅其地，广为陂池，教民稼穑。当时田畴之利，开于公者十常八九。至今小民祀公于田所，如邻人之祀稷焉。

一立一破，先立后破。稳定了廉州百姓生活之后，张岳在廉州便着手禁止盗珠。这在廉州历来是个老大难问题，几任官员都禁而不止。嘉靖十一年（1532），还发生一起重大事变。因为朝廷采珠苛严，激民为盗，至攻劫会城。合浦珍珠是世界名珠，合浦采珠业已有近 2000 年历史，早在东汉永建年间（126—132）合浦太守孟尝大弛珠禁，几年间使合浦珍珠资源得到很大繁殖，合浦珍珠又称"南珠"，以质地上乘而冠群珠之首，有"东珠（日本）不如西珠（欧洲），西珠不如南珠"之说，故中国历代都把合浦珍珠当作向朝廷进贡的稀世珍宝。

净峰风骨：明代名臣张岳传

《史话古珠池》载：

珠蚌古称珠母，"珠珰出于蚌之母"（见《太平寰宇记》），又"珠母者蚌也"。《铁围山丛谈》把生产珠母的具体处所，称为珠池。《廉州府志》云："海面岛屿环围故称池云。"所谓岛屿环围，是指产珠蚌之海域处于礁屿、岩石围绕之，宛似城廓。也即是："海中珠池若城廓焉……"

合浦珠池名称和位置，各种史籍记载均有异同，《合浦县志》引类书曰："珠出广东廉州珠池者四：杨梅、青婴、平江、永安。"《廉州府志》记载为五所：即乌泥、杨梅、青婴、平江、断望（一名断网）。《广东新语》曰七所：杨梅、青婴、平江、断望、白沙、海潴沙和乌泥。《通志》《广东图志·合浦沿海图》则见一所手巾池，而无永安、白沙和海潴沙三处。

合浦珠池之位置，均处于今北海市龙潭至合浦山口与广东乐民池之间，而今北海市虽旧属合浦辖，但在今北海市之海域，在古代是没有珠池位置记载的。合浦古珠池位置是：断望池在今北暮至婆围海面，青婴池在今北海市龙潭至合浦西村海面，永安池在今山口永安海面，乌泥池在今广东廉江县凌录至合浦英罗海面，白龙池在今白龙海面，杨梅池在今合浦福成东南海域，平江池在今南康石头埠海域，海潴沙在今合浦营盘之东南海面。

珠宝有谁不爱呢？拿多拿少、明拿暗拿、巧取豪夺之别而已。对此，张岳的做法非常简单，他几年来连珠池都没有踏进过一步，更别说亲手拿过合浦的珍珠，也从不接受人家赠送的珍珠。二夫人黄氏跟随他在廉州多年，居然连这么闻名的合浦珍珠什么样子都没见过，有一天跟张岳提起。张岳听说这个要求后说："要认识珍珠的模样不是很容易吗？"请下属从仓库中拿出八颗大小不一的珍珠给内人看，看完之后也不顺手牵羊，马上让下属归还仓库。如此廉洁的官员就是当今也有许多人自愧不如。"太守不取珠，民乃不敢犯盗珠。"张岳自白："我到廉州就任三载，不持一珠，只是效仿汉代官吏，教民耕读，这样才会心中无愧。"张岳的以身作则收到了立竿见影的效果。所以连《明史》编纂者都把张岳在廉州任职四年未尝入一珠的事迹载入史册。

张岳在廉州的另一重要政绩就是崇尚道德风化，弘扬孝道贞节。为此他做了两件好事，其一是为孝子郑馘建祠。《明史》卷二百九十七《列传》第一百八十五《孝义二》记：

> 郑馘，石康人。父赐，举人，兄护，进士。天顺中，母为瑶贼所掠。馘年十六，挺身入贼垒，绐之曰："吾欲丐吾母，岂惜金，第金皆母所瘗，愿代母归取之。"贼遂拘馘而释母，然其家实无金也，馘遂被杀。廉州知府张岳建祠祀之。

张岳还为郑馘写了一篇《郑孝子祠记》：

> 孝名名馘，字汝明，廉之石康县海岸乡梁村人。父赐，正统初，以春秋魁岭南乡试，仕苍梧县训导。母谢氏。
>
> 孝子生而颖俊，未弱冠，而为人赋《梅月双清》《骏马图》二诗，句语警拔，长老皆嗟异之。赐卒于任，谢挈丧与孝子兄弟还乡。
>
> 天顺壬午年，流贼起广西，延入郡境，破石康县治，至四出为暴，掠人口，苦系之，以质取其货，不得皆杀。谢在掠中，孝子哀痛，辞兄弟，挺身入贼营，绐贼曰："吾欲匄（同丐）母命，岂敢靳货？货吾母手藏，必以吾代，释吾母归取之。吾在此，母决不忍不以货来也。"贼信之，释谢。孝子既免其母，而家实无从于得货，留贼。已而贼为官军所逼，移营至遂溪县拜台村，以前语诘孝子，遂遇害。
>
> 贼平后，耆民沈昱等状孝子事迹于石康县表彰之，会县废事寝。嘉靖丙申，余行部至永安，距梁村不远，闻孝子事，亟索二诗读之，果警拔不凡。又访其家，得沈昱等状草一篇，为可信据无疑。梁村故有社学一区，始自前元时，其后屡兴屡废，至孝子之父兄，复继葺之，以教乡人之子弟，孝子幼肄业焉，近又废，乃请于巡按御史陈公大用，即其地立屋二间，各有翼室，前为讲堂，其后以祠孝子。复于永安城内为牌楼，大书"烈孝"二字，揭示通衢。盖孝子之死，于今几百年矣。一旦振发，而暴著如此，岂非一念精诚，通于天地鬼神，与百世之人心，固有密相为感者邪？方其奋身诣贼，志在存母而已。母得全而身已死，其

孔子所谓"求仁而得仁"者与？

梁村滨海，去郡城二百余里，时有科第。而人之景慕孝子也尤至，深屋而祠之。不但以发孝子之幽烈也，又使后人知能尽性蹈义以死者，虽穷海之滨，百岁之远终不至于泯没无闻。中材以下，或有劝而益勉于善。其系世教，亦岂浅哉？

张岳推崇的另一人是名叫王蕙的72岁老妇人。王蕙的丈夫张宝是廉州卫武卫舍人，父、祖皆世袭廉州卫指挥。王蕙22岁那年张宝不幸早逝。王蕙痛哭几绝，从此足不出户，一心抚养年仅四岁的嗣子王輗和丈夫去世后七天才出世的遗腹子轵，守节长达50年。王輗长大后继承父职，嘉靖十年以平定清远"寇"立功，升迁至都指挥同知，训兵督府。时王蕙已67岁。当年秋季，廉州守臣便将她的事迹上报朝廷，呈请旌表。但是经过礼部、藩司、郡、县、乡、三老、啬夫逐级核实审批，时间已过了五年，直至张岳到任嘉靖十五年六月，下诏批准的文书才下达廉州，旌表其门。张岳因此为她写了一篇《赠旌表张母王氏贞节序》。王蕙事迹见《广东通志》卷四十九列女志廉州府。

从张岳从政特别重视孝子节妇的举措来看，与他自己的家世不无关系，应是受到他的五世祖母章氏的影响。

在《赠郡推王君序》中，张岳还痛感当地百姓生活之艰难困苦，披露了他的从政方针就是要尽力查找导致百姓贫困的原因，解除百姓的穷根和乱根，让百姓休养生息，安居乐业。这是他日后反战的最主要的思想根源：

廉固天下之深山广泽也，去京师万里，去省治二千余里。山海小民，去守令之庭，远或三四百里，诞谩欺苟之弊易生。于斯时也，欲民之无所妨病，以蕃其类，胡可得哉？是以古之君子为政，必先去其所以病民者，而讲求得术以休养之。如哺婴儿，日望其长，而不能强之使长；如护元气，日虑其衰，而不敢必其无衰。必使其骨肉亲戚、室庐坟墓，皆有绸缪眷恋而不忍去，然后束之以保伍，敛之以征令，教之以庠序，而致之以征召期会。又或不得已，至驱以蹈汤入火，亦无所辞。何也？彼其植根深厚，义结于鲜也。顾余之材力，不足与此。

张岳要寻找影响廉州百姓生活的根源弊病，探索有效方法来让他们休养生息，把廉州的百姓当作婴儿来哺育，证明他真真正正是把自己当成一名父母官来善待黎民，充分表现出他的亲民思想，对普通老百姓贫困生活的深切同情。

郡推即是廉州推官王良弼，字希说，浙江永嘉人，监生出身，嘉靖十五年任职。在王良弼的辅佐和得力配合下，张岳治理下的廉州社会风气大有改观。

二、主和反战

正是基于这么一种深刻的认识与深厚的感情，促使张岳不顾嘉靖帝与朝廷重臣的一片征讨安南的压倒性声音，以自己微不足道的绵薄之力极力反对再次点燃战争的烽火，全然不顾自己的所作所为会给自己的政治生命带来什么影响和后果，也忘记了自己当年几乎丧命的切肤之痛，表现出了一种非常强烈的忧国忧民的真情与历史责任感。张岳在廉州最关键的就是阻止了一场正要爆发的对外战争，保证了廉州百姓的安康。这也是他在廉州最大的政绩，也是对大明朝的重大贡献。

原来在嘉靖十五年，因为皇子的出生差点引起了另一场战争。嘉靖帝婚后十年没有生皇子。这次喜获皇儿，当然兴奋得很。

按照惯例，皇子出生还要通报附属国。可是礼部尚书夏言汇报安南已经二十一年没有进贡的情况，怀疑安南是要背叛大明朝，建议应采取惩罚措施，此议得到兵部尚书张瓒的附和，大力建言叛逆之臣篡主夺国，朝贡不修，坚决应该征讨，从而引起了一场轩然大波。

安南国与大明朝历史上存在着一种什么样的朝贡关系呢？

越南，古称交趾，泛指五岭以南。《后汉书》记，汉章帝建初元年（76），"旧交趾七郡，贡献转运，皆从东冶（今福州），泛海而至。"这是福建对外贸易的最早记录。唐高宗（650—683）时又将支州改名为安南，设安南都尉府。五代时安南独立，国号大越，并向宋称臣受封为附属国，清嘉庆七年改称越南直到今天。

相比起周边其他国家，中越关系是历史上发生战争次数最多、冲突时间最长的一个，故两国关系中时常刮起血雨腥风。自从嘉靖元年起，两国的朝贡关系就一直在交涉着，但总是徒劳无功。

（明）蒋一葵撰《尧山堂外纪》记：

安南，古交趾，其国人之足大指交，故名。

交趾王原姓陈氏，后有黎季厘者，江西人，幼时贩至其国，登岸时，见沙上有字云："广寒宫里一枝梅。"厘后夤缘得官。一日，陈王避暑于清暑殿前，有桂干树，王出对云："清暑殿前千树桂。"群臣皆未对，厘忆沙上所见，遂以对之，王大惊曰："子何以知吾宫中事？"厘以实告，王曰："此天数也。"盖王有女名一枝梅，建广寒宫以处之也，遂配之。

据史料记载，原来的安南王黎利是中国人，后来成了安南国王的驸马，最后夺位。莫登庸也是中国广东血统的渔民。

莫家世代为渔民，明朝时候，许多渔民漂洋过海到东南亚一些国家，大部分定居在安南（今印度支那三国：越南、柬埔寨、老挝），莫登庸的父亲莫萍就是其中一个。莫登庸很有勇气，成年后为安南国王黎浚赏识，招纳为都力士，封他为天武王都指挥使。后来殿监陈暠杀帝取位，莫登庸先投降于他，后来却联合黎氏大臣起兵攻陈暠，并扶太子为王。因其有复国中兴之功，封武川伯，总领水陆诸营兵，执掌大权。后帝畏其权重，故意命其攻打当时的叛贼黎譓、郑绥。譓败，绥被迫逃走后，登庸纳譓母为妻，迎譓为国王，1521年自称太傅仁国公。1522年他打败了陈暠，自称安兴王。1527年4月，登庸自称为安兴王。6月，莫登庸逼黎椿让位，自封为太祖，改元明德，立子莫方瀛为太了。1529年末，登庸让位给太子方瀛。翌年正月，莫方正式即位，是为太宗，改元大正，莫登庸自称太上皇。

安南国王之孙黎宁遣其臣郑惟僚等赴京告莫登庸篡位，乞兴师问罪。时为嘉靖十六年（1537）春二月壬子。"而宣光总兵使武文渊、左都督黄明哲等各据地请内应。"（明王世贞《安南传》）同年四月，朝廷即专门开会研究应对措施。

《明世宗宝训》之《大明肃庙嘉靖宝训》卷之二记：

嘉靖十六年四月庚申，廷臣会议，请大征安南。上曰："安南久不来庭，法当问罪。今本国奏称逆臣莫登庸篡乱，阻绝贡道，又借称名号，伪置官属，罪恶显著。可即命将出师征讨。总督等官，各推选素有才望者，用之调度兵粮事宜。户、兵二部议处以闻。"已复谕兵部曰："今日有事安南，是为彼国除乱，与太宗时事体不同。用兵事宜，另具拟来。”

对于郑惟僚来搬救兵，时任礼部尚书的严嵩也提出了自己的意见，认为"其言未可尽信，请将郑惟僚等暂且扣留，待勘察官回奏再定。"（《明通鉴》卷五十七）

而此前，夏言与嘉靖帝已均有征讨之意，另有《明通鉴》卷五十六为证：

> 十五年冬，皇子生，当颁诏安南。礼官夏言言："安南不贡已二十年，两广守臣谓'黎谯、黎广均非黎䦱应立之嫡，莫登庸、陈暠俱彼国篡逆之臣'，宜遣官按问，求罪人主名。且前使既以道路不通，今宜暂停使命。"下兵部议，本兵（即兵部尚书）张瓒等主用兵，上亦以安南久不贡，宜致讨，武定侯郭勋力赞之。诏遣锦衣官问状，中外严兵待发。

此后朝廷先派遣锦衣官二人前往核实，同时下令两广、云南两省组织兵力，积蓄军饷，等待出征日期。朝廷又命千户陶凤仪、郑玺等人，分别往广西、云南，问罪人名字，敕令四川、贵州、湖广、福建、江西主要官员，预备兵力和粮食，听候征调。只有户部左侍郎唐胄上疏，力陈用兵七不可。

唐胄的奏章下达兵部，兵部也赞同他的意见，然而却触怒了嘉靖帝，撤销了唐胄的职务。

唐胄（1471—1540），海南琼山（今海口）人，弘治十五年（1502）会试夺魁，嘉靖十二年（1533）升都察院右副都御史，转任南京户部右侍郎、北京户部左侍郎，因上疏谏止征讨安南逆旨下狱，一番拷打之后开除回乡，大赦后不久因病去世，隆庆初追赠右都御史。

故王世贞在《安南传》中记："当是时，天子锐意征讨莫登庸。群臣疏谏都不听。"

于是朝臣知道皇上的明确而又坚决的态度后，知道了他的所谓征求意见并非是要充分发扬民主、谁反对谁先倒霉后，便大多转而支持出兵了。

"功成士死万艘沉，贝锦谁明薏苡心。千载南中旧时笛，至今犹怨武溪深。"

这是张岳好友翁溥的诗《题伏波庙壁》，与"一将功成万骨枯"异曲同工。可是，此时的朝廷已经忘乎所以了。一场大战似乎势在必行。

当年大明朝版图，与安南接壤的除云南之外，主要就是广东廉州及所属的钦州。

清顾祖禹《读史方舆纪要》之《广东一》卷一百一记：

> 廉、钦及高、雷二郡，与粤西皆犬牙相错，肘腋之防，不惟一族，不特为交阯障蔽也。利害之机，安危之系，有近而不察，忽不及防者。

同书卷一百四《广东五》记：

> （廉州）府南滨大海，西距交阯，固两粤之藩篱，控蛮夷之襟要。珠官之富，盐池之饶，雄于南服……
>
> （钦）州控临大海，制驭安南，为藩篱要防，折冲重地。永乐中两征交阯，皆自广西之凭祥、云南之蒙自，而未尝以奇兵出钦州，倾其内险，故贼得以偷息海上。则钦州者，灭交阯之要途也。嘉靖中，州臣林希元曾建议而不果用。详见广西安南总论。有事交阯者，安可后钦州而不讲欤？

而当时的钦州太守就是林希元。

林希元，字茂贞，号次崖，别号武夷散人，福建同安翔风里（现新店镇）山头村人，生于明成化十八年（1482）农历九月三十日，明正德十一年（1516）35岁中举人，36岁中丁丑科进士，翌年，担任南京大理寺左评事。

嘉靖九年（1530）冬，希元升任南京大理寺丞。时任次辅（副宰相）与首辅夏言互相倾轧的大学士严嵩为了拉拢林希元，沽名钓誉，还为他撰了两首诗，见严嵩著作《钤山堂集》卷七和卷十：

赠林大理茂贞

尔别河桥系我思，柳枝攀赠绿烟丝。中兴奏议看前辈，南国声名重棘司。
今古秖应荣节钺，圣明奚忍负恩私。明庭此去观夔契，好续徂徕圣德诗。

赠林大理次崖

廷尉平反力有余，昼帘朱墨更志劬。存疑遍示诸生录，传信新刊两寺书。
芹曝犹堪献至尊，皇王治道有新论。汉庭帝鉴明如日，次第还行贾谊言。

而《张璁集》诗集卷三中也有一首张璁给林希元的诗《柬林大理茂贞》：

> 北山草堂交翠亭，巷南巷北长草青。与君日日得相见，千金买邻吾
> 所愿。清狂未免多口憎，君岂濂溪吾杜陵？

从诗中有交翠亭可知，张璁是在林希元任南京大理丞时所作。时应为正德
十五年庚辰（1520）左右，即在张璁参与议大礼而骤贵之时，否则林希元便有人
品之嫌。

1535年发生了一起辽东兵变。林希元激于义愤，上疏极言姑息之弊，力主用
兵镇压，与权臣夏言之意相左，于是林希元于嘉靖十四年（1535）八月被谪为钦
州知州，成了同时被谪为廉州知府的张岳的下属。林希元于嘉靖十五年（1536）
秋方到任，时已56岁。当时钦州管辖今钦州、防城、灵山等地。到任之后，林
希元即赋诗《钦州到任感怀》明志：

> 钦州古越郡，地僻故荒凉。城邑迷荆棘，斋居入犬羊。
> 依山多虎豹，下里少冠裳。徒负旬宣寄，何由答圣皇？

林希元莅任后辟荒地、劝农桑，立社学、修营堡、固边防，使钦民有"文物
之美，家室之乐，中华之风"。钦州百姓感其恩德，为他建立生祠。这些政绩在
林希元眼中都是小菜一碟，不值一提。他要报答圣皇的雄心还在后头。

林希元主动请战，积极备战，在钦州建了三个桥，其一为平安桥。嘉靖
十六年（1537）十一月兴工，期年五月竣工。六月，倾盆大雨，山洪暴发。灵山
洪水，一泻千里，直冲钦江，桥遂坏。嘉靖十七年（1538）九月复工，十八年
（1539）七月建成。桥成不久，复遇洪水，但该桥却像巨人般屹立于惊涛骇浪之
中。州人请命桥名，林希元说："皇帝有事于安南，此桥将通兵马征安南，就叫
平安桥吧。"故名。

在《林次崖先生文集》卷十八中，还有另一首诗《闻安南有变》值得注意：

交趾降王久息戈，忽然白地起风波。诸公谋国皆贪静，当日筹边算孰多？秦桧奸雄终保首，屈原忠愤迳投罗。是非在世凭谁定？天理昭昭定不磨！

"素有安南之志"的林希元早在学生时代就关注安南问题，这在其著作《林次崖先生文集》卷十之《安南事始末记》中交代得很清楚：

予自束发读书，见交趾本中国故地。唐相姜公辅生于爱州，即有安南之志……及落职钦州，适有安南之事。皇上之志又锐，谓其时有几，故锐意图之。不谓终身之祸乃起于此。

嘉靖九年（1530）十一月，林希元在一篇洋洋万言的《王政附言疏》中就全面设计规划了他的二十多条治国方针，其中第十七条中就如此说道：

臣尝披祖宗地图，往来钦、廉之墟，询访安南山川、土俗、故事，未尝不恨三杨之失策，而知交趾之可复。然今以三边之近患而未能除，又何敢言交趾也！陛下试用臣言，料理三边，岂特边患可除，将见交趾亦可图也。

也许出于打一个翻身仗以便东山再起的心理，一生没打过仗的林希元在钦州却力主对安南用兵，认为这是千载难逢的大好时机，竭力赞成并鼓动嘉靖帝对安南用兵，因此与上司张岳发生了重大冲突，几乎毁了一生的交情。

林希元是张岳在泉州最要好的同学与朋友之一，用希元自己的话说："元与净峰，生同乡，仕同年，学同道"，用今天的话叫铁哥们。但在安南事件中，他的态度却与张岳截然相反，是个坚定的主战派，极力主张安南可以轻易拿下。就是这个事件导致了这对同学加老乡之间的严重分歧与剧烈冲突。

林希元为此一共上了十一道疏，请求从速对安南动武。在任此职之前，林希元已经在钦州知府任上为主战连上了五道疏，任此职后又累计上了五道疏，另有一封写好没有寄出，累计达十一道疏，竭力主张兴兵，远远超过了张岳的反对声。对此十一道疏，林希元在其文集卷四《安南奏疏引》中有段自我介绍：

安南奏疏凡六，其前五疏知钦之日所上，其末一疏分巡海北之日所上也。尚有五疏，其四皆其枝叶，其一未上，故弗刻。予素有安南之志，顷以云中、辽左之事谪守钦州，因得熟知其国山川、道路险易，夷情强弱、虚实。适圣天子问罪安南，予以佳会难逢，故以生平所闻见历陈于上……

这是他的第一道疏《陈愚见赞庙谟以讨安南疏》：

臣待罪钦州，接壤安南。彼中事情，略知一二，不敢不言，以负陛下也。请一一陈之。
……
以臣观之，今之安南当讨者三，当取者二，可取者四。中国礼法之宗，四夷所视以为表则也。登庸篡逆，礼法之所不容。当讨一也。四夷视此以为轻重，当讨二也。国朝初弃交趾之时，安南因而侵本州如昔、赡浪、四嵩之地置新安州。闻其民衣冠、语言常有反本之思。彼国执迷，怙终未有悔过之念，宜乘此时，声其罪责之，使之改正。当讨三也。安南本中国故地，自分国以来驱我衣冠之民，断发跣足，而为夷狄之俗。管仲之所必匡，《春秋》之所谨，当取一也。黎氏得之不义，登庸袭其故智，二者俱不当得，当取二也。彼自分国以来，年历六百，人更五姓。国祚虽易，疆土不分，而今乃分裂。天意似可推而知也。可取一也。闻登庸势虽已成，其大臣犹多未附，皆与婚姻以结其意。今三姓分争，人心疑惑，皆愿归本朝。登庸亦朝夕凛凛惧王师之至，日散千金以收国人，似有望风送款之意。可取二也。安南既分，势难复合，三者相持，决不相让，彼此俱失，必自甘心，是天道有好还之会，交趾有混一之机。可取三也。五六年间，边民觊觎而动，如赵盘、韦缘广者四五起，屡请兴兵。官府莫之听。虽岁杀数十人，犹不能止。若得明旨，指挥数万精兵，旦夕可集。人心如此，天意可知。可取四也。夫其当讨者如此，当取者如此，可取者又如此，是诚千载一时也。臣闻佳会难

净峰风骨：明代名臣张岳传

逢，良时不再，鹬蚌相持，渔人之利。今之安南，所谓鹬蚌之势，中国之利。天与我以时也。愿陛下与廷臣计议，务求至一之论，不惑二三之说，兼采微臣之策，勿专已成之议，详审使者之奏，勿为登庸所欺，则天时可乘，大功可奏，一方之民，可免于被发左衽，陛下之盛德大业，光祖宗而垂后世矣！

观上文，就可知林希元为此确实是花了相当大的功夫，疏中说得头头是道，似乎安南都在他的掌控之中。林希元虽然首先强调了安南不可忽视的两大因素，但紧接着却逐一反驳了几条反战的理由，详细分析了安南"当讨者三，当取者二，可取者四"的根据。

据《林次崖先生文集》卷十之《安南事始末记》所载，皇上后来看了他的疏文后，是相当欣赏他的，不但因此下决心征安南，而且称赞他是海内极其罕见的豪杰：

> 初，皇上锐志安南，举朝不欲。圣心不乐。一日在文华殿得予安南之疏，叹曰："我谓海内无豪杰，今尚有乎？"即召李序庵（即礼部尚书李时）、夏桂洲（夏言）、武定侯（郭勋）三人。李、夏先至，以予疏示之，曰："朕决意征了，你们如何？"二公唯唯，叩首而出。遇武定于承天门，问曰："皇上云何？"二公告之。武定至，皇上语之如二公。武定亦唯唯，叩首而旁，即丢一冷语，若自言云"那一块地，虽得他何用？"不知皇上闻之否？张东瀛本兵语贵本吏曰："你们老爹事成了，你钦州有若干钱粮与吏酒饭？"

林希元津津乐道、沾沾自喜的是要证明嘉靖帝采纳了他的意见，却没理会兵部尚书张东瀛话中的潜台词：你一个小小的钦州能够提供多少钱粮供应大军和官吏呢？这恰恰是林希元所忽略不计的事。在他眼里，这是朝廷的事，举全国之力，是不在话下的。而他的"当讨者三，当取者二，可取者四"全部都是分析安南的形势，属于"知彼"，而没有一条是从国内实际出发，缺乏"知己"。

于是在朝廷派员要到安南查勘之后，受到鼓舞的林希元再次上了《走报夷情急处兵以讨安南疏》，将他所了解的情况一一向嘉靖帝汇报，欲坚定其开战的决心。

明、清史上很有意思的一条就是同是泉州人，却在历史上扮演着截然不同的重要角色，影响了历史进程。如明末的郑芝龙、郑成功与洪承畴、施琅、李光第。张岳与林希元类似。

虽然战争初期已取得一点胜利，但廉州知府张岳听到朝廷有征讨安南之意后，即一直坚决反对，并为此使尽了浑身解数，在这场纷繁复杂的政治斗争中发挥了独特的历史作用。

在朝廷一开始准备对安南用兵之时，熟悉边情的张岳不顾"此事已下朝廷内外集中讨论，都认为罪当讨伐，不能赦免"，舆论已经一边倒的不利情况据理力争，明确表示反对意见。而安南问题一摆上朝廷议事日程，阴险的张璁贼心不死，就故意在朝中让吏部举荐张岳领兵征讨安南，企图借安南人之手杀死张岳，或给张岳加上某罪名来惩治他。

张岳最早对安南事件发表意见是写信给两广总督钱如京《与督府钱桐江议勘交朝使进止》，反对钦差千户陶凤仪、郑玺前往安南查勘。

张岳认为，派遣使者到安南查勘是完全不必要的，因为事情已经很清楚，只是由于朝廷大臣的官僚主义，没有及时了解地方官员所掌握的详情实情就做出了不切合实际的决定。陶凤仪等去安南存在着几大问题：一、如何去安南？二、找谁了解？要去安南非经过莫登庸的地盘不可，难道目的是为了要找莫登庸吗？而黎宁是死是活尚不可知，陈氏已奄奄一息，莫登庸呢？大明朝又视为乱臣贼子，不予承认。所以对于朝廷做出的这个决定，张岳认为应该收回。张岳为此还出了个主意即拖字诀，就是让使者暂且逗留在两广或云南边界，而不必去安南，以免万一有不测反而受辱，激化矛盾。

钱如京，安徽桐城人，嘉靖十四年以兵部侍郎兼金都御史任。

《明通鉴》卷五十七载：

> 先是上将征安南，命锦衣千户陶凤仪、郑玺等分往广西、云南勘事，并敕四川、贵州、湖广、福建、江西守臣预备兵食，候征调。及是月，凤仪等至梧州，广东廉州知府张岳言于总督潘旦曰："莫氏篡黎，可无勘而知也。使往，受谩词辱国，请留使者毋前。"旦不可。
>
> 时钦州知州林希元方上书，陈讨安南策。岳私书亟止之，因上书

言："自古夷狄，惟猾夏则诛，逆命则诛，未闻以不通贡劳问罪之师也。今用兵之声先已传布，诚恐往勘之使，生事乐祸，迎合附会，谋动干戈。"因力陈当前事势之不可者六事，复为书贻执政，曰："今莫登庸立黎譓之幼弟懬，卒弑之。而之子在清华，陈皓在谅山。安南国分为三：黎在南，莫居中，陈在西北。后谅山亦为登庸所有，陈氏遂绝。而黎所居即古日南，地与占城邻，限以大海，登庸不能逾之南，故两存。近登庸又以交州付其孙福海，而自营海东府地居之。安南诸府，惟海东地最大，即所谓王山郡也。此贼负篡逆名，常练兵备我，又时扬言求入贡，边人以非故王不敢闻。愚以为彼自内乱，未尝有所侵犯，我不若姑置之，待其乱成定，责贡未晚也。"

上是时方主用兵，趣毛伯温至京师，以是执政不能决。

《明通鉴》卷五十七这段记载信息量很大。以下详述之。

一、"岳私书亟止之"指的是在此之前，张岳就已经为安南之事与林希元交流过意见。当时钦州有个叫黄邦相的壮士见安南内乱，想趁机招兵买马抢占地盘。林希元想利用他来攻打安南，因此写了《与张净峰郡守论黄邦相事书》，征求张岳意见，见《林次崖先生文集》卷六《书》：

交趾本中国故地，遭五季之乱而失之。至我太宗皇帝而复。不幸仁庙崩逝，宣宗初政，三杨柄国，方声色华靡之事，而不遑远图，遂使中国故地，复为豺狼所据。今登庸篡夺，陈、黎割据，国统分崩，奸权之徒，生心觊觎，亦彼处非其据而有以来之也。而吾乃搏之灭之，唯恐其不早不尽，此何异畏诸人之窥大盗，反为之治禁也？故曰区区所见有不同者，此也……元所疑者，以斗筲狂诞之徒，犹知交趾为中国故地，而有垂涎染指之心，而吾乃独忘其故物，当于盗贼而助之守，不知何说也？且交趾自入中国六百余年而失之，今又六百年，国分为三，或者天道好还，将复合于中国，亦未可知。所恨者，在我无其机耳。以予鄙见，黄邦相辈且宥其罪，只以求索搜掠之罪罪之，谪戍远方，且以维系奸雄之心，万一事有机会，或天生个英雄出来，复收故物，此辈未必不为我用也。如复兴王万生辈一同科断，非但情罪欠妥，未免自剪其羽翼也。鄙见如此，不知执事以为何如？

对于林希元盼望自己就是那个天生出来的英雄，张岳是心知肚明的，并为此作《答林次崖钦州》一文回复。张岳首先向林介绍了大明与安南之间关系矛盾恶化的由来：

> 差人至，黄邦相等事，深领指教，幸甚！幸甚！此事自嘉靖三四年以来，闻彼国君臣乖乱，其故王支属，有遁居近我龙州境界者，因以虚利诱我边民。愚民嗜利喜乱，易欺以动，翕然赴之，竟不能入其尺寸。而钦、忠、上思三州之人，累岁蒙骚扰之害。前年韦缘广从钦州那苏隘入交，交人拒追，直至隘外，居民死其锋刃者三四十人。有王七者，一家四口俱死。其余为交人所覆败而死者，不可胜计。

接着张岳又从历史的教训、战争给国家和百姓带来的灾难提醒他：

> 夫国家所以威驭四夷，与吾辈所以保境息民者，自有常道。二者既皆失之，乃曲徇愚民草窃寇攘之智，而欲笼络左右，以冀他日万一之侥幸。则向之诸公，固有误为此说于前矣，其流祸至今未已。在今日，又安可不深恶痛绝而必效之？且彼固吾冠带之国也，内和乖乱，不奔号请命于我，而出于盗贼之计，欲诱我边民而用之。吾边民不遵官府约束，为夷人所诱而欲为之用，此于法皆必诛无赦！其署置劫掠之罪，且不论也。永乐间，以文祖之神武、太师定兴王之勇略，交人再叛再克，而卒不能定。至宣德初又叛，则师老财匮极矣。文敏诸老，追惟仁庙遗意，以不治之法治之。然后湖、湘、江、广之民，始得免于馈馕披执之苦，其休养生息以至今日，皆数公之力也。安可以失策追咎之？

紧接着，张岳又从廉州的实际情况和百姓无法安身立业的艰难生活道出他反战的一条重要原因，就是他对百姓的深切同情和"保境息民"的愿望，同时对林希元提出的欲利用草莽英雄黄邦相为打手的建议所存在的危险提出了忠告：

某始至郡，见户口消耗，田野荒芜，财赋亏折，如久病之人，生气仅属。盖休养之久，事力犹未完复如此，不能不为之凛然悼心，而钦州又为此辈无故开此衅端。贴浪、永乐、新立数乡之民，骚动失业者三四年矣，若不为盗，由流窜与为盗招，以扰我尔。夫坐视吾民之必为盗与流窜与为盗招，而曲徇愚民草窃寇攘之智，笼络左右，以冀侥幸于他日。某之力不能办此，而于心亦有所不忍也，是故尽吾所以保境息民者而已。抑又闻之，天下之事，盖有是非明白，而中间利害复参半者。达识之士，亦有权利害轻重而为之，以济一时。然儒者不谭也。若此事必不可为，与为之必有害而无利，较然甚明，正当痛恶深绝，使山峒愚民皆知假托侥幸之必诛，帖然相安田亩，以听官府之约束，是则所谓"以生道杀之"，而非得已也。吾兄曰"且必无诛，以维奸雄之心，而俟机会"。此是非利害两可之言，愿兄无易其出。愚民传闻，恐将有借复交之名以饰其草窃寇攘之奸，肆然又号于众曰："某衙门许我矣！"此州疲民生计，如断梗浮萍，宁堪几番骚动邪？设使交人果有可乘之衅，正名兴师，而有豪杰之材为之任事，亦何患于无兵？似不假此草窃寇攘为之羽翼也。马伏波、狄武襄之事可见矣。今事未有形兆，而坐设虚谭，疑人听闻，不但非和众安民之道所先，亦恐"有谋人之心而使人疑之"，古之略晓兵事者，其策亦不若是左也。愿兄慭之重之，毋易其出。匪特钦人之幸，某亦窃有赖焉！

不说远的，单就两广而言，自嘉靖初年以来就发生了一场规模较大的反抗斗争——两广人民起义。起义发生于嘉靖元年（1522）七月，十一月间被两广总督张嵿镇压。广东新宁恩平蔡猛三等领导的农民武装众至数万，连年转战各地，直到1524年三月，才被官军镇压而失败，蔡猛三被杀，被官军杀害和俘虏的反抗者多至一万四千人。每次战争对社会生产力的破坏都是非常巨大的。廉州和钦州也不例外。所以张岳责问林希元"此州已经为民生大计疲于奔命了，如断梗之浮萍，又能承受几番大骚动呢？"

对于林希元长于学问短于军事的优缺点，张岳有着深刻的认识和了解。因此，在一番苦口婆心的劝说之后，张岳接着又对他提出了一条认为很适合于他的建议：

年来苦于足疾，每咏韦苏州"身多疾病，邑多流亡"一联，辄为之慨然发叹。昨览吾兄《登天涯亭》高作，警策多矣，但不肖平日所望于吾兄者，愿于《论》《孟》故纸中，寻一个安身立命处。马伏波事业，亦不敢为吾兄愿之也。望照！

张岳引用的"身多疾病，邑多流亡"出自盛唐著名诗人、陕西西安人韦应物《寄李儋元锡》的诗作：

去年花里逢君别，今日花开又一年。世事茫茫难自料，春愁黯黯独成眠。
身多疾病思田里，邑有流亡愧俸钱。闻道欲来相问讯，西楼望月几回圆。

韦应物生活在唐玄宗后期，当时的盛唐气象已是强弩之末。韦应物于公元788年秋天就任苏州刺史。当时虽然安史之乱已经平定20多年，但唐王朝积患难除，元气大伤，天灾人祸，民生凋敝。安史之乱前一年公元754年，唐王朝统计全国共有906.9万户家庭，5298万人口，而公元764年统计（安史之乱平定后）全国家庭仅剩290万户，人口1690万人。而且战乱仍然时有发生。韦应物抱病到苏州，直至公元792年，他带着一颗忧国忧民的心，溘然长逝，年仅55岁。

一句"身多疾病思田里，邑有流亡愧俸钱"不仅道出了韦应物忧国忧民的苦闷心情，而且流露了韦应物面对流亡的百姓感到深深的愧疚和自责。所以朱熹对他这句称赞他有德行，北宋政治家范仲淹也称此句为"仁者之言"。

显然，张岳引用此典故是在提醒林希元要学习和借鉴韦应物的为官之道和仁者之心。只可惜，林希元已经成竹在胸、胜利在望，似乎唾手可得了。

二、从夏燮所言"证之《明史·安南传》，言'上寻召凤仪等还'，则岳言未尝不纳也。盖帝亦无必讨意，特欲威服之"来判断，说明张岳《与督府钱桐江议勘交朝使进止》是发挥了历史作用的，得到了两广总督府乃至嘉靖帝的采纳，所以嘉靖帝不久即亲自下令将派往安南查勘的官员陶凤仪等召还。

《明史纪事》卷二十二《安南叛服》记：

十八年（己亥，1539）冬十月，以莫登庸请降，命礼部尚书黄绾、翰林学士张治往谕登庸归国黎氏。未入境，召还，谕兵部会议以闻。兵部言："登庸篡逼，罪所必讨，宜临以兵。如束身听命，然后待以不死。"上从之。仍命咸宁侯仇鸾、兵部尚书毛伯温帅师往讨。

如此说来，张岳的建议最终还是被朝廷采纳的，才会有"未入境，召还"之举。

然而，在这场关系到国家的重大决策与利益当中，张、林两人各持己见，互不相让，最后导致恶言相向。而张岳为了国家利益，毅然不顾朋友之情，与林希元展开了针锋相对的较量。而林希元主战的决心也是坚定不移的。他几乎是接二连三地上疏，寻找理由敦促皇上和朝廷尽快开战。这是他的第三疏《陷夷旧民归正复业疏》：

> 嘉靖十六年十一月二十九日，据本州贴浪都峒长黄里贵递到安南渐凛等峒土官黄伯银、黄福添、黄音、黄福内、黄结、黄资、黄子银七员名词状一纸，内称"上祖原系广东廉州府钦州贴浪、如昔二都土官。宣德六年被安南国侵占，二都土地、乡村，人民二百七十二户，男妇三千四百余口，粮米八十余石，俱陷入安南国收留，被伊逼令短截头发，并封祖黄金广、黄宽伪官怀远将军，经今百有余年。各人父、祖时常思忆祖宗、乡土，无由归还。近幸安南国紊乱，伯银并各土官人等，愿率一十九村、人民见在一千二百余口，心愿复业归顺本朝，复为良民"等因。臣以旧民慕归，彼国人心属在本朝。可见大兵入境就可用为向导。但今大兵未到，未敢轻发。至十二月二十八日，据巡守上扶隆营旗军武汉等获送交趾夷人黄伯银、黄父爱二名到州，臣等会同钦州守备、廉州卫指挥孙正当堂审。据黄伯银供称："先于嘉靖九年六月，赵盘、赵溥招来投降，在本州居住，至十一年十二月逃回。今年六月，闻天朝要讨安南，伯银等又思要复业。本年十一月二十五日，具状托老峒长黄里贵投告本州，至今未见准否。伯银与子黄父爱前来本州贴浪都上扶隆打听，被巡捕军人捉得"等语。
>
> 臣查嘉靖九年卷案，州民黄康镇与广西狼目赵盘、赵溥招回黄伯银等男妇九十四名口，本州申蒙上司行勘，黄伯银系黄金广等子孙，已经行州廪给议安插。续后风闻州民黄留保欲引夷人前来追捕黄伯银，复行

文将伊递回安南国。黄伯银等闻风惧怕，俱各陆续逃去。与今供词大略相同。臣考得黄伯银之先系山东人，有祖万定，从汉马援征交趾，留守钦州，生子黄令钦等七人，分管渐凛、古森、金勒、了葛、思牙、那苏、时罗、七溪峒，世为长官司，具有印信。孙支繁衍散处，分为时罗、如昔、贴浪三都。今三都之民皆黄姓，实本此也。至我朝启运始废官收印，降为编民，然犹得世为峒长，管辖其方人民。至宣德间弃交趾布政司，安南遂侵占本州如昔、贴浪四峒之地，授渐凛峒黄金广、古森峒黄宽、金勒峒黄子娇、了葛峒黄建，皆为怀远将军，子孙世袭经略金事。黄伯银乃黄金广之孙，黄福添乃黄宽之孙。葛阳原土官黄音、河州土官黄福内、古弘土官黄结、罗浮原土官黄子银，其祖皆四峒之民陷入安南，与世袭，巡检守把葛阳等各乡村也。安南得四峒之地，遂以贴浪都地置新安州，又改万宁县为万宁州，徙治如昔都，又移永安州于本州如昔、时罗二都兼界境上，皆以固守疆围，防我侵轶也。本州中和城东新立。永乐、如昔、时罗、贴浪等十里既失，如昔、时罗二都余民归并作贴浪一都，不及半里，州民有遗恨。每新官至，辄来告言。

……

以是观之，黄伯银等乃先朝之所争而不可得，今则不招而自至，由我陛下圣德覃敷，无远弗届，故陷夷旧民闻风相率而至也。

……

黄伯银等久沦夷狄，短发跣足百有余年，父祖子孙时思乡土，诚我陛下之所必匡……将黄伯银等厚加抚集，以慰百年怀土百年之思，仍量与一官，以为远人慕义之劝，将见遐迩闻风，四郊响应。王师所至，必有壶浆倒戈之民，兵不血刃，而大功可成矣！如蒙允臣所奏乞下廷臣集议，从长施行，国家之幸、远人之幸也！

这是林希元首次就四峒问题所作的汇报。在整个安南事件的处理中，四峒后来回归大明应是林希元最大的贡献。这也是林希元十一疏中因发挥了历史作用而最具有历史价值的一次。

同在嘉靖丁酉十六年（1537）春，张岳直接上书皇上《谏征安南疏》，细陈不可出兵征讨的六大理由：

自古夷狄，惟猾夏则诛，逆命则诛。若其国不能通贡，似不足以劳弊中国。今用兵之声，先已传布，使者行勘未复。诚恐生事乐祸之臣，不能仰窥陛下所以遣使行勘之本意，迎合附会，谋动干戈。臣不暇远引，请以目前义理事势反复诘之。

夫欲兴兵，必以黎氏为辞，为之讨其乱贼也。为夷狄劳师万里之外，讨其贼而定之位，非中国长策。其不可一也。

不定黎氏，而因以取之，是乘人危难，而利其所有。五霸稍知义者，不屑为也，而谓圣明为之乎？其不可二也。

万一胜不可必，夷人操长技毒弩，乘高截险，以邀我师。如古人所谓厮舆之卒，一有不备而归者，此于祸败，孰当之乎？其不可三也。

今两广困弊，猺、獞、狑、款，所在屯结。官军仅足备守，所恃以调发者狼兵。然诸州土官，及湖广勾刀手，连年疲于征调，内怀仇怨。若复驱以远征，深入数千里之险，进有难必之敌，退无旋反之期。狼顾两端，莫坚斗志。欲图交南，必先抚辑广部，此根本之论。南方暑湿，易生疾疫。万一师老财匮，獞、猺、狑、款乘虚而起。安南事未可必，两广破败，可以立视，其不可四也。

近日为大工役府州县，但系官无碍及，军需吏农等项银两，尽起发赴部。梧州军饷，亦因监法壅滞，课额亏损，每年数给诸军，剩积无多。兵兴十万，日费千金。永乐中，用八十万人入交。今就折半言之，亦当有四十万人，屯食两广。飞刍挽粟，约以二石致一石，何处措备？其不可五也。

天下承平久矣，人不知兵，兵不习战。将帅皆膏梁子弟，少经行阵。而缙绅之喜谭兵者，类皆赵括、房琯之流（唐玄宗、唐肃宗朝宰相，两次主动要求带兵平叛均全军覆没。此处或许暗指林氏），平居为大言尔。然亦何可一概量人。盖深于兵者，必不谭兵，其掇拾古人糟粕以谭者，多妄也。欲举大事，而使膏梁主兵，躁妄之士得成其谋，不待两兵相交，而不胜之机先见矣。其不可六也。

此六不可者，臣特粗举其端尔。至于天下大势，其财用盈虚、兵马强弱、民情休戚，盖有非臣职所及，而不敢究言者。臣愚以为安南纵有可诛之罪，犹当为民命爱惜，审酌轻重。于当用兵之中，求所可不必用者，以全民生，以养元气。今其久不入贡之情，只是如此。以义理事势反复推之，用兵一事，臣愚切以为不可。伏惟陛下圣学精深，洞见千古，制作盛备，远暨殊俗。舞干羽以格苗，修文德而来远。稍迟俄顷，理宜响应。况皇子诞生，神人欢悦，大庆之恩，将使天下舍生之类，无不得所。若军旅一兴，必有无辜之民殒于锋镝者，恐非陛下肆赦初心也……

臣边吏也，遇此大征，义当摄甲执戈，躬率先所部，以死效命，乃其职分。顾不度分量，轻肆瞽言，干挠廷议。避事偷安，罪当万死。然臣非敢爱死也，恐死而无益，是以敢冒昧为陛下陈之。伏冀陛下哀矜，曲垂裁察，非特臣一身一郡之幸，实天下万世之幸！

张岳所言永乐年间征安南是在永乐二年（1404）八月，老挝派遣使臣护送已故安南王的孙子陈天平来到朝廷，状告黎氏篡夺王位，欺骗天朝。朱棣遣使前往查问，并让陈天平同行前往即位，但黎苍在鸡陵关即友谊关设伏杀了陈天平。朱棣闻讯大怒，令成国公朱能为大将军，统兵七万五千出征安南。安南全民动员，抵抗"侵略"，军民设置障碍陷阱，据险死守，不久朱能病故，新城侯张辅继任大将军。时朱棣的军队才经历了靖难之役大战的考验，战斗力很强，大军一路披靡，五个月平定了安南，俘敌竟达二百余万，国王黎苍及其将相王侯均被捉拿。于是朱棣将安南划为中国郡县，设交趾布政三司，辖安南17府，157县。朱棣吞并安南，令陈氏的拥护者大为失望，旧臣简氏率先发难，由于明主力军已撤离，局面很快就一发不可收拾，于是调军再征。但和上一次出征的性质不同，安南人民已经把中国视为异邦了，不甘心做"亡国奴"，由黔国公沐晟统率的明军遭到重创。永乐七年（1409）五月，简定自封为太上皇，拥立陈季扩为大越皇帝，改年号为重光。安南百姓相率归顺陈季扩。上次平定了安南的张辅（已封英国公）重新受命，统军二十万征伐。永乐八年春，张辅大破叛军，活捉了简定，陈氏投降。成祖本以为大局已定，但刚招回张辅，黎氏不久却死灰复燃，于是又战。明军虽然势大，却束手于"人民战争"，从永乐六年开始的平叛，一直到永乐二十二年（1424），始终无法完全消灭抵抗，平定安南。安南军民抵抗持续不衰，越战越强，明军反而逐渐被动，只能固守战略要地。

师出当有名，张岳从出兵理由不足的角度反对，从借鉴历史教训的角度反对，从分析利弊的角度反对，从军事准备的角度反对，从财政与后勤的角度反对，从满朝文武中缺乏有真才实学、有丰富军事经验的将帅的角度反对，从维护和平稳定的国内环境、保护百姓安居乐业的角度反对，指出了潜在的危机，甚至为了引起嘉靖帝的足够重视，张岳还把皇子诞生时京都发生地震之事联系起来，认为这是上天对皇上的提醒和警告。这些对当时狂热的朝议来说，无异于泼了一盆冷水，清醒了他们发昏发热的头脑。这"六不可"又可分为两大类，前三条是针对安南而言的，后三条则是针对国内现状而言的。也就是说，张岳的"六不可"比起林希元的"知彼""不知己"来说，无疑是更客观更全面的，对敌我双方面临的困难和可能出现的情况包括甚至可能面临的失败都考虑到了。可以说，作为一个边疆的基层官员，张岳的奏疏是人微言轻的，但观其所言，审时度势，有根有据，有理有节，是一篇值得充分重视的建议书。所以包括《明史》在内的各种权威史料都不约而同地把张岳用兵六不可奏疏记录在案。乾隆四十六年奉敕编的《御选明臣奏议》也收录了张岳的这一奏疏，与唐胄的《谏讨安南疏》是收入此书的仅有的两篇文章。然《御选明臣奏议》所载唐胄"奏疏下发兵部，请求听从其建议，帝不采纳"。而张岳《谏征安南疏》"疏入，帝听从之"。可见张岳的意见是打动了嘉靖帝的心，才让他改变了主意，为日后和平解决安南问题提供了时间和空间。而张岳不以唐胄为戒，为天下苍生百姓而不怕丢乌纱帽的品格于此再次得到了验证。

《明史纪事》卷二十二《安南叛服》记：

> 十六年夏四月，议讨安南。先是，皇子生，当颁诏安南。大学士夏言请问安南罪。下廷议。兵部尚书张瓒言："登庸弑逆当讨。"户部侍郎唐胄谓："帝王之于荒服，以不治治之。自安南内难，两广遂少边警，不必疲中国为黎氏复仇。"然上意甚锐。而安南使者郑惟僚适至。初，黎宁居海曲，屡驰书总镇告难，俱被邀杀。惟僚等十人泛海自占城，附广东商船，凡二年方得至京，陈祸乱始末，乞兴师问罪。惟僚有志操，能文章，为书引申胥、张良、豫让为比，读者悲之。礼、兵二部议登庸有大罪十，不容不讨。兵部侍郎潘珍言："安南不足置郡县，其叛服无与中国，释门庭之寇，远事瘴岛非计，宜择文武重臣佩印而往，移檄自定。"上责珍妄言对状，闲住。廉州知府张岳亦上书谏，不报。

张岳的《谏征安南疏》后入选清乾隆《御选明臣奏议》卷二十三，成为乾隆帝的治国参考书。

江西婺源人、弘治十五年（1502）进士潘珍是第二个反对出征安南而被免职的朝中重臣，后复职，卒后赠右都御史。（见《明史》卷九十一本传）

而湛若水则急流勇退，干脆申请退休一走了之。湛若水（1466—1560），谥号文简，广东增城县沙贝村人，弘治十八年（1505）进士，选翰林院庶吉士，寻授翰林院编修……正德七年（1512）奉使往安南国册封安南王。次年正月十七日到达安南国，归国时婉谢安南王厚馈，深得远人之心，归后作《南交赋》……68岁由礼部左侍郎升南京礼部尚书，71岁转南京吏部尚书。74岁转南京兵部尚书，奉敕参赞机务。此时安南王莫登庸叛乱，嘉靖皇帝欲亲征，若水上《治权论》疏，反对出兵，因与文武大臣之议不合，遂请求致仕。庚子年75岁复疏乞休，奉旨准致仕，遂南游武夷，乃还甘泉，入罗浮。（见广东增城县志《湛若水传》）

而林希元以为自己准确地判断了圣意，以为皇上还会像"大议礼"那样固执己见，所以便如知音一样不厌其烦地请战，企图博取圣上欢心而获征用，说不定哪一天自己也能像张璁那样青云直上呢！

直到次年三月，由于反战的呼声很大，嘉靖帝的态度才稍有转变，认为如果意见不统一则暂停。何乔远《名山藏》卷二十四记载，嘉靖十七年三月，皇上下诏咸宁侯仇鸾，佩带征西将军印，任总兵官征讨安南，以毛伯温为兵部尚书兼都察院右副都御史，协助军事。四月北京圣迹亭建成，皇上祭祀明成祖。嘉靖帝说："安南之征讨，可以跟拥护者沟通。朕听说士大夫私下互相议论，认为没有必要出征。兵部尚书张瓒也不主持这样做。大臣们如果意见不一就先停下来。"

原来时任礼部尚书的严嵩在南京时与仇鸾有过私交，两人自接触后臭味相投，严嵩能够升迁北京，其奥秘就在于有仇鸾的银子铺路。严嵩随即把仇鸾种种罪不可赦的恶行都一笔勾销，来了个乾坤大挪移，改罚为赏，化罪为功，向嘉靖皇帝力举咸宁侯仇鸾，把他描绘得天花乱坠，世所罕见，举国无双。

仇钺是以宁夏仇总兵的继子身份袭职。后奉安化王寘鐇为主以讨瑾为名发动叛乱，计破叛军擒寘鐇而封咸宁伯、总兵，以灭流贼，晋封世袭咸宁侯。后投靠严嵩，勾结陷害力主收复河套地区的总督曾铣及首辅致死夏言。他最大的本事就是虚报军功，用贿赂等无耻手段来收买敌军攻打友军，然后称自己打退敌人，再以杀死无辜百姓来证明自己取敌首级多少，长期欺上瞒下，却屡屡加官晋爵。仇鸾是个祸国殃民的大奸大恶之人，只是因为有奸相严嵩的袒护和包庇，才一直反受重用。张岳与之相比，真是天差地别！换成是张岳，即使长有九颗头也照样不够严嵩砍。幸亏与安南的战争没有真正大规模发生，否则，把一支十几万人的大军交给这样的人来统率，其后果将不堪设想！万一明军重蹈覆辙，不但将会成为奇耻大辱，还将加速大明朝的灭亡进程，应了侍郎唐胄谏言中的判断。什么天朝天威，都将成为历史的笑柄和安南的笑柄！

毛伯温被任命为征讨安南的负责人后，御史何维柏（号古林，后任福建巡按）主动请求跟随毛伯温，没得到批准。还有一个后来的抗倭英雄俞大猷亦如此。

就在皇上已有罢兵之意时，自以为熟悉探究安南虚实强弱人情向背的林希元不听张岳的劝告，公然唱起对台戏，慨然以兴复为己任，第六次奏疏力陈登庸可取状，再次动摇了兵部的决心，兵部无法决断，只好呈请廷议。嘉靖帝大发雷霆，再次下旨做好军事准备。

而在嘉靖十六年，莫登庸遣其子莫方瀛攻打业已归顺大明的黎氏旧臣武文渊。十七年（1538）六月，大明兵船停泊在廉州大洮港，莫方瀛伏兵乌雷，杀我官军六人，抢去战船一艘。

因此林希元认为安南要求投降是假。如果莫登庸要投降，又怎么会如此猖狂呢？这怎么能够体现他的诚意呢？所以林希元更加坚持非征讨不可，于是复上《定大计以御远夷疏》：

>……嘉靖十八年七月，安南送到广州等处飘风人口，臣得其国文移其君臣，仍前僭拟名号，以大正纪年，斥吾中国为化外。夫既奉表乞降，乃杀据兵船，又不待朝命，仍前僭窃，斥我化外，是得为真降乎？……如臣愚见，惟因其投降，为之处分，观其听命与否，则登庸之情伪从可见矣。

>处分安南有四事，臣请陈之：

>其一，还我四峒侵地；其二，使黎宁不失其位；其三，使黎氏旧臣如郑惟僚、武文渊辈皆有爵土；其四，奉我正朔，革去年号，不得仍前背叛。如此处分，然后中国不失其尊，而得待夷之体。今敕使临勘，若听其投降，宜及是时以四事诏谕莫氏父子，使知敕奉行。彼如一一奉命，则是投降出于真诚，纳之可也。有一不如吾意，则是圣谕所谓"阳

为投降，阴恃险远，谲诈不一"，投降非出于真诚，纳之不可也。按，四岭之地在本州如昔、贴浪二都，曰澌凛、曰古森、曰监山、曰博是，其地崇山峻岭，而阻大江，崎岖险阻，车马不得进。过此则平原孔道，直达龙编，乃中国之藩篱门户，如秦有函关、蜀有剑阁、唐有维州，宋、元于此置七岭长官司，控制安南。其地未失，则其险在我；其地既失，则其险在彼，乃中国之所必争，不可弃也。

宣德年间，弃交趾布政司，澌凛岭长黄金广率四岭之民一百九十口叛降安南，本州遂失此地。正统年间，我英宗皇帝命巡按广东监察御史朱鉴奉敕至本州时罗都，招黄金广等不至，后因国家有事，遂愆未结。今黄金广孙黄伯银率旧民来归，臣前已具奏，未蒙处分。今黄伯银等见在贴浪都，仰候朝命。昔齐人归鲁侵地，《春秋》特书以为盛事。燕、云没于契丹，而不能复，宋人以为大耻。四岭之地虽不大于燕、云，亦不少于汶阳，其可弃而不取乎？因其投降，使之归地，还我故物，非取诸彼，其理甚正，其词甚顺，宜无难者。故曰：还我四岭侵地者，此也。

随后，林希元又逐条批驳张岳的反战观点：

或者以今财力不足为虑。臣窃谓不然。夫逆庸以数州之地，素无仓廪之积。自篡逆以来，干戈不息者二十余年，未闻有乏财之忧。今以天下之大而患无财用，臣不信也。

又以主帅乏人为虑。臣窃谓不然。无代不生材。自古未尝借材于异代，故魏尚能为颇、牧，颇、牧近在禁中。昔者赵宋之时，金师南侵，笑南朝无人。既而韩世忠、岳飞辈崛起，皆足以寒毡裘之胆而夺其气。今天下之大，岂无其人？特今法专任世将，虽有其人，无由自见耳。苟设法收之致，多方致之，将有智勇如韩、岳者出为吾用，而何将帅之人之忧也？

或者又请安南远夷，虽得其地无所用。臣窃谓不然。夫安南乃汉交趾、九真、日南三郡之地，与南海、珠崖同入职方，地产佳谷，种播闽、广，象、犀、玳瑁、翡翠之珍，奇楠、安息、沉香诸香波及上国，

净峰风骨：明代名臣张岳传

其富过于云、贵、广西。观《汉书》称交趾多珍货，刺史多无清行，以致吏民怨叛。唐姜公辅生于爱州，与曲江张九龄相望而起为唐室名相，则其财赋、人物不减中州，而非无用也可见矣。

今在廷臣工知安南之当讨者，盖十之七八，特以宋、元讨安南而不能成功、本朝取安南而不能终有，以是为疑，故互生观望，而莫敢主耳。夫宋、元之不成功，本朝之不能有也，皆有其故，非安南不可克、不可守也。臣请明之。

宋人之讨黎桓也，侯仁宝实以邕州一路之兵获安南数万之众，斩首万余，获甲兵、战舰以无数，乘胜长驱，所向无敌。特孙全兴顿兵不进，仁宝孤军深入无援，黎桓因而诈降，遂为所害。此则士不用命、主帅寡谋之过。然考其时，侯仁宝以私意而举兵，卢多逊以私憾而主谋，心不合天事焉，由济宋人之不成功也。以是非安南之不可克也。元人之讨陈日烜也，王师南下，日烜空国而逃，大军直抵国都，虚其城国、宫室，虏其宗族、臣庶，势如压卵，罔弗碎粉，特日烜屡逃海港山林而不可得。王师久驻，海运遭风不至，始谋退兵，此则天时之故。然考其时赏罚不明，士不用命，加之半帅不和，自相矛盾，人谋不臧，坐失机会。元人之不成功也，以是非安南之不可守也。我朝之取安南，可谓得胜算矣。

所以不能终有者，盖平定之后遽制三帅之兵，欲与岁戌，兵又多未置。继而郡县贪饕珍宝，各肆诛求，久蓄民怨。及中官马骐贪暴激变，遂成祸乱。而黎利请立陈氏，后英国公张辅直料其诈，请发兵讨灭，又为大学士杨荣等所阻，遂弃交趾。盖其始也，兵防之未周其中也，赃吏之酿祸其终也。英谋之不用，安南之失，正坐于此，非其地终不可守也。夫宋、元之不成功、本朝之不能守，其故如此，诸臣之疑沮，可以释然矣。

今莫氏纳降，臣愿陛下如臣所奏，以四事处分。如不奉命，请以臣所言，决意征讨，则堂堂中国不为小夷所欺，圣武布昭，王灵丕振，九夷、八蛮罔弗率服矣。臣复有献焉。自安南举义，威声远播，其国忠义豪杰莫不响应，其民莫不日夜引领以望王师。其腹心党与亦自携贰而向于我。莫氏父子逃生无所，日夜治舟为逃遁之计，使当时若不反汗，将见犁庭扫穴、大功已奏矣，乃群议不协，迟疑未决，于今三年，使远人失望，豪杰解体，莫氏知我虚实，遂肆无惮之心，徐为剪灭之计，西攻武文渊，南攻阮仁连。

今黎宁不知所在，机会顿失，大功不建，是皆诸臣不能将顺德意以误陛下也。使武文渊果为逆庸所灭，黎宁、刁鲜、阮仁连辈或为逆庸所并，是彼首应王师、倚命天朝、自取诛灭。我边重臣既招之使来，乃坐视而不能救，是彼之灭亡乃吾致之，其咎安在也？今不此之问而犹讲纳降之事，诚愚臣之所不识也。

今遣大臣临勘，臣恐彼此蒙蔽又失事机，妨误大事，故不避繁渎而冒言之。伏望陛下矜臣之愚、宥臣之罪，社稷之至计，远方生民之大幸也！

在这几次的疏文中，林希元分析了我必胜、敌必败的四条理由：第一，在正德、嘉靖年间，安南三姓纷争，自相残杀，各自消耗实力，对我十分有利；第二，莫登庸篡位后，横行霸道，人民敢怒不敢言。一旦朝廷出兵征讨，其民都将夹道欢迎王师，而我边境之民，因受莫登庸的骚扰，也一定会大力支持；第三，莫登庸虽已篡位自立，但其大臣多数未附，莫登庸为了拉拢他们，只好用婚姻、金钱等手段收买，这样岂能持久？第四，莫登庸兵力不支。为了对付黎氏和大明，他规定每个州县每年要抽20名20岁左右的青年入伍当兵，分拨各处防守。因与黎氏鏖战，减员不少。如嘉靖十五年就死六百多人，嘉靖十六年又死一万多人。由于兵源不足，所以改为每州县每年征调50名40岁以内的人入伍。这样又加重了人民的负担。因此根据以上情况，林希元认为征讨安南莫登庸之战一定会取胜。林希元也提出了答应莫登庸投降的四个必不可少的条件：

其一，还我四峒故地（即斯凛、古森、了葛、金勒四峒。明代的峒相当于乡级建制）；

其二，使黎宁不失其位，仍然当他的安南国王；

其三，使黎氏旧臣如郑惟僚、武文渊辈皆有爵位安享；

其四，以大明为宗主国，革去安南自己的年号，不得像之前那样背叛。

客观地说，由于四峒原属钦州，因此林希元了解的情况相对会比张岳详细、深入。林希元认为四峒地理位置相当重要，有崇山峻岭阻隔大江，崎岖险阻，车马不得前进。过了四峒，就是平原旷地，直抵安南王城龙编，乃中国之藩篱门户，如同秦朝的函谷关，蜀国的剑阁，唐朝的维州。其地未失，则其险要掌握在我手中；其地既失，则其险要掌握在彼手中，是中国之所必争，绝对不可放弃。早在宣德年间，斯凛峒长黄金广就率四峒之民叛降安南。因当时与安南的战争失利没能挽回。到嘉靖十六年年底，黄金广孙黄伯银等人送来词状一纸，表明四峒之民皆有返本归源之心，他们愿意率其旧民来归，但受到莫登庸的阻挠。林希元认为，如果莫登庸真正要投降，就应当还我故土。这是答应莫登庸投降的第一个条件。虽然当时莫登庸已经称王，原安南王黎譓也去向不明，而黎氏之后还有黎宁在，不可不考虑。同时黎氏旧臣除了郑惟僚、武文渊外，还有刁鲜、郑惟忧、阮仁连等忠义之士不愿归顺，与莫登庸对立，其中有的已经归顺大明。林希元认为必须对他们给予适当的扶持和安置，以达到分化安南的势力，使其互相称雄称长，不互相统一隶属，这样才有利于分化安南国力，加强对安南的控制。林希元认为以上四个条件，如果安南有一条不同意，就是表面投降，暗中凭恃险阻，诡诈一时，投降非出于真诚，我方不能接受。

应该说，林希元的这些意见确实有可取之处，包括后来主持安南归顺大局的张岳，其方略中肯定也吸收采纳了林希元的部分正确意见，如四峒问题。林希元的这次疏文说服力和鼓动性在朝中自然又引起了一番争议。所以张岳后来对林希元主张中的合理化建议，还是有部分采纳的，不因人废事、因噎废食、全盘否定。

对明朝的财政危机，林希元一句不信就一笔带过。他根本不了解大明朝的外强中干。据《明史纪事》第二十二卷《安南叛服》记："元世祖平定云南，派遣人召之入朝进见天子。对方不答应，于是元世祖就大发兵，派遣其大将脱欢等讨伐之，十七战皆捷。"而当时大明朝是否有必胜的把握呢？其实不然，大明朝已经存在着剧烈的社会矛盾和严重的财政危机和军事危机，开始走向没落。

看了明余继登的《典故纪闻》卷十七中的一些历史事实，就会明白，当时的大明局势并非如林希元所说的那么轻巧，那么成竹在胸。

其一，嘉靖初年，甘肃巡抚陈九畴向户部申请经费招募士兵，反映该省官军原有七万余人，近年逃亡几半。

其二，嘉靖时，大学士张璁忧心忡忡地说，如今北元侵犯宣府，准备派遣京军征讨，十二万人选不满二三万。明明户部所造粮册有十二万人，不缺一人，如果遇到警报，又该如何备战呢？

其三，嘉靖七年，提督团营官查上述十二营官军原来总额十万七千多，如今仅有五万四千四百多。战马原有十五万二百余匹，如今仅有一万九千三百余匹，且其中过半不能用。战备荒废松弛，没有比这个时候更严重的了。如今太平日久，其荒废松弛程度，又不止那个时候了……

其四，嘉靖帝回应兵部大臣反映情况时说："蓟镇练兵，分区以守。如今八年了，一卒不练。每遇防秋，不过多调边兵，这哪里是深远谋虑？令兵部详细核议。"

显然，张岳考虑的要比林希元深远得多、现实得多。就大明最高决策层来说，对征讨安南这样重大的决策始终缺乏一个全面的通盘考虑，而是朝三暮四，今天看了张三请战的奏疏就命令出征，明天翻到李四反战的奏折又宣布暂停出兵，导致如林希元后来所讲的有利时机日渐丧失，前后长达五年才有结果，如林希元所说五上五下也就不足为奇了。换成是在战场，如此滞后、拖沓、反复的决策又将会使前线的将士们面临怎样的后果呢？面对强大的反战声音，林希元尽管先后上了十一疏最终也无济于事，反而因攻击大多数朝中重臣最终落得削职为民也就不足为奇了。

当年就有朝廷重臣对明朝这种对外政策的隐患提出过尖锐的批评。《典故纪闻》卷十七也记载兵部尚书王琼的一番总结："中国对待外国夷狄，顺利的时候就招抚之，然而招抚过度就会反受其欺侮；叛逆之时则又镇压之，然而镇压过度则又导致黩武穷兵。天下事唯有是非两种。如果明知这样做是对的，就一定要去实行。如果又反复考虑后来之成败，而不敢果断实行，其结局未有不导致误国殃民的。"

王琼（1459—1532），山西太原人，明成化二十年（1484）进士。他历事成化、弘治、正德和嘉靖四个皇帝，特别在正德十年到正德十五年间的五年中，因执掌兵部，有特殊功勋，连进"三孤"（少保、少傅、少师）、"三辅"（太子太保、太子太傅、太子太师）。五年之中，受如此加官恩典，在明代历史上也是少见的。王琼一生做了三件被人称赞的大事。一是治理漕河（运河）三年，以灵敏干练著称；二是平定宸濠叛乱，大胆使用王阳明，有任人唯贤之誉；三是总制西北边防，保边陲平安。因此，历史上称他和于谦、张居正为明代三重臣。

综上所述，朝廷因和平持久，军队已成骄兵，甚至部分丧失了军队的功能，成为朝廷权奸与军中高级将领共同勾结腐败的工具。朝廷财政收支日益不平衡，而军费日益庞大，虚报兵力、冒领军饷以中饱私囊者众多，战斗力日益下降，兵力严重不足，军训成了戏剧性的表演。所谓数字出腐败，自古就是如此。军费落入谁手呢？

请看南京御史王宗茂上疏弹劾严嵩"长久把持国家政权，作威作福，全海内外，无不怨恨。如吏、兵二部，每次请求挑选录用下属20人，每人均会被索贿数百两金子，任他们自己选择一个好地方，导致文武将吏尽出其门"。"往年遭人弹劾，暗中将家财偷载回南方家中。车辇所载珍宝，不可胜计，金银所做人物，多数高达二三尺者，甚至是最下等的小便器具，也是金银做成的。""严嵩广泛购买良田，遍布于江西数郡。又于府地之后积石为大坎，实以金银珍玩，为子孙百世考虑。"（《明史·王宗茂传》）刑部主事张翀上疏说："户部所发边防军饷，本是要来赡养军队的。自从严嵩辅政，早上出财政之门，傍晚便入奸臣之府。输送到边疆者仅占十分之四，贿送严嵩者占十分之六。我每次经过长安街，发现严嵩门口，无非都是边防要镇的使者。未见到严嵩，得先送他的儿子严世蕃。未见到严世蕃，得先送严家仆人。严家仆人严年，财富已超过数十万，严嵩家可想而知。严家私下所收的钱都满出来，一半都是属于军饷。可是边疆士卒受冻挨饿，朝不保夕。"（《明史·张翀传》）

难怪会出现像仇鸾那样杀百姓以充军功还甚得皇上信任，凡有边关军事任务皆委以重任的咄咄怪事。如果真的出兵，那么统率明军的仇鸾到中越边境杀死的就不知有多少是廉州、钦州的大明黎民了！即使安南如林希元所言可以轻而易举地拿下，而安南也确实如其所称是比大明的某些省份还富庶。但是又该如何确保大明那些腐败的官员能不像以前那样不贪婪地剥削和欺凌安南的百姓而不激起反抗而导致重蹈覆辙呢？

当朝廷开战的决策几乎就要执行时，而莫登庸也在抓紧时间作最坏的准备。

明王世贞撰《安南传》为我们提供了当时莫登庸称帝后的战略部署及兵力概况：

九年，登庸遂僭称太上皇帝，子方瀛为国大王，改号曰"大正"，拜其腹心臣裴堵为丞相，镇海阳；武护为西军都督，镇山西；阮如桂为北军都督，镇京北；阮伯骊为南都督，杜世卿军为东军都督，俱镇山南。阮立为总太监，镇河北；太监阮世恩为中军都督，杨金镶兵部，范嘉谟礼部，尚书阮时雍，苦执朝政……

　　方瀛都黎，王故京有精兵四万人，战象百，舞象五，马五百匹，舟五百艘。而登庸出镇都赉无城，四围铁力、木作、排栅。兵可五万人，象、马及舟如前。而又言登庸六十余矣，骑捷不施衔勒。所有国土，十八黎王仅得清华数郡，藉占城援耳。

当时安南的王城在龙编，而莫登庸的战略据点却在都斋。为了与大明对抗，莫登庸一直在加强都斋的军事设施，除了拦海树木设置障碍以防大明战船水兵外，还赏封其亲信七人，在都斋周围建立"七公府"，在海上"新兴社"建立兵府，聚兵二万多人，专习水战；在涂山设州，在枝封县增兵设防。莫登庸也作了非常打算，认为"王城可虑，都斋不必虑"，万一战争爆发，龙编王城保不住就举国逃奔都斋，都斋支撑不住则举国逃奔海上。

在安南之役皇上亲定的情景下，执着的张岳并未放弃努力。在《论交事与巡按两司》的信中，他说：

　　似闻议者（暗指林希元等人）谓贼中乖乱，国土三分，乘其乱而取之，可不劳力而定。此则甚谬！

张岳接着分析了事态的变化，提醒当局对方已做了周密的防范：

　　嘉靖初，黎𬍤被弑，贼以兵破逐陈暠父子，拥立谭，已而君臣渐不相能，黎谭出奔，又假立黎廙而相之。当其时，国人未附，若以吾中国之威，命猛将提兵数万临贼疆，以有内自送款者，用兵或不甚劳。今则陈氏灭黎廙，黎宁以亡国游魂，假息海裔。贼父子相继，窃有其国，不啻十之七八。地广兵众，群下用命，又枭健多智数。有子十六七人，以交州居长子，而自营都斋居之，缮治兵甲，以伺四方之变，余子胜冠以上者，各令将一军，分据要郡。男子婚嫁，皆与其豪酋相结。去冬颇闻吾消息，购铁勒木，堑险塞为重栅而守之；又教练水战，造巨舰，募人铸佛郎机（即葡萄牙，一说为法兰西）铳（即早期的步枪、手枪）。海汉通舟处，皆树木楗水中，令舟不得入。贼之防虑，其预且密如此，而

净峰风骨：明代名臣张岳传

吾又声其篡弑之罪讨之，非至势穷力屈，安肯束手以受诛夷？

张岳还从军事准备包括军事调动、后勤保障、称职将帅等方面的不足与安南的认真备战做了鲜明的对比，进一步精辟阐述了反战的理由：

> 去冬以来，吾之聚议于庙堂之上者，几旬月矣。至今日，而调兵给食，尚未定画。永乐中，王师九月至龙州。兵事不预办则失机。（此言嘉靖用兵与永乐不同也）其年四月，已遣大理陈卿至广西，计处兵食，皆以九月集于南宁。将帅至，即统以行。其调集土兵不过三万，将帅非侯伯则都督，势重谋预，又经靖难百战之余，以驭素教之兵，犹用八十万也。将八十万如将一人，安得不克？昨见兵部所下劄，其调兵，皆待总制参赞至日处置。今总制参赞尚远，就使尽此八月，至两广发符调兵，福建、湖广往还之间，非三四月不集，又半月乃临贼疆，则冬春之交矣。春雨将降，雾潦淫，以数十万众凌险阻，渡溪谷，冲犯瘴毒，与负险必死之寇争胜负，或者有他巧妙，则非某所知，但以书生识量窥之，诚不可不过为之虑。
>
> 某又窃伏思念，国家以高爵厚禄，养士大夫将士，一旦有大征役，主上忧勤，宵旰不宁，群公环尹，无肯跬步出国门，以副当宁之忧，所命督饷、副将、监军，皆起于闲废而用之，是在廷无一人可使也。人生惟命不可期，万一所命数公，或有疾病他故，必再求其人以代之，仓促岂能及事？以此观之，吾人情可知矣。夫将提数十万之兵，深入人境，以谋人之国，诚非计虑终始为万全之策，不可轻动。今贼已先事有备，而吾庶务未集，事若可已，则及今已之，尚不为迟。如其不然，待大将、参赞至日，博尽群言，以图进取方略，数道分攻，水陆并进，老生常言，要亦无以逾此。然以永乐事势较论今日，其难易利钝，亦非某所逆睹也。
>
> 谨将贼中地势，参询人言，画成图子一幅，中间传闻，料想未能尽合，然大略亦粗可观。伏乞照亮施行。

张岳担心朝中多年未战，缺乏军事人才，"在朝廷无一人可以使用"。这话虽然有失偏颇，却也道出了大明朝"人到中年"、马放南山、缺乏真正的军事将领之弊病。这是各个朝代共有的通病。

嘉靖十七年（1538），张岳在《答王檗谷中丞》的信中再次表达了自己的不同看法和对林希元急于立功鼓足干劲欲挑动战争的不满，认为当务之急，安南不是大明的主要威胁：

> 且就今日四夷言之，士大夫果有深谋奇略，能为国家建万世之策，亦不在于安南，何也？泰宁三卫，肩项之疾也；河套，腰胁之疾也；若安南，则肤爪之末尔。舍肩项、腰胁而治肤爪，失其等矣。昔人有"画狗马难，画鬼易"之说。三卫、河套形势切近，一言不售，则其术穷。安南远在万里徼外，未必便有实事，谩为大言尔。某守方拘文，自知不足以料敌应变，窃恐今之谭安南事者，大抵多半画鬼也。
>
> 次崖初到此，慨然有勒功铜柱之意。某屡劝以且去孔孟故纸堆中寻个安身立命处。马伏波一时之士，殊不足学，今亦知其难，不复出口矣。

王檗谷中丞即王大用，字时行，号檗（同檗）谷，正德三年戊辰（1508）进士，时任四川巡抚，故以中丞称之，后官至副都御史，卒于1553年。

对这位福建籍的高官，严嵩在其生前也是屡次不分青红皂白给予打击的，只是在其身后才难得交代其子严世蕃评价"王时行一代伟人，数著战功"，不要用惯例来勒索王大用的儿子，使得大用能够得到朝廷的封赠，实在是次罕见的例外。此事黄景昉在《国史唯疑》卷之七也有记载。

对这位时任四川巡抚的莆田老乡，张岳在信末流露出罕见的灰心丧气之意：

> 某前年八月抵此，将及两载，多病，兼以吏事素非所长，旦夕俟以微罪诃弹而去，归卧林下。倘老先生归莆，得以侍杖屦，领诲言，平生之幸也。

也难怪。林希元如此执着于请战，皇上也有主战之意，敢于反战的声音实在是太弱了。如果皇上一旦明确开战，张岳则成为反战的绊脚石，必定被一脚踢

净峰风骨：明代名臣张岳传

开，重则治罪，到时想"归卧林下"或服侍王巡抚为他提手杖与鞋子都未必可得了。为了廉州百姓和国家利益，张岳已将个人安危置之度外了。

张岳为什么屡次提到马伏波（即马援）及铜柱呢？原来，马援在汉朝征服交趾即安南而立的铜柱就在钦州境内。这无疑对林希元是种刺激、追求和榜样。

然而林希元并没有像张岳所误判的那样"知其难"而"不复出口"，他的表现却大大出乎张岳的意料之外。事情要从林希元的一封信讲起。由于林希元强烈要求出征安南，因此他对同学、同年、同乡兼上司张岳的屡次劝阻深不以为然，又不便明摆着与张岳对着干，便玩弄起两面手法，一方面致书张岳与另一好友郭白峰，表示了不再坚持主战立场，另一方面却瞒天过海，绕过直接上司张岳，另外修书《条上南征方略疏》上奏朝廷鼓动出兵：

北兵南驱，南兵北截，东兵内击，大兵四合，莫氏父子可一鼓而擒也……

夫才兼文武，自古所难。臣见多有吏事号称精绝，临寇闭门束手无策者。求将才于常资中，胡可得哉？人有利于前而钝于后者，非其贤否顿异志有壮老焉耳。昔田单起于步卒，旬月之间以莒、墨二邑复齐七十二城，后以齐国之众攻狄，三年不下。鲁仲连谓其东有夜邑之奉，西有淄上之娱，黄金横带骋于淄池之间，有生之乐，无死之心，故弗克。臣愚谓今之勋臣，亦田单之流耳，其难用固也。若不拘常格，军民、职官、民间豪杰有智勇如韩信、刘仁轨者，用以为大将、副、参、游击等职，福建、广东海兵头目如臣前奏，假以指挥、千、百户职衔，彼受非常之遇，当必有奋发以立功名者，何患大功不成哉？臣愿陛下明诏中外臣工，令各举才堪将领及赞理军务者以闻。陛下亲试以征南方之略，就中择而用之，当必有真才以副陛下之用者。故曰用人为先者，此也……

今议者多谓安南得之易、守之难。臣惟未得安南耳。若得安南，于龙编置抚、镇官各一员，俾居中以制四方，使两广抚、镇兼制凭祥、谅山一路，使云南镇、抚兼制蒙自、光明一路，又于钦州置抚、镇如两广，兼制海东、海阳一路，俱与龙编抚、镇相应，雄镇中开，三方鼎峙，如虎豹之在山，交夷如泽中之羊，随发即扑，固无能为而亦不敢为矣。何患不能守哉？

攻守之策，愚臣所陈大略见矣，参以臣前后所陈，当有可以补陛下采用者。陛下若留神垂览，国家幸甚！远民幸甚！臣幸甚！（见《林次崖先生文集》卷六）

"臣见多有吏事号称精绝，临寇闭门束手无策者"及"今议者多谓安南得之易、守之难"，均是林希元暗指影射攻击张岳。显然，林希元已是将张岳作为绊脚石来对待了。

然而林希元这次偷偷摸摸的不寻常举动却被廉州同知朱同蓁所知晓。朱同蓁在梧州马路差人向张岳汇报了林希元所陈述的取交之策。虽然差人已经出了梧州，但与差人同船的人把此事告诉了廉州同知朱同蓁。张岳赶紧又查问了另一名知情人朱判官。朱判官不敢承认。张岳出示了朱同蓁的来信，并诘问了起草的李生，才知道了事情的经过和林希元的真实意图。

之前，林希元已经通过晋江人时任广西南宁知府的郭楠向张岳明确表示不再主战。张岳这才发现上了林希元的当。张岳对林希元的执迷不悟、口是心非和玩弄暗度陈仓的诡计非常愤慨，立即修书《与林次崖论征交事》表示谴责：

与郭白峰书稿，承见教，吾兄料之诚是也。近日朱二守在梧州马路，差人驰报吾兄陈取交之策。差人已过梧州，其同船者以告朱二守。昨诘朱判官，不服，不得已出朱二守书，并以诘写本李生，乃得其略。如此，则吾兄别有方略以告诸京贵，特漫为一书，以诳白峰与区。此事关天下利害，其行其止，非由吾兄一人。某虽无能，擅专城之托，若合一郡人心，而以光明正大行之，亦不系吾兄相告不相告。但兵者诡道，吾兄错用其心，而以施白峰与区，此则朋友忠告之道，有所不容已尔。奏已行，追之无及，亦不必追。钦州非用武之地，尊相无封侯之骨，恐有后悔。吾兄试观之。

"钦州非用武之地，尊相无封侯之骨"，这是张岳对林希元一次最严厉的痛击！眼光犀利的张岳至此还意犹未尽，以同样犀利的笔锋狠狠刺向林希元的心，警告他不得轻举妄动，以战国时期纸上谈兵的赵国元帅赵括等人为鉴，以免一失足成千古恨：

> 近王檗谷亦有书来，道及交事，冗中略以数言答之，以非吾兄所乐闻，故未尝奉告，然今既有此举，又不敢不告。盖兄以垂老多病之躯，欲侥幸此必不可成之功，重则赵括、王恢，轻则熊本，皆理势所必有者。兄若不信，且将吾言藏在箧箧，待他日事败之后，姑取而观之，未必不慨然追念区区之为益友也。愿益懋令图，以卒远业。不悉。

《重纂福建通志》卷二一二明道学传林希元传中亦记："张岳力主不用兵，甚至以李恢、赵括之辈的教训来劝诫林希元。"

平时不喜欢结交高官的张岳此时不得不主动四处灭火，致书游说京中最高决策层及权贵，希望他们了解真相，体恤民生，认识到用兵的严重恶果，阻止林希元的冒险冲动。

担心林希元的奏疏造成不良影响的张岳赶紧写了一封《论征交利害与庙堂》（庙堂原指太庙的明堂，泛指朝廷），他首先汇报了安南的内乱概况与未来进贡的原因，同时汇报了莫登庸确实想来进贡的事实，只是因为他靠造反起家的身份不合法才没有接受他，然后从历史、现实的角度再次表达了自己反战的理由，盼望朝廷能重视他的意见：

> 此贼负篡逆之罪，常练兵习战，以谋黎氏，而阴备我，亦令人扬言于边，欲求入贡，边人以非故王也，弗敢以闻。若兴师致讨，则登庸当为诛首。然万里兴师，为远夷讨贼，古无此法。不诛其篡逆，而以职贡不入责之，则欲贡乃其本心也，无待于兵。故某愚见，以为彼内自乖乱，未尝有所侵犯于我，可且置之。待其乱定乃贡，于事体亦未有损。若必用兵，其胜败利钝，非某所敢知也。宣德初之事可鉴矣。非但宣德初也，马伏波以战士二万余人平定交趾，比振旅，经瘴疫死者十四。然伏波，乃不得已之师。其时交趾刺史及诸州太守，尚有能城守者，故伏波因得以扑灭之易，非若今时复然久为殊域也。自古兵强，莫过于元世祖，时四路进兵，以取安南：一由凭祥，一由云南，一由占城，又以舟师载粮饷，由海道。皇子镇南王脱欢亲监督之。虽尝再入伪都，卒不能

守。其猛将如李恒、唆都皆战死，脱欢几不能免。考于史，可见也。

某窃谓莫贼起自列校，能篡其主而有之，举国上下，莫敢喘息，必其天资凶谲，号令严明，有足詟服人者，非出万全，岂可轻动？近钦州知州林希元在彼专讲取交之策，又且言之于朝，而身任之，其蔽于功名而不达事机如此。恐其摭拾故事，装缀成章，读者或信其文辞，而未深考其实，至误国家大计，故敢缕琐，上渎圣听，而私布如右，伏冀裁处。

张岳所说的宣德初之事究竟是怎么回事呢？明·郎瑛著《七修类稿》记载：

宣德二年（1427）春，交趾再次反叛。镇守元帅奏请增加兵力支持。朝廷命安远侯柳升率领七万人前往，命兵部尚书李庆作为军事顾问，而且皇上还特别交代李庆：朝中六部下属有才华贤能者，任他挑选来辅佐自己。李庆挑选了几十人，其中器重的当数礼部仪制郎中史安和祠祭主事陈镛。大军出发时，李庆与两人同睡同起。九月大军进入交趾。叛军在官军所经之处，全部打上木栅防守。柳升已经连续好几次击破之，直抵镇南关，颇有骄傲脸色。柳升虽勇，然而不善于谋略。史安、陈镛对李庆说："主帅之思想已经明显骄傲了，你应该尽力提醒他。何况叛贼狡诈，不可以其屡败忽视之，怎么知道他们不是故意示弱以诱我深入呢？再者皇上圣旨屡次提醒告诫，交代叛贼专门以设伏取胜，不宜轻率对待之。你应该尽速去对他提醒。"当时李庆勉强起床，抱病去对柳升进言。但是柳升表面答应，实际并无戒备谨慎之意。

次日大军继续前进，柳升以数百骑领先，其副手及李庆等皆在后。柳升继续向前，渡桥突然毁坏，后军阻塞不得前进，伏兵四起，柳升被杀死。第二日，李庆重病不起；又过一天，副将崔聚整顿兵力继续前进。崔聚虽然是名老将，然仓猝之间，叛贼驱赶大象参加战斗。军中大乱，崔聚被活捉。叛寇大呼"官军投降不杀"。史安、陈镛都说："我们在此危急关头只能牺牲生命了"，都牺牲了，时为十月十八日。史安字志静，江西丰城人，年仅四十二；陈镛字叔振，浙江钱塘人，年仅三十四。时吏部侍郎陈洽、武进主事李宗昉，都指挥李任、指挥顾福等都牺牲了。又有谅山知府易先、谅江知府刘子辅、庐陵人黎利，在其他城皆被攻陷后，刘子辅仍然死守，直至粮食尽而自杀，一子一妾先他而死。政平知府何忠，骂贼不屈，从容赋诗而死。交趾知县吴歠，亦拒敌而死。明军算是全军覆没。

显然，张岳是在提醒朝廷决策者应以史为鉴，不要好了伤疤忘了疼。张岳还抛开了之前恐涉攀附上级之嫌疑，于嘉靖十七年（1538）修书致时为礼部尚书兼武英殿大学士、参与重大决策的阁老夏言，对这个首倡武力解决的同科进士提出劝告和警告，要他以生计憔悴的天下苍生为念，"不宜轻动武功"：

> 安南事不知庙堂深意何如？某所守郡与之切近，生意憔悴，诚不忍调以远征，其曲折具见揭帖。阁下佐明主以文德化成天下，非有大不得已，似不宜轻动武功，恐后悔之无及。伏冀照纳。

"我所守护之郡与安南最接近，生意憔悴，实在不忍心调动他们参加远征，其隐情我已经全部写在文书"这句心里话，再次透露了张岳拳拳的爱民之心，是提醒夏言在决策开战时要考虑国内边境地区百姓的承受力。

在张岳看来，出征安南不是当务之急，天下大事值得优先考虑的有这么几条比较紧迫：一是思想学术界和社会道德风尚的问题："学术方向不明，官场风气不正；功利思想日益滋生，而道德仁义之风日益衰退"；二是官场政治风气的问题："好恶相夺，而结党营私之争议尚未平息"；三是财政赤字的问题："财政亏空于天下，可是工程大兴"；四是军队战斗力和边境军事冲突的问题："士兵骄横于边疆，而外患复起"。这些都是天下寄希望于朝廷当局能有所作为的大事，委婉地批评夏言不能以"习俗已成，积弊已深"而麻木不仁，借口推辞。信中，张岳还大谈《易经》之卦，以卦辞及解释来开导夏言，告诫他"一阳不可倚仗其处于强壮兴盛之时，而蔑视二阴的作用"，暗示他不可刚愎自用，盛气凌人，希望他引以为戒，克服性格弱点，做到三条："竭忠尽瘁，以答明主知遇之恩；开诚布公，以收纳群材之用处；据经秉法，以应对天下之变化。"如能达到目的，张岳自己即使是抱"衰残多病"之身，日后"退就农村耕作田亩，死无所恨。"（见《小山类稿》卷八书三《与夏桂洲阁老》）

可惜，夏言是听不进张岳对他的劝告的，否则也不至于丢了性命。

夏言是主张兴兵安南的始作俑者，张岳不但提醒他所作所为应当控制在礼部所应当做的职责范围内，而且还直接告诫他"不宜轻动武功，恐后悔之无及"。一个老部下居然用如此的语言来教训他，自然引起了心高气傲的夏言的不满。在夏言眼里，张岳这些话显然是带有十足的书生气的，确实是狂妄之言，很不识趣。此后再加上其他事认为张岳不听话、不尊重而对张岳"穿小鞋"也就见怪不怪了。

张岳还致书总制尚书姚谟之子、状元出身的姚涞学士：

> 近日安南事，不知庙议何如？而此间林茂贞过不晓事，以为一举而取。然此言也，倡于（王）阳明。阳明平生好为虚诞，彼盖大言以炫能于其徒尔。岑猛之事功，已有七八分，阳明继之，竟不能纡一策，卒割以畀岑氏，潦草了事，又为之辞曰："岑猛无罪。"夫岑猛烧泗城，残龙州，阻兵拒命，且曰"无罪"！然则安南之罪，孰与岑猛？其强弱难易，又孰与岑猛？方岑猛之未用兵，举朝以为当讨；及驻师稍久，则又以讨之者为非。今日安南之议，何以异此？
>
> 两广困穷，而广西残弊尤甚。外夷纷争，不敢侵犯于我。无故而动师远讨，弊中国以事夷狄，某窃以为不可。内怀隐忧，欲止不能，是以窃有陈奏。奏草并小揭帖奉上。诸先生不免作书具禀。罪废之人，甚不欲以名姓通于庙堂。而切近之灾，又不容已。然此事非旦夕可了。若兵衅一开，恐亦执事他日之忧也。当有可善处之，望不垂惜念。

岑猛之乱是明代广西规模最大的土官叛乱。明平定岑浚叛乱后，废除田州（今田阳）、思恩（今武鸣）等地土官，改为流官。土官岑猛不满，于正德十三年（1518）纠集士兵攻掠龙州，杀知州及平民2000余人。嘉靖二年（1523），又起兵攻占泗城（今凌云）、归德（今平果）、上隆（今巴马）、武隆（今百色）、安德（今靖西）等州，受害民众不计其数。明都御史姚谟等分兵8路围剿，嘉靖五年岑猛被归面（今靖西）知州岑璋诱杀。三月，岑猛余部卢苏、王受复叛，攻占思州（今宁明）。明以王守仁（号阳明）督讨叛军，平定叛乱。

和张岳一样持反战态度的还有时任梧州知府翁万达、广州知府邹守愚。巡抚诸臣亦不欲用兵。因此毛伯温向朝廷请求赦免莫登庸大罪，黜为安南都统使。这个体制惩罚方案得到了朝廷的认可。

在大明朝强大的压力之下，莫登庸终于在嘉靖十七年三月间也放出了投降的风声。

应该说，这是莫登庸立场上的一个重大转变。而实际上，嘉靖帝此时对出征的态度已不再那么坚决，所以才说出"似亦可哀"的话。然而，这一重大信号却被害怕再提反对意见而被罢官的众大臣有意无意地忽略了，拒绝了莫登庸的要求。当然，这第一次流露出投降之意，也许并非出自真心。故王世贞在《安南传》中也认为莫登庸无诚意，只是为了延缓大明军队而已。

严从简著《殊域周咨录》卷六南蛮记载，提督两广军务兵部侍郎潘旦也上疏于朝，认为莫登庸固然是奸雄之魁，然黎贼也是叛逆之派。要按中国法律惩治，都不适宜。如今二人相争，我方也不急于做出选择，可以静观其变。潘旦与潘珍同乡同族，都是江西婺源桃源人。

其时皇上已任命咸宁侯仇鸾总督军务，兵部尚书毛伯温参赞军务。毛伯温怕潘旦坏事，就上奏建议把他换掉。于是皇上改提督两广军务兵部侍郎潘旦佐理南京部事，而以巡抚山东蔡经（后复姓张）代之，不久下令两广和云南调集兵力和粮食。

然而新任两广总督蔡经对出征也感到为难。他上一奏疏反映实情，嘉靖帝就不得不亲自下令罢征安南了。《明通鉴》纪五十七记载，嘉靖十七年四月戊午，皇上下令停止征讨安南。原来张经到达广东后，上奏"安南进兵之道路有六条，兵力应当准备三十万，一年的军饷需准备一百六十万两，舟马制器、犒赏军功之费用又须七十余万两。何况我方调动大军，渡涉炎海，与对方以逸待劳之势悬殊，不可不审慎处理。"张经奏疏刚上，钦州知州林希元再次力陈莫登庸可取之状。兵部无法决定，复提请交朝廷审议。审议结果汇报到皇上那里，皇上不高兴地说："朕闻卿士大夫私下议论，大多认为不宜兴师动众。你们这帮人负责政事，全无主张，全部推诿给会议。既然不协心谋划国事，就停止讨伐吧! 仇鸾、毛伯温，令在京城另外安排。"

同月，毛伯温就被下令以兵部尚书身份仍管右都御史事。

对安南的态度就是这样摇摆不定。可以说，在对待安南的问题上，明朝廷一开始就陷入极不严肃的、朝三暮四的境地，造成了决策上的朝令夕改，给下属带来了执行上的极大困难。

一方主战，一方反战，这两种观点，在朝廷是如此，基层也是如此。由于明宣宗时，黎利为统帅的安南军队在镇彝关取得决定性的大捷，明七万大军全军覆灭。两国才达成和议，安南遣使受封，黎利称陈氏已绝后，要求封自己为安南国王，宣宗虽知其说谎，也无可奈何。这样，安南进贡称臣，明撤回文武官吏及其家眷八万余人，一切重新恢复到朱元璋时代的情形。在明成祖朱棣将安南并为中国之郡县大约三十年后，又被迫放弃了。连个小小的安南蛮夷都制服不了，对于天朝的士大夫们而言，这实在是一个耻辱。所以，后来讨伐安南的建议一直有人在提。这就是林希元等主战派在朝廷有一定市场的原因。因此执政收到张岳的书信后无法裁定，一直拖而不决，持续多年。其间军事准备一直没有停止，给两国边境省份的平民都带来了相当大的不利影响。

林希元与张岳的处事方式有着显然的不同。比较两人的做法，张岳反对出征安南的全部共 18 篇文章中，只给嘉靖帝上了一道疏即《论征安南疏》，全面阐述六不可征的理由，其余 17 篇都是给两广上司和朝中大臣的，他的用意可能是尽可能让更多的决策者明白事情真相，掌握全面情况，广泛争取决策层人物对他的支持。而林希元却是从来不注意与包括张岳在内的上司沟通，抛开中间环节，我行我素，不厌其烦地直接上疏嘉靖帝，多达十一次，希望自己能像嘉靖帝议大礼时的张璁那样青云直上，建立不朽功勋。这就使得无论是在两广衙门还是在朝廷，都缺乏知心朋友在关键时刻替他说话，导致日后反而受责而罢职回乡，郁闷终生。

三、发现海道

为了防备一旦真正开战，细心的张岳在最后还是附上了一张安南的地图，以备万一。后勤方面，张岳并非一味消极抑制，也在认真筹措着，并做了计划与安排：

> 令叔至廉，承教措处安南事，甚荷甚荷！
>
> 大想此事，他日总制诸公，必授成算而来，非此间所能预度。只有上告军门，整搠各卫所军马器械，于各武将，推选可堪队以上者，具定姓名，以俟大军至而调发。其粮饷，在仓见粮皆可无支动，且以折色按月散与军士。积至九十月，所积颇多。他日潮（州）、惠（州）、廉（州）、雷（州）之粮，由海道以给水军，南、韶、广、肇并广西、湖广衡永之粮，可由江道以给步军，不足，则和籴以补之。所可为处，如是

而已。然举事之初，朝议虽锐，其所推用将帅，亦未见卓然可倚折冲者。必有马革裹尸之忠，然后能著铜柱之绩，甚难甚难！

  诸草草不尽，俟面求教。

（见《小山类稿》卷八书三《答廉州朱二守》）

  这是张岳首次表达"马革裹尸"之意，后来在平苗时获悉奸相严嵩欲陷害他，张岳再次以"马革裹尸"明志，此为后话。

  朱二守即张岳的助手廉州同知朱同蓁。

  可见张岳是做了充分的两手准备的。

  这篇文章是张岳第一次提及海道。这条海道就是张岳新发现的一条通往安南的捷径北海海道。

  北海是清代始见记载的港口市镇。早在明代，廉州知府张岳已在此探明对外新航路"西南海道"及起航港口，奠定了这个海港城市成长的根基。其发现地就在北海冠头岭。

  冠头岭位于北海市西尽端，有"三廉海门"之称。整个山岭以形状"穹窿如冠"而得名，主峰高120米，雄峙北部湾畔，俯瞰古珠池。

  北海之于合浦，就如深圳之于宝安一样，都是一个从母体中脱颖而出的新兴城市，从一个小渔村发展成为一个闻名全国的现代化都市。

  而张岳对北海的独到发现，就像他后来在湖南沅州开设总督府、带动湘西的发展一样，令人不能不赞叹他的战略眼光。而北海成为古代"海上丝绸之路"的重要始发港和国家历史文化名城，不能不说没有张岳的一份贡献。

  可以说，张岳才是北海的最早发现者和利用者。

  后任宰相徐阶亦记载：安南因内乱很久没有进贡，朝廷讨论派遣大将讨伐之。张岳上疏奏言远方他国夷族互相攻杀，不足为出兵，导致损伤中国国力。既不报，则遂治兵食，主营堡，计王师所从入水陆道里之详。

四、交事属子

  为何这次张经的观点会改变了嘉靖帝的想法和态度呢？张经就是张岳争取过来的一个重要决策人物。毛伯温未来之前，张岳就积极做督府蔡经（即张经）的工作，表达了和平解决的意愿，为此也是下了一番功夫的，首先是从感情上接近与他的距离。

　　总督张经是福州洪塘人，父张海，幼孤，祖母蔡姓，便将他带至外家抚养，因蔡家无子，遂承其嗣，官至两广总督后复本姓。对这场舆论几乎是一边倒的战争计划，时为兵部左侍郎、两广总督的张经一开始就持审慎态度。他认为"安南进兵之道有六，当用三十万。一岁之饷当用百六十万，造舟车市马制器犒军诸费又须七十余万。况我调大众涉炎海，与彼劳逸殊势，不可不审处也。"（见《重纂福建通志》卷之二百明列传）

　　张经与张岳同宗，又是同科进士，两人曾核对过族谱。张岳与负责编纂全国张氏统宗的张士镐又是好友，对张氏族谱颇有研究，看了张经族谱世系图后发现"中间不无讹谬"。他写信告诉张经：

　　　　盖清河之张与范阳之张，各为一派。当初定氏族，取一显者以为望。是时诸张，惟清河一族最显，故取以望吾张，非谓凡张皆出清河也。文瓘为清河之后，曲江为范阳之后。清河祖司徒歆，范阳祖司空华，其上皆系留侯，世次之见于传纪诸书颇明。后人但以张为清河郡，故其为谱，类牵强以求合之，如以曲江为文瓘之后是也。所示华宗图，向江西曾于张东白家见之，大约多同。此江西诸张相传旧本，虽东白，亦未详考尔。

　　　　某昔年曾作寒宗谱，以曲江无可据，未敢出。昨因偶寻得祖坟志铭，与家传合，去年乃刻以传族人，今奉往一本，闲中望试为阅过，他日再请教。

　　张东白即张元祯（1437—1507），南昌人，字廷祥，号东白，天顺进士，授编修，预修《英宗实录》，与执政意见不合，称疾辞归；弘治初召修《宪宗实录》，历任《会典》《通鉴纂要》副总裁；武宗立，进吏部左侍郎兼学士入东阁，专典诰敕，卒于任；学宗濂洛关闽，有《东白集》。

　　据《洪州张氏迁闽族谱》记："一世伯源，仕元任福建闽县儒学教谕，至正年间入闽为始迁之祖……（张）经，八世，字廷彝，号半洲，行二，西峰公长子，生弘治壬子（1492）六月初四未时，卒嘉靖乙卯（1555）十月二十日戌时。"而张伯源的远祖则是汉张良的孙子张嵩。张嵩第五子张瓒生歆协，歆协生文瓘，文瓅（唐高宗朝宰相）生潜，潜生洽，洽生宥涉，宥涉生文献公九龄、殿中丞九皋。这与《旧唐书》所记张九龄、张九皋之父是张君政是不符的。这应该就是张岳认为张经的族谱"中间不无讹谬"的原因。但从张经的族谱中可知，他们是认同张九皋为祖先的，也就是说，张岳与张经同是张九皋的后代。两人又是同年生，张岳是明孝宗弘治五年（1492）十月初四日出生的。张经刚好大他六个月。张经在总谱中是二十八世。又据曾意丹、徐厚萍著，福建人民出版社出版的《福州世家》之《凤池张》介绍，张经系凤池张后裔，而凤池张源于唐末承王潮、王审知兄弟入闽的张睦。张睦同属曲江张。

话说回来。张经说："空言罢兵对皇上已经明确下达的诏书无法交代，你能担保不用兵而让登庸投降吗？"张岳回答："让登庸投降不是主要目的，必不得已，一定要令他纳地、贬号、衔璧匍匐叩军门、献其国中图籍、勾上处分，才不会亵渎国体。"张经说："如此能让他听从吗？"张岳说："我能发檄文说服他。"但张经对张岳的建议还不太有把握，不敢大胆拍板。

在《与督府蔡半洲论防备交夷》（一）书信中，张岳向蔡（张）经汇报：

> 某于初八日至钦州。据峒长黄浩报，某贼先接廉州卫公文，后接钦州公文。今回卫文书至永安州，以回州文书未到，故在彼候齐。
>
> 此贼狡狯百出，防我之计虑极密，常遣小船在外海，以捕鱼为名，打探海中船只。今次虽来投文，闻得亦有许多船只，其实防我。又传说莫贼密地自来策应。其调船发军防御之事，（岳）正与茂贞商量。我之百事未集，只宜震之以声，而不示之以形。如操练、储积、调发等事，俱先以大声势扬出，使贼闻吾用兵，而莫测所以用兵；多方为备，而莫知所以备。吾乃得以静制动之道，而贼疲于奔命矣！若以沿边等处，示以实形，兵船之数不多，形露情得，反使莫贼得窥见吾虚实。万一两下以形势相恐喝，或至交手，后当如何？

为了妥善解决这场争端，张岳做了大量准备工作，跑遍了廉州包括与安南交界的各个关键要害地方，做细心的调查研究，掌握了许多第一手材料，并做了周密的部署与安排。

此间山川形势，险要利害，某俱亲身历过，非徒凭纸上陈言及听人传说。如调来战船，只当湾大洸港。此港深澳，可以藏舟。其外即乌雷山，直亘海中，安南人素闻其名。前代但以水军入交者，皆由此发船。钦州战船，旧规停泊在此。登山一望，西至永安州地方，东至合浦县冠头岭，皆可见。若天气晴朗，则海东府山形，亦隐隐可辨。而钦州海汊，若凤凰、方家、烟通等处，反在里港。盖乌雷山直亘海中，如人伸臂用拳，廉、钦诸海汊，皆在肘腋之下。今指挥范铠，已领军七十五名在乌雷山背五里扎营，日轮二十五名在山顶瞭望。广、雷二处战船湾在大洸港者，日轮快马船海中往来巡绰，若望见一船数十里外远远而来，则山上响炮张旗，诸舟联引而出，贼敢忘外虑而入里港哉？决不然也。

茂贞欲调东莞船数只在防城往来防守，某与相量，以为不可。盖防城水发源钦州永乐诸乡，流至石龟头入海。石龟头之南为永安州白虎尾诸山，两山之间为海口。凡防城等处，水自北而南；永安万松岭等处，水自西而东者，皆会此入海。自海口乘潮入防城一日程，而永安州即在海口，略靠里尔。其地名赤沙尾者，乃海滨夷船往来处。若引舟由石龟头入防城，必经过赤沙尾。万一夷船疑我为有事永安，或来冲突，岂不至于费手？茂贞颇以为然。防城且令营军看守，若大举事成，别处亦无难也。

高参将宜驻廉州，且借其名号，养其威重以懾贼。其他曲折，正惟某处之尔。交人文书到日，另禀。

嘉靖十八年（1539）春，事态又出现了转机，一是嘉靖帝的态度进一步明朗，对安南以礼相待，发出了一个缓和的信号。《明通鉴》卷五十七记：

（正月）丁酉，礼部以上帝尊号及皇祖谥号礼成，奏遣使诏谕朝鲜。上曰："安南亦朝贡之国，未可以迩年叛服之故，不使预闻。"逾月，起侍郎黄绾为礼部尚书，充正使，谕德张治副之。

如果我们联系之前遣使召还之事，就会对嘉靖帝这个旨意产生困惑，那就是这次派礼部尚书黄绾去安南同样存在着两个问题，到底是去向谁通报？如何通报？用得着如此高的外交规格吗？应该说这也是黄绾百思不得其解的难题。

明王世贞撰《安南传》记"嘉靖二年，今皇帝遣编修孙承恩等以即位告，不得达……凡王譓两遣使来请兵，俱为登庸篡取不得进。"而嘉靖十六年二月，安南"权主国事"的黎譓之子黎宁"屡驰书边臣告莫登庸篡逆状，俱为登庸邀杀。"（见《明通鉴》卷五十七）

也许对黄绾来说，这甚至意味着他可能一去不复返。也许，他心中还会怀疑之所以升他的官，就是为了让他为国牺牲。所以，黄绾害怕了，迟迟不起行，推三阻四，甚至一再提出要求，为自己索取利益和待遇，大有准备后事之味道。尽管在二月癸丑，"安南莫方瀛遣使款镇南关乞降，并籍其土地户口，听天朝处分。诏纳之，下礼、兵二部协议。"（见同卷）但黄绾还是不放心，不愿起程，他一会儿向嘉靖帝要求这个，一会儿又要求那个。嘉靖帝都已经答应了他。可是他得寸进尺，又为父母请赠，请给诰命如其官。嘉靖帝忍无可忍，就把他降职以侍郎闲住。这个黄绾就是王阳明的门人兼亲家。

> 初，征讨之议发自夏言，帝既责绾，因发怒曰："安南事，本一人倡，众皆随之。乃讪上听言计，共作慢词。此国应弃应讨，宜有定议，兵部即集议以闻。"于是瓒及廷臣惶惧，请如前诏，仍遣鸾、伯温南征。如登庸父子束手归命，无异心，则待以不死，从之。登庸闻，大喜。（见《明史》）

从嘉靖帝的不满中可知，当时朝廷中有不少大臣甚至怪他不应听夏言的建议妄议出兵。可见随着时间的推移，不赞成甚至反对出兵的人是越来越多了，在朝中已经形成了一股足以促使嘉靖帝和主战派改变主意的强大影响力。

毛伯温此时方真正以兵部尚书的身份下两广出巡视察部队出兵事宜。张岳对张经说："大将到了！之前所讨论之事未可用也。当治兵积谷待之。"于是张经就非常信任地把一些重大事情交托给张岳准备。

曾经任过福建巡按御史的毛伯温的到任为张岳带来了一线希望。毛伯温来视察部队时，张岳再次对毛伯温分析了不可进兵的理由，同时也提供了贼情地势，说："如果我张岳的话值得听，就请您采纳我的意见。否则，我准备的进取方略都在这里了。"张岳的建议引起了毛伯温的重视，毛伯温便留下张岳，和他一起商谈了数日，最后确定说："交趾之事就托于你了！"于是答应登庸投降的条件如张岳所议，让张岳积极准备和平解决。

在经历了长达数年的争论之后，朝廷的决策从此真正由军事解决向和平解决转变。为了配合和平解决，军事斗争的准备还在照常进行，军事准备只是变成了一种辅助手段，也起到了一种军事压力的作用。

莫登庸虽然口中强硬，但内心却非常害怕。他也在派出间谍四处打听明朝君臣的态度与用兵的虚实。当他听说张岳反对出征的态度后非常高兴，感叹道："天朝犹有一张廉州不欲灭我族类！"便主动派人来与张岳套交情，要张岳从中替他说话求情，"密输情于岳"。莫登庸的举动虽然正中张岳下怀，但张岳却欲擒故纵，以"无国命，不与通语，辞不纳"，以没有朝廷之命而推辞不接受。这样一来，莫登庸更加坐立不安。

张岳便趁机命一个会讲安南语言的土人文通，把他对张经和毛伯温献策的那一套一一道出，作为安南投降的条件。张岳说："天子实在愤怒你们不遵守作为臣子的本分，所以要杀你。这样对你有什么好处呢？不如你主动归顺天子，上缴印章，撤去僭号，自己捆绑到总督衙门，派遣儿子到京城请罪，献还所窃取的三郡四峒，遵循大明朝的历法，世世为藩臣。天子必定认为你即使不顺从于安南旧国王，起码还懂得顺从中国大皇帝。那么天朝的军队就可以罢兵，你们这些人就可以获得生机了。"张岳还修书一封劝降莫登庸，虽然今人已见不到那封信件，但大致可以判断出其中的义正词严、恩威并重、软硬兼施、绵里藏针，浓浓的杀机已经透纸而出。如此往来三四次。登庸说："张太守是要让我生存下去，我怎么敢不服从他的命令呢？"于是莫登庸开始考虑真正投降之事。但其他的将领担心被骗，不大乐意。莫登庸说："有张太守在，又怕什么呢？"

知道了莫登庸确实有诚意要投降的消息后，毛伯温令行广西大平府知府江一桂、指挥王良辅去凭祥驻扎，审验安南降心，如果有诚心，即与接受。万一夷情不测，亦听便宜处置。

正当这个敏感的时期，张岳却因三年任期已满上司派人来考核。张岳到广东廉州任太守时为嘉靖十五年（1536）八月，故此时间应为嘉靖十八年（1539）春夏之间。从林希元的《赠张净峰郡守考绩序》中看出端倪。这是一份林希元版的有关张岳在廉州的述职报告，见《林次崖先生文集》卷八序：

净峰张先生守廉之三载，当报政之期，节判朱君浙、经幕黄君鲸瑞、学正邓君璿，请于元曰："故事，郡守满，属例有贺，请先生一言。"元曰："元于净峰，生同乡，仕同年，学同道，又于诸君之请，乌得无言？"

净峰性悟而善记，年二十八发解吾闽，人言能日读一寸书，讫以辩博名。二十六举进士，官行人，人谓公辅可立致，乃与朝士伏阙谏武皇南巡，落教南雍，沉滞者数年。既复官，铨部屡虚科道之缺以待。净峰曰："是职难尽"，固辞弗就。君子知其志在于行道，非苟食人禄者，迁礼部郎，于典礼多有所发明。少傅序庵李公时作秩宗，甚重焉。督学广右、江右，作人有方，咸以其学。其在广右也，选贡之法方严，督学者多害之避，至以莆阳大县而阙其人。净峰独无避，曰："八桂人才非他比，吾不虑害而挫才。"卒如常。其在江右也，后生喜新说而忽传注，诸老患之。净峰至，痛革其弊，士习为变。诸老快焉。方拟其久以有成也，讫以广右贡士弗称，落典广东醴政，君子惜之，净峰略无悔。此净峰平昔居官之大概也。

陟守廉郡。人曰："净峰以监司落职，陟郡非也。"净峰安之，曰："廉地僻事简，而送迎少，正宜养性，吾所喜也。"日取佛书读之，录其要而藏之，曰："予良悦是。"于官府政令，多安其旧，而惟迁学修桥教民垦田，曰："吾举大者，而其余自理尔。"

予奉命守钦，以钦僻远而边夷，久遗化理，锐于整顿。净峰不悦也，语人曰："吾性好静，胡次崖喜动也？"元闻之，曰："专动固不是，专静亦非也。"

安南之事，净峰之见与元异。元讦之，净峰曰："吾何尝谓君言非是，顾今非其时尔。"元始知其志。此净峰守廉之大概也。当路于净峰，咸知其贤，雅欲推拔。今当报政，吾知净峰从此升矣。诸君曰："先生斯言，可以赠净峰矣！"元曰："诺。"乃命笔书之。

此文的"动"与"静"，说明张岳与林希元的从政风格是截然相反的。张岳的喜静不是毫无作为，无所事事，而是采取休养生息的政策，以培养百姓的元气。而林希元的喜动并不是大刀阔斧的改革，而是要大动干戈！所以林希元才会接着坦诚"安南之事，净峰之见与元异。元讦之。"而今，张岳要调动了，两人之间的政见之争暂时得到了抑制，友情似乎又重新弥漫了送别之路。

但是，林希元与张岳虽然"生同乡，仕同年，学同道"，却在文中两次将张岳的年纪写错，将张岳二十二岁中解元、二十六岁中进士都写错了，实在不该。

嘉靖戊戌（1538）冬，张岳离开廉州赴浙江就任。廉州百姓为纪念张岳，为他建生祠。廉州教谕巫铎撰《郡侯张公祠记》道出了廉州百姓对张岳的依依不舍和思念之情：

> 嘉靖乙未春，净峰张公被天子命，牧守于廉。越戊戌冬，以制宪提学升秩去。廉之人攀恋无老幼，甚弗为情。既去之阅月，为明年己亥，人心思公之德，如慕父母，士思于学，农思于野，贾思于市，旅思于途，候公而执役，莫不籍籍喃喃，嗡然同情也。

临别前，林希元作《灵山别张净峰太守》诗三首，表达了依依惜别之情，见《林次崖先生文集》卷十七诗：

其一
仲冬寒气至，海峤未知霜。之子将北归，言送灵之阳。
分歧在今晨，明朝各异方。行车安可遏？且复尽斯觞。
其二
与子共枝鸟，分飞各异栖。云何皆垂翅，共落天之涯？
宫徵不同调，音节或参差。无声苟不远，纤疵安足疑！
其三
南越多烟瘴，东吴盛文藻。君去秉衡鉴，朝夕肆论讨。
梦寐予未衰，命运同秋草。发生谅有期，安能挂怀抱？

林希元从自己的坎坷经历中感叹与本是"同枝鸟"的老同学张岳"皆垂翅"的命运遭遇，发出了因政见不同、"宫徵不同调，音节或参差"而造成"命运同秋草""共落天之涯"的感慨。

持不同政见的顶头上司张岳终于要离任了，林希元又忙于向嘉靖帝推销其作战计划，喋喋不休。对于圣明的皇上未能早日听他的建议尽早开战，他是心急如焚、坐立不安的，详见其2000多字的《速定大计以破浮议以讨安南以解倒悬以慰民望疏》。

浙江之任

张岳的命运确实如林希元所言"从此升矣"，然而在此关键时刻，朝廷却让张岳于嘉靖十七年（1538）八月辛丑接替江西吉水人陈儒任浙江提学副使（正四品官）。

林希元为此还作《送张净峰郡守提学浙江序》相赠，见《林次崖先生文集》卷七序：

> 郡侯净峰张先生擢浙江按察司副使，提督学校，戒行有期。廉卫侯刘子润夫因节判朱子元东求予言为之赠。净峰予知己，固予所乐言，兹督学校，尤予所乐言也，乌乎辞？
>
> ……
>
> 净峰少有异质，自知为学，即以孔、孟、程、朱为宗，日从事于穷理修身之要，再经忧患，磨砻益熟，而造诣益深。以若人而督学两浙，可为人文世道贺矣！
>
> 昔净峰两任提学，所至以道帅诸生，不为空言之教。其在广右，选贡之法方严，不贬心以徇时好，君子称其直。其在江右，"易简"之说方炽，能正词以禁时非，君子称其义。既而以直失官，而义弗终于楚，君子称其屈。今净峰得复其官，而又增秩于两浙，岂非君子之论获伸庙堂之上，意固有在也耶？
>
> 净峰行矣，鸣夫子之道，以革当今之弊，以还国家建学造士之本意，以副圣天子孜孜求贤图治之盛心，以协赞我国家昌大休明之治于无穷。于是乎望。

应当说，林希元不愧是张岳的知己。文章分析了明朝中期学术风气转变的三个过程，从"学术于是始坏""学术于是再坏"到"学术于是大坏"，流露了从泉州理学研究中心毕业出去、代表福建理学研究水平的这批官员学者对世道的忧心忡忡，表明了他们对弘扬程朱正学的时代责任感，特别是林希元本人对张岳出任浙江提学的殷切期望。毕竟当年他们的抱负都是以从事程朱学术研究与传播、作为程朱正统理学的捍卫者自勉的。"易简"指的是江西王阳明尊崇的陆九渊心学之"易简"工夫。文中所体现出来的林希元的学术根基是相当扎实的，正验证了张岳对他的认识与判断。而与张岳毫不客气的语言相比，林希元的用词是相对内敛的。不过却不能不让人联想到他对主张对安南和平解决的张岳离任的暗喜之心。因为张岳的离去无疑对主张用兵的他来说少了一份障碍。

而江浙一带历来是状元之乡，用张岳的话来说是"人文名邦"。让张岳出任浙江省分管教育的高级官员，这本身就是对张岳才华的一种肯定。

一、广交浙友

张岳在浙江的日子非常之短。他一上任，就被派往嘉兴、湖州。由于资料的缺乏，只从《小山类稿》卷八书三《答陆石泾中丞》中得到凤毛麟角：

> 开岁归自浙东，伏领教墨腆赐，伏惟台履万福。
> 地方勤瘁，已有次第。而山陵毕工，大驾不复南巡，此天下所均慰幸，非特湖广一言而已。
> 某谬转浙藩。甫上任，即有嘉、湖之行。疏懒久废，簿书殊非所堪，只恐他日覆，为知己羞尔。诸所欲请教者，待至贵郡缕陈。
> 未间，以时为国自爱。

陆石泾中丞就是当年因谏南巡而被廷杖的浙江平湖人陆杰。所以张岳到浙江任职后，还与陆杰通信联系。石泾是陆杰的别号。

陆杰（1488—1554），号石泾，光禄卿淞子，正德九年进士，由广东左布政使擢右副都御史，巡抚湖广，进工部右侍郎，仍抚其地，卒于官，赠工部尚书，著有《石泾集》。

杰负气刚直，侃侃不阿，当员外郎时，武宗南巡，杰与黄巩、陆震伏阙极谏，廷杖四十，几绝而苏，由是直声震天下，入仕四十年，历五省十三任，皆积劳序迁，所至有声。

从烽火硝烟边缘中走出来的张岳到了浙江这个江南水乡和文献之邦，又恢复了他钻研学术、振兴朱子理学的兴致，见《小山类稿》卷八书三浙中《答董中峰少宰》：

> 去岁辱承教墨，所以责望期与者不浅，可胜佩感！学校之习，虚诞诡谲，朱子所谓"经术之妖，文字之贼"，不但一处为然。旧在江右，亦思有以变易之，而根本单薄，精神力量，不能有所动人。其后得罪以去，到今尚有余愧。
>
> 伏惟明公邃学清节，朝野推重，计必有以嘉惠此方之学者。盖以条约禁令为教，气象终是短浅。乡先生之深造静养，使人得于感发者，固自不同也。
>
> 所欲领教左右无限，尚容异日。

董中峰少宰即吏部侍郎董玘，浙江会稽县西南部上浦乡渔家渡人，明弘治十八年（1505）顾鼎臣榜，榜眼，会元，授吏部侍郎赠尚书，建中峰书院。

趣对妙联故事记载，董玘是个对对联的高手。

如董玘少年时，县官出对一上联：船载石头，石重船轻，轻载重；董玘对下联：杖量地面，地长杖短，短量长。

外地一位才子出上联：天上星，地下薪，人中心，字义各别；董玘对下联：云间雁，檐前燕，篱边鹦，物类相同。

朋友出对：出水蛙儿穿绿袄，美目盼兮；董玘对道：落汤虾子着红袍，鞠躬如也。

友又出对曰：东风吹倒玉瓶梅，落花流水；董玘即对出下联：瑞雪压翻苍径竹，带叶拖泥。

董玘的父亲出一上联：两船并行，橹速（鲁肃）不如帆快（樊哙）；董玘对道：八音齐奏，笛清（狄青）难比箫和（萧何）。

董玘的父亲满意地用联夸奖儿子：这小子还真行。董玘也用联和父亲开起玩笑：我老子也不错。对罢，两人相对大笑。

张岳在浙江找到了另一位朋友，就是他的同年许相卿（1479—1557），号杞山，海宁人，曾任御史，后当给事中三年，所言世宗皆不从，遂称病归里。在《与给谏许杞山》信中，张岳透露了他的金华、衢州之行，准备浙江乡试之事。

> 某以试事，将往金、衢。念相去日远，未由奉接颜色，而肝胆轮囷，不能自已。谨此奉达鄙忱，亮在照纳！

张岳到浙江就任后，虽然身患支气管病，经常咳嗽不止，还专程到他家拜访，两人曾经有彻夜之谈。所以后来张岳改任广东参政后许相卿还专门写信劝告他要以慈悲为怀，妥善处置安南争端，不要滥杀异族。

其间，张岳为浙江同僚离任、改任、升任、或为友人之母祝寿分别写了六篇序言，分别是嘉靖十八年（1539）五月从浙江按察使司改任巡抚陕西延绥的赵锦（号守朴）、同年四月从浙江宪副（即提学副使）升任河南布政使司参政胡体干（号爻峰）、同年秋七月从浙江左布政使改任应天尹（南京）的焦文明（号文沃，江西萍乡人，与张岳同榜进士）、同年七月十日为福建南平老乡、浙江佥事游可斋游居敬之母吴太宜人作祝贺六十大寿之文、同年为浙江按察司佥宪升任河南参议（即少参）的龚竹泉、任浙江佥都御史三年被排挤需述职的僚友张蒌亭。此六人虽然与张岳共事不久，但在离别之际均不忘向张岳求一文章作为纪念，可见张岳与他们的道义之交均非常人可比。这也从另一侧面说明了张岳的文章在当时是受到同僚们乃至上司的相当器重的。

张岳在序言中痛感社会"近时风俗渐下"，官场中"士大夫以'认真'二字为深戒"，昧着良心办事，失去了为国分忧为民请命的社会责任感和职业道德感，勉励龚竹泉到河南就职后能有所作为，不同流合污，无愧于良心与鬼神，表现了一种积极的人生观、价值观和坚定的道德修养。

可是在复杂的社会现实中又如何都能做到这一条呢？张岳在给任浙江按察司佥事的张蒌亭的序言中开了一张药方，就是要如孟子所说的"养浩然之气"，树立自己的独立见解，坚持自己的人格操守，洁身自好，有主心骨，当一名堂堂正正的大丈夫，而不是异化矮化为一名逆来顺受、屈从于夫权没有独立人格的"妾妇"，不随波逐流，这就要靠你自己的毅力与道德选择。

值得细说的是嘉靖己亥年（1539）张岳在浙江撰写的《八阵合变图说序》。

古之善制兵者，未尝不以阵法为先，其所由来尚矣。世传风后握奇，有其文而图缺焉，后人乃取诸葛孔明鱼腹八阵以补之。其法：以八为列，八八六十四阵；又有游兵二十四阵，在六十四阵之后。自陈寿以来，皆谓孔明推演兵法，作为此图。

以某考之，六十四阵者，古法也。周人本黄帝井田法而定军赋，自四井之邑，积至六十四井之丘，则出兵车一乘，士卒衣器备具。为百乘者，六千四百井；为千乘者，六万四千井；为万乘者，六十四万井。以八约之，为八者八；八其八，则为六十四。其制数与兵法同。大司马《大搜狩之礼》云"如战之阵"，又云"戒众庶，习战法"。盖即此也。周衰，井田法坏，而搜狩讲武之礼亦废，独所谓阵法者，兵家尚习而用之。汉制，天子常以立秋之日亲斩牲，名曰"貙膢"，以赐武官，习孙吴兵法六十四阵。至建安末年，曹孟德亦讲求其法而行之。然又以六十四阵为出于孙、吴也。则三代寓兵训民之本意，汉时已失其传矣。夫不得其本意，而杂用权变，以取胜于天下，术益奇，其为祸亦益炽烈，孙、吴、孟德是也。及至不得已而用之，以救乱安民，则其分合奇正之变，亦安可不择其善者而素讲之哉？鱼腹陈图，世多有。而演绎翻变，以求合于天地、风云、龙虎、鸟蛇之说，某所见者，凡数家，为法各异。

嘉靖己亥夏六月，侍御湛塘王君，奉玺书清戎两浙，出其《八阵合变图说》，以示藩臬诸司，盖取故都宪东莱蓝公旧本，稍为订定发挥，前此谭八阵，未有能及之者。

夫兵之合也，欲其至静而不可乱；及变而应敌也，欲其至神而不可测。如人耳目四肢，两两相比以成形，而心制乎其中。心有所感，耳目四肢各随所感以赴之，而用每不同。故曰："如山之苞，如川之流，绵绵翼翼，不测不克。"此三代节制之师也。八阵者，岂非其遗法欤？与后世一切设诈出奇以诡遇于一胜者，殊绝矣。

侍御君既叙其意，命刊布诸武官，使各以是法训练，而某特为推其法之所从来者如此。若夫分合奇正之变，则本图说尽矣，兹故弗及云。

如果从学术的角度来看，这是一篇非常不错的学术论文。张岳详细考证了八阵图的历史沿革及其演变过程，有力地证明了八阵图的起源是始于周朝的井田法，把八阵图的起源从三国时代的诸葛亮提前到周朝，也纠正了起源于战国时期的孙子、吴起的说法，得出了一个军事兵法源自经济制度的崭新的观点和论断。从今天的哲学观点来说，这明显带有辩证唯物主义的色彩，是符合历史唯物论的观点的。

所以说，张岳日后之所以能不断取得军事上的巨大胜利，与他平日注重军事知识的学习与兵法的训练是有相当大的关系的。正是他平日的积累使他具备了相当专业的军事作战和指挥才能，为他的成功奠定了扎实的基础。

除了八阵图外，《储政志叙》也是了解张岳军事思想的一篇文章。《储政志叙》是张岳为兵部职方司郎中诸宝所作的序言。当时因为北方时常受到北元的侵扰，边防问题成为朝野都关注的热点。朝中官员中有识之士为此深入一线调查，寻求对策。诸宝就是其中之一。诸宝，直隶怀远卫（河南偃师）人，嘉靖八年三甲进士，曾任山东临朐知县、兵部职方司郎中。诸宝曾经在户部任职时督饷大同，并利用时间考察"兵食源流与其出入奇赢之数，如振明以照，不爽锱铢。又及关隘之险易，屯戍烽堠之近远大小，兵马多寡，萃为一书，观者便焉"。张岳从诸宝的《储政志》中意识到"盖地险定，然后可以制兵，兵制定，而后可以制食。兵与险称，食与兵称，法相因而成，所谓一定不可易者"。意思是说，首先要确定地理位置的险要之处，然后才能部署军队。军队部署完毕后，才能确定后勤的粮饷供应。兵力与险要的地理位置要相称，后勤的粮饷供应要与兵力相符，军法和纪律要相辅相成，这是不可改变的基本道理。所以张岳"幸获见是书，因推其意，为之叙云"。

从张岳在廉州的所作所为来看，为预备对安南用兵，他正是这样准备的。

二、伯乐相马

在浙江主管教育工作期间，张岳尽管极力选拔真才实学之士，却因时间很短，留下了遗憾，几百年后还卷入了一场学术纷争。

提起江南四大才子，很多人都知道是大名鼎鼎的唐伯虎、祝枝山、文征明、徐祯卿，可是，比起明朝三杰来讲，只能退居二流角色。明朝三杰就是解缙、杨慎和徐渭。

解缙生活在明成祖时代，与张岳不相关。杨慎虽是同时代之人，却因长期贬居云南而与张岳缺少交往。近年热播的《三国演义》的主题歌就是杨慎所撰之词。衡阳石鼓书院的蝌蚪文禹碑也是杨慎所破译。唯有徐渭四百多年后还在与张岳相缠不去。

文学界的人都知道，中国明代有本奇书叫《金瓶梅》，是中国第一部现实主义小说。但是，《金瓶梅》的作者兰陵笑笑生到底是谁却众说纷纭。近年一位叫盛鸿郎的先生在钻研《金瓶梅》作者时认为是明代徐文长徐渭所作。他在《徐文长先生年谱》中记：

> 嘉靖十九年二十岁。
>
> 庚子，渭进山阴学诸生，得应乡科，归聘潘女……
>
> 夏，渭未能通过童试，不服，遂渡江至杭州，"寄旅北门，意在强为人师以糊方寸，何期营营数旬，童无一人与接者。"作《上提学副使张公书》"托书自陈"，"请假暑刻，试其长短，指掌之间，万言可就"，"不过期月，则书生之学可通；假以三年，则道理之堂可造。"否则，"负石投渊，入坑自焚耳。"次日，"而渭试文之日，适王运使在焉，文宗大人指渭而语运使曰：'考此儒生，非有他，昨来上书，萧先生见之，称其才'。"明日，又作《上萧宪副书》谢之。始得入山阴县学为诸生，为当年乡试取得资格。
>
> 盛先生注："据《浙江通志》卷一一九，张公疑为张岳，字惟乔，惠安人。"

盛先生所注没错。

徐渭（1521—1593），字文长，山阴（今绍兴）人，可说是16世纪中国文坛的奇才。他在中国文学艺术上的成就是多方面的，书、诗、文、画、剧无一不通，无一不精，可以说是个伟大的文学艺术家。但是，他却同时也是个百年难得一见的运气最糟糕的倒霉蛋，多灾多难似乎无穷无尽，厄运一生都紧随左右而不得脱身。

徐渭二月出生，逢百日其父亡，生母乃是嫡母苗氏的陪嫁丫鬟。他幼时跟随嫡母生活，年十四嫡母苗氏又亡，乃跟随长兄徐淮一起生活。徐渭从小就是个神童，六岁时只要老师"书一授数百字"他就可以不必再看，可以马上背诵给老师听；八岁时就能独立为文，援笔立就。当地的君子缙绅无不称奇，夸他是"宝树灵珠"，可与唐朝的刘晏和三国的杨修相比。可是这样一位天才遇到考试却无招，数试不第，直到嘉靖十九年二十岁那年，还连个秀才都考不上。

这年夏天，徐渭未通过童试，不服，乃渡江至杭州，向时任浙江提学副使的"文宗大人"张公毛遂自荐，写了一篇《上提学副使张公书》上交。信的主要内容有以下几条：

一是叙述了自己幼年童年少年时代不幸的家庭生活与悲惨遭遇："学无效验，遂不信于父兄，而况骨肉煎逼，箕豆相燃。日夜旋顾，惟身与影。"

二是对自己的才华作了自我介绍，非常自负地要求张公给他片刻时间，当场出题测试，说自己可以做到"指掌之间，万言可就"，一个月后"书生之学可通"，三年后"则道理之堂可造"，否则自己愿意"负石投渊，入坑自焚"。

三是表达了自己的远大志向："生无以建立奇绝，死当含无穷之恨耳。"

四是解释了自己屡才不中的原因。从他自著的《畸谱》的话说是"再试有司，皆以不合规寸，摈斥于时。"即是不符合当时的封建思想，用我们今天的话来说就是不适应应试教育。

张公阅览了他的书信后，对他的才学感到非常惊奇，经特殊面试后破格授予他秀才身份，乃收入山阴县学为诸生，让他取得了可以参加乡试的资格。于是徐渭一时声名鹊起，连绍兴知府都与他讨论修撰府志的事情。然而，当年他的二兄徐潞死于贵州。此年秋录取128名举人，徐渭落选。次年，即嘉靖二十年，徐渭参加乡试，再落榜。回来后，入赘潘家。可怜祸不单行，妻子潘氏才成亲半年就得病而死了，年仅十九岁，徐渭因性情孤僻，与妇家人不合，被逐出潘家，谁料到，不多时，其长兄徐淮也死了。

此后直至44岁他考举人又有七次，却始终没有范进的好运。离奇的身世，世俗的偏见，亲人一个个的逝去，将徐渭逼上了极端，于是他灰心仕途，开始放浪形骸，纵情于酒肆山间，幸而写得一手好字，画得一手好画，才勉强维持生计。

徐渭"多负才略，好奇计，谭兵多中"（袁宏道《徐文长传》），故中年时他难得地被兵部右侍郎兼金都御史胡宗宪看中，于嘉靖三十七年（1558）招至任浙、闽总督幕僚军师，相当于参谋长，度过了一生中最如意的时光，对当时军事、政治和经济事务多有筹划，并参与过东南沿海的抗倭斗争。胡宗宪是靠配合赵文华诬陷张经至死而升迁的。在抗倭斗争中，胡宗宪采纳徐渭的计谋，成功地消灭了汪直、徐海这两大海盗倭寇集团，功不可没。故徐渭在诗文中热情地歌颂了抗倭英雄，曾为胡宗宪草《献白鹿表》，得到明世宗的极大赏识。可是1565年胡宗宪被弹劾为严嵩同党，被逮自杀，徐渭深受刺激，一度精神失常，写下了《自为墓志铭》，蓄意自杀。《徐文长传》记载："显者至门，或拒不纳。时携钱至酒肆，呼下隶与饮；或自持斧，击破其头，血流被面，头骨皆折，揉之有声；或以利锥锥其两耳，深入寸余，竟不得死"，后因误杀其后妻而被捕入狱定为死罪，终为张元忭（明翰林院修撰）营救出狱。出狱后已53岁。时人评价"古今文人，牢骚困苦，未有若先生者也！"徐渭一生坎坷，常"忍饥月下独徘徊"，在"几间东倒西歪屋，一个南腔北调人"的境遇中"抱愤而卒"。

徐渭出狱后才真正开始从事文学艺术创作活动，一跃成为中国画大写意派的开山祖师。他是中国历史上罕见的奇才和怪杰，诗词文赋、歌剧书画，堪称当世一流。徐渭自评云："吾书第一、诗二、文三、画四"。他外号特多，但对青藤情有独钟，故有"青藤老人""青藤道士"之号，就连在绍兴城内的居所，也名之为"青藤书屋"。后世艺术天才均对他特别崇拜，最典型的要数郑板桥。清袁枚在《随园诗话》卷六中记载，郑燮爱徐青藤（徐渭，字文长）诗，尝刻一印云："徐青藤门下走狗（郑）燮。"自甘当徐渭的一名五体投地的狗奴才，可见郑板桥对徐渭的崇拜已到了无以复加的地步。

张岳就任浙江提学的时间在嘉靖十七年秋，嘉靖十八年（1539）十二月甲戌，朝廷即升浙江按察司副使张岳为本布政使司左参政。这是在徐渭第一次参加乡试前。因此，《上提学副使张公书》完全可以肯定就是写给张岳的，也就是说，是张岳高抬贵手给了徐渭诸生即秀才的身份和考举人的准考证。嘉靖二十六年丁未（1547），徐渭27岁时拜张岳年友季本为师。

碧云楼藏版《明人尺牍选》收录有张岳诗一首、徐渭六首、张居正二十五首、唐顺之四首、归有光十四首、汤显祖十五首、文征明三首、祝允明二首、唐寅一首、徐阶一首。《明史》卷九十九志第七十五艺文四中有《徐渭诗文全集》二十九卷。

类似徐渭的例子还有张岳与赵志皋的师生情谊。这到底是怎么回事呢？

嘉庆《惠安县志》卷二十七孝义张迎传中记："少保瀼阳赵公志皋，有意授迎要秩，迎以母春秋高，乞南，授兵部主事。"太子少保赵志皋为什么会如此关心张迎呢？这可从乾隆《泉州府志》卷之五十八明孝友张迎传中找到答案：

> 迎，字礼卿，九岁而孤；举进士，寓京邸，杜门自守。时首辅赵志
> 皋，襄惠督浙学时所首拔士也。迎旅见外，不投一刺。念母归省。及谒
> 选，乞南便养，授兵部车驾司主事，晋武库郎中，督武学……

原来赵志皋就是张岳督学浙江期间所录取的一名举人。正是由于这一起点，赵志皋后一路飙升，位至一人之下，高居宰相之职。所以他对张岳心存感激，要报答他的孙子张迎，并且在张岳逝世之后为张岳题匾。

赵志皋（1521—1601），字汝迈，号瀫阳，家兰溪城中南隅，明隆庆二年（1568）进士及第，授翰林院编修；万历初年迁侍读，因忤宰相张居正，出为广东副使。居正殁，赵志皋历任国子监祭酒、吏部左侍郎，十九年（1591）进礼部尚书兼东阁大学士，入参机务，万历二十年（1592）三月进首相，次年正月降职；万历二十二年五月再进首相，二十九年（1601）九月卒，终年81岁，赠太傅，谥文懿。《明史》卷二百一十九列传第一百七有传。

三、立祠祀贤

张岳在浙江还想办的一件事是在衢州常山县立祠，祭奠南宋抗金名相赵鼎、北宋著名历史学家范冲、魏矼三贤，此三贤坟墓均在常山县，且传有子孙。用今天的话来说，就是张岳相当重视一个地方的历史人文资源，重视挖掘当地的历史文化遗产，开发当地的文化旅游景观。

范冲是范氏族人中第三代史学家，他具体主持重修《神宗实录》《哲宗实录》，尤以重修《神宗实录》而著称于世，同赵鼎是儿女亲家。魏矼于绍兴五年（1135）二月乙亥以"秘书少监、直龙图阁"身份知泉州（任泉州知府），绍兴二十一年（1151）岁次辛未二月，"是月集英殿修撰、提举江州太平兴国宫魏矼卒于衢州。自秦桧用事，士大夫平日少失其意，祸辄不测。当始议和时，矼与桧异论，桧尝欲除近郡。矼逊辞不就，奉祠十余年，寓居常山僧舍，一室萧然，卒免于祸焉。"赵鼎也曾于绍兴九年二月（1139）被罢相徙知泉州。卷一百二十六记："壬申，检校少傅奉国军节度使醴泉观使赵鼎知泉州。鼎寓居会稽，秦桧犹忌其逼，乃以远郡处之。"赵鼎"治泉年余，安抚泉民，民感其德，祀于名宦祠"

净峰风骨：明代名臣张岳传

（《泉州府志》）。乾隆《福建通志》卷三十名宦志记："（赵鼎）徙治泉州，安抚泉民，民甚德之。"

所以当常山一生员叫詹涛（学者，曾隐居常山之湖山）向张岳建议为三贤立祠时，一拍即合，马上得到张岳的赞同。张岳原准备改当地一座白龙庵为祠，而太守李克斋则主张建在旧儒学的基础上。可是旧儒学的基地已经出卖，所以张岳还是认为不如白龙庵合适。但是还来不及实施，便因张岳改任而罢。

后来张岳便向浙江提学张鳌修书一封，道及此事，请他酌情参考，希望能在他任上完成此一心愿。详见《小山类稿》卷八书三《简张蒙溪提学》：

> 常山有宋赵忠简、范冲、魏矼三贤坟墓，子孙亦有在者。生员詹涛建议立祠，此意甚善。初议改白龙庵为祠，克斋太守欲建于旧学基，而学基亦已卖，不如此庵旧贯可仍也。
>
> 常山县申文甚详，本俟与克斋商过方发行，非久即改官，有负初心。可检出为批发，如何？

张鳌，字济甫，号蒙溪，江西南昌大木山人，明代嘉靖年间进士，历任浙江提学副使，南京兵部尚书。

克斋太守即李遂，字邦良、克斋，江西上饶人，嘉靖五年中进士，累擢南京参赞尚书，卒赠太子太保，谥襄敏。

综上所述，张岳立祠的用意是明显的，他要树立的是古代忠臣良将贤才的榜样，是有一定的目标和针对性的，在当时是有一定的现实意义的。

张岳在浙江宁海县还为朱铨妻节妇范某立传，对她无子而能坚守贞节孝敬双亲大加赞赏，要为她树立榜样。当然，这在现代社会来说是不人道也不提倡的。但在封建社会来说，张岳此举，无疑是对范氏几十年守节的一种莫大的精神安慰和荣耀。

张岳离开浙江时为嘉靖十九年庚子（1540）夏天，任浙江提学副使及左参政的时间只有两年之久。对张岳在浙江的这段经历，史书鲜有评价。唯有万历《杭州府志》卷之六十二名宦二对张岳虽然全文不足百字的评语，却也入木三分。

> 张岳，字惟乔，福建惠安县人，正德丁丑进士，嘉靖己亥，任浙江

提学副使，学宗伊洛，文有法程，简重端庄，善于迪士，故所至皆服其化。未几，转参政，为政博大周详，禁奸厘弊，吏不敢肆。仕终兵部尚书，见祀名宦。

尽管这些文字都是比较笼统的评价，但是一个任职唯有半年到一年的时间官员就被收入名宦传记，还是相当罕见的。他的政绩与为人可想而知。当然，"仕终兵部尚书"有误。

四、心系边陲

《明史》卷十七本纪第十七世宗一载：

> 十八年春二月……癸丑，安南莫方瀛请降……
> 秋闰七月……辛酉，复命仇鸾、毛伯温征安南。

正因如此，使得张岳虽然身在浙江，却心系边陲。因此张岳在浙江致同僚的书信中，起码有一半内容都是与安南有关，说明他对这件大事的牵挂。这从《小山类稿》卷八书三浙中的八篇文章中有四篇直接和间接涉及边陲安南之事就可知。

第一篇《与陈紫峰同年》不指名批评了林希元。

第二篇《与何石川给事》对何石川上疏反对出征安南而嘉靖帝"优容不怒"，张岳从中欣慰地捕捉到还有商榷回旋的余地。

> 邸报中得见大疏，剀切明辨，虽未即开纳，而圣心优容不怒，此见天下事尚有可言之机。正惟积其诚意，以待之尔。朱子有言："人人持不合无愧之言，则君臣之大伦废矣！"此语深有味也。
> 某以提学得罪，而复畀以学职，又当人文名邦，此当道误听之过。平生仕宦，如传舍靡定，惟廉州三载，粗以为得尽其心而无愧。然亦止可与知者道尔，世俗以远近为丑好，宁复晓此况味耶？
> 令郎有消息否？常为吾兄挂抱。某去秋在廉，又添一丁，别家时，见其能啖饭矣。不知日后何如？

净峰风骨：明代名臣张岳传

未间，千万以时自爱。

何棐（1464—1541），字辅之，号石川，又号笃斋，江苏泰兴县永丰镇（今黄桥镇）人，弘治壬戌年（1502）进士，初任福建浦城县令。何棐后升任广西按察司副使，尚未到任，重议军功，又提升为南京太仆寺少卿。

在《与闻石塘尚书》中，张岳对朝廷模棱两可的对外政策及其负面后果、朝中大臣"人怀顾望"的不正常现象提出了批评，并分析了造成这种现象的根源：

> 嘉禾舟次，迟吏报迟，方拟抠候，则仙舟已远去矣，甚愧甚歉！
>
> 近有事于交，毛东塘公误以某为堪任驱使，剡致入岭。此事谭之数年，只为庙议不一，人怀顾望，至于损威失体，玩寇骇民，未有息肩之期。某常谓天下事不是则非，不可则否，岂有是非可否之间，别开一路，可为士大夫持禄之捷径？凡今交南之议，久而未决之病根，政坐此也。
>
> 某前月念四日得报，旨意颇推行。已，离浙入广，绕道慈溪，拜哭东泉公墓下而去。遥瞻舄履，末由趋侍，谨此奉承近况，并致区区。

闻石塘尚书即闻渊，与董玘、严嵩、廖纪、潘旦、湛若水、万镗均是弘治十八年（1505）榜一、二甲进士。《明史》本传载，闻渊，字静中，鄞人，弘治十八年进士；嘉靖初，擢应天府尹，改尹顺天，历南京刑部尚书，就移吏部。召为刑部尚书。周用卒，代为吏部尚书。侍郎徐阶得帝眷，前尚书率推让之。渊自以前辈，事取独断。大学士夏言柄政，渊老臣，不能委曲徇。及后议言狱，渊谓言事只任意，迹涉要君，请帝自裁决。帝大怒，切责渊。严嵩既杀言，势益横，部权无不侵，数以小故夺渊俸。渊年七十矣，遂乞骸骨归。家居十四年卒。先累加太子太保，卒赠少保，谥庄简。

在《候座师黄安厓》中，张岳再次表明了自己要随机应变、努力争取一线希望和平解决安南争端的用心：

> 去秋大旆发武林，某以按试温、处，不及拜送，遥瞻门墙，只有愧仰。不审归田后兴居何似？

想无当世之累，颐养精神，与齐、鲁后学论道著书，垂鸿业于不朽。大贤出处，固自不苟也。

某为安南事，东塘公挽以入广。见报似不专主于用兵，沿可随宜处之。但夷情反复，事难前料，至彼看临机如何耳。

黄安厓即黄臣，字伯邻，山东济阳人，正德六年（1511）进士，嘉靖七年（1528）前后任都察院右副都御史，后以陕西巡抚致仕回家。

话说回来。此时，狡猾的莫登庸暗中侦知主张和平解决的张岳已经离任，以为朝廷又改变了政策，便不肯投降，非要张岳亲自来受降不可。莫登庸放出信号说："张廉州在哪里呢？他是主张以恩信来招抚我的人啊！"莫登庸派人对毛伯温说，如果要我去（投降），一定要请廉州张知府回来才行。

嘉靖十九年六月，毛伯温权衡之下向朝廷提议："原任廉州知府今升浙江参政张岳，谙晓夷情，宜改注广东，分守北海，以备进剿之用。"兵部上报嘉靖帝，同意张岳改任广东参政，从三品官，岁俸312石（米）。

张岳接到任命后离开浙江回广东，特地绕道慈溪，到他的恩师姚镆墓前祭奠，"哭拜东泉公墓下而去"。时为嘉靖十九年庚子（1540）秋天。

此前，应姚镆门生、湖广布政使徐乾之托，张岳还为姚镆的祠堂撰写了《东泉姚公祠堂记》：

> 湖广方伯桂林徐君，公高第弟子，作祠时与学者刘廷叙辈共议经始者，谓祠久未有记，公督学闽海，某尝供洒扫门下，知公为详，书来征文，某不敢辞也。然公去后十余年，复以都御史提督百粤，夷乱安民，当大书特书，而此祠乃学者所立，故特为详其督学时事。至夷难大功，敬当别为论著云。徐君名乾，字健父。

其时姚镆嗣子状元姚涞亦早卒，家中又遭火灾。张岳找到姚镆次子姚汲，才搜集到姚镆零星的一些文章。张岳便吩咐其同年进士、时任湖广宪副的姚镆女婿王时化再收集共得150多篇，六年后才寄到苍梧给张岳。张岳于嘉靖二十六年丁未（1547）任两广总督后自己出钱为姚镆整理出版《东泉文集》八卷。张岳为之作序，对姚镆的关心和知遇之恩表达了深切的怀念：

净峰风骨：明代名臣张岳传

东泉先生姚公，弘治、正德中，文章为一时所推，而不以文士自命。乙亥冬，某侍公于闽藩，讲问之暇，颇及文字。公曰："文非专不工，然学者所当为事尚多，奚必专于其文哉？"语既，又顾某曰："子他日当别有所就，亦不必滞心于此。"某慢然，不敢卒请，退而私记于心者，三十余年矣。中间踪迹浮沉，然由再侍公教，而尺书临示，敦勉每加。庚子秋，参政浙江，公墓木已拱，嗣子学士惟东继丧，家遭回禄，索遗稿于仲氏汲，散逸无完编。盖为尽然贾涕焉。乃属公婿、吾同年湖广宪副王君时化收拾稿次。越六年丙午，寄至苍梧。又阅督抚故牍，得其总制时奏疏、文移数篇，合为巨帙。请户部郎桂山冯君世立雠校，得可传者一百五十余篇，分为八卷。

……

某少以文字受知于公，而公所以知之，又有出文字之外者。老大无似，未能副公拳拳期予之意。往叨广西提学，及今督抚，皆继公旧迹。于公条章约束，又未能一一有以推行。俯仰深恩，大惧隳失，惟有论次学术、事业及所遣文字，以时传布，庶后之尚论公者，胡以仿佛其闳杰正大、练达、综核之实。不肖于感慕之余，时取以自厉，则亦不为无补焉。呜呼！是亦可慨也夫！

后来，张岳与姚镆后先同职两广总督，并列《明史》列传第八十八，姚前张后，这应该是张岳自己也没想到的。

《明史》列传载姚镆"时天下布政使廉名最著者二人，梁材与姚镆也"。

在撰写《东泉姚公礼堂记》之前月二十四日，张岳已接到通报，皇上的旨意已有赞成和解之意。到任后毛伯温和张经安排他分守海北，协助专门处理安南事宜，后又让他负责协调钦、廉两州。

大约在这个时候，寓居浙江海盐的同科进士许相卿给张岳来了封信《与净峰张惟乔学政》，表达了自己对张岳在浙江时与他畅谈启发和教育的感激之情，同时"乞不以深入多杀为功"。

从文中可知，当年张岳曾经去拜访过他，与他有彻夜之谈，力劝他复出，为国分忧。信中同时也透露了一条重要信息，就是张岳当年曾经患上支气管炎之类的疾病，所以另有"贵恙喘咳已安佳未？远涉江山，秋老气劲，慎护风寒"

之句。

张岳自到浙江就任后，钦州太守林希元于嘉靖十九年庚子（1540）三月被提拔为广东按察司金事，分巡海北兼管珠池兵备道，仍一味坚持主战积极备战，并于嘉靖十九年七八月间受命回到地处沿海的漳州、泉州一带征集熟悉航海的将士，准备大显身手。见林希元《莫登庸至钦州投降纪事揭帖》记："嘉靖十九年八月，毛、仇、蔡三堂驻扎广西南宁府。两广副、参、都、布、按三司驻扎广西太平府、凭祥州。广东副使陈嘉谟、都司武鸾驻扎钦州。本职奉委福建漳、泉召募水兵。"

张岳在浙江时写了一封信给多年未见面的老同学陈琛，委婉地表达了他对林希元的失望之情：

> 少年时阅人未多，经事不熟，以为吾兄者，亦今人中之有时望者耳。及再历忧患以来，所见士大夫功名富贵之际，没溺辗转，寝失初心，虽平时知己，亦未有能免者。如吾兄之高识远韵，真所谓"翔于千仞之表"。

时在朝中任职的惠安康朗为此曾赋诗一首《闻张净峰自浙赴安南之役林次崖还闽中募海兵》，表达了对张岳的关心：

> 南荒十月有炎晖，五岭秋深雁到稀。岚气冲开铜柱折，沧夷击鼓岛夷归。谋臣杖策趋开府，宪使征兵入钓矶。莫道伏波能破虏，西征又见羽书飞。

康朗（1508—1574），字用晦，号盘峰，惠安螺阳五音坑柄人，嘉靖十四年乙未（1535）韩应龙榜进士。

据雍正《惠安县志》卷十四古迹记载：

> 松洋别业　在邑南九峰之阳，大中丞康盘峰朗书斋也。松洋，在诸山之中号称巨镇。中丞兄弟侄就山筑室读书，初甚简约，宦后乃辟而大之。传闻中丞未第时，襄惠公读《礼》家居，尝到松洋，曰："此山盘纤回环，当出名贤。"及至中丞书斋，斋头对联："庭户舞云烟，咫尺

　　　　　　　　　　　　净峰风骨：明代名臣张岳传

天衢万里；山城飞红紫，分明春色一家。"襄惠见之，遂大心折。

后张岳又走到康朗书斋，见到一副对联气魄宏伟："懒筑垣墙，恐天地笑人迂拘；大开门户，放山川入我胸怀"，心里非常折服。

康朗（号盘峰）与张岳（号净峰）、戴一俊（号卓峰）并称明代"惠安三峰"。

在给时在吏部任职的惠安老乡李恺的信《与李抑斋铨部》（见《小山类稿》卷九书四）中，张岳对刑部小官员康朗不顾皇上从轻发落的态度依法严惩武定，致仇鸾下狱致死一事，称赞他"有声称，真足为吾乡出色"。对他升补金宪一职表示"甚幸"。

张岳去世后，康朗还为他撰写传记。

逼降安南

嘉靖十八年二月，莫方瀛上表乞降。嘉靖帝要廷臣商议。众人以为"夷情叵测，词虽卑恳，意或诡秘。故法不可不正，义不可不彰"。嘉靖帝便命毛伯温同总督军务总兵官咸宁侯仇鸾，前去两广、云南适中去处，便宜处置。"其贼臣父子，如果悔罪请死，束身待命，将其乞降听处真实情由，星驰具奏。若执迷不悛，必诛不宥"。

据张岳《交事纪闻》记载，毛伯温临行，嘉靖帝御笔赠他一首诗：

大将征夷胆气豪，腰悬秋水雁翎刀。风吹金鼓山河动，电闪旌旗日月高。
天上麒麟原有种，穴中蝼蚁莫能逃。太平颁诏回辕日，亲与将军脱战袍。

这是张岳离开廉州到浙江任职时的大势。如今，事态又发展到何种地步呢？

一、岳为解组

话说安南莫登庸自张岳离任后，怀疑朝廷是一意要兴兵征讨，所以就不再主动要求投降。

张岳重新回到广东升任参政后不久，莫登庸探知消息后非常高兴，忙派人核实，确认属实后，就像找到了救命恩人一样，便赶紧派人通过各种途径与张岳取得联系，真正重新考虑投降之事，恳求张岳帮他在皇上和众大臣那里美言化解，放他一条生路。张岳受命与莫登庸取得联系，加强诱降工作，进一步瓦解了莫登庸的抵抗意志。

嘉靖十九年（1540）是解决安南事件的关键一年。这一年，发生了不少重大事情。此年正月二十五日，登庸子方瀛病故，莫福海继嗣。

据《明史纪事》卷第二十二《安南叛服》记，该年四月，由于林希元不厌其烦地上书请战，被御史钱应扬弹劾，认为他所言是道听途说之词，不足听信。

夏四月，钦州知州林希元上言：

> 臣闻安南莫方瀛乞降，特命大臣查勘。夫降者，将籍其土地人民以献也。今杀我士卒，夺我战船，降者固如是乎……臣以为欲得其请，宜与约之曰：必归我四峒，必令黎宁不失位，必令黎民旧臣若郑惟僚、武文渊者皆有爵士，必奉我正朔。能从我者降也，不然诈也。而后兴问罪之师，若顺讨逆，何忧不克。方瀛之所恃者都斋耳，其他滨海，淤涂十余里，舟不得泊。计以为王城不支，即守都斋；都斋不支，即奔海上耳！若以东莞、琼海之师助占城击其南，贼不得奔矣；以福建之师航海出枝封，湖广之师出钦州，与之合，以攻都斋无巢穴矣；以广西之师出冯祥，云、贵之师出蒙自，与之合，以攻龙编，则根本拔矣。如此，莫氏可一举而定也。

> 书凡四上，而为御史钱应扬所劾，言希元所称策者，固道路传闻之语，不足听。

真是不到黄河心不死，这时林希元才终于认识到自己的不足，在《与张净峰提学书一》中流露了自己进退两难的苦恼，并在《与张净峰提学书二》中明确向张岳作自我检讨，承认错误。

同月，在张岳、翁万达等人的软硬兼施下，莫登庸上表乞降，为了表示诚意，莫登庸派了全权特使即他的长孙莫福海来求见张岳，协商有关受降事宜。

但朝廷对莫登庸的诚意尚有怀疑，担心他是在诈降，在拖延时间。因而在安南尚未正式投降之前，张岳认为还是应当保持适当的军事压力，以实现安南争端的彻底解决，以免留后患：

> 窃以为用兵之声，未可全然放下，使贼有所顾惮，而求款于我益坚，然后我得以操纵制驭，而要之以纳地请罪。盖此事既出圣断，百十年朝贡之国，决不肯如是罢了，后面恐更有事也。戍兵只打手、杀手，士兵当掣回，其官军且留在地方，待其班满放回，不时又发一两班来，每月只耗行粮十石。大要使贼知吾军马未尽撤，而知慑尔。

根据最高指示，嘉靖十九年（1540）六月，毛伯温加强了军事部署，征集两广福建、湖广狼土官兵，十几万大军兵分数路，摆出了一副要投入作战的强硬态势，加大威慑力度。张岳受命出任奇兵广西归顺州一路监军，与都指挥张某统领一万四千人。

边境一带一时战云密布，大有"乌云压城城欲摧"之势。嘉靖十九年（1540）九月，嘉靖帝决定以安远侯柳珣挂征夷将军印代仇鸾议处安南事。原因是仇鸾与柳珣互相攻击，闹不团结。

为了防备明军的袭击，"交人亦大为儆备，采毒药以试其刃，收巴豆菌集置上流，截竹筒埋地冀陷马足。阳言先由海道袭广东，时赂边氓，觇伺我事。以一关吏通贿，往来不复能禁。"

但是这些情况迅速被翁万达所掌握。本来还存侥幸心理的莫登庸顿时失去了抵抗的意志，只盼望朝廷早日同意他投降而为安。

张岳在这段时间内总是及时地向张经汇报相关问题的进展情况，协助分析当前形势，为摆平安南出谋划策，因此与张经的书信来往接二连三，非常频繁。

请看张岳的《与督府蔡半洲论抚谕交夷》：

> 三月三十日，据钦州知州林希元送到莫方瀛奏本抄白二纸到某。看得莫贼负罪惧讨，欲请降入贡以求封腊爵，已非一日。（见《小山类稿》卷八书三）

《与督府蔡半洲论抚谕事情》文中，张岳已向张经汇报莫登庸正式请降，并协商如何受降事宜。

> 莫贼遣头目叩关投降。某访得此贼，慑吾征讨之声，内不能和其国人。近者，吾调东莞、新会等船二三十只泊在廉州港中，贼遣探船候而得之，远望不知数之多寡，回报大骇。本月十二日，乃差通事黎迪、裴延祐二人，赍文来求通奏状文书。某谓前次陈必闻所开，一片虚饰，及云南奏辞中间，以纪位号为故事，称尧、舜、禹、汤为文儒归美，不能辞而拒之，以篡夺黎氏，谓为父、祖申冤。凡此，皆倔强未即输服。云南轻于接纳，又为转奏，以致朝议纷纷，而征抚之计，竟未归一。故与钦州（指林希元）议，行防城营，谕令先将奏状申文内事情，开具揭帖呈看。如果输情伏罪，乞哀丐命，方与转达。其差来头目称奏本印封，不敢拆动，欲以副本并申结状，付与本营差人领来。某又与钦州议，以为不如径檄莫贼，令其自具奏内事情，开写揭帖前来，体面仍更光明正大。此贼近在永安打听消息，如不先具揭帖，则事不得妥帖。迟三两日，必定具来。此举甚得策。若果罢兵，可因此以为后面收拾之地；若兵不罢而必大举，又以款贼而缓其谋。但贼之奏辞，必令极哀卑，不如云南之潦草，乃为得体尔。闻其计殊窘，急欲求通，此间又以声势震之，想不敢仍复如云南也。
>
> 余候夷文至日再禀，伏乞裁照。

经过一番交涉与讨价还价，莫登庸已基本确定投降，朝廷也明确下令停止征讨。剩下的只是双方的准备事宜。张岳为此还在积极筹备着，继续打心理战。

《与督府蔡半洲论辞夷使往凭祥纳款》中，张岳向张经建议让安南的来使暂住在凭祥，让他"听候议处"。这种做法的方便之处是"未绝其求通之路"，又"尚有许多含蓄"，留下很大的灵活空间与弹性。

但在如何接纳安南投降的事情上，朝廷依然有不同看法。这既表现在对莫登庸如何定性的问题上，也反映在对安南投降后如何实施有效管理上。无论如何，这出戏已经是接近尾声了。

张岳在一名叫孙金事的官员那里看到了广东布政使陆杰起草向朝廷汇报的方案文稿。稿件中有这么两句话让张岳无法苟同："黎氏查无下落，暂与莫氏管束"；安南这个地方"炎瘴难居，不可为郡县"。张岳担心这种语言与说法"恐皆不足以上烦圣听，而纾南顾之怀也"。为此，张岳再次修书《与督府蔡半洲议处安南纳款》，借鉴历史特别是明朝开国皇帝朱元璋的做法提出了自己的看法：

> 洪武中，朝鲜李仁桂连弑王氏三王，叩边求贡，高皇帝始恶其篡弑绝之，后又因边臣以请，高皇帝曰："彼夷狄也，姑令自为声教。"下诏许之。而李氏世效职贡，以至今日。李仁桂，乱贼也；朝鲜，箕子之所封也。若牵于文儒之义，则当正九伐之法，以复秦汉之故疆矣。然高皇帝只断以一言，曰："听其自为声教，吾特取其效职贡，不敢侵叛而已。"可谓破拘滞之见，独观昭旷之原，一言而天下定者也。

张岳再次概括了他反对出兵的理由，提出了参照朝鲜模式处置安南的建议：

> 夫欲劳十万之师，甘心快意于无用武之地，攻之未必可得，得之未必可守，守之未必可久。而以黎氏为辞，则是劳民动众，深入夷地，以援立莫知所在，难必真伪之婴儿，古无是理也。而议者犹复疑黎正莫逆云云：胡不引高皇帝圣语以断之也？
>
> 愚以莫贼信有不容诛之罪矣。今朝议既重为生灵爱惜，宽而未诛。此贼惧吾兵威，叩关待罪，可因请罪之诚，听其自为声教，以管束所有之土地人民，如洪武中之待朝鲜李氏，且许之暂管，而不与以真封，如宣德初之待黎氏。其黎宁之强弱、存亡，不必深究也。盖所以待之甚轻，所以责之者不求备，是谓以夷狄对夷狄，而中国礼仪纲常之训，固昭如也。唐太宗之时，盖苏文弑君，太宗为之兴辽左之师。其后师久无功。天下后世，不病太宗之失败，而议其为黩武。则今安南事之是非利害，鉴于太宗可见矣。似此颇为直截脱洒，无许多委曲迁就难行之意。不知可用此意转闻于上（指皇上）否？其余略见前后揭帖，伏乞钧裁。

可以说，张经此时对张岳的信赖已经是达到言听计从的程度了。他采纳张岳所提的方案与设想上报朝廷，得到了皇上与朝中大臣的认可。

在接受安南投降的所有前提条件中，非常关键的一条就是安南必须归还早期侵占的钦州四峒即斯凛、古森、了葛、金勒，如今必须回归大明钦州版图。这应是张岳采纳吸收了林希元所提建议中的最精华部分。而据毛伯温在《议处安南事宜》记载，莫登庸闻广东钦州知州林希元奏称，如昔、贴浪二都，渐凛、金勒、古森、了葛四峒系钦州故地，已表态"果如所称，唯命是听"。

张岳在获悉朝廷批准了他与张经、毛伯温所提交的方案之后，非常高兴，一方面请张经速把兵部会议条件及皇上旨意"马上差人以一角付翁参政，一角付职。先晓谕莫福海，使知天朝旷荡之恩，且云莫文明等不日回还，钦赐印信，不日差人齐去，交付掌管，行本官遵照钦依事理，作急恭备贡物、谢恩表文，及整备仪仗，前镇南关外迎接印信"。除此之外，张岳还就如何接收四峒与勘界问题提出建议，见《与督府蔡半洲议安南款还四峒》：

> 其钦州四峒，以旧地方为界，土地人民，尽数奉还天朝。前黎氏僭设衙门在四峒地方，俱各改回。一应有形事务，一一遵照钦定事理，通行所属大小衙门官吏遵守施行等因，署衔就以"安南都统使司都统使"目之可也。先此省谕，然后四峒文书，继此以行，皆当乘夷使未回，倾心待命之日速为之。此夷方幸于免讨，自当束手听命。若稍久事定，别生辗转，无疑也。
>
> 四峒未尽事宜，别具呈请。地图旧据黄伯银父子褐天蓬等册底，亦不尽同，全在勘官临时酌处。此事须职与翁参政亲行，方得明白。委官陆柯软弱，文知州多顾虑，而峒长黄文爱等，亦必驭之以法，使不敢妄生枝节乃可。
>
> 莫文明等不知已回至何处？且以别事延之，令在于梧州听候，待四峒有头绪，方遣若钦依先行去。此经略四峒之最要切，已备达此意于翁参政矣。

莫登庸被迫写了一封信低头认罪，语气也比较谦恭，恳求得到天朝的谅解。从莫登庸的言词语气中可以看出确实带有七八分诚意：

莫登庸报书曰："登庸前臣事先国王黎氏，适遭国屯，仓促之际，未及上禀。苟从夷俗，暂管国事。又付其子，专制之罪，所不能辞。累具表首罪，未闻命下。登庸父子夙夜惕惧，靡敢宁处。至嘉靖十九年正月二十五日，登庸子方瀛不幸病故，国人狃于旧俗，请以方瀛长子福海代领其众。登庸虑前日所处，既不能以义裁，度负罪深重。今日再徇国人所请，巩益重其过。登庸与长孙福海惟执共以俟朝命。本年七月初四日，幸蒙贵府来文，仰本国长庆谅山府卫官转行本国。内言登庸顷者上表乞降，是否中心实情，有无别项诈伪等因。登庸庄诵再三，不胜省惧。窃虑登庸省过悔罪，真情实意已具在前降表，一无所隐。先差阮文泰、阮拔萃等赴两广贵递，继差范正毅、许三省、阮倩等由云南转达。累经年久，犹委侍罪军门，并住坐境上，听命于朝。所望亮其恳诚，宥其过咎，庶得以自新。若土地人民皆天朝所有，前已悉开实数，图献上听处分。惟日夜仰冀天恩，若百谷之仰膏雨，岂别有他说哉！其黎氏绝无子孙，已具在前奏本。苟未之信，请访本国耆老人民，以验其实。如果见在某人，则登庸甘受欺罔之罪。岂以一人手而掩一国之耳目哉！岂以至诚孚豚鱼忠信贯金石如明公而敢以或欺哉！若本国前后往复文书，常用大头目印信。今承令取具该府卫印信，登庸以从命为敬，已照依来文内遵行。书到，烦为转达天朝两广布按都等衙门，庶登庸真实情由得以暴白。幸甚！

莫福海于嘉靖十九年八月初三日赴镇南关领大明皇帝所赐敕印。十一日，安南派出入朝使者，从苍梧出发北上，所呈文书用词"极其恭顺"，因为已经经过大明朝两位官员□玉池和冯次江的修改刊正了。

对于莫登庸的一再求降，毛伯温终于答应了。

为准备莫登庸的投降仪式，翁万达让广西太平府太守江一桂"筑受降城，建昭德台于镇南关"（见《广西通志》卷六十七名宦明江一桂）。

十月二十八日，经毛伯温批准，莫登庸命部下陈某到念涯等营负责接洽投降事宜。双方确定在十一月，莫登庸亲到镇南关投降。

十一月初三日，莫登庸率侄子文明及部目四十二人入镇南关，囚首徒跣，匍匐叩头坛上，进降表。张岳参加了受降的全过程，并亲自解下莫登庸的印绶，接受了他的降书。毛伯温宣读诏书赦免了莫登庸，令其戴罪回国，"恭听处置"。莫登庸又到军门张经处匍匐再拜，献上土地军民籍，请求大明为正朔，永为藩臣。毛伯温等宣示了大明皇帝的威德，令他们归国听命。莫登庸叩头谢罪。

随后，毛伯温派遣指挥王良辅送莫文明赴京，奏曰："安南自汉晋虽称内附，然夷俗瘴乡，终不宜中国。大率数岁一乱，又必数岁而后定。昔张辅以十余年劳费，创置郡县，叛者相继，卒归于夷。此明验也。参酌前世利害，莫若外而不内，如以登庸负罪，未宜受爵，其孙福海似可原有，别与以都统总管，如汉唐故事。所谓以夷治夷者也。至黎宁，虽称黎氏裔，或又以为阮涂子，或以为郑氏诈，俱难凭信。念修贡已久，若遗裔尚存，查勘得实，仍令于漆马江居住，量给土田，不致失所。惟圣明裁察。"登庸亦上表谢罪，从之。乃降安南国为安南都统使司，以莫登庸为安南国都统使，改所置十三路俱为宣慰司，饬守臣勘访黎氏后，乃授黎宁以清华府使，承宗祀。

《钦定四库全书·广西通志》卷九十六诸蛮·安南附纪：

> 廉州知府张岳亦言安南情形可以计降，未可遽以兵力取也。疏入，皆不报。经问岳曰："空言罢兵，无以塞明诏，奈何？"岳曰："必令登庸纳地、贬号、匍匐诣阙，听上处分。"经曰："如此能令登庸听乎？"岳曰："是可传檄而致也。"于是经以兵事属岳。仇鸾、毛伯温既至，岳持前议。而参政翁万达诸所策，皆如岳言。伯温善之。
>
> 九月，仇鸾、伯温帅师抵南宁，将入关。登庸大惧，请以十一月诣镇南关降。万达等乃于关内筑昭德台，置黄幄，开幕府。登庸率其从子文明及臣耆士庶，候关外。乃开关，登庸裸衣、跣足、系组，持降书，北向跪。岳为解组，受其书。乃顿首谢。姑令戴罪还，恭听处置。

"岳为解组，受其书"意即张岳亲自动手解除了代表莫登庸安南国王身份的印绶标志，接受莫登庸呈报上来的降书。这种安排和礼遇充分说明了张岳在最终和平处理安南事件中所发挥的巨大作用，也充分表明毛伯温和张经对张岳才华能力的赏识和器重，同时也表明在受降仪式上，安南已经没有讨价还价的本钱，只有屈尊忍受，在规格上无法要求大明朝给予相应的待遇。

188　　　　　　　　　　　　　　　　　　　　　　　净峰风骨：明代名臣张岳传

二、诗兴大发

事后，张岳兴奋地写下六首诗以纪念。

经宿受降城

老夫越吏姓名通，衔璧牵羊事不同。圣代神灵跨往昔，南天万水尽朝东。
荒山故垒笼寒月，征马孤嘶自晚风。读罢穹碑一怅望，螭头飞动欲腾空。

又

沉沉高阁午阴清，况有岧嶤苍翠迎。金鼓往年分闸地，关山千古受降城。
龙蛇蛰伏天机静，烟雨冥濛春草生。倦倚乌皮成独寐，不堪幽梦缅纵横。

登镇南关昭德台

炎荒突兀见春台，皇德昭回气象开。五色光华瞻北斗，一天雷雨动南垓。
乘槎拟借抟风力，破浪还看曝日颙。安得坡仙扛鼎笔，表忠高揆静氛埃。

又

振衣千仞瞰飞鸢，望极江山思渺然。百粤风烟画一幅，清时日月镜双悬。
天开正朔尊王会，地接金鳌立极年。横海昔贤堪勒柱，高台我辈亦楼船。

镇南关位置险要，在中越边境之两山对峙险坳处，离凭祥市18公里，距越南谅山16公里，扼中越交通之咽喉。镇南关初建于明洪武年间，关上设昭德台，有"天下第二关"之称，也是我国九大名关之一，历代为中国南疆边防要隘、战略要地。1885年，清军名将冯子材率军在此痛击法国侵略者，取得举世闻名的镇南关大捷。

《观莫福海像书事》二首

其一

若翁文理领南中，朱鸟回光照胆红。世事水流余故步，名驹汗血更追风。
已凭禹鼎销魑魅，好向龙编树椅桐。瞻代只今多霈泽，百年忠孝莫匆匆。

其二

上将分符万兵百，文才草檄字三千。试看洗剑沧溟水，何似含恩雨露天。

牙纛嵯峨唐节使，缨蕤飘袅汉貂蝉。南中自有衣裳地，剩读周书旅贡篇。

为庆贺这次大捷，明文学家、嘉靖五年进士、曾任福建提学副使、官至广西布政司右参议的浙江钱塘人田汝成特此撰写了《征南碑》：

> 粤有交州，叢尔瀛介，三代之隆，摈于荒外。嬴秦远略，乃辟其疆。声教渐被，历汉而唐。五季纷纶，土酋窃据，涉宋而骄，益烦边虑。大明受祚，陈氏奉宝。皇祖嘉之，俾仍旧封。季牰贼逆，毒蔓雕题。文皇征之，掊戮鲸鲵。索胤于陈，绝不可得。乃建省垣，约以绳墨。黎利再叛，诈拥陈后。宣庙慈弘，包荒弗扣。锡爵给印，树为藩邦。三叶而堕，遂覆厥宗。莫氏承之，诸裔麕怀。不请而禅，于义则乖。皇帝赫怒，涣号征师。如雷如电，海岳离披。纬武经文，维两司马。矫矫元侯，从天而下。司马有令，既严既明。翊用翁君，廉信以匡。铺敦义勇，鹰抟虎奔。朱鬐日丽，玄甲云屯。籍令戡之，倏如畦耰。载鞠载诣，蓄武不究。交人闻之，喙喙啴啴。倾巢举落，俯诉仰干。蓬跣系组，蛾伏而进。顺效牵羊，请同舁榇。匪寇匪篡，庶几有辞。皇帝怜之，遂以德来。乃削其爵，而畀世官。比于内吏，辑我龙编。交人欢呼，曰父母且。完我妻子，筑我室庐。烨烨天威，盱睽而在。濊濊天恩，含哺以戴。如春之育，如海之容。训尔孙子，惟王之共。虞格苗民，淹于七旬。交人来款，曾不浃辰。商伐鬼方，三年而服。宰割交州，曾不遗镞。我纪其事，勒之贞珉。伏波铜柱，又何足云？

此时高兴的还有夏言。安南问题的和平解决，也了却了他一块心病，否则，这个始作俑者不知该如何收场是好。《广西通志》卷一百二十四艺文七言排律载有夏言《答毛东塘》：

> 瘴雨蛮烟万里开，海邦民物睹春台。
>
> 不须更立分茅柱，重译今看入贡来。

而四峒的交接到六月下旬才完成。因为时间已久，原来四峒的地界也发生变

净峰风骨：明代名臣张岳传

化，中间村落迁徙，名号不尽同于昔日，大概而已。张岳还忧心忡忡地对万达翁提到朝中首相落职勒归之事，忧国忧民之情见于言表。

四峒最终归还的只有一半，却是不尽如人意。俞大猷《议处安南四峒》载：

> 查得钦州志书，博是、鉴山、贴浪、斯凛、如昔、古森、时休七峒，峒长七人皆黄姓，其始祖黄万定从马伏波征交趾有功，留守此峒。其子有七，分为七峒长官司。唐宋元以来，虽屡夺其职，而旋皆复之，故向无地方之患。
>
> 至我朝夺之而不复，是以宣德之变，博是、鉴山、斯凛、古森四峒，遂不为吾有。及嘉靖十九年取回，只及前失之半。

北方的边虏深入太原一带，游骑甚至入侵至潞州，造成中原震动。元朝被明朝取代后，其残部史称北元，仍然对大明朝时常骚扰，造成威胁。朝中又面临着复杂的局面。"首相落职勒归"指的是嘉靖帝在严嵩的挑拨下于二十一年（1542）七月下旨将夏言免职，遣归老家。夏言被除，严嵩去掉了一块心病，也搬掉了仕途上的拦路石，他一手接替了夏言所有的职务，进入了内阁，并夺得了内阁头一把交椅——内阁首辅。从此，严嵩便肆无忌惮、为所欲为起来。为了进一步巩固自己的势力，对上他还是诌媚逢迎；对下则大权独揽，独断专行，并加紧网罗党徒、栽植亲信，在朝中的重要部门中安插了大批的党羽爪牙，从而控制了朝中大权。很快地，严嵩的权势便达到了炙手可热的程度。

过了两年多，世宗重新起用了夏言，严嵩又退居第二，他又巧设毒计，将夏言再次赶回家乡，但他还不放心，直到把夏言置于死地。夏言不幸开创了身为首相而被斩的可悲先例。

在四峒交接或移交后，张岳亲自到他日夜操心的大明故土视察，并作诗一首，呈送翁万达参政：

过四峒安都营，饮戍亭中，成二十韵，呈翁东崖大参
忆昔合浦守，忧虞四峒侵。遣兵常选锐，檄誓重兼金。
自拟风雷并，终然杀气寻。以兹内愤郁，只恐久陆沉。

设险仗尊俎，连云控紫岑。门开千嶂合，背堑一江深。

绳乱费羁佩，鱼游悲釜鬵。共销渤海剑，更湿黄陵襟。

畲火催春鼓，夷歌杂暮砧。巾袍辞俚制，言语效华音。

社鬼儿童舞，山花妇女簪。竞输公邑税，还识长官心。

生意动春水，危樯出远浔。檿枪星陨石，榆柳市成阴。

飞盖夏初热，行看日在参。清樽销旅恨，微雨洒疏林。

筑室古多议，苴桑力可任。岂惟防草露，亦惧竭锤针。

戍将身皆胆，使君旱作霖。恩波扬海北，宁复数蹄涔。

毕竟离开大明版图已经多年了，长期受到安南民俗的影响。所以在张岳诗中，这是化外一幅具有浓郁少数民族特色的景象，能歌善舞："畲火催春鼓，夷歌杂暮砧。巾袍辞俚裂，言语效华音。社鬼儿童舞，山花妇女簪。"儿童们在扮演社鬼戏，妇女们以山花插在头簪上，还有夷歌伴随着暮色中的捣砧声。远方的畲火在春天的鼓声中仿佛也有灵性似的在起舞。此情此景，在张岳眼里应该也是难得一见的雅致和欣慰，足以化解他心中的愤郁吧？想想1979年的对越自卫反击战，我们就能体会到张岳当年为维护国家领土完整所作的贡献有多大。

张岳、翁万达这对毛伯温与张经的左膀右臂还曾与冯次江、郑长溪同赴广西凭祥。见张岳《东崖长溪次江赴凭祥途中遇雨赋赠》：

其一
行时霁柳拂前驱，别后雷殷水满湖。俄顷阴晴迎伏暑，凌兢车马戒泥涂。
岸沙带浪东西落，田鹤逢人向背呼。愁绝同袍关塞客，南山欲与剪扶须。

其二
五月阴精长绿蒲，冥风怪雨亦相须。农人私记丰年兆，仆驭偏忧九折途。
远势惊翻银汉水，怒涛疑拔老龙须。严程傍险兼奇观，沾湿何妨赤杖扶。

能文善武的翁万达也作了《净峰、可斋途中遇雨，分韵得过字戏答》以和：

忆昔睃明水，扬镳鸟道过。千峰飞霹雳，万顷竞滂沱。

岂谓阳台雨？还沾长者蓑。山灵如有意，为吾泻天河。

而在此之前，翁万达在《廉州道次》诗中，还在为安南之事担忧发愁，见《思德堂诗集》卷一：

> 地僻风烟异，亭荒砂砾存。遥天低万树，落日带孤村。
> 目极海鸥没，愁缘戍草繁。交人今未靖，迟我白纶巾。

在这段时间里，当林希元还在为未能早日兴兵安南而大伤脑筋时，张岳却是诗兴大发，才思横溢，笔如泉涌，充分体现了他的忠君爱国、爱民护民思想。

《太平学舍》八首

其一

> 吾道江河水，文章奎壁精。寒光无楚越，清润足瓶罂。
> 绝徼兵戈少，青衿弦诵鸣。新秋占气候，应产紫芝荣。

其二

> 空城抱静碧，太宇逼青葱。谁谓经无用，人知圣可同。
> 三千压戎马，万丈吐霓虹。所志谅能远，殷勤戒蠹虫。

其三

> 陈良称楚璧，姜相擅南金。文物动千古，风流越在今。
> 洞犀箭砺镞，习羽鹘低林。莫遣流光迈，负君头上簪。

其四

> 声教千年运，春秋一亩宫。明禋荐绿藻，遗响拂丝桐。
> 地远人多朴，中孚物自融。乘桴非有讬，兹意郁冲冲。

其五

> 文豹能藏雾，翠毛亦自珍。如何寒潭水，翻翳后车尘。
> 经纬精微在，步趋礼法陈。前贤心最苦，直指竟非真。

其六

> 迂阔元吾道，盱睢是吏师。谁能朱墨暇，更理鸢鱼辞。
> 春雨满芸阁，天声散岛夷。岂无分竹者，感叹良在兹。

其七

> 春秋讥猾夏，秦汉事边功。攘斥非无术，微言自不同。

圣心埋反袂，霸气漫阶蛛。振策首遄轨，多岐幸勿讧。
其八
往岁谬文柄，抡材上泽宫。迂疏成泛爱，弃逐任飘蓬。
舟楫一身远，关河万里通。重来多旧意，朗咏舞雩风。

太平即古太平府，今广西崇左县。

发邕州往镇南关

隔年梅雨记重游，风景依稀潦瘴收。老去筋骸惭枥马，谁将华发博蜗牛？
孤光冉冉泷头月，双橹迢迢天际舟。夜数星辰翻百念，非关乡国起离忧。

太平东岸尖峰似故山作

何处飞来玉笋峰，似曾排闼为吾容。隔江翠色迎孤棹，故国白云知几重？
树老时鸣枫叶雨，山空远递夕阳钟。十年回首凋玄鬓，欲蹑征鸿恨莫从。

况村即事用前韵

江湍夜响雨声中，锦缆沙痕涨几重。鸟雀深枝初日丽，关河旧恨白云封。
渔舠远泛还迷浦，猎火暮归似举烽。昨偶村边试病足，儿童惊讶履声跫。

过念涯营

虎落周遭拥晓云，当年万马谁空群。共传羌虏湟中策，不数楼船海上军。
夜柝声严鱼丽阵，黄幡影动骊虞纹。一从夷叟投关后，芳草依然映夕曛。
又
风云蛇鸟指挥新，牍剑牛刀语入神。杀气成虹翻作雨，溪姿含雾远迷津。
地荒少值桑麻长，路滑还忧风雨频。满眼黄蒿半狐兔，济时真负百年身。

念涯营系翁万达驻军之处。

游白石洞

梦里似曾踏翠寒，万山洞壑石林攒。宁知夏冷冬温地，只在藤梢棘刺间。

阴火琼膏烹日月，长空箫管待虬鸾。道人不是避秦客，慢忆桃花回首看。

又

诸天洞府日华倾，此洞阴风地底鸣。泉落鲛珠含内景，石飞仙佩散玄精。

暂游不觉心源静，欲去那禁毛骨清。胜会山灵应记取，后期未许结三生。

这首诗后来被收入何乔远撰《皇明文征》卷十七·七言律诗一。

双龙白石洞在广东肇庆封开，简称双龙洞，传说该洞里面有两条栩栩如生的出水蛟龙而得名。

值得一提的还有张岳的好友游居敬，他也参与了这场闹得沸沸扬扬的军事外交大事。虽然他不在边境而在湖广，并曾任浙江按察司金事，但由于让他分管相关安南事宜应是征兵和军事后勤之类"从中调度，咸得机宜"，因而去了广东，与张岳奔波在即将发生的战争前线。

张岳在这段诗歌创作的高峰期，与游可斋有关的内容最多，说明两人交情之深。从游居敬"戊戌（1538），出为浙江按察金事"的介绍中可知两人的交情是从浙江开始的。而此前，游居敬做了件惊天动地的大事。明代曾四毁书院：第一次是嘉靖十六年（1537）御史游居敬上疏，指斥湛若水"倡其邪学，广收无赖，私创书院"。第二次是嘉靖十七年（1538）吏部尚书许赞以"官学不修，别起书院，耗财扰民"为借口，"申毁天下书院"；第三次是万历七年（1579）张居正为了整顿吏治、整顿教育，遂以书院多无实学，且"科敛民财"为理由，封闭全国书院；第四次就是天启五年（1625）魏忠贤"拆毁天下书院，首及东林"。

湛若水是仅次于王阳明的心学大师。其时"天下言学者，不归王守仁，则归湛若水"。而王阳明已经于嘉靖七月十一日去世。所以，游居敬此举是对心学的一次近于毁灭性的打击，也是程朱理学派对决阳明心学派所取得的一次重大胜利。因此，张岳对游居敬特别敬重，一路陪他视察。

在《小山类稿》卷二十诗中，共有八首诗与游居敬有关，占了全部45首诗歌中的六分之一强。这八首分别是：

和游可斋凭祥途中即事

昨晚犹孤棹，今朝独木桥。千峰旌旆远，万里鬓容消。

归鸟入云定，残花过雨飘。交南消息近，客意一疏萧。

和可斋饮驻仙亭

亭荫清翠筱，树影摇青枫。偶此殊方会，翛然满槛风。

棋敲静夜子，月挂下弦弓。不为流连饮，天涯任转蓬。

和可斋泊舟左江有怀韵

雉堞峇峇俯碧浔，天涯此路接鸡林。地非中土衣冠并，气压南荒岁月深。

尊俎空怜麾羽扇，溪山何处觅樵音。倪谐插翮飞蓬岛，愿学烧丹变紫金。

和可斋太平宴会奉酬广西诸公韵

城外青山画戟同，长廊丝管度南风。使君高谊双白璧，旅客扁舟一远鸿。

且共琴尊宽夙昔，还开匣剑看雌雄。江边沙际孤烟起，列炬分携暝色中。

和可斋泊况村雨霁二首

其一

扁舟夜雨瘴溪中，晓起看山翠色重。万感忽来惟宴坐，远书欲寄漫题封。

似闻瀚海秋飞箭，稍喜炎天近息烽。却怪南华忘物者，等闲空谷喜闻跫。

其二

雨歇郊墟斜日昏，居人犹自散鸡豚。槎当岸缺深留缆，燕逐花飞故远村。

水土周防翻药笈，江湖剧念傍征轩。拟为暂驻成淹久，倦听风波款曲言。

和可斋过安都营韵

海上春风细柳营，江云静抱一川平。菰蒲晚泛磨刀水，烟井初开殊俗氓。

此集衣冠成故事，他年尊俎记长城。浊醪共醉芳菲暮，画角声沉月始生。

和可斋宿凭祥州

劳歌永夕最堪怜，望月东峰缺复圆。紫盖银鞍千里道，水春雨汲百家尘。

群山湿雾丹青滴，万木浓阴华叶骈。且共风花散烦郁，驰驱未敢恨流年。

　　左江在今广西崇左县，况村在广西思明州附近，凭祥州即今广西凭祥市。从内容上看，这八首诗全部是张岳在广西时平定安南期间所作。虽然诗作基本上是借景抒情的，但其中的烽火硝烟味道还是不时渗出。特别是最后两句"且共风花散烦郁，驰驱未敢恨流年"，应可推测张岳也有诸多不顺而使人烦郁之事，只是由于军务在身，只有舍弃小我全力应对国事而已。《重纂福建通志》卷之二百明列传游居敬传中记："嘉靖二十年，游居敬迁广东按察司副使。督臣（指张经）方有事交趾，闻居敬来，甚喜，引与共筹。莫登庸卒款关输罪，居敬有力焉。二十五年转湖广参政，逾年擢浙江按察使，就迁右布政使"，后擢右副都御史，巡抚云南。由此推断是游居敬来广东任职期间找过张岳。张岳陪同他参观了上述几个地方。

在游居敬母亲六十大寿时，张岳还特地为这个老朋友写了一篇祝文，颂扬游母的知书达理，秀外慧中，详见《小山类稿》卷十三·序三。

"当嵩柄国，迁官不无往谢者。居敬独不谢。"（见《重纂福建通志》卷之二百明列传）因为游居敬与张岳过从甚密，且以张岳为榜样不按照惯例和行情向严嵩父子行贿，在云南因与镇守云南沐朝宪冲突被严嵩党徒巡按御史王大佐弹劾，因而遭到严嵩的迫害，"遂被逮，坐擅调发，谪广东碙石卫"。此为后话。

除了游居敬之外，要数翁溥与张岳的交情最深，有关翁溥的诗也有六首。

> 凤爱山水游，兹山屡延赏。披云入青冥，岩屋岈宏敞。
> 玲珑开北户，峭壁排银榜。初骇溜石悬，渐喜琼芽长。
> 幽泉时一滴，毛骨森萧爽。壶觞屡献酬，清言激微响。
> 天末多风波，陈迹成俯仰。徒闻海上洲，中宵勤梦想。
> 聊兹永日留，真性非外奖。暝色望征途，何由释尘鞅。

这是张岳写的《同翁梦山游三海岩》的一首诗。据清同治三年《广东通志》卷一一〇山川略十一载："三海岩，在灵山县西一里为石六峰，其西一里为三海岩。"

三海岩乃"粤西胜景"。三海岩前后贯通，南北深60米，高30多米，东西宽45米，分为三：东为月岩，中为龟岩，西为钱岩，取沧海三变之意，故名"三海岩"。

张岳这首诗至今还镌刻在洞口右上方，落款"嘉靖壬寅秋七月惠安张岳书"。崖刻宽95厘米，高65厘米，行书共11行。书法笔力昂扬，收放自如，布局严谨。刻工斧凿有度，锉顿转寰自然。摩崖渺石因地制宜，载体、诗篇、刀功相辅相成，天合之作，恰到好处。

梦山是翁溥的号。翁溥字德宏，浙江诸暨人，嘉靖八年（1529）进士，官至南京刑部尚书，嘉靖二十一年（1542）三月就与张岳到过广西，其游灵山三海岩诗云：

> 灵岩目空洞，奇探回且深。五月微风生，飘飘凉气侵。
> 石床忧间静，独坐弹鸣琴。徘徊理中曲，惜哉无知音。
> 日暮登高冈，远望浮云阴。欲因南风发，送此万里心。

三海岩崖刻有：

> 嘉靖壬寅春三月初五日，余与净峰张子、凤山刘子来游，探奇搜冥，飞觞永日，有兰亭之适焉。余谓张子宜记之，俾余勒石。张名岳，惠安人，参知藩政；刘名经，桂林人，参戎事；余则按察佥事，皆以行部至也。诸暨翁溥书。

同年七月，他还游览了灵山六峰山，赋诗云：

> 空山行迹少，风磴入云深。策杖临丹壑，开樽向碧岑。
> 午阴轻绝噭，秋色远平林。取醉凭知己，聊将万里心。

张岳还与梦山一起游了灵山县的六峰观、北松岭，钦州城，还有文笔山。

同翁梦山游六峰观

> 秋日登高兴，天涯野望开。群山连瘴海，一水隔蓬莱。
> 磴曲迷深树，岩空响薄雷。羁心应不尽，何处更孤台？

六峰观位于钦州市灵山县境内六峰山风景区，六峰山拔地横空，山石嶙峋，老树盘根，古刹幽深，东西北三面悬崖峭壁，自古只有南麓"灵岩初地"一条石径。有龙船岩、狮子岩、北帝庙、仙人井等溶洞景观、人文遗迹近百处，素有

“粤西胜景”“人寰胜地”的雅号。张岳此诗亦镌刻保存至今。

登灵山县北松岭，同梦山有作

越宿期登山，晨雨聊复止。薄暮雨气收，驾言披榛杞。
跻攀陟云端，旷然烦抱委。长松何翛翛，枝柯互相倚。
密叶布成幄，余响散清徵。通川明井落，平畴水汵汵。
禾黍岂不佳？水多惧生耳。平生畎亩心，十载隔泥滓。
一丘未能谋，万壑安敢拟？翘首望白云，瞬息千里驶。
乘兴理巾车，雨霁宁由己？

与梦山登文笔山

兹山若培塿，名迹擅遐荒。中天挺孤秀，佳气接溟茫。
昔人亦奇尚，时节集朋觞。岂无贤达会？岁往事多忘。
我来属仲夏，南陆吐朱光。暑雨喜初霁，轻飔吹我裳。
良友期纫茝，金玉发佳章。为欢既不浅，履险固其常。
缅思岘首客，陵谷意何长！

文笔山整片山地保持了良好的自然环境，山上有文笔塔酷似毛笔状，塔身刻有“妙笔生花”字样。

清高见南的《相宅经纂》中说：

> 凡都、省、府、县、乡、村，文人不利，不发科甲者，可于甲、巽、丙、丁四字方位上择其吉地，立一文笔尖峰，只要高过别山，即发科甲。或于山上立文笔，或于平地建高塔，皆为文笔峰。

过去，灵山县人一直认为灵山的文笔峰是清乾隆年间才有的。据《廉州府志》记载，文笔峰是清乾隆三十五年（1770）由县人劳基所倡议并亲自监督建成的。建成之后，“人文蔚起，仕林德之”。从张岳诗歌中才知道，原来灵山的文笔峰早在明代就有。这一下子，就把灵山县文笔峰的历史提前了250年以上。

岘首位于湖北襄阳城南2.5公里处岘首山上。襄阳城西南诸山统称岘山，岘首山地处东南端，是古襄阳的重要标志，亦是襄樊最早的公共游乐场所之一。晋始，山上已建有供人游乐的亭阁。山上原建有六角七层高 27 米的楼阁，名"岘首亭"。历代吟咏岘首的诗词不少，最著名的当数唐代大诗人孟浩然的《与诸子登岘山》：

> 人事有代谢，往来成古今。江山留胜迹，我辈复登临。
>
> 水落鱼梁浅，天寒梦泽深。羊公碑尚在，读罢泪沾襟。

这是一首吊古伤今的诗。所谓吊古，是凭吊岘首山的羊公碑。据《晋书·羊祜传》，羊祜镇荆襄时，常到此山置酒言咏。有一次，他对同游者喟然叹曰："自有宇宙，便有此山，由来贤达胜士，登此远望如我与卿者多矣，皆湮灭无闻，使人悲伤！"羊祜生前有政绩，死后，襄阳百姓于岘山建碑立庙，"岁时飨祭焉。望其碑者，莫不流涕"。作者登上岘首山，见到羊公碑，自然会想到羊祜。由吊古而伤今，不由感叹起自己的身世来。

张岳诗中所指岘首客，当指羊祜。三国鼎立时，羊祜与张岳的远祖晋司空张华两人极力向晋武帝主张攻打孙吴，统一了中国。张岳在收复被安南侵占多年的四峒之后与翁溥一起游灵山县文笔山，想起自己先祖当年的丰功伟绩，勾起了自己精忠报国、建功立业的雄心壮志，情在理中。

与梦山登钦州东城楼

> 登高易为感，况兹万里心。高城余百雉，翠色前山深。
>
> 诘屈水通海，苍茫日载阴。美人隔宵旦，末由揽芳襟。
>
> 举手招青鸟，愿托瑶华音。青鸟不我顾，瑶华日以沈。
>
> 耿耿还自念，有酒且共斟。

除此之外，"夙爱山水游"的张岳还与梦山一起游览了钦州的东城楼和钦州八景之一的鸿飞亭，详见《小山类稿》卷二十诗《鸿飞亭，同梦山作》：

> 置酒鸿飞亭，请唱飞鸿歌。鸿飞潇湘远，穷海将奈何？
>
> 天山冰雪盛，赤水扬洪波。紫貂与翡翠，毛羽岂其多？

朝为山海媚，日暮伤虞罗。迷方非达节，炫采亦怨和。

所以至人志，万事秋鸿过。冰坚先夕惕，龙亢谨南讹。

岂无寒与暑，中正谅匪佗。江亭水分渚，夏云郁嵯峨。

酒行君尽醉，莫惜朱颜酡。试看冥冥表，宁复顾鸧鹅？

钦州八景是灵潭沛雨、元岳凌云、鸿亭点翠、三石吐奇、一江横带、文峰卓笔、龙烃还珠、玉井流香。其中鸿亭点翠址在鸿飞洲，曾名飞鱼洲。原济生桥下分二水：一水向西转南经东城脚下流出（今胜利路是旧河床）与钦江相汇；一水南出与醴水合流。二水把整个沙尾街围成一洲，这就是鸿飞洲。时钦州知州林希元，因感苏轼"鸿飞那复计东西"之句，而改东岳庙为亭，取名为"鸿飞亭"。亭畔芳草萋萋，古林森森，堆绿拥翠，因名"鸿亭点翠"。

张岳的《同翁梦山游三海岩》是入选《御选明诗》卷二十五五言古诗十的三首诗之一，另一首是古风《留客亭》，排在前，另载于《明诗综》卷四十一：

凭轩有所思，所思在远岑。我有青丝瑟，欲奏无知音。

萋萋芳草色，迟迟美人心。佳期不可敦，离忧故难任。

秋江浮芙蓉，春渚振璆琳。冥迷天欲雨，叹息河梁深。

归来卧山中，浪浪涕沾襟。竹窗列月曙，杉径黑云沉。

愿乘空谷驹，翩翩夕岩阴。桂枝聊攀折，杖屦日相寻。

山阿华岁晏，莫受异物侵。

留客亭不明何处，无法弄清此诗的写作背景。然诗中却流露出遭受打击而郁郁不得志的心声，恐非同时所作。

张岳与翁溥的交情还可以从《小山类稿》卷十四记《信芳亭记》中获知。原来，西湖是雷州胜景，可是之前几乎所有达官贵人游雷州，都不知道有这个地方。嘉靖己亥（1539），雷孟谪雷州同知，始在湖心小岛，累土增高，作亭以临湖。亭成未名，而雷孟调走。三年后即壬寅春，金宪翁溥巡历至雷州，游斯亭而爱之，重新修而焕然一新。时张岳与参戎刘经恰巧有事至此。雷孟利用空闲时间宴请二人于亭上。雷孟酒酣，有感而发，请张岳命名。张岳遂取《离骚》所谓"余情信芳"者以名斯亭。从这次经历中可知张岳的酒量可能也不小。对于张岳来说，一生中难得有此雅兴。

康熙二十六年《海康县志》下卷文艺作《明参政张岳湖心亭记》。上卷《亭馆》载：

> 湖心亭，在西湖中，嘉靖十八年同知雷孟建。先名"与众"，后分守大参张岳改名"信芳亭"。巡宪金翁溥大书"信芳亭"于其上。张岳为之记。林云同、翁溥、徐九皋俱有诗。

张岳是明中期有名的文学家和诗人之一。他有几首代表作《送人之昆山司训》《同翁梦山游三海岩》《留客亭》均入选康熙帝《御选明诗》卷二十五五言古诗十。《同翁梦山游三海岩》又入选《四朝诗》之《明诗》卷二十五五言古诗十、《明诗综》卷四十一，并入选清朱彝尊的《明诗综》。《留客亭》也入选《四朝诗》之《明诗》卷二十五五言古诗十、《明诗综》卷四十一。

明崇祯进士、兵部郎中邑人张正声著《惠风集》卷之四《五言古风》点评《送人之昆山司训》："无应酬气，字字堪入古风"；点评《留客亭》乃"青青河畔之流也"。

《惠风集》卷首人物简介：

> ……岳读书累万卷，过目不忘，虽在军中，卷不去手。所著有《小山类稿》《三礼经传》《圣学正传》《载道集》《名儒文类》《恭敬大训》《宋名辅事业》《历代兵鉴》《古文典要》《文稿选》，皆行于时。杨文懿评刘青田曰："子房不见词章，玄龄仅辨符檄。公勋业造邦，文章传世，可谓千古人豪。"予于襄惠公亦云然。八闽人物志，亦以公为第一。

三、宣力为最

安南平定后，毛伯温论功加太子太保，征夷副将军柳珣封太子太傅，总算功德圆满。《明史》毛伯温本传评价："安南之役，（翁）万达、（张）岳策为多"，肯定毛伯温采纳了翁万达和张岳的计策所发挥的历史作用。

但是安南战争结束后，朝廷对张岳似乎并没有论功行赏。嘉靖十九年十二月，吏科给事中周采启奏建议从公访举政绩显著者赐宴及服。嘉靖帝认可。于是刑科给事中陈邦修提议，应当旌赏的有广东参政张岳和广西参政翁万达等五人。但是嘉靖帝却如此批复："考察朝廷重典，部院大臣自有公认。邦修敢先事妄举，显是阿私，切责而宥之！"就这样，张岳起先没有得到奖赏。但是，不赏是不可能的。因为张岳的贡献太大了，所以众论"此役岳宣力为最"。其后朝廷专门派遣钦差中书舍人李傅来宣布升俸一级，赏银二十两、纻丝二表里。此前张岳已转任广东等处承宣布政使左参政。为此，张岳还上了一道《安南来降谢钦赏疏》，谦虚地表示"臣材非果毅，事因人成，宠赏所至，荣以为愧"，同时也表示了自己今后将"惟有益厉素节，愿竭微忠，苟职业之所存，匪险阻之敢避，庶以仰答恩光，冀成后效，不任拳拳感激之至！"的心情。

从中我们可以看出，对张岳的奖赏是微不足道的。但对张岳来说其意义却是非同小可的。毕竟，这是他被廷杖几死之后所得到的第一次奖赏，起码说明他的一片忠心及才华学识得到了朝野的认可，其对嘉靖帝的感激之情是可以理解的。这也激发了张岳忠君报国的抱负。

张经祠堂记载："张经等决定用招抚方法，一面以重兵压境，一面派使者张岳入安南晓谕利害，莫登庸终于谢罪撤兵"，不明何据，如此说来，则张岳当年曾亲自到安南劝说莫登庸投降，为和平解决安南事件立下大功。

苏浚编撰《粤西文献》卷十八《安南传》：

> 是时钦州知州林希元奏交人侵钦州如昔、贴浪二都，渐凛、金勒、古森、了葛四峒，宜问罪。而廉州守张岳独言用兵之害，宜留使者勿前。督府蔡经问岳曰："空言罢兵，亡以塞明诏。子能保无用兵降莫登庸乎？"岳曰："欲降之，必令纳地、令贬号，且令匍匐伏诣关，献国中图籍，听上处分。夫国体不可衰也。"督府曰："如此能令登庸听乎？"岳曰："只岳一檄之力足矣。"于是督府以兵事调度，一属之岳。而岳具有成画。司马毛伯温至，岳以所论列者告之，复手贼情地形册子授伯温，曰："公计用兵，则图进取方略无逾此者。然不若罢兵毋征，为完计也。顾公策安决耳。"连数日语，辄当伯温意。伯温密谓岳曰："交事属子矣。"先是登庸闻廷议兴师，遣人上表乞降。未几，方瀛死，以福海嗣之。登庸密遣使输情于岳。岳绝不与通。至是，求益恳。岳用前言于督府者要之。登庸初犹倨鳌。岳惧以祸，令蚤自为计。于是登庸

惟命。会岳迁浙江督学，寻转参政。登庸复首鼠两端。伯温经奏乞还岳广东。登庸密觇曰："廉州守安在？"岳至。登庸曰："张太守在，吾无恐矣。"伯温檄重兵驻节南宁。

而参政翁万达者，素负雄略，诸所策如张岳议。伯温益信之。

《广西通志》所载大同小异。

明邓元锡著《皇明书》记：

安南乱，绝朝贡，朝议将讨之。岳反复以天下大势、财用盈虚、兵将强弱，具言其不可状，疏上。不报，则治兵食、立营堡、计王师所从入水陆道里之画以待事。会迁去，而莫人叩关，言："往张廉州安在？"语闻，诏参政广东。诸经画所为受降之策，皆仰成，而安南平。

张岳为反对出兵而上疏皇帝，恳劝上司、同僚竟达18次之多！以一人之见而推翻满朝文武之定论乃至旨意，一身担负起两国的安危，全然不顾自家性命，这是何等的才华、胆略与气魄，实乃世所罕见！一场狼烟在张岳的笔下化为云烟。不战而屈人之兵，可以说是整个明代打得最漂亮的一仗，岂逊于守仁？历史上唯一可以媲美的，只有李白叫杨国忠捧砚磨墨高力士脱靴的那一次！

唐朝宰相李德裕有首《鬼门关》：

岭外中分路转迷，桄榔树叶暗前溪。愁冲毒雾逢蛇草，畏落沙虫避燕泥。五月畲田收火米，三更津吏报潮鸡。不堪肠断思乡处，红槿花中越鸟啼。

这个鬼门关就在今广西北流、玉林之间，是古代进入鬼国的必经之关。其地有两山对峙，形同关隘，甚险恶，中间通道，为古代通往钦、廉、雷、琼及交趾的要冲。《旧唐书·地理志四》："（鬼门关）其南尤多瘴疬，去者罕得生还。谚曰：'鬼门关，十人九不还。'"

由于张岳的力争，两国多少万生灵得以远离这个近在眼前的鬼门关。

可惜屡欲置张岳于死地的奸相严嵩只是把张岳当作一名平定少数民族之叛的消防队长，而非用于抗倭，否则，民族英雄的桂冠将戴在张岳头上，与俞大猷争

净峰风骨：明代名臣张岳传

相辉映。

由于张岳在安南事件中所发挥的特殊作用引起朝廷特别是毛伯温和张经的重视，张岳从此以知兵善谋而给人留下深刻印象。廉州因而成为他人生和仕途的重要转折点。故徐阶言：

> 公始以文章、气节著名，及交南用兵，更推有将帅之略，虽蛮夷亦闻其威名。

嘉靖朝吏部同乡李恺指出：

> 公初仕，未有宦责，志欲著书，皋比北面其徒，倡正道于东南。迨入廉州，值安南之役，乃慨然以身当其责，故志为所掩，不以道学胜也。尽当论公四十岁以前，欲为程、朱之学以盖生平，四十岁以后，累膺闻寄，驰驱征伐，鞠躬尽瘁，竟以范（仲淹）、韩（琦）勋业终焉。（见《螺阳文献》卷七李恺撰少保襄惠张公传、晋江何乔远父何同著《清源文献》）

对于自己在廉州三年经历的想法，张岳在《与何石川给事》的信中曾有流露：

> 某以提学得罪，而复畀以学职，义当人文名邦，此当道误听之过。平生仕宦，如传舍糜定。惟廉州三载，粗以为得尽其心而无愧。然亦止可与知者道尔。世俗以远近为丑好，宁复晓此况味耶？

从这里可以获知，张岳对廉州之任确实是比较满意的。因为廉州这个平台为施展自己的才华学识和权谋提供了一个良好的历史机遇，使自己在一场大风大浪中脱颖而出得到了上峰的赏识，从此一帆风顺，不断升迁，为大明朝屡立奇功。值得一提的喜事是张岳在廉州又生了一个儿子，原名同，后改名寯，字仲士，因为生于廉州而号廉源，嘉靖末年以父荫入胄监，登嘉靖甲子科（1564）顺天贤书（古代举人别称贤书），推荫季弟宿，卒年三十二，以子贵赠南京文选司郎中；娶洪氏，南安进士洪庭桂女。

可惜张岳的《交事纪闻》一卷（见《明史》志第七十三艺文二）、《安南图经大略》均已失传，否则我们就将发现更多更详细的有关当年张岳处理安南问题的历史资料。

安南事件的和平解决使得林希元永远失去了在政界东山再起的机会。但是"祸兮，福之所倚"。福建却因此多了名杰出的理学家。

而林希元官至广东提学金事后，因为安南用兵事与督臣（应指张经）异议，"考察不谨"，即考核不过关，留用察看。明万历《泉州府志》记："会安南不贡，朝廷方议征讨，擢希元海北道兵备金事。而希元主必征之策，督臣与异议，竟罢归。"实际上起关键作用的竟是与他最早志同道合主张出兵而后不再固执己见的夏言。因他屡次上疏，对主抚派大加抨击，并力劝皇帝"勿为近臣所欺"，从而得罪大学士夏言等人。而当年首倡用兵的首辅夏言假借圣旨，趁机把他撤职贬回家。用林希元的话说自己是被"异议者构陷"，时为嘉靖二十年（1541）冬。因此，张岳还作《送林次崖致政还乡》诗二首赠别：

其一
疏灯夜榻隔秋连，一别沧江故怆然！语陷久疑无地僻，长材应使后人怜。
山留荒屋供多病，力剩加飧健昔年。怪我好奇欲问字，清尊信有子云缘。

其二
寒迎初雨昼阴连，草舍萧疏意惨然。世态备经方自怡，秋丹结尽竟谁怜！
可堪物节催双鬟，又见风花似去年。湖海生涯兴不浅，如君风骨故天缘！

而当年张岳离开廉州时，林希元也作了《灵山别张净峰太守》诗三首，表达了依依惜别之情，见《林次崖先生文集》卷十七诗：

其一
仲冬寒气至，海峤未知霜。之子将北归，言送灵之阳。
分歧在今晨，明朝各异方。行车安可遏？且复尽斯觞。

其二
与子共枝鸟，分飞各异栖。云何皆垂翅，共落天之涯？

宫徵不同调，音节或参差。无声苟不远，纤疵安足疑！

其三

南越多烟瘴，东吴盛文藻。君去秉衡鉴，朝夕肆论讨。

梦寐予未衰，命运同秋草。发生谅有期，安能挂怀抱。

从诗中内容分析，此诗应作于张岳离任廉州到浙江就职之时。林希元从自己的坎坷经历中感叹与本是"同枝鸟"的老同学张岳"皆垂翅"的命运遭遇，发出了因政见不同、"宫徵不同调，音节或参差"而造成"命运同秋草""共落天之涯"的无限感慨。诗中还隐约表露出当年张岳离开廉州时似乎还有一段隐情，那就是在安南事件中力主和平解决的张岳的提拔实际上可能是被有意调离的！其原因就是主战派占了上风，其目的无非就是为主战派扫除障碍，为出兵安南铺平道路！所以张岳走后，就不难理解林希元为何马上到处招兵买马了。虽然林希元与张岳两人在如何对待安南的态度立场上是截然不同的，但临别时两人依依不舍的私人感情却无可厚非，也不值得怀疑。而从地点来分析，灵山是张岳的所辖地，应当是林希元特地从钦州赶来为张岳送别的，张岳则设酒宴相款待。

同书卷十六中还有林希元的诗《至灵山有感》值得一读：

四载劬劳鬓尽斑，归身今已到灵山。追思往事翻成恨，独喜浮生得渐闲。

风雨连天迷去雁，梅花几朵破愁颜。前程此去天同远，三径未知几日还？

观诗中林希元的心情是相当复杂的：有悔，有恨，有怨，有喜，有愁，有忧，还有万般的无奈和渺茫的企盼，真可谓是百感交集啊！

不过，张岳去世之后，却未见林希元有一字半句的悼念文字，可见他的内心还是耿耿于怀的，或者说他是表里不一的。

对于张、林二人的争论与分歧，后人也有公论。明崇祯朝翰林、户部尚书、文渊阁学士晋江黄景昉著《国史唯疑》记：

张净峰岳、林次崖希元，同年相善，惟论安南事不合。张疏云："缙绅喜谈兵，类赵括、房管之流，空大言尔。"意明指林。林疏云："多有吏事号精绝，临敌束手无策者。"亦阴有所诋者。然林语稍过，实非张公本色。以林希元之才，倘获登用，杨一清、刘天和、谭纶未足多也。辽东兵变，奋发请讨，自属正论。即征安南疏，亦确有成谋真见，非浪言之者。莫登庸削爵系颈降，林功自不可没。吾闽人徒闻张襄惠"钦州非用武之地，尊相无封侯之骨"二语，执为定案，恐襄惠意政非尔。

同安蔡献臣在《林次崖先生文集》序言中如此评价：

> 幸而成则为襄惠，不幸而不成则为先生。所能者人，不能者夫。然先生学而大儒，入而名卿，出而良吏，殁而言立。即安南四峒之复、都统之授，人谓林知州六疏，贤于数十万之师。

林希元"凡事只论道理，不问利害"，有"俯视流俗、担当宇宙之气，而才识练达"，虽然因此仕途坎坷，但从不动摇。虽然林希元被撤职回乡，但安南问题处理完毕后，朝廷还是在嘉靖二十一年（1542）正月十五日，由礼部差福建按察司郑廷照送花银二十两，纻丝表里专程送达他家以奖其征安南之功。

就事论事，对林希元的处理似乎有点偏重，但也是咎由自取。《闽书》卷之九十一英旧志林希元传记："其欲恢复安南，张襄惠岳绝与相知，至以李恢、赵括疑之。而希元退居之后，犹上书世庙，以曩遭知遇，追讼无罪。"

浙江仁和人、清康熙九年（1670）进士、湖南安化县知县沈佳撰《明儒言行录》卷六记：

> 钦（州）接壤安南，地荒民寡，民俗杂夷，城廓官舍，半鞠墟莽。希元悉心经画，至忘食寝。会上有征安南之命，希元熟究其国中虚实、强弱、人情向背，慨然以兴复祖宗已弃疆土为己责，前后六上疏。而奉命大臣为国家图安靖，第受其纳款请罪，而希元说不行。然斯凛、古森、了葛、金勒四峒，地故属钦州，久为夷据，竟以希元故纳还。升广东按察佥事，分巡海北，兼管兵备珠池。海北，天涯地，军民疲困，珠盗横行。希元立条教，严法禁，甫及一年，疲困顿苏，珠盗屏迹，竟坐安南用兵事，以拾遗罢官。

净峰风骨：明代名臣张岳传

佳按：谈兵固儒者事。然圣人不得已而用之，虑出万全，慎之至也。次崖雅好事功，一知州六上疏，以此罢官，非不幸也。

由于张岳在征安南过程中所表现出来的大智大勇，朝廷认为张岳大有培养前途，于是嘉靖二十年辛丑（1541），在兵部尚书毛伯温和两广总督张经的举荐下，又任命张岳协助张经到海南征剿黎民暴动。

海南征黎

从洪武六年（1373）到崇祯十四年（1641）的 260 多年中，海南黎族人民的起义达 30 多次，规模较大的有 14 次。特别是弘治十四年（1501）儋州七坊（今白沙县七坊镇）符南蛇领导的黎族人民起义，声势最为浩大，起义军刻箭传约，三州十县闻风响应，起义队伍扩大到万余人。明王朝出动二万官军分五路进剿，起义军凭险奋战，歼灭官军三千余人，连陷儋州、昌化、感恩等州县。嘉靖十八至二十七年（1535—1544），大规模的黎民起义再次爆发，其中万州鹧鸪峒（今琼中辖陵水及保亭县境内）的黎族那红、那黄、陈那任等人领导的起义，崖县止强、石讼村与古镇州等地黎族那燕、符门钦等人为首的黎民起义，都被当时统治阶级称为震动一时的"大变"。

此前海南黎民暴动已经多年，因为要先处理安南之事而暂缓一边，使得黎民义军得以发展壮大。黎地阻深，义军依靠高山和洞穴，其地中间都是良田水草，琼、筦诸州县环绕其外，地理方便，时出造反，给朝廷的地方统治带来严重影响。如今安南事毕，朝廷腾出手来，便责令张经趁热打铁，围剿反叛黎族。

一、领兵中军

嘉靖二十年五月初四日，张岳奉命渡过琼州海峡到达海南。张经最早准备让张岳负责左哨，与右哨一起驻军陵水。后来因考虑到崖州离黎族义军较远，有三天的路程，调度为难，张岳故又暂移师牙力栅，主中军。

此前曾创建海南崇文书院的长官琼州兵备副使陈茂义已经离职而去，文卷堆积如山。此时的海南地方行政机构几近瘫痪，"此间事事姑息，而官吏贪残，略无警惮"。上下遇事互相扯皮观望,没有一件事能够及时落实。张岳为此花了四五日的时间来料理,如刷船、修路、追粮,才稍有次序。对于其中玩忽职守、情节严重、屡教不改者,张岳施以重手,依法严惩了几个反面典型,起到了杀一儆百的作用。"如感恩县知县、分守道坐赃明白,累提不动",到张岳到任后仍我行我素,不知收敛。后又有人告发,张岳第二天获知立即派人缉拿此等贪官污吏,整顿吏治,严肃纪律。他认为不如此"则事不办,而小仁者,乃所以为大仁之贼也"。张岳感叹:"据此一端,可见地方败坏,积习已非一日,可叹也!"在《与商少峰兵宪》的书信中,张岳也忧心忡忡:"但海南法弛吏玩,为日已久,鞭朴、枷杻、呵叱之政日施,殊损道心尔,奈何?"

一生清廉奉公的张岳对海南的现状是相当不满的,尤其对腐败的海南官场是深恶痛绝的。他清醒地认识到海南今天动乱局势的根源是地方行政官员的胡作非为所造成的,是官逼民反的恶果。所以对他们的处置毫不手软,体现了他为民申冤的一面。

商少峰兵宪即商大节(1489—1553),湖广安陆州(今钟祥)人,嘉靖二年进士。在《与商少峰兵宪》的书信中,张岳进一步分析了当时的作战形势,并作了积极的作战准备,视察了当地的"山川道路险易""小大地图道道册""数日所费力者粮饷并军前合用事宜"等,增拨给万州兵力一千多。

商大节此后因张岳为他请功而晋升受赏,最后被奸贼仇鸾诬陷至死。其墓志铭载:

> 嘉靖癸丑七月二十八日,左副都御史少峰商公卒于大司寇狱……
>
> 公讳大节,字孟坚,号少峰……十九年升广东佥事……
>
> 适海南黎叛,公奉檄公哨凌水,捣其巢峒,累级千余。张总督净峰上其功,领赏加俸,进山东督运参议,已又升河南巡河副使,已又升山东参政,历按察使,寻升都察院右佥都御史,巡抚保定,赞理军务兼提督紫荆等关,选将练兵,以戒不虞。

《湖广通志》卷五十五人物志记:

> 时仇鸾为大将军,尽统中外兵马,恶大节不受节制,欲困之。大节

愤然曰："不发其奸，而死于其手，为无名。"遂抗疏数其罪，忤旨下狱。及鸾败，上怜节忠义，将释之，遽卒于狱。隆庆初，复故官，赠兵部尚书，谥端愍。

张岳此时面临的是这样一种处境："（明军）兵气日沮，贼势日张。"这说明张岳处于一个敌强我弱、士气不振的劣势。他抱定的是一种信念："而以除残救民为心，此真我辈之事也。"

鉴于郎温"贼多而且很，屯结成巢。泗城、兰州之兵俱相观望，坚营自守，兵气日沮，贼势日张"，张岳在《与陈海洲宪副》信中透露，此时要突然"行招抚之策，恐所招者未能使之胆破心服，反以滋后患也"。驻守泗城的兵力历来推三阻四不肯向前。张岳考虑等参将董廷玉病好之后"拔营屯入郎温，督诸哨深入"，请陈茂义严差一官执旗牌"切责岑施，示以利害，别处稍缓，合力以攻郎温余党"。如果觉得兵力不足、分兵太广，根据总督张经原有"三哨合力夹攻"的战略计划，则可"请各移一手本于中、右二哨，刻期约会夹攻，仍一面呈请军门。盖兵有多寡，势有强弱，地有险易。当分哨之时，岂能一一悬合事机？惟不择利害，不顾嫌疑，公彼我，而以除残救民为心，此真我辈之事也"。

张岳建议："岑施似当参究。此辈狡猾，从前征调，一以骄子畜之，故使得肆无忌惮"。

陈海洲宪副即陈茂义，浙江慈溪人，是嘉靖八年进士，与翁溥同年，时任广东琼州兵备副使。

岑施即系广西少数民族首领之一泗城土舍，看来是不服从张岳等人的调度，拒不出兵辅助朝廷，故张岳建议应当追究其责任。对两广地区少数民族部分首领阳奉阴违、表里不一、反复无常，张岳是早有领教的。这也为他日后升任两广总督和总督云贵、湖广军务积累了经验，使他早存防范之心，丰富了他的实战经验。

此外，张岳还实事求是地根据具体情况对黎民的正常生活、贸易活动与聚众闹事或团伙抢劫加以区别，分门别类，加以灵活地处理，不因海南黎民造反而归咎于全体黎民，不分青红皂白加以粗暴的镇压。针对各哨上报来的立功情况，张岳那双锐利的鹰眼便发现了问题。他认为"假使黎人有数十为群，官军或追捕得获，犹可言功。若只一两人出巢口，安知非为鱼盐交易？而官军遇则执之，所以黎人非结宗不敢出。既结宗，苟可得手者，岂肯放过？"所以张岳纠正了前人这种官逼民反、逼良为娼的极端做法，明确张榜告示："但经抚谕地方，黎人只有一两人散行被获者，所在官司，细与辩问。若无别项奸细情由，即令本村黎老领回复业，不许妄报为功。其各哨缉事军人擅自入黎村生事骗害者，痛惩一两起。仍晓示黎峒知之，庶几黎有所倚赖以为生。不然，黎祸未息也。"

张岳之所作所为，意在为黎民创造一种能让他们休养生息、恢复正常生活生产的社会秩序和社会环境，最起码，要让老百姓活得下去。在这一点上，张岳的心是与黎民百姓相通的。应该说，张岳所采取的一系列宽大措施在一定程度上也缓解了当地尖锐对立的官民关系、阶级矛盾和民族矛盾。但是，此等补救措施显然是来得太迟了，无异于杯水车薪，只能治标而不能治本，更无法平息黎民积怨已久的心头之恨了。所以用军事手段解决的办法已是箭在弦上，不得不发。以至于在发动崖、陵战役之后，张岳还在感叹："崖、陵之役，数年之前，若人有申禁令，明赏罚，锄强扶弱，以渐制之，其势可以不至今日。而积习蠹坏，至于今日，其势已极，虽欲不为是举，不可得已。"从上述资料中，张岳在分析黎民造反的原因时都归咎于当局的腐败吏治，从不简单化地以"刁民"两字丑化黎民，或是把原因本末倒置，把责任推卸到黎民身上。所以说，在张岳身上我们可以判断出他具有一定的亲民思想。这和他的身世及早期的家庭教育是绝对有关的。

进军之前，张岳担心部署在北黎港的主力中哨，自昌化进军，与北山屯等哨官军，"声势悬隔"。张岳之前曾观察过军事地图及各哨进军路线，疑其孤军深入，存在着隐患和危险。所征剿的德霞等村，多者一村就有六百余家，"贼"六七百名，不是凭单哨的兵力就可以独自解决的。张岳刚要与参将程鉴再次商议时，程参将差遣一名叫梁希孔的部将前来汇报，果然也担心此哨兵力不足，准备增调黎兵打手等一千多名来助阵，协助把守北黎路口，两军合并先剿罗活等峒。等平定罗活之后再分出一军西出，以解决德霞之患。如有余力，则以东路归师之势，以剿纵横；西路归师之势，以剿千家、德霞。

这样的军事部署在张岳看来"于策甚为万全也"，经上报总督张经后，应会得到批准。这是张岳为琼黎事上报督府蔡半洲即总督蔡经（张经）的第一封书信。

而在统治者的心目中，《明史》卷三一九列传第二百七广西土司三记，海南黎族是没有教化之野蛮种族，这与张岳的思想观点有明显的差异和区别：

琼州黎人，居五指山中者为生黎，不与州人交。其外为熟黎，杂耕州地。原姓黎，后多姓王及符。熟黎之产，半为湖广、福建奸民亡命，及南、恩、藤、梧、高、化之征夫，利其土，占居之，各称酋首。成化间，副使涂棐设计犁扫，渐就编差。弘治间，符南蛇之乱，连郡震惊，其小丑侵突，无时而息云。

即使是那些必须征剿的黎民，张岳也尽力加以区分，不嗜杀，不邀功，尽可能以剿促抚，以抚化剿，务求达到长治久安的目的："盖诸贼有稔恶日久，在所必诛，如罗活、郎温之类；又有向背不常，可以随宜抚定者。兵威既振，贼胆自破，如千家、纵横、德霞之类"。对于"在所必诛"的"罗活、郎温之类"，张岳采取集中兵力、重点打击的策略。对于万州黎知州呈报主张鹧鸪、纵横二峒一并征剿的建议，张岳则以为虽然鹧鸪、大重等村及狗荒等"贼"，凭险作歹，不下郎温，所以为之委曲开脱说情，主要是因为这几个地方未曾杀害官军的缘故，况且他们又与黎停、岭脚径路穿透。如果大兵先由鹧鸪等峒先而后至黎停、岭脚，恐怕会惊动他们而引起他们的疑虑，导致与这二峒的联合，或者外表上虽然听从招抚而内心实际上却与此二峒相勾结串联。所以这些情况都应当事先考虑谋划。所以对于万州来说，最关键的事情是要选择为"贼巢"所相信的士民，安抚他出来当官，示以恩信，又不可以让他知道朝廷要剿杀黎停、岭脚二峒的意图。但这个人选非常难找，所以应当周详审慎一些，不可轻易动手。对这样的考虑和安排，张岳为此专门又向蔡经作了汇报，见《与蔡半洲督府二》。

此后张岳向张经汇报他的作战计划，又写了三封信。考虑到中哨地广，各贼散处，唯罗活最大，驻守在崖州的张岳起初准备四哨并进，后来担心势分力弱，便改为集中四哨兵力齐攻罗活。张岳形象地把罗活比作心脏，而把其余诸峒当作四肢。只要攻下其心脏，那么四肢就无不披靡了。即使黎兵远遁，随其所往而穷搜之，可以尽擒。对于罗活，张岳的考虑并不局限在军事方面，胸有成竹的他已经在筹划罗活的将来及民生："又闻罗活地势阔广，田土肥美，既平之后，虚弃不治，则复为贼薮。若招抚流民，分兵屯种，设立衙门，控制要害，此皆不容已者。"

随后张岳率师长驱直入，攻打罗活、抱万、抱育诸洞，诸军斩黎二千余级，招抚和投降者更是数倍之众。张岳饶恕了其中老弱病残之人，把他们分散发配到各州。对年幼的少年儿童，张岳也是本着人道主义的态度竭力予以赦免，不治其罪，放他们一条生路，担心他们被滥杀邀功，为此甚至忽略"功之略小者，皆削之，使不敢以幼口充数也"。对那些老年人，张岳也交代参将程鉴："贼属老幼累累，使人不忍见此，亦造化一条生意，不可令死于吾辈之手。"但是其余二哨和张岳所在的中军一哨却并不齐心协力，有人甚至直接以"玩寇、观望、老师费财"指责。而他们自己"只如留贼不杀，又欲久屯兵以防之"，如此自相矛盾，令张岳实在费解。

由于张岳当时刚从广东端州直接过来，尚未与张经会面，第二天又要赶往廉州处理四峒之事，便交代程鉴务必"要屏去别念，以地方赤子为念，而善为之"。

参将程鉴在海南平苗中与张岳结下交情，后长期跟随张岳，立下大功。

对于那些顽强抵抗的黎民，张岳站在维护明王朝封建统治立场上主张要痛下决心剿灭，以免后患。当时的人都认为张岳这一主张是狠心的，不赞同他的意见，后来果然不幸被张岳所言中，又是这几村的黎民重新发动起义，朝廷又出动十万兵马再次征剿。

二、开十字路

张岳认为要解决海南的问题，一个重要的事情就是要解决交通不便的问题，开通十字路。对于南闾一哨，张岳主张"预设以为开通十字路之计"。诸峒既然平定之后，大军直副五指山下，随山刊木，取捷径之路与南闾会合，那么崖州、琼州、万州的血脉就会开始流通。在前只因为州、县环绕海边，而黎深据中间，地形便利，先为所得，乘便出入，客反为主，所以占地利的"贼"势猖獗，才会积成膏肓之病。对于开设十字路的建议，张岳与海南的一些前辈商议过，一致认为这是非常重要的一件事。

张岳为此上奏总督府，说黎人居心叵测，应当设置地方行政官员治理平定，同时应当搞好道路交通建设，"其弈阻渐芟夷之"，在罗活、抱万、抱宥等地方，设立行署，开十字路以通往来，既便于朝廷控制，也方便黎民百姓，当为国家造数十年之利。否则恐怕乱局仍然会发生。但是督府却没有采纳张岳的意见。

所以后来海瑞在明嘉靖二十八年（1549）到省参加乡试中举人的那篇论文《治黎策》中，也对张岳的建议不被采纳表示不解，并重申了张岳的合理化建议：

故愚生以为今日之计，不过坚持开十字道之心，固执立州县之计而已。自此之外，虽议之之尽其方，处之之尽其术，皆下策也。

海瑞（1515—1587），明代政治家，著名清官；死时箱内仅存俸银10多两和旧袍数件，一生刚正不阿，廉政恤民，被称为"南包公""海青天"。

三、却还玉带

琼崖有唐代宰相李德裕的许多子孙。李德裕（787—849），唐代赵郡（今河北赵县）人。他的父亲李吉甫为唐宪宗时宰相。李吉甫执政期间，因举贤问题曾与牛僧孺等有隙，构成了中晚唐时期政坛上有名的"牛李党争"的序幕。李德裕自小才华出众，工于诗文。在裴度等大臣极力推荐下，到了大和七年（833），经过与李宗闵、牛僧孺等"牛党"的多次较量，李德裕终于登上了相位。至唐开成五年（840），武宗即位，李德裕再度入相，此番执政，算是李德裕建功立业的鼎盛时期，因功被武宗封为太尉、赵国公。然而，好景不长，会昌六年（846）武宗一死，他便从此失去了执政的机会。不久，更在政敌的攻击下，被宣宗贬为潮州司马，继贬崖州司户。大中三年（849）正月，李德裕携带家眷到贬所。谪琼期间，曾登崖州城楼（在崖州张吴都颜村，今琼山县灵山镇大林一带），同年十二月（850）李德裕熬不过，终于病死于贬所。李德裕于明弘治十年（1497）被祀为琼州府名贤。

雍正《广东通志》卷六十四杂事志：

李德裕后李赞皇之南迁也，卒于崖州，子孙遂为獠族，数百人自相婚配。明正德间，吴人顾朝楚为儋州同知，以事至崖，召见其族，状与苗獠无异。耳缀银环索垂至地，言语亦不相通。德裕诰敕尚存。（《峒溪纤志》）

出征前，张岳就交代手下要尽量保护好这个家族的安全。张岳挑选其中几名品质潜力较好之人，发给衣巾，让他们入学，分别在朔（初一）、望（十五）之日学习礼仪。李德裕的子孙非常感动，把李德裕遗留下来已经700年的传家之宝玉带奉献给张岳以示谢意。可是张岳不久却亲自撰写了李德裕的传记并奉玉带一起慰而还之。张岳的用意在于希望黎民能多读书，了解并遵守朝廷的法律，安心生产生活，究其根本目的还是为了维护大明朝的长治久安。但由于张岳"肃令吁谟"，以安抚为主，并放宽政策，鼓励黎民从事生产，因此"黎人耆服""州人德公"，对他感恩戴德，并为他建造了一个生祠来纪念。这是张岳的第二个生祠。

据《明实录世宗实录》卷二六一记载，嘉靖二十一年五月，巡抚两广都御史蔡经、总兵安远侯柳珣奏：海疆南一役，"剿平琼州府黎贼，凡擒斩五千有奇，歼其首贼三十八人，俘获男男女女一千两百余人，夺归虏者二十二人，招抚余党七千有奇"。上嘉其功，诏加柳珣少保，升蔡（张）经兵部尚书，提督镇守如故，仍各赏银五十两，纻丝四表里，并思恩功。同时敕奖励参政张岳、副使陈茂义、佥事商大节、参将董廷玉、都指挥武鸾各升俸一级，与布政使杨铨、参政翁万达等俱赏银币有差。

战后，张岳亦作诗二首与征黎参将董廷玉：

得董蕨冈白沙村晚酌诗，时迟诸公不至，次韵一首

晚舟余热坐橹头，凌乱烟华水上浮。迟客不来孤夜永，扣舷独和听江流。
丹崖月出人初静，云鸟阵高手自筹。醒醉芒然问渔父，扬帆南破浪花沤。

夜饮董参戎蕨冈寓舍，读壁间过伏波祠诗有感

孤戍玄云想壮图，酒酣日落歌呜呜。大材敢道马新息，短剑还闻陆大夫。
奎壁淋漓看独夜，江天冥漠失双凫。几回欲酹溪头月，又恐前身是腐儒。

马新息指马援，封新息侯。陆大夫指西汉陆贾，有辩才，奉使说南越王尉佗称臣。

从廉州到海南，张岳已经逐步从一个"前身是腐儒"的角色转向一个身兼马援和陆贾之才的重量级人物了。昔日怀有大儒心愿的张岳再也无心写出一篇有关理学方面的有深度的文章了。他心中牢记着姚镆当年对他说过的那句话，渴望着在崭新的军事领域取得更大的辉煌，为大明朝建立不朽的功勋。

当年与张岳一起征黎的将领中有一个叫沈希仪的时任广东副总兵，就是这时与张岳结识，此后两人又一起征苗，官至太子太保。

1541 年 8 月，平定海南黎族之乱后，张岳给他的座师户部尚书李如圭写了封信《上李涔涯座师》。信中透露，张岳在海南之战后因为安南莫登庸去世，边境谣言四起，还专门跑到广西靠近安南的镇南关边境视察边情，收割被侵之失地，直到那年七月才结束。莫登庸于 1541 年 8 月病逝。可见张岳去镇南关应在同年。

海南平黎，凡擒斩 5000 有奇，歼其首贼 38 人，俘获男女 1200 余人，夺归房者 22 人，招抚余党 7000 多人。

嘉靖二十一年（1542）五月，嘉靖帝已经批准嘉奖巡抚两广都御史蔡经等人的战功，诏加总兵安远侯询柳少保，升蔡经为兵部尚书，提督镇守如故；奖励参政张岳升俸一级，与布政使铨、参政翁万达等俱赏银币有差。

对张岳的奖赏却是在十月二十七日才兑现。嘉靖帝下令为奖励张岳平黎之功，钦赏银三十两，纻丝二表里。为此，朝廷派遣礼部署员外郎林应亮专程送至广东。张岳照例要上《平黎谢钦赏疏》，谦逊一番，归功于皇上，表达"此皆皇上威德远扬之所致也，臣有何能？"之意。

如果说在廉州逼降安南给了张岳一次施展谋略的机会，那么，琼州则给了张岳一次实战的机会，为张岳此后统率大军平叛提供了难得的锻炼机会。

1542 年 10 月，发生了一件大事，嘉靖帝为炼丹求仙，肆意凌辱宫女，激起宫女反抗，差点丢了性命。杨金英用丝带缢杀世宗未果，史称"宫婢之变"。经过这次惊险之后，嘉靖帝更是深居简出了，只有严嵩一人才能见到他。这就为他的专政和独裁创造了有利条件。

第八章

封疆大吏

经过安南事件与征黎的考验，张岳开始显山露水，崭露头角。嘉靖二十一年（1542）九月戊辰，升福建右布政使车纯为都察院右副都御史，广东左参政张岳为都察院右佥都御史。纯巡抚湖广，岳抚治郧阳。正式任命是在嘉靖二十一年十二月二十日，"天子以公果可大用"，升张岳为都察院右佥都御史，提督抚治湖广郧阳（治在今湖北郧县）。全国各地一般称巡抚，唯有郧阳称抚治。

郧阳抚治辖区涉及四个布政司，是涉及布政司最多的抚区。以成化十二年抚区为例，郧阳、荆州、襄阳三府及安陆、沔阳二直隶州为湖广布政司所辖；南阳府、汝州直隶州及河南府的宜阳县（穆册；赵保），汝宁府的汝阳县（杨埠）为河南布政司所辖；汉中府及西安府的商县为陕西布政司所辖；夔州府的奉节、大昌、大宁、巫山、建始五县为四川布政司所辖。郧阳抚区由四个布政司，各析部分地域而组成的抚区，也就是说抚区为四省的边沿地区所组成。在管理体制上，抚治位于都、藩、臬三司之上，统驭三司。

又据王士性《朗陵稿·赠大参徐公总宪滇南序》记："故国家初以流寇开督府于郧阳，令得与汝南犬牙错。"可见设治在郧阳的巡抚可以管到河南的汝南地区。实际上，郧阳抚治的范围包括湖广的郧阳、襄阳二府，河南南阳府之邓、唐等州县，陕西西安府之商州、汉中府之兴安等州县，以及四川之夔州府，是个涉及四个省份的交界地带。

《钦定四库全书·明会典》卷十八户部三州县图志：

郧阳府领县七：房县、竹山县、上津县，成化十二年开设。以上三县俱旧属襄阳府。竹溪县，成化十二年添设；郧西县，成化十二年添设，旧属郧阳府均州；郧县、保康县，弘治十年添设。

督抚郧阳

年底接到圣旨之后，张岳便于当日起程，至次年正月初一，行至广东韶州府地方。兵部差锦衣卫舍人李武斋送到敕谕一道给张岳。二月二十六日，张岳行至所属荆州府地方，与原任提督抚治右副都御史喻茂坚交接，喻茂坚咨送原降预备仓粮敕书、符验、关防到臣，交给张岳接管。

张岳上《郧阳到任谢恩疏》，专差百户蒋钺斋捧奏闻。

同乡李恺在《少保襄惠张公传》中记：

> 上功，赏公功犹降交然。壬午，拜公佥都御史，抚治郧阳。逾月，转江西巡抚。上持本下，语内臣云："是曾有功者！"

壬午年是嘉靖元年（1522），有误，应是嘉靖二十一年壬寅（1542）。乾隆《泉州府志》卷之四十二明列传记：

> 壬寅，塞上多事，边帅被逮。廷臣交荐岳边才。而伯温言于朝曰："吾于粤得二臣，张岳可南，翁万达可北也。"于是擢岳右佥都御史，抚治郧阳，持廉秉正，端方有度，整饬边方，鼓励士伍，虽清晏，如对大敌，境内又安。未几，改巡抚江西。

从李恺记录的这一细节中，可以看出嘉靖帝对张岳在处理安南事件中的表现是留下深刻印象的，所以才会还记得张岳就是那个原来的有功之臣。而从毛伯温的推荐中，可以获悉当初的历史背景是北方边塞多事且失利，导致边帅被逮捕入狱。廷臣在推荐有军事才能的人才，毛伯温才趁机推荐了张岳和翁万达二人。所以吏部尚书牢记张岳的大名，不久就晋升张岳为右佥都御史，抚治郧阳。

张岳一入荆州地界，就打听湖广参议钟云瑞的消息，此人是张岳的同年进士。当年的同科进士有三百五十人，至今二十七年过去了，因各种原因而离职的占了十之七八。张岳对钟云瑞的印象相当好，认为他"为人沉静谦退，即之斤斤然，与之语款款然。临之以事，确乎其守而不易也，浩然其气，若充博而不可穷也"。可是钟云瑞任湖广参议已经超过十二年了，还没能提拔，就毅然提早申请退休并获准。一来上任就四处打听他消息的张岳大出意料之外。本来张岳还希望能与他好好叙旧，得到他的鼎力支持和帮助。可惜其时，钟云瑞已经整理好行李要回乡了，只因听说张岳要到任，才特地留下，延迟几天，还亲自到郊外去迎接张岳就任，与张岳话别。这使得张岳更加依依不舍，无奈之下只好作文《赠钟少参同年致政序》以赠留别之情。

郧阳短短的一个月内，张岳雷厉风行的治世才能就收到了效果："整饬边方，鼓励士伍。"居安思危，不忘整顿和训练军队，鼓舞士气，保证了江西境内的安定。究竟张岳采取了什么速效的方法呢？原来张岳大胆推行军事改革，对郧阳的驻军训练采用了当时最先进的现代化武器即佛郎机铳，即现代步枪（还有子母炮）的前身，才使得郧阳明军在短时间内能大大提高战斗力。这归功于他在岭南时"有事黎夷，请给库兵，见佛郎机铳。"库兵是大明朝专门用于守卫朝廷银库的护兵或警卫，是最早装备佛郎机铳的极少数部队之一。当年为了镇压海南黎族起义，朝廷不惜出动库兵，让张岳见识了现代武器的先进和厉害。所以张岳对这些新式武器非常留心。他发现佛郎机铳与别的地方的产品结构不太一样，就带了一具来研究。张岳发现这种铳有许多优点，可以装四五发子弹，"其悍劲迅远，可达三四百步"，"可以迭发不穷，临阵制胜，所不敢知，若控扼险害，似无逾此。"所以张岳就开始在郧阳军中推广。

佛郎机铳约在正德末年（1521年左右）从葡萄牙传入中国。而从1541年起张岳就主动要求朝廷出动库兵，不久又在湖北准备"铸给诸郡教"，拟大力推广军事新设备，提高战斗力，说明张岳是明代较早敏锐地认识到西方现代军事设备的先进性及其重大军事意义的有远见的高级官员之一。张岳积极地向河南巡抚李石叠推荐，并分别送上佛郎机铳和更小的"贼畏之甚于强弩"的爪哇铳新式旧式各两具，请他试试看。文见《与河南巡抚李石叠》：

某在岭南时，有事黎夷，请给库兵，见佛郎机铳，与诸处所传者，制颇不同。昨携一具来此，欲铸给诸郡教，适有江右之改，未及行也。然已教之郧阳，其悍劲迅远，可达三四百步。某以妄以已意为车队运之，汝昂左右，随方蓺放。每铳一筒管子，铳四五枚，可以送发不穷，临阵制胜，所不敢知，若控扼险害，似无逾此。其最小者，岭外人谓之爪哇铳，亦海外器，人有铳手专习之，贼畏之甚于强弩，亦携来此。谨以新旧各二具上，望试阅之。《诗》曰："有严有翼，共武之服。"想公武服，无不预饬矣。区区奉此，聊备森列中之万一尔。

照入，幸甚。

明叶权著《贤博篇》对佛郎机铳的强大威力大加赞赏，他认为如果有佛郎机铳，无论是楚霸王项羽也好，吕布也好，都不是对手。

鸟嘴铳，即佛郎机之手照。日本国制稍短而后有关捩可开。佛郎机制，长而后闭。人持一支，如中国之带弓矢。最贵重者，上错黄金，可值银百两。乃以精铁先炼成茎，立而以长锥钻之，其中光莹，无毫发阻碍，故发则中的。非若中国工人卤莽，裹铁心而合之，甚至三节接凑，然后钻剚，其中既不圆净，又忽断裂，万不及也。余亲见佛郎机人投一小瓶海中，波涛跳跃间，击之，无不应手而碎。恃此为长技，故诸番舶惟佛郎机敢桀骜。昔刘、项相距广武间，羽数令壮士挑战，汉王使楼烦辄射杀之。羽怒，自出，楼烦不敢动。使有此物数支，伏阵中攒指之，何惧项羽哉！三国时，斗将令有此，虽十吕布可毙也。然以之押阵守城及舟车之战，可蹶上将，以之倏忽纵横，即便利不及他器矣。

李石叠就是李宗枢，字子西，号石叠，陕西富平人，嘉靖二年癸未（1523）进士，官至河南巡抚、都御史，是原云南布政参议李恕的第三子，著有《石叠集》。

巡抚江西

任命张岳督抚郧阳最多仅五个月，嘉靖二十二年（1543）五月，张岳又被任命为江西巡抚，进右佥都御史（从三品，岁俸312石米），接替原巡抚江西等处地方、都察院右副都御史汪玄锡，成为权重一方的省级首脑。依《郧台志》所记，张岳是嘉靖二十一年九月接任，嘉靖二十二年正月即离任。《明实录世宗实录》则记载是嘉靖二十一年十二月戊辰，改提督抚治郧阳右佥都御史张岳巡抚江西。可见朝廷对张岳的重用已到了破例的地步，也说明了顺利处理完安南问题的毛伯温在朝中的威信和影响，以及朝廷对张岳在配合毛伯温处置安南问题时所表现出来的才华的公认和肯定。

嘉靖二十二年六月初一日，张岳接到圣旨，到八月十三日，才将抚治职事，交与新任都御史王守，随即起程，于八月二十五日，到达江西九江府地方，与前巡抚江西等处地方、都察院右佥都御史汪玄锡交接。

一到任，张岳照惯例还得谢恩，上《江西到任谢恩疏》，语气非常谦虚，感恩相当虔诚：

> 伏念臣学殖素荒，受器有限，久经任使，莫效勤劳，迨兹半周，超迁两镇。惟是扬越之交，号为赋讼之地，非资通明亮干之材，竭究情伪始终之变，顾如庸匪，恐误选择。盖责既重，则忧畏之愈深，而负且乘，亦危夺之必至。在郧数月，曾无尺寸之可言，大江以西，又岂端委之能治？
>
> 惟当仰承敕旨，俯竭愚衷，知无不为，不敢爱筋力而自怠。事有难处，尤先察民情之所宜。与之休息，未能家至而人益，积以岁时，期于赋省而讼清。此臣素心，天日可表。誓以鞠躬，庶答皇造。
>
> 臣下情无任瞻天仰圣，激切屏营之至！

这是张岳第二次到江西任职。上一次是嘉靖十一年壬辰（1532）孟秋，张岳改任提学江西，督理学政。后来因为张岳不买宰相张璁的账，不执行他的选贡法被黜职。所以这次到了江西之后，江西的贡生听说是上次那个替他们说话的张岳来任很高兴，又来找他，请他写序言。张岳欣然从命，题写了《江西贡士同年录序》，见《小山类稿》卷十一序一（节录）：

> 嘉靖癸卯，江右岁贡士若干人，为私录以志同进，以余尝提学于此，来请序。余于诸士，力不能挽之使速进，犹幸其正而近于古也，故为是言以慰而勉之。然事之近古而推行浸失初意者，岂但兹一事哉？此又余之深叹也。

张岳到任才满月，就给毛伯温写了封信《致毛东塘本兵》，透露了两条重要信息。一是张岳到达江西就职后的起初一个月内并没有新官上任三把火，而是老成持重、不温不火，"事事循前人之旧"，不像在郧阳那样雷厉风行。对于日常的文件批阅，也只是觉得不值一提。二是张岳批评了《筹边大奏》的缺点是"议论太多，刻核太甚，亦能使人东瞻西顾，难于展布"，对明代边防方案的华而不实、限制太多提出了质疑，表明了张岳对明朝边防的重视和踏实的工作作风。由于张岳与毛伯温的特殊关系，所以张岳直言不讳，"恃爱，敢及之，幸恕侫妄"。

文中张岳虽然仍然尊称毛伯温为本兵（即兵部尚书），但其实毛伯温任即兵部尚书却是嘉靖十七年（1538）的事，同年他又身兼右都御史，次年加封太子少保，嘉靖十九年就升为太子太保了。

明代的江西，可谓人才济济，将相辈出，此时更是达到顶峰，江西籍的夏言、严嵩相继为相，正是一人之下的黄金时代。可以说，这对一般人来讲是提供了一个非常好的仕途晋升的机会。但是，生性讲究义理的张岳没有考虑如何抓住这次良机。张岳上任不久便遇到了江西接二连三的水灾和旱灾。因此他关心的是多灾多难的江西百姓，担心的是灾民的生计和负担问题。这是他从政的出发点，这就导致了他与两任宰相的矛盾冲突，给后来仕途带来了极大障碍乃至生命危险。

一、江西赈灾

张岳到江西就任来得不是时候。因为这一年，江西连续发生了两次自然灾害——水灾和旱灾。

江西的地势周高中低，由南而北渐次向鄱阳湖倾斜。境内水系完整，有大小河流2400多条。总长度达到18400公里，构成一江五河的水系格局。"一江"为长江，"五河"即赣、抚、信、饶、修五大河流，流入鄱阳湖，经湖口注入长江，形成一个完整的以鄱阳湖为中心的向心水系。其中赣江为全省第一大河流，纵贯南北，总长751公里，流域面积83500平方公里，它水量大，是长江第二大支流。江西水利资源丰富，但由于历史上长期以来自然的、人为的破坏，这里水旱灾害爆发也很频繁。

嘉靖二十三年（1544），江西"全省十三府旱，赤地千里，江西列郡皆饥，殍馑载道。九江府夏秋不雨，人民半死，府县行赈，匍匐就食者枕藉沟中；武宁、义宁民食树皮，死者甚众"，乐平大旱持续时间更长，从四月到九月。吉安府则府县大旱，"饥且疫，二麦不收"，南康、宜黄、新城皆"大疫"，南丰、兴国"秋冬疫病流行，死人很多"。这次大旱兼大疫给社会生产造成了极大的损失，经过数年后才得以恢复。在水灾后爆发的疫病，嘉靖二十三年（1544）宜黄大疫，雨雪淋淫者三月，稼穑在田者有至次年收者。

张岳到任江西不久，就去拜访江西名士、嘉靖十九年由太常寺少卿兼翰林院侍读学士升国子监祭酒的著名心学家邹守益。邹守益就对他说江西土地贫困，望善治之。张岳回答说："岳无他才能，独思用民一钱，如针刺体血。"

理学名家邹守益

文 / 佚名

邹守益（1491—1562），字谦之，号东廓，正德六年（1511）参加会试，当时著名哲学家、教育家王守仁（人称阳明先生）为同考官，见邹守益考卷非凡，便将他拔为第一（会元），参加廷试又名列进士第三（探花），被授为翰林院编修。任职仅一年，便辞职回乡，专心研究程朱理学，但对二程、朱熹的"格物致知"久思不得其解。正德十三年（1518），王守仁在赣州任地方官，邹守益前往谒见，两人反复辩论"良知"之学。邹守益对王守仁的"知行合一"和"知行并进"学说以及用反求内心的修养方法，以达到所谓"万物一体"的境界，心领神会，极表赞同，使过去存在的疑虑一扫而空。他恍然大悟地说："道在是矣！"于是拜王守仁为师，潜心钻研阳明理学。王守仁对邹守益的刻励精进大加赞赏，他赠诗给邹守益说："君今一日真千里，我亦当年苦旧迷"，只恨相见太晚。邹守益从此成为王守仁的高足弟子与畏友，并开始在赣州讲学……

嘉靖六年（1527），邹守益升为南京礼部郎中，广德州的士民为颂扬他的政绩，立生祠以纪念。嘉靖七年（1528）王守仁去世，守益哀伤万分。为继承王守仁遗志，守益与湛若水、吕楠、钱德洪、王钱、薛侃等论学，讲会不息，并在杭州建立天真书院，集同仁讲学，传播王学……

为了传播王学，邹守益还利用县内书院，为四乡会讲授阳明理学精髓。春秋两季则合五郡出青原为大会，郡邑乡大夫都前往参加。这是继惜阴会后，江西又一个闻名中国的学术盛会，来自江西乃至全国的王门弟子在这里聚集一堂，探讨学问。在邹守益等人的努力下，青原山成为当时一个重要的学术中心。

……在任南京国子监祭酒后，邹守益一上任就着手整顿学风，严格学校管理，激励学生专心向学，后又因犯颜直谏被贬谪归乡……

为了叙述王守仁的生平、学术成就与学术传递，王守仁去世后，王门弟子合作编修《王文成公年谱》，守益被推为编修总裁。然而没有等到《年谱》修成，便因病逝世，终年72岁。隆庆初（1567），赠南京礼部右侍郎，谥文庄。据历史学家分析，真正得到王阳明理学真传的就数安福的邹守益。流传于江西的江右王学，在邹守益等人的努力下，最终成为王学最有力的继承者。在越中流弊错出的情况下，使阳明之道赖以不坠，邹守益作为江右王学的开山与掌教，其王学造诣的精深和见解的超群是无与伦比的，其在传播王学的过程中所做的大量宣传教育工作是至关重要的，功不可没……

黄宗羲谓"姚江之学唯江右为得传"，江右王门学派在传播王学中的地位、作用和影响，均超过其余王门学派，而邹守益又为王学在江右的主要传人，故其在王门中的地位甚高，影响甚大。王时槐曰："盖阳明王公之学盛于东南，实赖先生之力也。"

尽管张岳与邹守益的哲学观不同甚至是对立的，但并没有妨碍二人成为朋友。邹守益对张岳是相当尊敬的，从《邹文庄守益集》中可看出：

吾友义城子、双江子、南屏子，亟称净峰盖有志天下事，毅然以古人为标的，本以笃实，出以整暇，而持以恒久。故随所寓，粲粲成章，要自学术中基之。

南屏子即御史李某。双江子即聂豹。义城子就是邹守益的亲家黄义城。邹守益在《东廓邹先生文集》致魏谦吉的《简槐川柱史论旱灾》中载：

今岁旱魃为虐，比旧酷甚。自夏徂秋，豆粟皆空。疫疠乘之，十室而七畏避传染。医药不逮，至有阖室皆死者。且方数千里四顾彷徨，无所仰瞻。小民日夜枵腹，睨得赈恤。忽闻催征，心胆俱丧。

各地汇报给张岳的灾情如下：

今年正二月间，疾风淫雨，地方二麦黄死，颗粒无收。三月间，幸雨泽及时，得以播种。至四月初旬以后，秧苗正当播插，一向无雨，高田干涸，栽插不入；低田略得播插三一，无雨接济。中间有陂塘去处，竭力车庳，随注随涸。直至五月十七八、二十二数日，虽有微雨，干涸已极，不能成润。及此六月，旱势已甚。又有抱叶食心各色螟虫为害，早禾晚秋，一并伤死。数年以来旱灾，未有若此之甚者。

张岳为此视察灾情，发现"日甚一日，田无高下，种无早晚，秧无老稚，一切坼裂枯槁。错使今后得雨，晚禾稍苏，前项被灾州县，不过一二分可望收成。江西地瘠人多，虽甚丰熟，岁入不足供给，尚须辗转外郡。欲以此一二分之子粒，糊此百十万生灵卒岁之口，虽有巧手，可知无措"。如此严重的灾情，令张岳忧心忡忡，"夙夜惶惶，寝食不宁"。

所以邹守益特地写信《简张净峰中丞》，第一句就毫不掩饰地向张岳叫苦："吾邦之敝久矣。"

从邹守益的文中可以得知，朝廷当时对江西的灾情无动于衷，对日夜盼望赈灾的灾民居然还要征收粮食，使得从夏天到秋天"豆粟皆空。疫疠乘之，十室而七畏避传染。医药不逮，至有阖室皆死者"的灾区灾民大出意料之外，"忽闻催征，心胆俱丧"。就是在这个危急关头，张岳才到任，给邹守益和江西百姓带来了一线希望。所以在另一篇文章中，邹守益两次修书致另一官员：

> 仰赖台下电照斧断，与净峰公督令驿传道力赐处豁，是敝邑剥肤余喘，何幸而获帖席更生也！旱势日炽，民生日窘。将来桁腹待毙，盗贼必起……惟公与净峰公及早图之，于以救垂绝之生，而靖未萌之变，善类所胥祝焉！

正因如此，所以"（张岳）公入江西，一意节纾财力"，为此不惜得罪两任江西籍宰相。张岳为此连上二疏不断向上汇报灾情，以求引起朝廷的重视，达到减免粮食征收和税收的目的。

为此，张岳专门上《江西处置灾伤第一疏》，专差承差郑世隆进京请旨，请求"乞恩处置地方重大旱灾事"。

从张岳的奏折看，江西这次灾情几乎是全境性的。南昌府五县、吉安府五县、抚州府二县、饶州府一县、九江府三县、赣州府一县、瑞州府三县；临江府四县，并袁州府，受灾范围达八个府二十五个县，灾民达百万人以上。江西以往每年要征收民米一百八十四万四千三百三十三石，存留米只有三十一万一千九十石。"纵使尽数皆免，不及十分之二，况蠲免尚在明年，未能有以救目前饥饿之患"。

张岳查阅往年资料发现，"嘉靖十七年，巡按都御史胡岳奏准，将吏农例银，并十五六年斋夫存留与该年分派剩南折米一十四万，每石折银六钱，共银八万四千两，相兼赈济。十九年巡按都御史王暐奏准，亦前派剩银内除原留四万石补禄米外，再留四万石于本处预备仓，相兼赈济。故此二年虽灾，俱蒙圣慈恻怛，存恤备至，一方饥民得免沟壑，至今含戴圣泽，以为再生"。但是"今年之灾，既比前年尤甚，万口嗷嗷，所以仰赖于皇上者，又非如前年之比"。

所以张岳请求，下旨户部，"从长计议，不必候明年，且将嘉靖二十二年分处该今年起解南折银八万四千两，暂时停解，并上年未解吏农并缺官柴薪、马夫等项，但非岁办、额办之数，俱准存留，候秋冬小民十分缺食之时，听臣会同巡按御史，分委守巡及府县慈祥有心力官员动支，与各处预备仓谷，设法相兼赈济，仍行巡按御史魏谦吉核实"。

对张岳申请缓交的折银八万四千两，嘉靖帝最后批准五万两，其余事项获准，"恩德所及，莫不鼓舞。但今翔贵，仰籴于南赣等处灾轻地方，亦已告竭。虽有银货，无从贩买"。

因此，张岳与巡按江西监察御史魏谦吉商议，再上《江西处置灾伤第二疏》，反映"所减免者无几"，与嘉靖十四年、嘉靖十五年、嘉靖十七年这三年相比，"今年灾伤，比前数年尤重，其所蒙折支分数，比之前年反轻，不胜拳拳至情，欲嘉靖二十三年起运正、改粮米……或将九江钞关今年冬季并明年四季税银扣留，或于赣州税银内截拨五六万两，相兼支用。则官之经费不亏，而此饥馑困苦之民命，不致遂填沟壑。如蒙准奏，乞敕户部再加查议，俯从照数改折解存，及将纱关、盐税等项截留支用。此不但臣等为地方拳拳至情不能自已，乃一方军民所为引领，不啻更生之望也"。

魏谦吉（1509—1560），号槐川，河北柏乡人，嘉靖十七年（1538）进士，授监察御史，历甘肃、山西巡抚，进兵部右侍郎，总督陕西三边军务，卒后赠右都御史。

最后，在张岳的力请之下，朝廷同意了张岳的要求。张岳参照往年之例，积极探索应对灾情的有效措施，想方设法为民排忧解难，"留京折五万两改兑米数十万石，民饥而不害"。他把原来应上缴国库的五万两白银力争留下，改兑换成数十万石的粮食，保证了饥寒交迫的灾民，使得比往年更加严重的这次灾情反而救活了更多的人，也就是说少饿死许多人命，可谓功德无量！

嘉靖二十三年七月，因为灾情严重，朝廷还免除了福建福州、兴化、泉州、漳州四府的税粮。

对这次重大灾情的处理，邹守益对张岳是相当满意的。《东廓邹先生文集》之《简王同野少参》中透露："净峰、槐川、竹坡诸公皆洞烛矜允，行府核查如果安福钱粮并无拖欠，准与缓征。"

由此可知，任竹坡在江西就曾是张岳的手下。后来官至贵州巡抚又成为张岳下属，且听下文分解。

这次大灾使张岳发现了江西吏治存在严重问题。

年底，在安福老家的邹守益派其子邹汝梅到南昌拜访张岳，捎来一封信。春节后，张岳回信《答邹东廓司成》。张岳告诉他，近期至抚州、建昌二郡视察，随便抽取诸司的卷宗查阅，发现所记载的文字与事实相违背。如粮长一事，各县

净峰风骨：明代名臣张岳传

都各不相同。如此的行为已经很久了，也就习以为常，无人检查，"上下相安"，而就不必更改了。而官吏之搜括，执役之侵夺，则各地无异。各级官员以"空文为政"，"以空言为学，不稽其实"，以为如此就能达到目的，不但无益，而反滋弊端。

张岳认为程度之严重，杀一儆百，是远远不足以警戒贪婪无比、前赴后继的官僚们的，已经到了必须"要必去其半，以威其半，然后庶可以止"的地步。所以他主张整顿官场作风"不当专在法上用事，亦当于人上用意"。也就是说不仅应当在法律上健全制度，也应该加强个人道德修养，以提高自身素质及廉洁奉公的自觉性。应当说，在这方面张岳始终是以身作则、廉洁自律的。可是要改变当年封建官场的风气，谈何容易？而在当时，张岳能从制度上反思法律制度本身的不健全及自身缺陷，主张从道德的角度来反腐倡廉，说明他相当有前瞻性的政治眼光。但是张岳清醒地认识到，凭借自己的力量，是完全做不到的，因此对邹守益发出了无可奈何的感叹。为什么呢？因为江西官员的总后台，都是两任首辅严嵩和夏言。所以，张岳接着只能跟邹守益聊聊诗歌的事情。

二、举荐人才

鉴于江西吏治的腐败，张岳极力推荐重新起用邹守益。但是因为时在翰林院任编修之职的邹守益上《大礼疏》反对张璁的意见，得罪了嘉靖帝。嘉靖帝下旨："邹守益这厮，出位妄言，不修本业，既知忌惮，又来渎慢，好生轻易。着锦衣卫拿送镇抚司，打着问了来说。"（《明史》列传第一百七十一儒林二）

邹守益因此而下狱，削职回家。至嘉靖二十三年（1544）张岳任江西巡抚时推荐，均不被采纳。可见嘉靖恨之深。

除了邹守益之外，张岳还于嘉靖二十三年上《江省人材疏》，荐举地方人才。

> 臣闻明主之于人材，其长养成就之也，如天地之于万物，甘苦小大，皆有以全其生；其因材录用之也，如匠师之于众木，寻尺斫削，务有以尽其用。故世无不用之材，材无不当之用……皇上长养成就之功，真有同于天地。因材录用，最为易事，亦惟皇上少加之意尔。

> 江西号为多材，据臣所知，原任南京兵部右侍郎简霄，原任刑部右侍郎刘节，原任南京国子监祭酒邹守益，原任南京鸿胪寺卿欧阳德，原

任翰林院修撰罗洪先，原任给事中魏良弼、曾忭、詹泮，原任御史曾孔化、郭宏化、傅鹗、陈梦麟，原任湖广按察司副使江以达、浙江按察司副使王槐，此数臣者，皆退居日久，进修不倦。常怀忠爱之心，皆有济用之器。内如简霄，先以都御史操江，因同官争论坐席，诖误及霄，公论已白，犹多年废弃。臣近见吏部推用在京堂上，并在外巡抚多起用旧人。如霄才望，一时无能逾之者。使之终弃，深为可惜。及以上诸臣，俱累经论荐，有奏牍可考。如蒙乞敕吏部，查前后论荐始末，将简霄等亟为起用。

此外，又如原任广东按察司副使涂敬，嘉兴府知府徐盈、何祉，去位之初，公论称屈。居乡日久，乡行益修，虽不敢再望起用，亦乞圣恩，量加阶秩，令以礼致仕，俾得自别于考察黜退之流。

夫枯槁者犹不废于生全，则凡具有生气，郁塞而未达者，孰不感奋？此臣所谓皇上长养成就之恩，既同天地，因材录用。最为易事，惟愿少加之意者，此也。

缘系荐举人材事理，未敢擅便，为此具本，谨题。

张岳这次举荐的效果如何呢？且看：

简霄，字腾芳，江西新喻人，与晋江郭楠、无锡顾可久同为正德九年甲戌三甲进士，曾任福建巡按御史，后官至南京兵部侍郎，不再提拔重用。

简霄在泉州有游清源山南台岩诗一首：

岩峣绿石登，窈窕访仙关。木叶封坛净，藤花绣石斑。

壮怀空碧海，尘眼落青山。洞主留人醉，清风日暮还。

刘节（1476—1555），江西大余人，弘治十四年（1501）乡试第一（解元），十八年（1505）登进士（殿试第六名），授兵部主事。刘节与宦官刘瑾不合，被降职为安徽宿松知县，后升任四川提学金事、云南金腾兵备、广西按察司提学副使、浙江左布政使，晋升为刑部侍郎，不再提拔重用。

欧阳德（1496—1554），字崇一，号南野，江西泰和人，嘉靖二年（1523）进士，由南京鸿胪寺卿迁南京太常寺卿，寻召为太常卿，掌祭酒事，升礼部左侍郎，改吏部兼翰林院学士，掌詹事府事，后召拜礼部尚书兼翰林院学士，直无逸殿，卒后赠太子少保，谥文庄。欧阳德受业于王守仁，与邹守益在江右王门中以信守师说著称。当一些学者视王守仁"致良知"说为禅学时，他奋起护卫，宣称"致良知"说为"正学"，从学者甚众，"而称南野门人者半天下"。

罗洪先（1504—1564），字达夫，号念庵，吉安府吉水黄橙溪（今吉水县谷村）人，明嘉靖八年（1529）己丑科状元，授修撰。罗洪先看不惯朝廷的腐败，即请告归。嘉靖十八年（1539），他出任廷官，因联名上《东宫朝贺疏》冒犯世宗皇帝而被撤职，不再提拔重用。

罗洪先一生的主要成就在理学和地图学方面，尤以地图学贡献卓著。他精心绘制的两卷《广舆图》，是我国历史上最早的分省地图集。罗洪先在绘制地图方面的建树，不但为我国地图的绘制和地理科学作出了贡献，而且为国际的同行所瞩目，在世界地图绘制方面占有一席之地。罗洪先是与16世纪荷兰杰出的地图学家墨卡托（曾编制新的《世界地图》《地球一览》）相媲美的同时代的东方最伟大的地图学家。著有《念庵集》22卷。

罗洪先在理学方面，属江右王门学派。隆庆元年（1564），罗洪先去世，享年61岁，诏赠光禄少卿，谥文恭。

魏良弼（1492—1575），明朝理学家，为官公正，但仕途坎坷，曾三起三落，隆庆初（1567），拜太常少卿致仕。曲阜师范大学图书馆《孔儒文献》记：魏良弼，字师说，号水洲，明南昌新建人，嘉靖进士，属江右王门学派，知松阳县，入为给事中，累迁礼科都给事中，后复职。著有《水洲先生集》。

曾忭（1498—1568），号前川，江西泰和人，嘉靖五年（1526）丙戌进士，官至都给事中，著有《前川奏疏》，不再提拔重用。

詹泮，字少华，江西玉山人，正德十六年进士，官至礼科给事中，不再提拔重用。他以讲学为己任，著有《少华集》。

曾孔化，江西庐陵（吉安）人，嘉靖十一年（1532）二甲进士。

郭弘化，字子弼，安福人，嘉靖二年进士，授御史。因为之前上疏触怒嘉靖帝，不再提拔重用，卒于家。

江以达，字子顺，号年波，江西贵溪人，与夏言是同乡，嘉靖五年进士，累官福建提学佥事，不再提拔重用。

广东按察司副使涂敬，江西丰城人，弘治十五年（1502）三甲进士，不再提拔重用。

嘉兴知府徐盈，字子谦，贵溪人，明弘治十八年中进士，是百姓爱戴的清官。明武宗朱厚照曾南巡江浙，沿途州府县，搜刮民脂民膏，或大兴土木，或争献奇珍异宝，取悦于圣上。唯有嘉兴府很平静，意恭敬而不媚俗，行国礼而不扰民。百姓认为有这样的清官是嘉兴的福气，把他的仁政懿德铭记于心，民歌唱道："太守清贤，百姓安然，天子南巡，不费一钱"；不再提拔重用。

何祉，江西进贤人，明嘉靖二年三甲进士，历任户科给事中、浙江嘉兴府知府。

对这些人才的推荐，反映了张岳摒弃了以理学派别定是非的狭隘的门户之见，以经世致用为用人标准，对在政界中失意的、甚至曾犯错误的人主张要重新给其机会、不一棍子打死的博大胸襟。要研究张岳的人才观，《江省人材疏》和《两广人才疏》是两篇现存最主要的历史资料。

其实，张岳在江西最敬重的人是年已80岁的泰和县原南京吏部尚书罗钦顺。除了为上述那些人举荐重新起用之外，张岳专门为罗钦顺上疏《请存问尚书罗钦顺疏》，要求朝廷慰问之，称赞他是"一方之师表，当代之伟人"。

要了解张岳为什么那么尊重罗钦顺的原因，必须先了解罗钦顺的哲学思想。

罗钦顺（1465—1547），中国明代思想家，字允升，号整庵，泰和（今属江西）人，弘治六年（1493）进士科探花，历任翰林编修、南京国子监司业、南京吏部右侍郎、左侍郎、南京吏部尚书等职。后辞官从事著述，著有《困知记》《整庵存稿》《整庵续稿》。

《明史·儒林传》说："钦顺潜心理学，深有得于性命理气之微旨。"罗钦顺是明嘉靖朝最早挺身而出揭批阳明心学的主观唯心倾向的代表人物之一，有人甚至评价他是驳斥心学的"第一人"。罗钦顺认为，"心"只是认识事物的一种器官和能力，即"心者人之神明，性者人之生理，理之所在谓之心。""心"虽然涵有"理"，但决不能说"心即理"；"心"既然只是人的一种认识器官和能力，那么它也就是有限的，因为它必然随着人的存、没而生、灭，"天地之变化，万古自如，人心之变化与生俱生，则亦与生俱尽，谓其常住不灭，无是理也。"而阳明以"心"来"范围天地"，钦顺以为是完全站不住脚的谬论："若谓其心通者洞见天地人物，皆在吾性量之中，而此心可以范围天地，则是心大而天地小矣，是以天地为有限量矣。本欲其一，反成二物，谓之知道，可乎？"对于阳明心学理论中，视"心"为世界的根源、心主宰世界之类的思想，钦顺更断然予以拒绝。他认为"万物发育"根本与"吾心"无关，"若谓天地人物之变化皆吾心之变化，而以发育万物归之吾心，是不知有分之殊矣。"所谓"有分之殊"，即客观世界有其自身的运动规律，它与人的主观意志无涉，"发育万物自是造化之功用，人何与焉。"显然，钦顺反对以"心"来"范围天地"，实即是在坚持世界是客观的、是不以人的主观意志为转移的。

世界既然是客观的，那么认识当然也就是对此世界的感知，所以钦顺反对"致良知"而力主反映论。对王阳明"致良知"的认识论，钦顺是无法接受的。他的反驳论据主要有四：一是事物的规律是客观的，认识只是把握此规律，而决不是主观随意将规律赋予事物，"今以良知为天理，乃欲致吾心之良知于事事物物，则是道理全在人安排物无夫本然之则矣。无乃不得于言乎？"其二，"心"固然也是一物，但将认识即"格物"仅限于此"心"，钦顺认为显然是不妥的，"人之有心，固然亦是一物，然专以格物为格此心，则不可。……岂可谓心即理，而以穷理为穷此心哉？"其三，认识是一个实践的过程，"若夫学者之事，则博学审问慎思明辨笃行，废一不可，循此五者以进，所以求至于易简也。"而"致良知"却否弃认识的过程性，否认格物的客观实践性，实际上，阳明本人就一贯嘲弄外向的"格物"，其著名的"格竹子"故事就是例证，他还讥笑朱子的格物说是"支离"，主张"致良知"的"易简工夫"，即"厌夫问学之烦而欲径达于易简之域"！钦顺指出，心学的"好高欲速"，实陷入了禅学的顿悟泥淖，所以他称阳明之学"安于禅"。其四，阳明"致良知"说不合经典原意。钦顺认为《大学》讲的是"致知在格物"，"格物"而后才能"致知"，"如必以学不资于外，但当反观内省以为务，则正心诚意四字亦何不尽之有，何必于入门之际，便困以格物一段工夫也？"阳明误解、也曲解了经典的本意，于是其"致良知"也就有离经叛道之嫌了。

由于罗钦顺是张岳在思想战线上志同道合的盟友，所以张岳即使在他离休之后仍然念念不忘他在历史上所曾发挥的作用，特意上疏皇上要求朝廷要不时慰问罗老先生，让世人知道皇上对他的敬重，张岳就可以在江西旗帜鲜明地倡导程朱正学。当年就有人评价在明嘉靖年间，中国理学界能与王阳明进行理论争锋的唯有罗钦顺与张岳两人。可惜罗钦顺在 1527 年那年请求退休是因为他反对嘉靖帝和张璁为兴献王加尊号，而嘉靖帝对当年参与此事不支持他甚至反对他的人却始终耿耿于怀。而罗钦顺此后潜心于反驳王阳明的心学，为捍卫理学的正统地位作出了杰出贡献，即使在嘉靖六年五月时朝廷有意重新重用他为礼部尚书、吏部尚书时，他皆拒绝，"因见璁、萼方柄用，相与树党，屏逐正人，钦顺耻与同列，故屡诏不起"（见《明通鉴》卷五十三），因而得到了张岳的崇敬。

虽然罗钦顺谢绝了朝廷要重用他的恩典，但对张岳的美意却也心存感激，认为是张岳与自己"道同心契"的结果。这在《罗整庵自志》中有所体现：

> 甲辰之冬，行年八十，巡抚、都御史净峰张公岳为请存问之典，乃其为说，欲使缙绅学子，知某以正道正学为上所遵礼，莫敢不勉，率以趋于正风化所系，诚非浅小。自非道同心契其见于言者，孰能若是之深切哉！

罗钦顺后卒于丁未年（1547）四月二十四日，即张岳向朝廷打报告应存问罗钦顺的后三年。

张岳在到广东就任后还写信《答前冢宰罗整庵》给罗钦顺，表达自己未能当面请教之憾：

> 往年江右，匆匆期会，竟不能一造函丈，扣质疑难，以遂平生愿学之心。然窃读公书，而得其言论旨趣，则所私淑者多矣。

在江西，张岳"与邹守益、欧阳德、郭持平、罗钦顺辈辩论理趣，凡一切谈说性命，指为笼罩荒诞，排之甚坚"。作为一代理学宗师蔡清手下最得力的三干将，相比起陈琛和林希元后来以学问见长，张岳则是结合其在地方任职的优势，结合行政力量，在所到之处捍卫程朱理学，抨击阳明心学，成为与王阳明同时代的弘扬程朱理学的中坚力量。

三、二忤夏言

尽管江西的灾情是如此严重，可身为江西人的两任宰相夏言和严嵩却以皇上的恩赐为名，无视江西的灾情，继续盘剥江西人民，根本比不上邹守益的感同身受和大力呼吁。

为生人建生祠是明朝的一大陋习。清人赵翼在《廿二史札记》卷三十五明史中对此明确批评道："每一祠之费，多者数十万，少者数万，剥民财，侵公帑，伐树木无算。"但因是出于皇帝的恩宠，属公费开支，当然风光得很。

先是皇上赐夏言修建生冢（活人墓），有司商议夏言的故乡广信府每县各要广泛筹措一千两金供他使用。张岳虽与夏言是同榜进士，且夏言还是张岳任礼部主客司郎中时的顶头上司礼部尚书，但张岳早对夏言胡乱建议兴兵征讨安南就竭力反对，对他这时添乱更加反感，就反问道："难道是要用金子来做棺材吗？每县一百两金子就够了！"张岳大笔一挥，减掉了十分之九，如此大幅度地压缩首相的费用，不能不佩服张岳的勇气和为民减负的公心。本来张岳可以借此机会密切联系领导，与夏言搞好关系。然而张岳却毫不在意，不以自身利害关系为工作出发点，不在乎夏言的感受和对自己的印象。故史评"岳直躬任职，耻为攀缘"。难怪夏言会对他耿耿于怀、伺机报复了。

但是夏言毕竟是身居相职的同科进士，所以他还要假惺惺地道谢："爱人以德者，固当如此。"

张岳与夏言的另一次交锋发生时间更早，是为县级行政机构设置的事，顶住夏言的压力，与夏言拉开了更大的距离。事情起因于原弋阳县一个叫横峰的小地方要求独立置县而闹事。

从夏言给张岳的信《与张净峰巡抚书》中获悉，横峰百姓在一些生员的鼓动下，为求独立置县而哗众滋事，生员何俊被捉拿入狱。另一生员叶馨还跑到京都找夏言告状，指责张岳的不是。而夏言从老乡的角度支持和纵容叶馨之辈的所作所为，从"其善良者""贫穷者"及"其无良者"三种对象均"利于立县"来证明张岳的违背民意，最后得出结论"求其利害之故，益见其不可不立县"，并警告张岳此前横峰百姓造反的前科，对张岳施加巨大压力。夏言的言行无疑证明他是整个事件的总后台，也助长了叶馨、何俊之流的嚣张气焰，为张岳处置此事增加了相当的难度。

而张岳则在《小山类稿》卷九书四江右事《答夏桂洲》中给予答复和反驳夏言是"怵顽民一时邪谋，不度可否利害以徇"，理由是"太阿之柄，不可倒持授之顽民"。即使要真正立县，也应首先"设法捕其首谋三五人置于法"，稍振纲纪，使顽民知政策是由上面制订的，不是邪谋之所可胁迫，然后与之建立，统治才能持久，他日就任的县官，才"有所恃以自立"。否则，又该如何管理一县之民呢？

显然，张岳的思考是深思熟虑的，是为了江西上饶及弋阳一带百姓的长治久安。

但是官场的许多是非是由官职的大小来定的。张岳虽然这次不买夏言的账，但却扩大了两人之间的矛盾，给自己的仕途带来了诸多障碍，造成几次论功升官尽被夏言所打压的恶果，尽管这是他为人处世所不在乎的。张岳的侄子英德县令张宇在《与林警堂请序家传书》中记：张岳"而督抚大功辄不录，始扼于夏相也。"

《明史》列传第八十四夏言传中记：

> 海内士大夫方怨嵩贪忮，谓言能压嵩制其命，深以为快。而言以废弃久，务张权。文选郎高简之戍，唐龙、许成名、崔桐、王用宾、黄佐之罢，王杲、王、孙继鲁之狱，皆言主之。贵州巡抚王学益、山东巡抚何鳌为言官论劾，辄拟旨逮讯。龙故与嵩善，事牵世蕃，其他所谴，逐不尽当，朝士仄目。

可见夏言的报复心是相当强烈的，上述十几名戍守边关、罢官、下狱的高官都是他搞的鬼。他对张岳记恨也就可想而知了。

夏言与严嵩同是江西人，两人是左右相，但长期明争暗斗，其矛盾之深已到了你死我活的地步。明朱国祯《涌幢小品》卷之九记载，严嵩任礼部尚书时，于嘉靖十五年十月上奏："臣自十二年以太子太保给授诰命，又历少保少傅、并太子太傅、太子太师四级职务，乞赐三代诰命。又依据封荫妻子事例，凡继室，只允许一人。臣当给事中时，继室徐氏，封孺人，不久夭殁。又娶苏氏，今已二十年，未沾封典。每当两宫庆贺，中宫亲蚕诸大礼，都不能参加。就是因为她是臣妾之名分，才未能参加。盼望能够得到皇上恩准。"

皇上因为他长期负责礼部，多效劳绩，允之。可见苏本是妾壁，而立为继室。但是因为严嵩当时骄横，无人敢反驳。作为礼部大臣却玩弄礼节，所以他不得善终，是应该的。

苏氏，是广陵人，其父名苏纲，有个小女儿嫁给曾铣，与严嵩是连襟。苏纲出入两家，传曾铣准备收复河套之说。夏言大喜，负责其策。苏纲更加自负，与巡仓御史艾朴通贿作奸，为众所嫉。

严嵩已经一一侦知其暗中所做坏事，但是隐藏很毒很深。夏言还不醒悟，妄自以为河套指日可复，得意甚，作《渔家傲》一阕。刚好黄泰泉至。夏言得意地

净峰风骨：明代名臣张岳传

掀须示之，并请黄答和。黄有"千金不买陈平计"之句，其实是在讽刺他。夏言大骂，就指使御史将黄泰泉驱逐回家。黄离开三日后，夏言的灾祸就发作了。

壬寅、丁未、丙寅、壬辰，这是夏言的生辰八字，即年月日时。江西有个著名的术士叫王玉章，于少年时，就事先批其命书云：

> 如今还是一书生，位至三公决不轻。
>
> 莫道老来无好处，君王还赠一车斤。

车斤，就是斩也。

相传夏言临刑，世宗在紫禁城中，"数次起看三台星，皆灿灿，无他异，遂下朱笔。传旨行刑，拥衾而卧。旨方出，阴云四合，大雨如注，西市水至三尺云。京师人为之语曰：'可怜夏桂州，晴干不肯走，直待雨淋头。'"

夏言既死，严嵩更加盛气凌人。京师人又为之语曰：可笑严介溪，金银如山积，刀锯信手施。尝将冷眼观螃蟹，看你横行得几时。

夏言到底与严嵩有什么深仇大恨呢？据焦竑《玉堂丛语》卷之八仇隙条记载，其实起先也没什么大了不起。严嵩曾经对徐阶说过："我平生被贵溪所欺负，不可胜数，最让我无法忍受的有两件事。其一，我当礼部尚书时，贵溪任首辅。我多次要办酒席请贵溪，他都不答应。偶尔答应了，到前一天就又推辞掉了。这样一来，让我好不容易准备的贵重东西如红羊、貔狸、消熊、栈鹿之类，俱付之乌有。又有一次，我等到与他一起上朝时又请他做客，身边还有次辅诸城相劝。他说：'我某日赴宴，从朝中出就直接去拜访你，中途就不回家了。'到约定的那一天，诸城先在西朝房休息等候他。可是贵溪还是回到家中，到他的另一个宠妾那里就寝，等到傍晚才到。就座之后，进酒三勺，'一汤，取略沾唇而已'，就突然傲然而起，长揖之后，就命扛轿走了，诸城也不敢落后。我们三人，竟然没有说过一句话。"就是这两件事让严嵩长期怀恨在心，也导致夏言丢了性命。其实还有许多更深层次的摩擦与冲突，如严嵩曾为求夏言饶恕他那贪渎的儿子而下跪。虽然夏言为此宽恕了他，却在心里播下了仇恨的种子，随着适宜的政治气候渐渐发芽。

四、三忤严嵩

此后严嵩代夏言为相。嘉靖帝赐严嵩建府第，名其阁叫延恩阁，由江西地方财政出钱兴建。

嘉靖二十二年五月庚子"严嵩家起堂室，以尊藏宸翰为名，奏乞赐额，诏赐堂曰'忠弼'，楼曰'琼翰流辉'，供奉玄像曰'敕赐延恩之阁'"（见《明通鉴》卷五十八）。有司请求张岳供给经费。这正是张岳刚上任的时候，严嵩的试探和考验就来了。对这个江西分宜县的新任宰相，张岳不但没有考虑怎么去巴结讨好他，反而只批示说："只给千两金子。"他的随从和下属听后都十分惊讶，认为太少，请求再增拨一些。张岳却说："江右的百姓已经穷困到了极点了。相君怎么可以大兴土木建高第来危害自己的故乡呢？何况供应的经费也是按照惯例来实行的，确实是奉朝廷的明确旨意来实施的。如果各位担心害怕，我不会连累各位，会自己承担责任。"想巴结严嵩的部下还嫌少，一再请求再增加，最后张岳批文也只给了一千五百两金子。严嵩的亲信再三请增，被张岳断然拒绝了。

张岳为此还专门修书《答严介溪阁老论延恩阁一》给严嵩，劝诫他说："兴建延恩阁滥用了皇上的恩典，也应该记住恭俭的训言。岳仰体德意，所以裁减了经费。"

> 延恩经始，某颇究心。盖仰体公所以超俗贻谋之意，而以义理裁成之，其细微曲折，有非流俗所能知者。但闻之守巡诸人，似于部位高下之间，更须斟酌。居第为子孙计，与官府署居徒侈观美者不同。望详尽以付所司，使作者不至于徒费，居者不至有后悔。若日勉为轮奂以为观美，想公意原不至此。

信中张岳公开反对大兴土木兴建延恩阁、宝纶楼，忠告严嵩不要使"居者不至有后悔"。他婉转地认为把延恩阁建得美轮美奂不是出自严嵩的本意，所以自作主张"以义理裁成之"，免得授人口实。可是对于张岳的用心良苦，严嵩父子才根本不在乎呢！

刚好有京城行人使者来赣，严嵩便装模作样寄他带五百两金子来，交代说"皇上恩赐兴建楼阁，费用较大，我拿出皇上所赐的金子来相赞助。"其言下之意是要张岳领会这是出于皇上的旨意，说是给张岳用来增添兴建延恩阁的费用无非是试探而已。而严嵩的儿子严世蕃也私下交代办事的礼部行人不要拆封，要封金带回京城。张岳却不买账，要假戏真做。礼部行人慌了手脚，两次坦白交代了严嵩父子的真意，希望张岳等人正确领会领导的真实意图。"所司疑不敢决"。而张岳却假装糊涂，对来人说："岂有没父善美从子恶？"岂有否定做父亲的好意而服从做儿子的恶意？严嵩当政期间，他儿子严世蕃辅力甚大。严世蕃虽生得肥且丑陋，还瞎了一只眼睛，却天性聪颖，文才比其父犹有过之，揣摩圣意更是天下一绝。嘉靖的诏书向来语焉不详，而严世蕃则能从只言片语判断出他的喜好，严嵩每次按他儿子的意思上折，无不中的。虽然是严嵩当首辅，严世蕃仅官至工部左侍郎，其实背后是严世蕃在当首辅。这是朝廷内外都清楚的事实。可是张岳却公开指责严世蕃的暗示是可恶的，不给面子，其一身正气溢于言表。这在整个朝廷的内外重臣中是非常罕见的。而严家的钱历来是有进无出的，人家争着行贿还怕他不收，从来没听过没见过朝廷内外有谁还敢收严家的钱，自然大出礼部行人的意料之外，傻了眼，不知如何向严嵩父子交代。刚好严嵩的大家奴将入京，请求张岳批准其关文，为他提供一路方便。张岳却认为虽是首相的家奴，却没有主子的命令私自请关不予审批，将他赶了出去。家奴回家后极尽挑拨离间之能事，引起世蕃暴怒。严世蕃就口出狂言，扬言要张岳的好看，以后要好好修理修理他。两件事交织在一起，使得一人之下、万人之上的严嵩父子认为张岳太不把他们放在眼里。严嵩心内已经衔恨张岳，表面上却回信答谢说："延恩之制诚俭，然出足下，则为伯夷之所筑。"

实际上，严嵩在信中已经暗示张岳正人君子式的迂腐。可惜张岳对严嵩仍然抱有幻想，以为自己"平日于此老，知分亦不浅"，所以自己认为"当世路竞弛之时，惟有自我约束，才能做到处己处人，可两全而无憾。"而正直的张岳还是误解了严嵩的用意，对于严嵩的回信还是很感激，以为严嵩能理解他的用心良苦，称赞他的廉洁把他比作古代的名人伯夷。所以其年夏天张岳在第二封信中还称赞他的雅量。

答严介溪阁老论延恩阁二

差人回，承教翰，奖予敦至，不胜感佩！辱公知奖，公事即某事也。"伯夷之所筑"者，某固不敢当此。然以公盛美，亦必以伯夷之所筑者筑之，然后足承渥恩，垂世范，光绝缙绅之间，且为袁人百十年故实。彼徇流俗之意，奉承左右，公所不欲，亦某所不敢也。鄙意见谅，益服雅量！

入夏渐热，伏惟倍加调变，副中外具瞻之望，不宣。

这个天大的误会直到丘养浩来信批评他才恍然大悟。同乡都御史晋江人丘养浩听到严嵩父子要报复张岳的内情这个秘密消息后忙密告张岳，批评他不会做顺水人情，"岳所善友人密告岳稍大其眼孔"，眼睛要睁大一点，今后凡事要小心点。张岳承认自己"诚有太寒俭处，而付来之物，并入支消，皆有之"。因为张岳自己估算大约"此事估其木料等项，价一千五百金"，所以就据实核拨，从没有像其他人有故意多拨以讨好严嵩、结其欢心之意。对于严嵩父子的贪婪，张岳不会毫无所知。他这样做，明显就是对严嵩父子的一种蔑视，难怪被视为一种挑战的信号。而对于严嵩父子的威胁，张岳则表态道："寒骨棱棱，少马革一张。自分已定，公毋念也。"

"马革裹尸"是汉朝名将马援出征交趾时立下的誓言，为表达他自己要为国捐躯沙场的决心："男儿要当死于边野，以马革裹尸还葬耳。"而张岳此时就首次表示要以马援为榜样，宁愿为国牺牲，浑然不顾自己的身家性命。而这句话也为张岳的未来打下了伏笔。而目睹奸相严嵩对劳苦功高的边帅的无情陷害，张岳已经抱定牺牲的决心。此后严嵩三次阻拦张岳回京，直至他病死在湖南还不罢休。

丘养浩，字以义，号集斋，晋江人，正德十六年进士，授余姚知县，官至四川巡抚。丘养浩出任浙江余姚知县时，面对文献之邦还有畏难之色。张岳《赠丘君以义宰余姚序》鼓励之。

张岳对丘养浩的担心不以为然。他认为一个地方百姓性情"之刚柔、缓急、直诈"，与当地的水土等自然环境及习尚是密切相关的，无不受到地方官"贤士君子"的影响而改变。他认为当今执政者，其主要弊病是在于"以甚难诬其民"，将责任全部推给刁民之类，诬陷盘剥百姓。而对自己内心深处"心术隐微之间"，反而自我宽恕。所以张岳勉励丘养浩要"宅心定志、反躬自励"，信守理念，深刻反省自己。后来丘养浩果然不负所望，被列入名宦，余姚人对他评价甚高。《钦定四库全书·浙江通志》卷一百五十三名宦八绍兴府记：

净峰风骨：明代名臣张岳传

邱养浩：晋江人，正德中知余姚，才识明敏，黠胥莫能为奸，视义勇为，寒寒不移，旌善良，抑豪横，民皆知所劝诫。时姚赋役多奸欺，养浩洞见弊源，乃定为横纵册，厘正之，最称均平，擢御史，去，民思之至今。

从延恩阁之事起，严嵩便对张岳怀恨在心，时时想着要寻机压制、打击张岳。这些史实在后来朝中正直大臣李廷机的《国朝名臣录》及苏茂相的《皇明宝善类编》等书中均有记载。严嵩在等待整治张岳的机会。《明通鉴》卷五十八记载了严嵩几起打击报复之事：

嘉靖二十二年九月，逮山东巡按御史叶经，严嵩以私憾构之也。

初，嵩官礼部，以秦晋二藩宗人袭封事受重贿，经奏劾之。嵩惧甚，力弥缝，得免。是科，山东进乡试小录，上览第五策防边一问，语含讥讽。嵩乃嗾张璧等，谓"今岁虏未深入，辄以屡饱为词，请逮考试官周矿等"。会经时为监临御史，嵩乃密言于上，谓"御史实主试事"，上乃降旨斥经狂悖，杖八十，黜为民，创重卒。矿及提调陈儒等皆谪官。嵩之借事激上怒以杀异己，自经始也。

张岳离开江西一百多年后，雍正《江西通志》卷五十八名宦二统辖明二是如此评价的：

张岳，字惟乔，惠安人，正德进士，官行人，谏南巡，杖谪南京学正。嘉靖初，复官，寻以右副都御史巡抚江西。贵溪相治生冢，广信七县议各措千金。岳曰："岂范金为椁乎？县百金足矣。"分宜相奉赐建延恩阁，岳批牍与千金。所司请益，不许。乙巳大饥，设法措赈，奏留京折银五万两，又请折正竟米数十万石。以故饥而不害。卒赠少保，谥襄惠。（据《福建通志》）

这段评价虽抄录于《福建通志》，却也如实反映了江西百姓对张岳为减轻人民负担不惜冒犯权贵、竭尽全力赈灾救民的感激之情。

第九章

总督两广

嘉靖二十三年甲辰（1544）七月丙寅，圣谕升巡抚江西、都察院右佥都御史张岳为右副都御史、提督两广军务，兼理巡抚。

嘉靖二十三年九月十六日，吏部一纸任命方到，奉圣旨，张岳升任右副都御史（正三品），并接替蔡经提督两广军务、兼理巡抚，开始了新征途。

嘉靖二十四年（1545）正月初五日，张岳到达广东南雄，与蔡经交接手续，照例又上疏谢恩。见《小山类稿》卷三奏议三《两广到任谢恩疏》。

如何治理两广？看来张岳已有自己的打算，从谢恩疏中可知其初步治政方针是："公廉并施，宽猛得宜"，重点要做到"俯察群情，仰尊邦宪，兴滞补弊，去秽扶良。公以灭私，赏罚期于信必，虑而后动，拙速胜夫巧迟。"

当年的两广总督府并不在广东，而是在广西梧州，成化五年（1470）冬，明宪宗在梧州创建，是中国历史上第一个总督府。首任韩雍，以右都御史任总督两广兼巡抚。韩雍曾为此撰写了一篇《建总府记》，刻碑立在当时的总府衙门。到嘉靖四十五年（1566），两广总督由梧州改治广东肇庆。当时，梧州设有三总府：总督府、总兵府和总镇府，驻地在今东正路、东中路及建设路一带。其建筑布局，以总督府为主体建筑中心。总督府在城内东北土阜上，为城内最高点，正堂门前有楹联曰："开府梧州，总制百粤。"总兵府在右、总镇府在左，三府会政厅在总督府前。

明张瀚（浙江仁和人，嘉靖后期曾任吏部尚书）撰《松窗梦语》卷之二《南

游记》对当年的两广总督府有段亲身的描述:

> 至封川,遂达梧州。梧州东临大江,风气稍凉,西逼深山,草木茂密,天色时阴翳,多江山瘴疠之气。中设总督府,院宇亭榭数十座,池塘数亩,多奇花异木,杂丛林中,莫可辨识,鸟雀飞鸣其间,声音聒耳。院中大楼七间,皆香楠、铁力所斲,壮丽无比。前堂高巍,每坐堂中,晨兴多暧昧,日将中,气渐清肃,稍昃,见地中瘴雾如香烟数缕,冉冉而起,顷刻弥漫布濩遍堂奥,苍茫混六合为一,上下皆晦冥矣。

从此,嘉靖帝便将张岳真正当作堪当大任的一方封疆要员来使用,以便为国分忧了。因为两广总督的位置无论是明、清都是相当重要和显赫的,恐怕仅次于京畿边的宣大总督而已。

泉州府闻讯,为兵部侍郎张岳立"大总制坊"于郡城。

嘉靖实况

张岳此时面对的是一个趋向没落差点崩盘的大明江山。正德初年就已出现了"战则无兵,守则无食,民生穷苦,府库空虚,风俗倾颓,纪纲废弛,赏不当功,罚不当罪,法令不行,名器冗滥,诸司弊政,日益月增,百孔千疮,随补随漏"的败象,时人惊呼:"祖宗天下,至正德间几倾覆矣!"

嘉靖十九年六月,张岳的恩师李如圭从南京工部尚书改任户部尚书。户部侍郎张润升工部尚书。从张润一上任给嘉靖帝的一份报告所汇报的四件事中,嘉靖朝的财政危机就已经暴露无遗了:

> 一议工部节慎。库见贮止六万余两,而所欠夫匠、物料尚二十七万,无从措办,拟借户部每年扣省通惠河脚价及崇文门税、皇庄草场子粒等项银两。
>
> 一议户、兵二部见食粮。官军宜赴工者,计各营锦衣卫等处共六万余名,查拟分拨,可省雇役之费。

一议暂停西苑仁寿宫及鼓楼等，俟前工告完，以次举行。

一议四郊所费银两不过四十六万，慈宁宫不过四十八万。乃今慈宁宫已用银七十一万有奇，一号等殿已用银七十六万有奇，费渐侈矣，而工犹未完，乞敕内外撙节。

疏入，惟西苑及殿工宜并力速成，余暂停止。

（见《明通鉴》卷五十七）

嘉靖中期以后政府财政长年亏空，变本加厉催征搜刮的结果，非但不能改变"匮乏之极"的困境，反而激化了阶级矛盾，"神运鬼输，亦难为谋"，濒于崩溃的危机之中。

一是土地和粮食生产问题。皇庄庄田的增多，是伴随着整个社会富豪兼并土地的日趋激烈、土地集中的加剧进行的。皇帝、亲王、官僚、富豪诸兼并力量交织在一起，使大量农民失去土地。明中叶成化间，大同、宣化、北直隶的良田一半被豪家占领（《续通考二》），江南"有田者什一，为人佃作者什九"。福建一些地区十之七八的土地被外地地主占去，本地农民成了佃农。正德帝登位仅五个月，就在大兴县境内建立皇庄七处，此后累加至37595公顷，为京师八府官民田总数的七分之一。据不完全统计，大明的官民田总数为700余万顷，最高峰时皇庄就达到10万—20万顷！

万历进士、曾任职翰林院的余继登（1544—1600）在《典故纪闻》卷十七中记：

嘉靖初，詹事霍韬言："洪武初年，天下田土八百四十九万六千顷有奇，弘治十五年，存额四百二十二万八千顷有奇，失额四百二十六万八千顷有奇。是宇内额田存者半，失者半也。因备查得湖广额田二百二十万，今存额二十三万；河南额田一百四十四万，今存额四十一万；广东额田二十三万，今存额七万。此皆欺隐于小民者也。洪武初户一千六十五万有奇，至弘治四年仅九百一十万。洪武初口六千五十四万有奇，至弘治四年仅五千三百三十八万。国初宜少而多，承平宜多而少，何也？又按天下藩府，洪武初，山西惟晋府一王，岁支禄一万石。今增郡王将军中尉而下共二千八百五十一位，岁支禄米八十七万有奇，则加八十七倍矣，举山西而天下可推也。又按天下武职，洪武初二万八千余员，成化五年至八万一千余员，增四倍矣。锦衣卫官洪武初二百一十一员，今一千七百余员，增八倍矣。户口日减，费用日增，可不思所以处之也？"

大规模的土地兼并也破坏了屯田制度，从王侯到大地主，都用种种办法侵占屯田卫所的土地，不少官宦让士兵"私役在家，侵其军粮"，使屯田"田归豪家，赋累贫家"。如陆西镇宋太监王贵占官田百余顷，私役军丁九百名。明初军粮主要靠军屯供应，到弘治时只能从国库支付了，天下屯田被"侵占盗卖十去其五"（《明经世文编》之三）。这不仅影响了国家的财政收入，也削弱了边防力量。

明藏书家何良俊（1506—1573）撰《四友斋丛说》卷十三史九记：

余谓正德以前，百姓十一在官，十九在田，盖因四民各有定业。百姓安于农亩，无有他志。官府亦驱之就农，不加烦扰。故家家丰足，人乐于为农。

自四五十年来，赋税日增，徭役日重，民命不堪，遂皆迁业。昔日乡官家人亦不甚多，今去农而为乡官家人者，已十倍于前矣。昔日官府之人有限，今去农而蚕食于官府者，五倍于前矣。昔日逐末之人尚少，今去农而改业为工商者，三倍于前矣。昔日原无游手之人，今去农而游手趁食者，又十之二三矣。大抵以十分百姓言之，已六七分去农。至若太祖所编户口之数，每里有排年十人分作十甲。每甲十户，则是一里总一百户。今积渐损耗，所存无几……况府县堂上与管粮官四处比限，每处三限，一月通计十二限；则空一里之人，奔走络绎于道路，谁复有种田之人哉？吾恐田卒污莱，民不土著，而地方将有土崩瓦解之势矣。可不为之寒心哉？

著名史学家翦伯赞主编的《中国史纲要》修订本下册中也提到"明朝中叶，土地兼并日趋激烈，皇帝、王公、勋戚、宦官所设置的庄田数量之多，超过了以往任何时代。"

二是腐败问题。各地官府对于天下百姓的疾苦充耳不闻，对患水灾、旱灾的地区照收不误，致使朝廷明令豁免，下面也不执行，导致政令不通，黎民百姓不堪其苦，引起了嘉靖帝的震怒：

> 嘉靖时，世庙因灾荒敕谕都察院，内一段言："朕近因民穷，屡有蠲贷之命，闻所在官司仍微又催之者。夫官免之意在裕民，却乃如是。谕财则官民两不获，上拥虚名，下受重困，法令俱亡。着议处考究，其有欺隐及不遵的。从重治罪。"按此弊在今为尤甚。
>
> （《典故纪闻》卷十七）

上梁不正下梁歪。各级官吏上至宰相下至乡绅，大多欺压百姓，横行乡里，目无法纪，罪大恶极，罄竹难书。清代赵翼在《廿二史札记》中写了一篇文章叫《明乡官虐民之害》进行揭露：

> 前明一代风气，不特地方有司，私派横征，民不堪命。而缙绅居乡者，亦多倚势恃强，视细民为弱肉，上下相护，民无所控诉也⋯⋯
>
> 《梁储传》：储子次摅为锦衣百户，居家，与富人杨端争民田，端杀田主，次摅遂灭端家一百余人。武宗以储故，仅发边卫立功⋯⋯次摅最好束人臂股或阴茎，使急迫而以针刺之，血缕高数尺，则大叫称快。此尤可见其恣虐之大概⋯⋯
>
> 《焦芳传》：芳治第宏丽，治作劳数郡，是数郡之民皆为所役⋯⋯

三是财政问题。皇庄、王庄土地不纳税，屯田破坏也减少了财政收入；而皇室消费也有增无减。明初"亲、郡王、将军才49位，女才9位"，到嘉靖末年已达28490位，至明末时复增至数十万人。《涌幢小品》卷之二十·多子记，明太祖第三子晋王朱㭎的后裔庆成王朱济炫整天没事干，"生一百子，俱成长，自封长子外，余九十九人封镇国将军。每会，紫玉盈坐，至不能相识。"而所有这些皇亲国戚根据大明的规定全都由国家抚养，不许从事劳动或营业性收入，成了坐享江山的寄生虫。当庆成王生了94个儿子时，就受到山西巡抚杨澄举报他严重"违反计划生育条例"超生，并怀疑他私自抱养。为此，礼部还专门成立"计生专案组"调查。后来证实这94个儿子全部都是他亲生。于是皇上出台了限制郡王以下皇室王族娶小老婆的人数。而新政策施行之后，庆成王又生了六个儿子。不让他生儿子，他整天又能干什么活呢？

《礼部志稿》卷七十三·宗藩备考·藩爵·王封禄秩记：

> 各王岁支禄米初封袭封俱一千石，
> 镇国将军郡王子每位禄米一千石，
> 辅国将军郡王孙每位禄米八百石，
> 奉国将军郡王曾孙每位禄米六百石，
> 镇国中尉郡王玄孙每位禄米四百石，
> 辅国中尉郡王五世孙每位禄米三百石，
> 奉国中尉郡王六世孙每位禄米二百石，
> 郡王亲王女仪宾封中奉大夫从二品共食禄米八百石，
> 县主郡王女仪宾封亚中大夫从三品共食禄米六百石，
> 郡君郡王孙女仪宾封朝列大夫从四品共食禄米四百石，
> 县君郡王曾孙女仪宾封奉训大夫从五品共食禄米三百石，
> 乡君郡王玄孙女仪宾封承务郎从六品共食禄米二百石。

即便如此，还是有相当一部分宗室日趋贫困。如代府奉国将军朱聪浸所说：

> 臣等身系封城，动作有禁，无产可鬻，无人可依。数日之中，曾不一食，老幼嗷嗷，艰难万状。有年逾三十而不能婚配，有暴露十年而不得殡埋，有行乞市井，有佣作民间，有流徙他乡，有饿死于道路。名虽宗室，苦若穷民，俯地仰天，无门控诉。

有的宗室甚至堕落到了盗墓为生的下贱地步！（见《明实录世宗实录》卷四九三，嘉靖四十年二月丁巳条）宗室尚且如此，何况黎民百姓？

清赵翼在《廿二史札记》卷三十二明史中记：

> 而法之尤不善者，在乎支庶日蕃，徒仰岁禄而别无出仕及谋生之路，宗支既多穷迫，而国力亦以坐困。《明史·表序》，谓亲王或可自存，

郡王至中尉空乏尤甚……

嘉靖中，御史林润言"天下财赋，岁供京师，米四百万石，而各藩禄米，至八百五十三万石，即无灾伤蠲免，亦不足供禄米之半。年复一年，将何以支？"此可见国家养给各藩之竭蹶也……

靳学颜疏，"我朝分封列爵，不农不仕，吸民膏髓是也。"

四是军队问题，包括军费、兵力和战斗力等。《明通鉴》卷五十九记：

（嘉靖二十八年）八月，己亥，诏"户部核天下出纳之数以闻"。

是时边供繁费，加以土木祷祠之役，月无虚日。帑藏匮竭，司农百计生财，甚至变卖寺田，收赎军罪，犹不能给（《明史》卷七十八志第五十二食货二同记），乃遣部使者括逋赋。百姓嗷嗷，海内骚动。

那么当时嘉靖朝的军事兵力和军费开支实况又如何呢？《皇明典故纪闻》卷十七中所记，嘉靖朝兵力是严重不足的，冒领贪污现象相当严重，军费开支是明初的四倍，甚至出现了"户部支粮则有，兵部调遣则无"的怪现象：在保卫天子的京城尚且如此，其他省份可想而知，其难度当超出我们的想象。

由于北虏南倭，军费一直在增长，财政收支逆差增大，到嘉靖二十九年，中央财政收入一千万两白银，而仅军饷、修要塞所需支付，两项即需要一千三百万两。嘉靖以后每年财政亏空达数百万两，积累已超于零。国家财政已经到了赤字的地步。

军队的情况是如此，将领又如何呢？同卷交代：

嘉靖时，御史屠仲律言：

诸将御寇，不善用兵之弊：先发后行，克期始动，前军未起，先声已闻，弊一；

谋不预成，计不先定，冥行突进，动陷伏中，弊二；

守不据险，屯不列要，奔急救难，贼逸我劳，弊三；

兵不专一，主客杂聚，卒遇狡贼，易衣变饰，突然前来，不能别识，弊四；

兵无素统，将不预设，一遇有警，卒然命官，本以乌合之人，帅以未识面之将，弊五；

法令姑息，纪律不肃，进有必死之恐，退无伏锁之虑，畏敌而不畏将，弊六；

地形不习，险易不识，趋利不及，避难不早，弊七；

粮糗不储，刍料不周，远兵劳役，抚恤未至，枵腹待毙，穷愁思归，弊八；

士不精选，勇怯无辨，前击后解，然而散，虽悍夫勇士，或以无援而力屈，或见先奔而胆丧，弊九。

九弊不除，虽颇牧操刃，贲、育执戈，莫能济矣。

政治、经济、军事、社会等各种矛盾的交织，给社会生产力带来了极大的破坏，造成明代农民起义此起彼伏。以惠安为例，张岳好友吏部郎中李恺在《抑斋介山集》卷十六《为惠安乞并图》中所言：福建惠安"以一图言之，百户之中，死绝者已三四十户，以一县言之，三十六里之中，不可以为里者"。

据《明代政治史》第一章《明代的阶级结构和阶级关系》记：

"从洪武到宣德的60多年间，全国各族农民起义和反抗事件共411起；从正统到正德的86年中，共发生农民武装反抗505起，其中弘治朝71起，正德朝125起；从嘉靖到万历的100年中，共发生农民武装反抗463起，其中嘉靖朝244起，隆庆朝45起，万历朝174起。"如此频繁的反抗是中国历代中绝无仅有的。所以著名历史学家、原北京市副市长吴晗说："明朝历史上有一个很奇怪的现象，就是明朝建国不久就发生农民战争……这种斗争一直到明朝灭亡没有停止过。明代农民战争次数之多，我看历史上任何一个朝代都不能比。"

这在广西府江一带尤为典型，居然达到了"用兵无虚日"程度，为全国罕见，以至有人认为此地少数民族已到了不可救药的地步，无法用恩德来感化他们了。

雍正《广西通志》卷九十二诸蛮记：

有明如断藤峡，如府江、八寨、古田，用兵无虚日，威克有之矣，能以德化乎？

参加纂修《明史》的康熙朝翰林院检讨朱彝尊编《明诗综》卷一百载：

藤峡谣

自藤峡经府江三百余里，诸蛮互为死党，出劫商船，得人则刳其腹，投之江中。峡人谣云："盎有一斗米，莫沂藤峡水。囊有一百钱，莫上府江船。"

永通峡谣

藤峡平后，正德间遗孽渐蔓，峡南尤甚，横江御人，莫可禁制。都御史陈金以诸蛮所嗜鱼盐，乃令商船度峡者，以此委之。道稍通，金疏其事，请名永通峡。诏从之。未几，诸蛮征索无厌，稍不惬意，辄掠杀之。

问题的总根源出在嘉靖帝身上。嘉靖初登大位，颇有明君气象，但不久便玩弄权术，耽于享乐，倚重严嵩等奸臣残害忠良，又特别崇信道教，醉心于斋醮、方术、祥瑞等无聊之事。鉴此，大臣们大都希望嘉靖振作如初。御史杨爵沉痛谏道："陛下即位之初，励精图治，尝以《敬一箴》颁示天下矣。乃数年以来，朝御希简，经筵旷废。大小臣庶，朝参辞谢，未得一睹圣容。"他期望嘉靖"念祖宗创业之艰难，思今日守成之不易，览臣所奏，赐之施行"。可是嘉靖皇帝览书大怒，将杨爵下狱论罪。

拜祠祭祖

张岳到任大概半年后，就到梅岭去祭拜张九龄祠堂。

梅岭又称梅山、大庾岭，居五岭之首，地势险要，奇峰叠秀，逶迤数百里，是赣粤边界的一道天然屏障。梅岭有一隘口叫梅关，始于秦，在大庾岭上梅岭筑关称秦关，是最早的梅关古道。关楼雄跨赣粤两省，素有"岭南第一关"之誉。南雄市梅关关楼和梅关古道，全长8000米，是全国保存最好的古驿道。

梅岭的得名相传是根据越人首领梅绢得来的。战国时中原战乱不堪，大批越人南迁岭南，梅绢率越人在梅岭一带安营扎寨，后来又因破秦有功而受项王封为十万户侯，故名梅岭。梅岭在岭南经济文化发展史上起了重要作用。梅岭自越人开发后，成了中原汉人南迁的落脚点，中原文化逐步在梅岭生根开花，并向岭南传播开去。

张九龄开凿梅关古道，实际上将海上丝绸之路与陆上丝绸之路连接在一起。今天珠江三角洲的居民，其先祖大多是经梅关古道南迁的。

在梅岭，张岳虔诚地为张九龄献上了一篇祭文，一来表达自己对这位盛唐贤相、老祖宗之兄的崇敬之情，二来表白自己"激扬劝惩，以矫变风俗，欲使纪纲正，军实修，繁讼不兴，奸宄寝息"的决心。

张岳对张九龄是相当敬重的。早在江西，张岳在吉水永丰县不久前已故大臣张元祯（号东白）学士家，买到一幅张九龄的画像。张岳把这幅画拿去请教对画比较内行之人鉴定，说是大唐著名画家吴道子所画的真迹。像的右边有中书省的大印，上有宋阜陵（宋孝宗赵构）题赞。而吴道子是与张九龄同时代的人。所以张岳认为这可能是张九龄任职中书省时所画。据张岳考证，宋朝曾录用唐名臣之后，只有狄梁公（即狄仁杰）、段司农（即段秀实）、郭汾阳（即郭子仪）与公四家子孙当受官者，持画像、诰敕、玄宗御札诣阙下为左验。宋徽宗宣和中（1119—1125），御札留在秘府，画像仍归其家属。所以张岳推断这幅画像就是当年留传下来的经宋孝宗御览并撰像赞的那幅。

史称张九龄"体弱有蕴藉，玄宗每爱其风度"。张岳往来广东曲江多次，所见到的张九龄画像有好几种版本，都是"丰硕盛丽，有富贵气"，早就怀疑不是当时真本原件。等到在江西所见到的张九龄画像时才发现张九龄"虽风度凝远，而凛然严峻，有不可犯之色，望之知为正人君子也"。所以张岳断定他以前看到的张九龄画像都是几经后人"转相模写"而失真，这次他得到的才是真迹。张岳考证，张九龄"以开元二十一年（733）十一月再入中书，二十四年十一月罢政事。其时主德寝荒，小人朋比用事，公侃侃谔谔，事无细大，必力争，听从者十不能二三。"所以在张岳眼里，"今观此像，义形于色，若有不尽忠愤者"。于是在乙巳（1545）秋七月既望，张岳请人临摹了一张送给守祠裔孙张泽禧，保存在祠中，并为此撰写了《题曲江公小像》一文，交代了事情的来龙去脉。全文见《小山类稿》卷十七杂著一。

张岳在广东韶州，顺道去祭拜了老祖宗张九皋之墓和张氏曲江祖祠，并作《告殿中公文》以祭之，见《小山类稿》卷十五：

> 呜呼！文献公兄弟四人，惟公子姓最蕃。公诸子传者九房，惟第五房仆射府君，子姓尤蕃且显。而历唐、五季，迁徙离散。在宋惟广汉，在今日惟我锦田，尚知为系出于公也⋯⋯

原来当年这里曾发生盗墓之事。起先郡守陈绍以为是在牢原的张九龄夫人的墓被盗挖，向地方当局汇报。张岳当时凑巧也在始兴张氏宗祠，不认同这个观点，他认为那就是殿中公张九皋之墓。可是其他人都赞成是张九龄夫人墓的说法。张岳说必不得已就只好打开墓坟见分晓了。结果打开之后，果然就是张九皋之墓。而且从墓中还发现了一方石碑，里面居然有"惟岳降灵，自天钟美"八个字。而神奇的是就在这仅有的八个字中，竟然有张岳的名，还有他原来的表字钟灵（后改维乔）。所以张岳大吃一惊，一时有谶语之感，认为冥冥之中有老祖宗在等待他的到来，与他有缘。张岳参与了张九皋墓的重修过程，并且雇人采伐来一块大石头，将张九皋之墓志铭篆刻于其中，放置在墓中的隧道中。他甚至感叹当地的张九皋的子孙分不清其所属，故还设想从惠安老家请一人来此护墓，以保证张九皋之墓不至于荒废无闻。

张九龄、张九皋兄弟墓现在韶关市武江区墩子头村翠珠岭。

张岳这段经历居然也记载在大田的族谱中，而且还有惠安张坑和广东曲江武临原（一名牢原）的祖墓地形图。族谱记录如下：

> 墓有白鹤、素鸠、紫芝产于墓庐，（开元）二十八年（740）春，公由荆州长史请拜扫其墓，夏五月卒。明年孟冬，祔葬先茔。天宝十四载（755）殿中公卒。明年葬于其先茔，去先茔二百余步。至正德（原文误，应为至德）二年（757）冬，文献夫人谭氏卒，葬殿中公东少南，去二十余尺，凡张氏坟墓在武临原如此。文献性至孝，不忍远违其亲，故葬于先陇穴前。今正穴为高冢者，太常公坟。其抱中少西不数步，文

献坟也。地势仅容一穴，乃夫人不得不别葬。碑所谓"同茔异穴、卜兆从宜"是也。长庆二年，立文献墓碑之后，志云："茔坟在西北。"去此三百四十四步碑立，太常公坟在其西北也。历时既久，讹太常公坟为文献，又讹殿中坟为夫人。而文献与夫人坟则指为子孙之祔葬者。

嘉靖庚子（1540），盗伐殿中坟，有司承讹以文献治盗，断案已成矣。寿房进士岳遇曲江，论其曲折，曰："此必殿中坟。"人莫之信。乃从所循盗故穴索其志铭，得之，果殿中公坟也。志铭有云："惟岳降灵，自天钟美。"不肖（张岳自称）初字钟灵，名与字已先见志中。盗伐墓适不肖入广，而志出墓后，已有数使然者。圹中容人行立，无别物，亦多堙泐不全，志铭多残缺，姑置之。

祭扫完张九皋之墓后，张岳又到张九龄的宗祠中去拜祖，并且与当地官员共同重新修葺张氏宗祠，并把他们列入郡祀人物。张岳还亲率有司郡士及张氏家族子孙安放神灵之位，所以又写了《韶州三祖祠告文》，祭拜张九皋、张抗、张仲方等三位祖先，即文中的殿中府君、仆射府君、秘书府君。张九皋、张抗、张仲方在国史《唐书》及《新唐书》中均有记，见第一章。

话说张岳的高伯祖张颐是个有名的琴师，有张名琴号太古，世代相传达八世两百年之久，到张岳曾孙圣听（后中进士）在世时还挂在墙壁上。有一天晚上，挂在墙上的古琴匣突然发出像女子哭泣一样的声音，就自己掉在地上摔坏了。据三明大田三坊张氏族谱记载，这把琴竟然是皇家之御物，已有600年左右的历史。

原来九皋公长子捷公，任端州刺史、韶州刺史。咸通二年（861），唐懿宗圣主御驾，赐四宝：琴剑拍盏。琴号太古春，剑号白安民，拍号李笑言，盏号双童宴。此太古春琴即是从唐代捷公手中所传至明代张颐手中的太古琴，已跨越了四个朝代。

此后不久，张岳又到英德县他的父亲张慎祠祭拜。三年前张岳巡抚郧阳前，曾带其长子张宓来祭悼，见《小山类稿》卷十五祝文《英德告先君祠文》《英德告辞先大夫祠文》：

兹者蒙恩，晋贰中台，督抚南楚。奔奉简书，拜别祠下，追慕音容，曷胜摧怆。

伏惟盛德流光，子孙民庶，实兼覆庇。不肖孤责重材轻，若涉渊冰。冀冯先灵，默赐保佑，庶几弗坠官常，以为缙绅羞！

今日再次来此，虽然身份与地位都已发生了巨大的变化，但张岳却牢记父亲的遗训，忠君报国，以国家安定、百姓乐业为己任，誓以远祖曲江公、殿中公为榜样，"弗坠官常，以为缙绅羞"，未敢以权谋私，避免自己腐化堕落，陷入官场的通病，做出让缙绅认为羞耻的事来。其后，张岳便一心投入平乱了。

嘉靖二十四年（1545）六月十六日太庙落成。

张岳收到太庙成颁赦诏书则是在同年秋冬之交。由于这件举国同庆的大事，所以包括张岳的亲属都得到了封赠。故有张岳《与掌制内翰》一文，详细上报其亲属事迹。因而在嘉靖二十五年丙午（1546）四月，张岳祖父张纶、父张慎赠通议大夫、都察院右副都御史；祖母林氏赠淑人。夫人陈氏由己亥年（1539）加封恭人进封至淑人，制词中有"禀性柔嘉，行敦勤恪，敬戒不忒，允式内仪，弼相乃夫，□□英硕"等语。

首平封川

张岳到任尚未满月，便无端地挨了皇上一顿批。《明实录世宗实录》卷二九六记：

（嘉靖二十四年二月）己未……巡按广西御史陈宗夔奏："古田等县首贼韦公珣等，聚兵流劫，请调汉达官军及湖广、广东民兵剿灭之。"诏切责提督都御史张岳总兵官、平江伯陈圭等坐视地方残宄为不剿除，姑贳其罪，令亟相机剿抚，以靖地方。

陈宗夔（1522—1566），湖北省通山县人，曾任福建广东巡按御史，与戚继光、俞大猷等人一同抗击倭寇海盗，颇有战功。

看来陈圭这个老牌总兵官已经变得老油条而不作为了，因此被陈宗夔参了一本，受到嘉靖帝的批评。

其实古田还不是主要问题。明代广西古田县，即今永福县大部、融安县东部和鹿寨县北部。县治位于今永福县寿城镇。首当其冲则是广东肇庆府德庆州封川县的暴动。如何平定两广大面积的反叛？这恐怕也是调张岳来任的主要原因。

单肇庆少数民族的暴动二十多年来已累次惊动朝廷派兵镇压。正德十四年（1519）两广总督杨旦调兵镇压新兴、恩平、阳春、阳江等起义民众，斩杀970人。德庆都城乡壮民首领郑公厚、韦公丙率众起义，称"通天通地大王"。封川归仁乡壮民首领蒙公高聚众3000多，称"铲平王"。郑、蒙合攻封川等地。嘉靖五年（1526）西江各地瑶民群起反抗，会合广西义军，袭击肇庆府各州县城。"官军攻白马麒麟二山贼巢，四年不克，疮痍过半，盗贼益骄。"五月，为两广提督姚镆所破。嘉靖十二年（1533）九月，两广提督陶谐调兵63000人，进攻德庆东山全师安、新兴石壁盘世宽、阳春西山赵林花起义武装，攻破村寨125处，捕杀3800人。

这次造反又是封川县归仁乡一带壮民。封川县位于贺江出口处，1961年后将过去的封川县和开建县合并成了现在的封开县。清康熙年间一个名叫温如埙的县学生员对封川的地理位置曾作如此介绍：

> 封川为东粤奥区，前带长江，后倚峻岭，据邕、贺、桂三江之口，当东西两广之交，亦昔经用武之地云……其为两广之要害，往来之孔道，戎马之绎骚，战胜攻取必由是焉，而不得不更易乃尔耶。

据张岳记载：

> 封川县文德、归仁二乡大滑脑、洪秋、南吉、大货、黑石、麒麟、白马、白水、莲花等巢，山径多歧，崖峒延袤，深林叠嶂，穷险莫测，自古为瑶、僮所居，种类繁多。

在张岳到任之前，此地已动乱多年：

> 贼首张公蕊、苏公乐等党与占据其中，强夺窃取，特其常事，小民受害，苦不可言。正德年间，倡率为乱，大肆惨毒，屠戮居民，虽经调

兵征剿，尚及未殄灭。近年以来，生齿日繁，丑类益众，负恃险阻，复肆凶残，啸聚称雄，僭拟名号，村落被其劫虏，州邑为之震惊……先年曾经调兵征剿，彼皆倚山为势，不能尽灭。如贼首苏公乐、张公蕊、李公请、陈公党、左公珠等，复又乌合各处瑶贼，倏尔突出乡村，大肆流劫，攻寨杀人，虏掠财畜。

张岳到任后，当地瑶军就给他来了个下马威：

> 即今正、二月间，西村、陈村、观地之民，杀掠殆尽……从嘉靖二十四年正月起，本年四五月内不等时日，贼屡出没行劫。

为此张岳下令务必活捉首恶至总督府。

出兵之前，张岳特此向嘉靖帝请求发动军事进攻，得到批准。《明实录世宗实录》卷三〇一记：

> 嘉靖二十四年七月（乙酉），巡抚两广都御史张岳奏："两广猺贼窃发，广东则有封川县苏公乐等……各肆卤掠，敌杀官军，封川尤急。请亟进兵歼灭之。"上曰："獐贼肆逆，如议剿绝，毋得滥及无辜。参将、守巡等官平日防范不严，俱令戴罪杀贼，通候事宁之日，具奏定夺。"

在张岳的部署下，官军兵分两路为左右哨，在广东布政司右参政张烜，广东按察司佥事陆子明，分守雷、廉、高、肇地方左参将武鸾的配合下，副总兵程鉴统率左哨军兵，至文德锣鼓冈立营，把截防守，斩获贼徒、贼级共九十八名，内一名系五旗贼首左公珠。

张岳密令领哨神电卫署指挥同知梁希孔等，令已听从招抚的"贼徒陆公茶、李公愿，悬以重赏，用为间谍"，"于七月初八日，计擒僭称王号贼首张公蕊、僭称'五旗将军'贼首李公请，及从贼陆公安、韦公诏、陈公达、覃公孙，共六名，解赴军门，明正典刑。"

左哨副总兵程鉴的军事行动于同年十月初六日班师，"前后计生擒并斩获首从贼从、贼级共一千一百二十九名颗，夺获被虏妇女四口，俘获贼属大妇、幼男、幼女共四百一十九名口，夺获器械一百六十九件，水、黄牛共二百二十五只。"

右哨遵奉张岳关于"行令预先设法，擒解首恶，以正典刑"的指示，"密令领哨德庆守御千户所指挥佥事娄泽，肇庆卫指挥张辉、郭靖等，百计用间，于七月初七日，擒获有名大贼首苏公乐、岳公安，次贼首廖公敬、陈公田、李公辄，并从贼梁公简、蒙公相、左公学、宾公位、林扶定、覃扶观、苏公蚁、覃公章、覃公稿，共十四名，解赴军门，明正典刑。"

官军的损失是"被伤打手四名、乡兵六名，阵亡打手一名"。

> 今计左右二大哨，前后通共斩获首从贼徒、贼级五百七十四名颗，俘获贼属大小男妇共七百三十名口，夺获被虏妇女五口，器械二百八十三件，水、黄牛共四百二十七只。

这次进剿，张岳"区别善恶，分布哨道，左右夹攻，抚剿并行"，"将卒效命，奋勇争先，无险不登，无坚不破"。所以"自进山开刀，至班师之日，仅及两月，前后擒斩首从贼人、贼级共二千五百七十名颗，俘获贼属大妇男女七百三十名口，夺获器械二百八十三件。贼牛四百二十七只，夺回被虏妇女五口。凡平素有名极恶贼首，无不生致麾下，伏法市曹。及其党类，翦灭殆尽。冤愤之气，一旦荡消，迁避之民，复还故业"。虽然这次得胜是在封川县，却大大鼓舞了官军的士气，"而远近溪峒，莫不寒心"。

张岳照例把军功归功于皇上，同时不忘为程鉴等主要助手请功，对支持主剿的军政要员，也照样在给皇上的疏折中美言几句：

> 照得副总兵程鉴、右参政张烜、佥事陆子明、左参将武鸾，各监统军兵，直捣巢穴，纪律严明，综理周悉，误以多方，贼不知其所之。悬其重赏，人皆乐于用命。至仰攻乎危险，尤亲冒于矢石。故能使魁渠无不生擒，丑类几于殄尽，平一方之大患，复先年之版赋。较其勤劳，均为称最。内程鉴，当贼势猖獗，远近惊疑之时，提兵深入，擒斩数多，贼徒为之夺气，居人恃以无恐，其劳又多。此皆效劳于领哨，所宜优叙者也。左参议顾中孚，总理粮赏，调度有方，兵有余食。佥事王舜卿，

阅视纪功，削录公明，奸弊尽革。此皆有劳于军前，所宜并叙者。

及照广东布政司先后掌印左布政使朱纨、右布政使龚辉，按察司按察使骆颙，都司署都指挥佥事王宠，咸以地方为忧，力赞证讨之策，往来计议，皆切于事情，调集军需，能济乎缓急；其军前供事府县正佐官，如肇庆府知府胡纯、同知赵埙、封川县知县吴蕙，夙夜尽瘁，分理庶务。以上各官，职任虽有大小，功劳亦各不同，要之均为修职奉公，亦宜叙及者也。

对战后的安排，张岳考虑甚远，主要有四条。

一是军事部署上：

除将调征两广汉达官军、土官目兵、打手人等，量行犒赏，掣放休息；仍将剿过地方，暂留参将武鸾在于封川驻扎，往来提调督理；量留奉议，武靖、上思各州目兵二千三百名，兼同所在军壮、打手、乡夫人等，分拨紧关要害去处，立营防守，俟数月之后，事体既定，人心稍安，即行掣放。

二是经济问题恢复生产：

封川县归仁、文德二乡先年被贼杀占与逃窜民田，行委肇庆府知府胡纯亲诣地方，逐一清查踏勘。有主者责令给主认耕，无主者召募良民住种，照额粮差。

三是行政机构设置：

及查得文德乡巡视司，原设在文德乡地方，为因被贼杀害，以致迁出地名贺江口。今地方既已平复，应合移回该乡，照旧设立防御保障，以便控制。其领哨、策应、把截有功都指挥等官，并获功阵亡、被伤官军、目兵人等，照例听巡按广东监察御史通查明白，核实造册，另行奏缴外。

四是对待俘虏的政策：

> 除将夺回被虏人口，审实给亲领回完聚，生擒贼犯，审明呈详处决，功级并俘获贼属、器械，俱解纪功佥事王舜卿查收、阅验、估卖。二哨牛只，径发封川县牧养，勘给被害极甚民人分领耕种外。

用兵封川之前，张岳在致兵部尚书唐龙的信中，透露了为什么到夏天才出兵的原因是因为"夏热当耕作之时，士兵征召，在数千里之外"。

而两广地区民间则把张岳的成功归因于龙母的帮助："又嘉靖二十四年，两广都御史张岳征封川僮贼，见一朱衣妇人执钺以助仗，而擒获贼首，此皆龙母默佑之……"

悦城龙母祖庙是国家级重点文物保护单位。嘉庆《藤县志》载，龙母生于广西藤县。相传，藤县有一叫温天瑞者娶广东德庆悦城梁氏为妻。梁氏生三女，其第二女少年时每若眺望空中，必有应答，言人福祸无不奇中，随其母回广东德庆悦城，非常喜欢悦城之地，欲以在此安居，但无至亲之人而回藤县。至藤，在溪边拾一巨蛋剖后得五物，形似守宫状，此物喜水，龙母把它豢养，大后放于江中，数年后鳞甲辉煌复来见母，母知其为龙子，而于远远相迎。后此女告知其父母当乘龙去悦城，遂跨龙去薄雾抵江口登岸，五龙以风雷相护，一夕拥地成坟，人以为异，因而立庙祀之，极为显应云云。这就是龙母庙之由来。龙母祖庙始建于秦汉时期，距今有2000多年历史。龙母祖庙是我国古建筑的明珠，享有"古坛仅存"的美誉。它与广州陈家祠、佛山祖庙合称为"岭南建筑三瑰宝"。

其后，德庆州民在城隍庙右建惠德祠，建于崇祯之前，祀都御史张岳。

由于平定广东封川侗族暴动有功，嘉靖二十五年丙午（1546）五月十三日，吏部根据兵部的推荐上报皇上御批，张岳官升兵部右侍郎（正三品），兼都察院左佥都御史，并赏银五十两，纻丝四表里。这个奖赏直到六月初七日才由广东都司广州右卫千户陶金专门送达。嘉靖下圣旨：

> 这僮贼称乱，流毒地方，督抚等官，乃能调度官军征剿平定，捷音来闻，朕心嘉悦。张岳升兵部右侍郎，兼都察院左佥都御史，赏银五十两，纻丝四表里。钦此！

张岳为此又上了《谢升赏疏》，表达谢恩及继续努力之意。据《明实录世宗实录》卷三〇八记，嘉靖帝对张岳的提拔是在二十五年二月壬子日批复任命的：

> 广西守臣奏封川县僮贼首恶苏公乐、张公蕊等平，斩首二千五百七十级、俘获七百人。上嘉其功，诏加镇守总兵官陈圭太子太保，提督军务副都御史张岳升兵部右侍郎兼都察院左佥都御史，各赏银五十两，彩缎四表里。副总兵程鉴升一级，赏银四十两，彩缎三表里。余有功者赏。赎罪有差。

张岳则于是年五月二十四日班师回梧州，同时又命参将戚振统泗城、东兰、南丹、那地等州士兵于柳州、融县、千蔓、古零等处"立营防守"。

对于张岳平定瑶族之暴动所取得的胜利，邹守益专门作《庆司马净峰公平瑶》表示祝贺，见《东廓邹先生文集》：

> 公入告成功，启沃圣心，立天德以敷王道，则杀而弗怨，树威也；利而弗庸，非售恩也。夫然后与天地万物同神而并化，将万邦庆之。兹特其权舆云。

《明实录世宗实录》卷三百十六载：

> 嘉靖二十五年十月〇丙午
> 升赏广东封川县下降等巢获功阵亡汉上官军羽鸾等三千六百九十九人。

但是，张岳在广东也留下一条尾巴，死灰复燃，这就是广东德庆州的罗旁。

罗旁位于广东西江南岸，控扼着肇庆与梧州之间的水路，是两广交通的咽喉要地，但同时也是明代瑶乱最为严重的地区之一。对此，《明史纪事本末·江陵柄政》有极为扼要的叙述：

> 罗旁据山海间，惊江急峡，岩塾险绝，诸摇窟穴其中，前代不入版籍。国初，甫一定之。世宗朝，诸瑶转相寇掠，不可扑灭。

直到万历四年（1576），两广总督凌云翼调集十余万大军对罗旁发动大规模进攻，取得决定性胜利，才将这条尾巴彻底割掉，真正纳入明王朝的政治体系之下。

嘉靖二十四年八月丁巳，革去云南按察司副使江一桂职，仍命所司逮捕法治。因为江一桂先任广西太平府知府，赃污不职，为巡抚都御史张岳论劾，所以被革职。

继平柳州

虽然广东封川之乱已平定，但当时两广总的形势还是非常严峻的，按张岳的话说："今广西地方，大半为盗区。"

嘉靖二十一年（1542），韦抚矿在马平发动暴动，在柳州各县袭击官军，并向庆远一带发展，控制了柳州至庆远的水陆通道，使"庆远一郡几为绝域"。马平侗民在正德年间就曾经活捉太守，将他剖腹并焚尸。官军征讨不胜，前后达四十年之久。"田土蚕食殆尽，巢列数十，柳、庆咽喉据不通。"另一"贼首韦金田等占据水陆二路，村落悉被荼毒"。

张岳记载：

> 右江所属柳、庆等府，近年以来，盗贼充斥，人民逃散。柳州一府所属十二州县，被害尤甚，中间马平、来宾等县里隆、北伍等处，更为酷烈……而里隆一处鱼窝等巢，险峻尤极，控引长江，有同天堑，迥临绝壁，如守雄关，乃柳、庆二府之奥区，西南一方之剧盗。盘踞山川，豺虎之心益横；因循岁月，地方之祸弥深。屡经建议，未见施行。若非大调兵马，广积粮饷，多分哨道，远布防御，申严号令，明信赏罚，其何以收成全之功、除积年之患哉？
>
> （见《报柳州捷音疏》）

广西地方官累奏朝廷，请求镇压。于是，明世宗朱厚熜下令两广总督张岳调兵征剿。嘉靖二十四年（1545），两广总督张岳奉命会同广西总兵官陈圭、副总兵程鉴，下令执令旗、令牌，督调南丹州土官男莫惟武、东兰州土官男韦起云、那地州土官男罗庭凤各目兵，并左右两江各卫所府州县马、步官军、打手、壮款人等汉土官兵七万人，分为中、左、右三大哨并进，对五都等地进行围剿。

一、剿平鱼窝

张岳在《与夏桂洲》总结历次围剿马平的经验时，以为过去用兵失败，都因进兵太迟、撤兵太早，以及征兵太杂太远。从前常以十月进兵，时当农民收获上寨，家有存粮，可以抗拒，而兵到不久又近开春，雨水淋漓，这不仅作战不便，而且所调士兵想着归家种田，不愿作战，这样便使官军兵倦粮竭，不得不撤师罢战。

张岳因此将作战计划调整到九月进兵。其时，农民尚未收获，家无存粮，官军一到，又可协助抢收庄稼以充军粮。同时张岳又征调离马平不远的南丹、那地、东兰土兵，就近轮流围困。为了进攻五都，张岳还事先扫平了邻近的义军，如柳城上油、融县古龙、古郎等地的队伍，以断五都外援。

对有人建议他首先进剿广西右江古田的方案，张岳在向兵部尚书唐汝楫（号渔石）汇报的作战计划中是这样考虑的：

> 近广右有言，古田当首诛者，其说亦是。但其地方广阔，丑类众多，且先据险要，非合全广之力，不足以克之。恐悉兵以往，万一别处复有啸聚，如近日封川、贺县者，动三两千徒，本地哨兵不足防御，必须于大哨中分兵策应，兵分则势弱，不惟进不能得志于古田，退亦恐损威于策应之贼也。故不肖愚策，先将各处啸聚为害尤急者治之，因以威其余。当招则招，当守则守，无转顾之忧，然后合兵以攻古田，力专势重，庶几可以成功。
>
> （见《小山类稿》卷九书四粤事《与唐渔石本兵》）

观其文，张岳早已是成竹在胸，稳操胜券，所以向唐龙乐观地表示"马平五都克期不日"。

这次军事行动大致可分为三个阶段：从九月至十一月为第一次进攻；从十一月至次年四月为休整；四月至五月为第二次进攻。

在第一阶段期间，张岳先派人详细调查了五都等地村寨的地理形势及义军分布情况，"细开画图贴说"，然后调集南丹、那地、东兰及左右两江的土官士兵和马步官军、民壮、打手等，分左中右三哨向五都进攻。中路以参将郑炯、参将戚振统南丹士兵，攻鱼窝、雷岩、同银、北岸等地；东路以参议赵崇信、参将孙建武统那地土兵攻马鞍、平田、北册、洛满等地；西路以副使魏良辅、都指挥李霁统档兰士兵，攻都博、龙船、高桅等地。三军约定于九月初七日寅时（凌晨三至五点）同时进攻，"按图进剿马平县里隆地方上下朝水、大桥、杨梅等四十三村，融县古龙发、古郎峒、石枧、上园、古当、岭脚、崩土、古旧等三十二村，鹅颈、古盆、大难、大源等四村各贼巢"。在大兵进攻前，先派人抢收农民庄稼，"收其禾稼，兵有余食，决意持久。"（张岳《报柳州捷音书》）

当官军进达五都时，分守各地的农民军奋起反抗，特别是鱼窝等处恃险拒敌，多次打退官军的进攻。郑炯、赵崇信等在毫无进展的情况下，只好报告张岳请求增援，说"五都诸寨贼徒，势益悍猾，屯结寨上，兵力不敷，所围有限，呈乞再调别处士兵一二万前来，分布三哨，以收全功"。（见《报柳州捷音书》）

当时张岳正好刚刚结束对广东封川等地的镇压，于是便从班师士兵中抽调镇安府土官岑真宝的精兵三千名、田州土官岑芝的精兵五千名、向武州土官黄仲金的精兵三千名、东莞县铳手五十名以及汉达官军打手等，由广东都指挥刘海、分守岭西道广东参政张烜总领，随同张岳于十一月十五日前进驻柳州。

张烜，广西宜山县（今宜州市）人，嘉靖八年进士，后任南京都御史、河南巡抚等职。

在官军大兵压境的情况下，瑶军也相应集中兵力，扼守要塞，特别是鱼窝、马鞍、龙船等地，"地势高险，拔地数十丈，弓箭火铳俱不能达"，且各寨岁有积聚，于是瑶军便加强这些险寨的防守力量，以抗官军。当官军进攻时，他们居高临下，礌石乱下如雨，使官军毫无办法。

这些，张岳从十一月至第二年四月，对五都瑶军采取了久困之计。他还调来广西副总兵程鉴加强对三路明军的监督，防止农民军突围。

经过将近五个月的围困，张岳从四月初八起，开始对瑶军进行第二次进攻。这时他从柳州跑到柳城召开军事会议。重新部署、亲自调度，并责令各哨领官限期攻下据点，否则便以军法处置。

在张岳的严令之下，各路官军先后攻下雷岩、同银、平田、洛满、都博等寨，进而围攻鱼窝。鱼窝是一个地势险要的山寨，"四壁如削，拔地数千尺"，天险所在，是个官军"从来用兵莫能一胜"的地方。由于这里历来造反不断，从明洪武初年到嘉靖朝已经官军四次（一说六攻不下）攻打不下，不入大明版图。

> 正德二年（1507），征兵大举，斩获首级虽多，然而鱼窝等巢，攻围数月，竟未尽克，遂且招抚。是以兵散之后，余党复布山谷。顷年以来，根蔓延引，占据庆远水陆二路，敌杀官军，攻劫县库，杀戮乡村。每杀一村，则一村田土尽被包占，积岁蚕食，各县仅存附郭数里，其余大抵漫为盗区。又恃其险阻，狃于招安，谓官军不能持久，纵来征剿，终归于招，故敢于据险拒敌，欲老我师，狡猾凶狠，人神共怒。（见《报柳州捷音书》）

官军诸将眼见这种形势，都感到为难。而张岳则下定决心，"誓以必破此贼，乃肯班师"。张岳认为，射人先射马，擒贼先擒王，如果鱼窝不破，其他各寨虽破无用，于是他便下令诸将对鱼窝发起猛攻。鱼窝寨见战事吃紧，忙向其他各寨告急，招呼他们纷纷赶来增援，共守鱼窝。官兵从下仰攻，因石壁陡峭，无处立足。而守军从山顶用绳悬礌石，处于有利地势，使官兵数次强攻，伤亡惨重。张岳见强攻不行，便下令撤兵，移镇柳城，以放松对方的防备，同时召集诸将重新研究进攻方案，准备长期围困之计。但各位将领信心不足，怀疑张岳的谋略是否有效，却请求从此罢兵而归。张岳见不足与他们谋事，便私下把副总兵程鉴叫来，命令他挑选勇士，准备一些亲兵。程鉴从中挑选了三千多人，请张岳使用。张岳说："我要一名有胆量和力气且不怕死的人来当我的指挥，如果牺牲了我将从优抚恤他的家属。"于是从三千军中再挑选了七十名敢死队员。张岳说"够了"，把他们交给程鉴，叫他督率偷袭鱼窝。程鉴心里害怕，面有难色。张岳环顾左右，把酒洒在地上，表示必破鱼窝的决心。接着他从袖中拿出两份写好的奏疏草稿对程鉴说："鱼窝破了，荐你首功；鱼窝不破，则以你养寇定为首罪，二者由你选择。"在张岳恩威并施之下，程鉴无奈地哭着说："这样我只好为你去死了！"其时守在山上的瑶军正缺水，"每日数人共一水瓶，涓滴必争"。一日，五个守在险要道路上的瑶军士兵要求说天气太热了请多给一点水，众人不肯，便争吵了起来。于是五个士兵怨怒而去，当晚消极怠工，"坚卧不巡警"。程鉴带领七十名敢死队员到山下，"先令五死士持刀学猿猱攀木而上。五个守卫险要地段途径的士兵熟睡不知，稀里糊涂掉了脑袋。五个敢死队员便化装成夜班巡警，其余官兵冒险夜登，声音惊醒了寨中守兵。寨中士兵发觉官兵已出现在山上时，慌忙架设木桥以通往来，要把官兵赶下山。山下官兵便拼命"用绳梯勾搭绝壁，偷上鱼窝、马鞍两寨，夺其闸门，投放火球，烧其茅房"，一时杀声震天，在山谷回响。守军见官军已攀崖而上，火烧村寨，势不可当，便仓皇撤退。寨中有个首领是个年过八十岁的老妇人，呼唤众人赶紧自焚，不要死于官军手中。由于时当深夜，天色漆黑，形势又很紧张，因而守军在撤离时，烧死跌死不少，官军乘机而上，各兵鱼贯而登，且战且登，直至绝顶，"斩获数多，其被火烧死及坠落悬崖，不计其数"。这个"明初以来四攻莫克"的鱼窝至此终于结束了与明王朝对抗近两百年的悲壮历史。可以想象这个胜利对周边地区义军的心理压力和震撼力有多大。于是"余威所震，群蛮胆落"。高桅、同银、马鞍等要寨也相继攻破，计死伤四千余人，首领韦金田、韦金秀、覃朝鲜、韦明廉、蓝扶威等皆阵亡。

当时尚有人建议要乘胜追捕其残兵败将，张岳不愿斩尽杀绝，毅然加以否决，说："从去年秋天至今年夏天，士兵已经很疲劳了，用兵千万不要穷兵黩武！"于是命令部下仔细搜查各处险要巢穴，安抚余党。因此马平县的三都、四都，来宾县的北五、宾州、龙哈、八寨，并像州、武宣、洛容等处以北，及乎古田之境，许多漏网的义军重要将领，都自投军门，主动投降，愿意接受改编，永为良民。

中哨由广西布政司分守右江道监督中哨右参将郑炯、分守柳庆等处地方统督中哨右参将戚振转庆远卫指挥佥事陈勋、柳州卫署指挥佥事徐俨、张奎，南宁卫署指挥同知刘瑄、平乐守御千户指挥佥事吴国雄负责，会同总理统督三哨副总兵程鉴汇报："计擒斩首、从贼人、贼级通共一千三百三十五名，俘获贼属八十三名，夺获贼马十匹，牛十一头，纱帽盒一个，夺回被虏男女四名……又将北岸寨听招残贼韦朝勇等三十名，同银寨听招残贼蓝万喜等三十名，与南团寨残贼二十名，共八十名，各给予旗榜，抚令下寨，听候处分，给予田土，编立羁管，永为良民讫。"

左哨由广西布政司分守右江道带管监督左哨右参将郑炯、统督左哨原任左参将署指挥佥事孙继武负责，领哨南丹卫指挥佥事张国威、张锐、柳州卫指挥使金简、指挥佥事吴同章、李元禄、浔州卫指挥佥事卜爵、湖广卫御永州卫指挥佥事陶礼，"进剿马平县五都里隆地方罗塘、武历、上下中段等七十三村，柳城县上油峒、金蒲、大塘等二十一村，融县鹅颈、镇古营、小源等六村各贼剿。通查前后攻破各村寨，共该擒斩过首、从贼人、贼级一千零三十九名……"

右哨由广西按察司整饬右江兵备兼分巡道监督右哨副使魏良辅、统督原任广西都司都指挥佥事李霁负责，"将本哨原调到东兰州目兵并汉达官民款分拨：广远卫指挥佥事李世显，部领报效官孙韦应龙目兵，连兵款为一哨，由洛西、洛东进思家隘，扑剿黎楼、中碟等一十三村，庆远卫指挥佥事王珪领土官男韦起云目兵，连兵款为一哨，由清潭、高泉取路，过三江桥，出迁江管下窑灰村、从南乡、大坡、大珠、寨门等村，进剿黄干、四军等二十一村，及分兵把截，以遏贼遁；指挥张锐、千户黄辅、部领把截来宾葫芦头、松丛等处；千户毛麒，部领把截仙人、博广二隘。而在庆远洛目渡、三寨镇与大曹堡三处，则尤以地远，既有巡检林玉、千户郑琳、刘一表、百户李夑分领，仍行知府王桥就近总领，以便策应……计本哨前后陆续擒斩首从贼人、贼级通共一千七百一十名颗，俘获贼属一百一十二名口，牛马一百二十八头匹，器械共八十件。除将前项功次，俱经通行呈报验收，人口牛马，发仰城县县丞朱夑变卖银两入官。夺回被掳人口，给亲完聚。并将各处原调到兵款目兵掣散，放回休息。量留目兵、打手人等，参将戚振亲自督领，在于地方防守外。

此次征马平县五都城的部队中，1544年任那地土司的罗廷楚奉总督张岳的调遣参战，嘉靖二十七年（1548），又跟从总督张岳再征贺县弓山，是年罗廷楚战死。其弟罗廷凤服从总督征调有功，朝廷下令其继袭土官。罗廷凤故后，其子罗忠辅于1568年承袭土官。

战后，张岳在马平等地编立里甲，核田定税，收缴器械牛马，共清出"原被贼杀占额征粮米一千三百二十六石有奇"，听抚千册编户20663名，收缴盔甲、刀、枪、弩、箭等2817件，牛马350匹。同时又命参将戚振统泗城、东兰、南丹、那地土兵于柳州、融县、来宾、千蔓、古零等处立营防守。而张岳则于是年五月二十四日班师回梧州。

此役计擒斩4084人。一说"克贼一百九十四围，获级四千八百有四，尽拔鱼窝之险，缚贼首韦金田，于是古田诸苗输服如编氓"，时称奇功。有人评价说："张公之功，韩襄毅断藤峡后再见者也。"

张岳还撰写了《平鱼窝记》以纪念平定鱼窝的胜利：

圣天子临御二十四年，为嘉靖乙巳春，诏提督两广军务都察院右副都御史张岳，总兵官征蛮将军平江伯陈圭，征剿马平县五都诸蛮。蛮据危险，为剿以十数，大者五六百人，小不下二三百，多储蓄，岁以防征。

秋八月，征兵悉会龙城，分为三道：右参政郑绸，监参将戚振，统南丹兵，由中道以向鱼窝、雷岩、同银、北岸；左参议赵崇信、监参将孙继武，统那地兵，由东道以向马鞍、平田、北册、洛满、南团、口巢；副使魏良辅、监都指挥李霁，统东兰兵，由西道以向都博、高桅、龙船。九月丁卯，诸军按道分攻雷岩、北岸、平田、北册、洛满、都博，克之，遂进围鱼窝、马鞍、高桅诸巢。

冬十一月，幕府至自苍梧。广东右参政张烜从至，留参谋画，又檄副总兵程鉴驰入，兼统诸军，昼夜督战，攻技并设无遗巧，贼亦随方为备。

明年丙午春三月，佥谋缓攻，以弛贼备，撤围若去之。已而复乘之，各募敢死士，缘石壁夜登，夺其险峡据之。诸军以楯相拥翼继登，战于峡中，又战于支顶，且战且登，遂至绝顶。火炮矢刃，迅激交发，呼声震山谷。

夏四月甲午，马鞍破。丙午，鱼窝破。鱼窝尤险恶，自国初以来，凡四攻弗克，至是与马鞍俱破，蛮中震恐。俄而高桅、同银诸巢破。因抚辑余党，分兵屯守，护旁近居民耕种，遂班师。

是役也，自秋徂夏，岭外行师，未有若是久者。而将士效命，谋猷壮武，异论莫能哗，久益奋厉，迄用有成功，以仰副圣天子诏命。是月，幕府移驻柳城，既又至千蔓。周观营垒，阅诸将功最，叙刻于崖石：

山可平，石可砥，惟天子威灵，彰播遐迩，亿万千年，永永无已。

张岳这篇《平鱼窝记》在雍正《广西通志》卷一百五艺文历朝记中，另名《平蛮碑记》。

张岳为此上《报柳州捷音疏》，详细地汇报了平定柳州的经过，见《小山类稿》卷三奏议三。这是他所有上疏中最长的一次，内容多达4400多字。

在如何安排兵力防守的问题上，张岳虚心接受了时任柳州知府王三接（1506—1587）的意见，做了方案调整，将狼兵与僮兵分开防守，并批准重建柳州城。详见《弇州续稿》卷一百十五《大中大夫河东都转运盐使司运使少葵公暨元配归安人合葬志铭》记：

> 君讳三接，字汝康，号少葵……
>
> 甫至柳，而张襄惠公岳已总大兵，平马平寇，行相地，得千壤村为要害，议创堡堑，调狼兵，杂他僮守之，以控御远迩。公抗议，谓"巨慝顷已悉伏诛，其胁从解散者，良赤子也。坟墓庐舍，妻子皆在。今夺以予戍卒，则亡所归。使杂居，必不安。且狼兵非能久戍人也，是不溃归，必四出行剽耳"。顷守使人微风诸僮，其父老携其稚弱踵至，叩颡，愿岁岁共县官赋役，自诅于天，不敢倍德。守请毋以狼兵杂他僮戍之，即以土著之獞戍之。张公曰："善！吾见之晚。"罢不复别置戍。

在《与夏桂洲》书中，张岳再次汇报了当时的困境、自己成功的体会和经验：

> 某向备数广西提学，深知其弊，故去岁以九月进兵，收其禾稼，以充军食；又以鱼窝等险寨，责之南丹、东兰、那地，三州兵精路近，得以更番围困。故自去秋九月至今春四月，我兵尚有余食，贼势日蹙，而更番之兵，力亦有余，偶值机会，遂克之尔。贼所据地，绵亘百十里，与柳城、融县各巢相倚为恶。又择其恶之尤者，分兵追剿。所谓上油峒，则柳城蛮也；所谓古龙、古郎、鹅颈三峒，则融县蛮也。诛此数恶魁，因以震怖其余。广右瑶、僮，不可胜诛，终归于抚。然必威稍振，而后惠流，而抚可固。

捷报上传朝廷后，吏部建议对张岳封以"太保"之要职。首辅夏言（夏桂洲）对礼部右侍郎崔桐说："我近来辅佐皇上设坛供斋醮神，求福免灾。张净峰在两广，连一根香都舍不得给我。"堂堂一个首辅不但公开炫耀自己有机会接近皇上，而且居然公开责怪部下张岳没有一根香向他行贿，可见当时政坛行贿受贿成风。夏言根本不相信张岳是个清官，即使相信，也要杀一儆百，好提醒他人按照潜规则行事，懂得密切联系领导，因而故意把此大功奖赏到带兵的总兵官陈圭身上，官加太子太保。而在夏言的操纵下，嘉靖帝于二十五年（1546）十一月二十四日，批准吏部上报的方案，下旨"抚镇等官，有功可嘉"，主帅张岳仅仅升俸禄一级，另外赏银五十两、纻丝四表里而已。这次奖赏礼部差鸿胪寺序班吴一鸾，于嘉靖二十六年（1547）六月十八日送达。史载"岳为时相所抑，赐镪币，增俸一级而已"。主将大功，主帅微劳，轻重如此倒置，奖赏故意重彼抑此，这就是夏言对屡不听话的张岳的报复，明显是要制造矛盾挑拨主帅与主将两人不和。幸亏张岳胸怀宽广，洞察其奸，唯有再继续努一把力了。毕竟这是来自皇上的奖励，张岳因此还得上《升赏谢恩疏》。所以张岳的侄子英德县令张宇在《与林警堂请序家传书》中说："总督巡抚的大功不予录入，最早是受扼于夏言宰相。"

嘉靖二十五年（1546）五月，刚刚协助张岳剿定马平的柳州知府江满，乘机要求张岳移兵征剿怀远，并自告奋勇作为出击怀远的主帅，结果怀远民军在大稂岭和郡凳山设伏，江满遭到伏击，伤亡惨重，退回柳州。

《明实录世宗实录》卷三百十三载：嘉靖二十五年（1546）七月乙亥，升刑部右侍郎刘讱为本部左侍郎，改提督两广兵部右侍郎张岳于刑部。

本来张岳可以趁机结束多年的戎马生涯回朝就职，在朝中过几年相对轻松的日子。可是嘉靖二十六年二月初三日，巡按广西监察御史、严嵩亲信徐南金（南昌丰城人）和总兵沈希仪却出面挽留，皆上奏张岳"忠纯果毅，有古大臣风""久任广中，悉知广事，粤寇未定，代者未必如岳""贺、连反侧未定，未宜遽夺之去""岳宜留广""以责成功，以安边境"。结果这个借口得到嘉靖帝和朝廷众臣的认可，又命张岳留任一年。圣旨道："张岳着照原职，提督巡抚地方，钦此！""盖刑部可厥右侍（郎），而两广总督，不可一日无岳也。"（见邓元锡《皇明书》）失去良机的张岳只好"辍其明刑之召，俾久督戎之司"，上《两广留任谢恩疏》表示服从需要罢了。他不能有丝毫的怨言，否则将给他带来不测之祸，起码先给你戴上一顶"居功自傲"的帽子，再慢慢修理你。此前几个元帅立功后不懂得要赶紧行贿，还等着领赏，结果莫名其妙就被报销了，连喊冤的机会都没有，即使是兵部尚书也不例外。

《明实录世宗实录》卷三百十八

（嘉靖二十五年十二月）癸巳

初两广总督张岳已升刑部右侍郎，以河南巡抚柯相代往巡按广西。

御史徐南金奏："岳在两广御众有恩，将士乐为之用。近奉命久任，剿里隆下九寨，经略机宜，方有次第，一旦迁去，恐弃垂成之功。矧古田阳朔剧寇方张，宜乘胜设奇巫图扑灭，俟粤西大定，夷党悉平，积功累劳，不次超擢未晚也。"上是其言，命张岳、柯相各供职如旧。

徐南金，字体乾，江西丰城人，聂豹的门生，嘉靖二十年进士，历任济南府通判、广西巡案御史、按察使、湖广巡抚、都察院都御史。

就在嘉靖二十六年这一年，安南又发生内乱。原来，莫福海于嘉靖二十五年卒，其子宏瀷尚幼，请求继位袭职。国内不服而发生内战。二十六年，莫文明与宗人中正福山率家属百余人奔钦州避难，并诉求于提督军门。其时正是张岳任两广总督，遂向朝廷上奏赈恤之，命韶州、肇庆两储、清远等处安插，由官府专供每年的粮食。

张岳任两广提督时的另一举措就是革除分守琼州参将的这一职位。据《明实录世宗实录》卷三二四记："（嘉靖二十六年六月）庚寅，革添设分守琼州参将，从提督两广侍郎张岳所奏也。"

张岳此举大概是考虑到海南局势已经稳定。但是，他没料到的是，两年后，那红、那任的起义被镇压下去不过八年，在崖州又爆发了那燕、符门钦等领导的黎族农民起义。嘉靖二十九年（1550）三月，诏命巡抚欧阳必进移驻坐镇雷阳，调广西两江良僮土官目兵及广东、海南汉达军兵 8.7 万余人，会合镇守广西副总兵沈希仪偕参武鸾、俞大猷等，分兵三大哨（路）进讨，征剿，"斩贼五千三百八十级，俘一千四十九人，夺牛羊器械倍之"（见《二十五史》）。上赐总兵官陈圭、巡抚欧阳必进禄米，"荫袭有差"。沈希仪晋升都督同知。其实，三月欧阳必进并未到任，这起码有三分之一的功劳要划到张岳头上才是。

二、建镇粤楼

柳州城东北连接昭州、桂州，西南接黔州、邕州等，在明代为一军事重镇。雍正《广西通志》卷一百二十三记载了明太祖的一首诗《咏柳州城戍守》，可见柳州在明初最高统治者心中的战略地位：

城居边徼垒遐荒，烟瘴盈眸疠气忙。旦暮海风摇屋树，春秋溪水泛漓樯。思军久戍炎蒸地，重镇还劳绥辑肠。但愿昊穹舒造化，洗清都结利同乡。

嘉靖二十四年（1545），两广总督张岳"平五都蛮"后，在广西柳州修建北郭外城，同时筑镇粤楼。基址在今人民广场北端，市人民医院南面。为了加强柳州城北面的防御，两广总督张岳在城北筑一道城郭，形成了外有外城墙、中有护城河、内有内城墙的防御格局。

柳州城东北连昭、桂，西南接黔、邕等，在明代为一军事重镇，明太祖朱元璋曾作诗《咏柳州城戍守》。柳州城"故环江而城，阻水为固，惟北无山谷之险"。明代《广西通志》记载柳州"城一丈八尺，广二丈六尺，延袤九百余丈……外环以壕，复以串楼……"

张岳还批准王三接重建柳州城。王三接墓志铭载：

> 柳故环江而城，阻水为固，惟北则平野，无山溪之险，有寇警则豕突而前，不及乘障。公请于张公，辟北郭而城之，其长为丈者五百七十有奇，高为尺者十有四。因工于饷，因力于兵，城坚若砺，而民不知役。

明佘勉学《柳州北郭碑记》载：

> "距郭中南十丈筑镇粤台，其高凡二十有四尺，应坤之数；纵广凡一百八十尺，当二九之数，象两仪也。覆台为层楼，高三十六尺，应乾之数；凡五间，象五行也。左右有轩，前后有廊，皆所以羽翼乎！"匾额上题"粤西雄镇"四个大字。楼南面厅堂用作龙城书院，附属建筑有仪门、牌坊、碑亭、土地祠等。镇粤楼的修筑，除了军事防卫的需要，还因柳州主山"远且卑"，于是在"天马山之正脉建镇粤楼，为屏障"。（明梅绵祚《重修镇粤楼碑记》）

后来，为纪念张岳，柳州人将张岳祠立于北门外郭城的镇粤楼。城建成后，柳州人即祀襄惠公于其上，塑像其中。万历间广西副使惠安骆日升有记刻石。镇粤楼明、清两代几经修葺，民国时期已毁。

张岳的好友康朗曾与学宪王与槐同游镇粤楼，并作《同与槐学宪镇粤楼登望》诗一首：

边愁黯黯逐人哀，岭上逢君江上台。春尽洞庭鸿已去，天低铜柱雨初来。孤城花落山烟里，半壁莺啼越树隈。此地由来多远客，对君独忆柳州才。

话说回来，时人多将张岳这次胜利比作是继韩襄毅断藤峡之后的又一次重大胜利。这指的是明成化年间韩雍平定广西大藤峡之乱。

《明史》卷一百七十八《列传》第六十六记

韩雍，字永熙，长洲人，正统七年进士，授御史……

广西瑶、僮流剽广东，残破郡邑殆遍。成化元年正月大发兵，拜都督赵辅为总兵官，以太监卢永、陈瑄监其军。兵部尚书王竑曰："韩雍才气无双，平贼非雍莫可。"乃改雍左佥都御史，赞理军务……

十二月朔，雍等督诸军水陆并进，拥团牌登山，殊死战。连破石门、林峒、沙田、古营诸巢，焚其室庐积聚，贼皆奔溃。伐木开道，直抵横石塘及九层楼诸山。贼复立栅数重，凭高以拒。官军诱贼发矢石，度且尽，雍躬督诸军缘木攀藤上。别遣壮士从间道先登，据山顶举炮。贼不能支，遂大败。先后破贼三百二十四寨，生擒大狗及其党七百八十人，斩首三千二百有奇，坠溺死者不可胜计。峡有大藤如虹，横亘两崖间。雍斧断之，改名断藤峡，勒石纪功而还。分兵击余党，郁林、阳江、洛容、博白次第皆定。

宪宗帝大喜，赐敕嘉劳，召辅等还，迁雍左副都御史，提督两广军务……

三平连贺

连山属广东，贺县属广西，两县虽属两省，却是互相接壤。连山位于南岭山脉西南麓，广东省西北隅。它西至广西贺县、北与湖南江华县相接，南交怀集县，东邻连南瑶族自治县。境内峰峦林立，溪涧纵横，地势高峻，有"九山半水半分田"之称。

明正德六年（1511）九月己酉，贺县瑶族覃公浪等联合怀集覃文敬、连山李公胜等起义及桂林平乐县鱼狗等地民众，出府江东西两岸与官兵作斗争，历时三年，后被总兵官柳文等镇压，破270寨，杀4470人，俘1230人。

张岳记载：

> 正德年间，虽曾具奏征剿贺县，特以一面进兵，不曾会合三省，致使残党旋复啸聚，如贼首倪仲亮、邓良朝、梁荣、李金、石住等合众数千，僭称名号，焚掠村寨，占据田土，逼近关厢，祸延三省。劫掠得志，党附益多。各处无赖奸民，投入伙中，导之远劫。至于德庆、开建等州县，亦被其害……嘉靖二十四年贺县弓山、螺石、黄洞等巢贼首倪仲亮、邓良朝、梁荣，聚众数千，与连山县巢贼合谋，僭称名号，大肆焚掠。

一、毋妨农工

由于"贺、连二县，被害排年军民黄昂、黎得春等，连词具告，请兵征剿。"于是张岳会同镇守两广地方总兵官、征蛮将军、太保兼太子太保、平江伯陈圭决定对这支"屡抚屡叛"的地方军，"势在必征"：

将调到广西镇安、思明、田州、南丹、东兰、那地、向武、都康泗城、归顺、上林等府州司县土官目兵，并两广汉达官军、民壮、打手人等，分为两大哨：一哨贺县，委镇守广西地方副总兵沈希仪，统督广西按察司佥事俞则全，监督指挥李琮、孙文绣、陈栋、邹继芳、卞爵、莫如爵等。兵力共五万九千五百七十七名，进剿弓山、礍石、黄峒等巢首从贼徒。一哨连山县，委广东布政司左参议朱宪章，监督广东都司署都指挥佥事梁希孔，统督指挥莫如爵、黑孟阳、李泾、王煦，兵力共二万零七百名，进剿黄南、梅水、大曲等巢首从贼徒。

此外张岳还传令"湖广巡抚衙门，督行郴州、桂林、衡州、永州、上湖南等道兵备、分守、分巡、守备等官，各召集官兵、乡夫，委谋勇指挥千百户等官管领把截。约定嘉靖二十七年正月十四日寅时，一齐抵巢，按图扑剿。

到正月二十一日，贺县哨监统副总兵沈希仪、佥事俞则全呈报：

> 连日攻破十七巢，擒斩贼人、贼级二千五百三十九名，内有名贼首倪仲亮、李三弟等一十八名，俘获贼属一百七十九名，夺回被房男妇三口，夺获牛马二百七十四头匹，器械九百九十六件。

据连山哨监统左参议朱宪章、都指挥梁希孔呈报：

连日攻破九巢，擒斩贼人、贼级四百八十名，内有名贼首李金、石住等七名，俘获贼属一百零七名口，夺回被房妇女一口，夺获牛五头，器械六十二件。

另据湖广按察司整饬郴、桂、衡、永、兵备兼分巡上湖南道副使潘子正呈报，永州、永明县、桂阳、宜章等地与连山、贺县交界的地方分守拦截，战绩如下：

各陆续擒斩贼人、贼级三百五十七名，内贼首何滋、严珪、黄廷富三颗，俘获贼属大妇幼男女一百四十九名口，盘获安插过一百二十一名，夺回器械四百一十九件。

张岳于嘉靖二十七年（1548）四月二十日具本奏报《报连山贺县捷音疏》，累计斩首3019人，俘获家属286人，经巡按御史沈宏、广东按察司副使黄光升阅验审勘明白。

在此捷音疏中，张岳一如既往为众多下属请功，特别是对沈希仪器重有加，重点请赏：

照得副总兵沈希仪、左参议朱宪章、佥事俞则全、署都指挥佥事梁希孔、各监统军兵，直捣巢穴，方略素定，分布周密，一鼓而克其中坚，多方以剪其余党，穷深极险，无所不到，信赏必罚，令人莫犯，致兹成功之速，由其协谋之固，切宜优叙。内沈希仪未抵新任，即莅戎行，而能慷慨登途，誓清妖氛，指授诸将，咸中机宜，积劳致疾，志犹不衰，当稍为优异，以劝将臣。左参议朱道澜，佥事奚良辅，先后总理粮赏，稽核周密，钱粮清裕。副使沈宏、黄光升各阅视纪功，存削明当，人情厌服，皆有劳于军前，所宜并叙者也。

巡按广东监察御史黄如桂，也将张岳"征剿广州府连山县地方剧贼斩获功次，核实奏报"。

平定贺、连之后，"士者相与庆于学，农者相与庆于野，行道相与庆于途，商者工者相与庆于市若肆，而俘虏之释还者，相与庆于室。"其社会影响是非常感人的。毕竟持续几十年的战乱给当地百姓的正常生活与生产带来了严重影响。社会需要安定稳定，这是民心所向。何况这些"义军"并不单纯是为了反抗明朝的统治、推翻封建政权、让老百姓过上好日子，而是时常把刀枪指向普通的百姓，抢劫杀人，不分造反对象。

此战结束后，刚好下了场大雨，春雨来临，考虑到春耕生产的需要，百姓安居之必须，张岳决定及时罢兵，"毋妨农工"。

在《与闻石塘太宰》书信中，张岳透露了贺、连之战的一些内幕，见《小山类稿》卷九书四。之前，张岳从浙江参政转任广东参政时曾向闻渊写了封信，这是第二次：

> 贺、连之寇，连结三省，为害三十余年，二县城门，岁中为之屡闭。久议征讨，力未能及。每岁调兵防守，费不可言。故决意兴师。而某适有改官之报，念忧在地方，不可因某一身去留为前却也。幸荷人庇，以能成功，从此不敢多望。或者十数年，尚可保无虞。较之每岁防守之费，大约只用三四岁钱粮尔。但某已迁官，而兴此役，恐不知者以为好事。初意欲留后面一着，候欧约庵来结裹，则欧久不至。制兵已逾一月，势不可不奏报。然其中实无所为也，亦冀公照亮之。

如张岳所言，坚持三十多年的贺、连义军，已经给明朝廷带来了巨大压力，两县的城门，每年都要因此关闭好几次。而每年的调兵防守，其军费开支也相当大。而当张岳准备就绪为此"决意兴师"之时，严嵩却把他调任刑部侍郎，可是接任的欧约庵却久拖不来接任这棘手的职位。张岳的部队已经为此等候了一个多月了，不得已兴兵动师。其费用只相当于之前三四年的开支，却起码可以换来十几年的和平。

闻渊于嘉靖二十八年九月以年老为由离休，实系扼于严嵩而乞归，卒后赠太子少保。

欧约庵即欧阳必进，张岳同年，后任都察院左都御史、吏部尚书，因为他就是严嵩的小舅子。严嵩处心积虑欲安排必进为吏部尚书，哀求再三，明世宗仅让欧阳做了半年的吏部尚书即斥去。此君后来在清洗严嵩余党时被踢出局。

欧阳必进（1491—1567），字任夫，号约庵，安福县平都镇仙坛村人，正德十二年（1517）进士，授礼部主事，官至浙江布政使、郧阳巡抚、两广总督、两京都御史及刑、吏、工部尚书。他任工部尚书时，主持重修皇宫中的午门、天安门及太和殿、中和殿、保和殿，使这一宝贵的世界文化遗产得以流传至今。

嘉靖二十三年（1544），欧阳必进巡抚郧阳，当地牛疫流行，耕牛几乎死尽，百姓只好用人拉犁耕地，他坐卧不安，茶饭不思。他从资料中找到了鲁王翼遗制作的人力耕地机草图，亲自动手仿制，创造了中国第一台人力耕地机。

先为巡按御史后为广西副使的沈宏（浙江崇德人）为此挥笔撰写了《平寇颂》：

维嘉靖二十有七年春，两广文武帅臣总督中丞张公岳，号净峰，福建惠安县人，正德丁丑进士，升兵部左侍郎，镇守总兵。陈公圭，号竹泉，直隶合肥人，爵平江伯，加太保，奉天子明命乃会，代巡广西监察御史。萧公世延，号友山，四川内江县人，嘉靖戊戌进士，爰饬宪臣，选将练兵，以平贺县之寇。维时宪臣监督者俞公则全，号玉泉，浙江新昌县人，嘉靖乙未进士，任按察司佥事，将臣统督者沈公希仪，号紫江，奉议卫官，籍直隶，临淮县人，任署都督佥事，镇守广西副总兵，率汉土将卒若干，指布剿平。

是役也，自鞠旅而入，暨献馘而出，日惟为旬有六，合擒斩伏获实维三千，渠魁悉就歼灭，可谓神速矣。

先是贺寇称坚敌，出没荆、广，三省患焉。及我师入，尚鸥张逞拒，而旬月之间，遂能扫荡平定，俾桂岭之域幅员数百里，皆入版图，境外犬鼠，咸成眦喙张，窜伏不遑，而环贺数郡邑之民，俱获更生，厥功其伟矣哉！当是时，士者相与庆于学，农者相与庆于野，行道相与庆于途，商者工者相与庆于市若肆，而俘虏之释还者，相与庆于室。

迨农祥晨正，天降时雨，沛然盈畴。二公乃急下令曰："速旋乃师，毋妨农工。"由是贺之民益相与颂美，劳来者争先焉。邑之东江有桥，为水所漂，师艰往来，民乃竞劝，蚤夜葺治，并新其桥之亭于东渚，扁其名曰"永清"，志寇平也，且砻石为碑，求记于予。

……

惟是有总督张公，为能推二公以平贺之功，势虽不同，而同谓之得人之仁可也。今民颂二公之功，可不知所自云？

予既记其略，复述民颂，以示将来。其辞曰：

蠢彼寇蛮，据桂岭之麓。日逞尔戈，忍戕予足。公不来征，曷俾予父食其有粥？

蠢彼寇蛮，据桂岭之巅。日铦尔戈，忍戕予肩。公不来诛，曷俾予母食其有饘？

蠢彼寇蛮，据桂岭之谷。日繁尔徒，忍戕予腹。公不来伐，曷俾予妇子离此多辱？

桓桓虎貔，如雷如霆。朝言选锋，夕获其丑。矢莫敢不征，日惟公之明。

桓桓虎貔，如霆如雷。夕言选锐，朝执其讯。矢莫敢不舞，日惟公之威。

闻其击鼓，于江之渚。尔师旋迈，活我父母。二公谁匹？方叔、召虎。

鼓人伐征，于江之涘。尔师旋归，宁我妇子。二公谁似？南仲、吉甫。

方叔、召虎、南仲、吉甫均是《诗经》中吟诵的历史人物。《汉书》卷五十四颜师古注曰："方叔、召虎、仲山甫，三人皆周宣王之臣，有文武之功，佐宣王中兴者也。"猃狁是殷周时期北方的一支少数民族部落，在与猃狁交战中最出名的英雄是张南仲和尹吉甫，张南仲曾受宣王之命驻守朔方，使这一带成为周王朝北部的重要屏障。

沈宏把张岳和陈圭比作方叔、召虎或南仲、吉甫，实际上是把嘉靖帝比作周室中兴的周宣王，这说明在经历了正德帝游戏人间、玩国丧生的闹剧之后，朝廷上下都对嘉靖寄予重振朝纲、富国强兵的厚望。

湛若水闻讯，亦作诗《贺大中丞张净峰征广之东西两收奇功》二首来贺：

一

两鼓闻收两峒功，旌麾摇映广西东。于今已定筹边策，他日麟台又属公。

二

斧钺亲临柳庆营，潢池赤子合收兵。若教孟子论功载，归马华山是武成。

张岳也给湖广巡抚林大辂写了封信，将自己这边的战况告诉他。林大辂作诗四首以回，载于其著作《愧瘝集》卷七：

秋间得张净峰总制书，兼谈边报，怆然有怀

丘壑从吾好，何如阮籍狂。树腾苍鼠密，裘揽黑貂长。
俯石听梅管，攀林送羽觞。浊醪不惜醉，留客卧丹房。

睡觉闻飞叶，寒声曙色初。江云雁阵杳，春树雀巢踈。
五岭怀人梦，三秋开府书。平蛮消息好，张瀚忆莼鱼。

白发淹人代，端居百感生。天风吹野草，海日淡寒城。
世赏公卿事，邦交戎虏情。北门谁锁钥，烽火息咸京。

寒栖惊岁晚，野啸万青台。松柏云霄迥，鹓鹏瀚海回。
避人探道箓，玩世混尘埃。鹿豕山居伴，频来共酒杯。

林大辂（1487—1560），福建莆田人，是张岳的同科举人，正德九年进士，工部主事。武宗南巡之争中，他因上疏进谏劝阻，被施杖刑，贬至州判官；世宗即位后复职，累官至右副都御史、湖广巡抚。

嘉靖二十七年戊申（1548）秋，由于张岳"莅镇四年，巨寇悉平，召拜兵部左侍郎"。兵部认为"叙功奖岳忠勤已迁不懈，功赏宜优"，结果"又为执政所抑"。命令下发后，只是再让张岳的一个儿子当锦衣卫。此时的执政严嵩早已对张岳怀恨在心，与夏言一样对张岳一味压制贬低。

严嵩是如何压制张岳的战功的呢？我们可以从《明实录世宗实录》卷

净峰风骨：明代名臣张岳传

三百四十三中找到端倪：

（嘉靖二十七年十二月丙辰）两广总督都御史张岳……督兵击连山贼余党，破之，凡擒斩四百二十四级，俘获一百一十人。捷闻，兵部乞录抚镇官并参议朱宪章、署都指挥佥事梁希孔等功，而治……广州知府胡凤等失事之罪。得旨："岳……各赏银四十两、纻丝三表里。宪章、希孔二十两，一表里……"

前面统计的战果是斩首3019人，俘获家属286人，这在《粤西丛载》卷二十六《明朝驭蛮》中也可以得到佐证："两广都御史张岳，与平江伯陈圭，调集汉达官军士兵八万，分道夹攻，斩首三千余级，连贺二县俱平。"

可是这大功报到朝廷，却仅剩下七分之一。再大的功劳，如果大刀阔斧地砍掉百分之七十，打了七折，也会少得可怜。严嵩一伙就是如此压缩张岳的战功使他"厚功薄赏"的。功劳小，自然提升的官职就不大、奖赏就不多。如果是过失，那自然另当别论，当然不能再用压缩版，绝对是要用放大镜才行的。谁让张岳不识好歹呢？

胡凤（1483—1548），字文明，号西村，湖北黄梅县人，嘉靖丙戌年（1526）进士。此次他虽被追究责任，后来却又升四川按察司副使，最后官至四川布政使。有的人就是这样，错误犯得越多，官就升得越大。这也是官场的一门学问，古今都有不少人挺应验。

明崇祯三年庚午（1630）举人惠安曾璟在《螺阳文献》之《阵马行》一文中描绘了张岳两匹神奇可爱的战马。

友人为言前辈张襄惠中丞过时有二阵马自随殊骁。腾卧必四立其蹄于础，即不础不卧，出入担础从之。一日，客或窃以骋者，时坐上乐作，马忽闻鼓，以为战也，驰逸数百里，山海不可止。客窘不知所为。厩人乃鸣金以还之。余有感焉，乃作阵马行。

阵马不忘效驰驱，铁甲金刀惯相随。双耳北风尘沙触，虚拟将军统健儿。昔日张公远于征，二马曾先百万兵。一日功成畜百里，寒月春烟嘶不止。霜蹄宁辞危石颠，锦障肯甘泥淖里。常恐时清不筑坛，饱食徒虚涓人恩。偶然骋辔出郭门，填填似闻战鼓喧。仰天捎电疾于飞，独出深入往不归。陵犯山溪如畏令，落日无影犹穷追。俄听金钲始敛步，恨不醉战突重围。观者吐舌无人色，此等骁腾何由得？公言无地无此马，只在有心买骏者。如今年年事东西，讵止千金购枥下。监收银色已空虚，风声鹤唳竟裂瓦。

人马诿罪谩相推，若个报恩不负价。嗟哉！张公不作马亦少，令人拊髀思渺渺。

嘉靖二十六年秋冬之际，从京城传来了一个好消息，皇上已经批准提拔张岳为兵部左侍郎，回京到兵部任实职。《明实录世宗实录》卷三百二十九载：

> 嘉靖二十六年十月○辛亥
> 升提督两广兵部右侍郎张岳为本部左侍郎，回部管事。

可是，不久严嵩提拔为首辅，张岳回京到兵部任职的愿望再次莫名其妙地落空。这次，史料没有任何理由解释其中奥妙。同书记载：

> 嘉靖二十六年十二月○乙卯
> 兵部左侍郎张岳三年考满，荫其子宓为国子生。

二、饷无私入

在担任两广总督前后四年期间，张岳的另一贡献是开创了清廉之风，得到不少史册的赞颂。

原来，两广的饷金每年有数千金，都要上交总督府由总督随意支配。这在过去是很正常的惯例。怎么开支是总督的权利，从来没有谁来参与或过问过。可是到了张岳任中，他并没有趁机中饱私囊，也没有像其他总督那样普遍把这些钱财用于疏通关系并不融洽的首辅、吏部等权臣，"不持缕于权门"，而是把这些可以灵活处理的庞大资金全部归入梧州府，据实报销。"饷无私入自岳始。"据《广西通志》记载：

时贵溪（指夏言，江西贵溪人）、分宜（指严嵩，江西分宜人）后先柄国（任内阁首辅），大开幸门，以督抚为外市，督抚亦不靳华锱，以博嚬笑之欢。公视之蔑如也。在粤四年，竟不通一缕。有危公者，公慨然曰："棱棱寒骨，止少马革裹尸耳。"其独立风裁如此。

　　明政府自严嵩柄政以来，边将为了保官升职，把诸边军饷大半贿赂了严嵩，以致军士饥疲，边防大坏，无力抵御蒙古鞑靼贵族统治者军队的骚扰。

　　嘉靖二十九年（1550），鞑靼部俺答汗率军长驱直入北京郊区，京城万分危急。国子司业赵贞吉等主张出兵保卫京师。但严嵩唯恐在京郊战事失利，自己作为内阁首辅罪责难逃，便千方百计阻止抗战。严嵩为此污蔑赵贞吉狂诞，致赵贞吉被世宗朱厚熜廷杖、贬谪。严嵩还授意兵部尚书丁汝夔说："京郊不比边塞，在边塞战败还可掩饰，而京郊战败人所共知。俺答军抢掠够了就会离去，我们唯有坚壁是上策。"丁汝夔领会其意，唯命是从。于是兵部发令，不得轻易出战。

　　后来世宗朱厚熜对于俺答兵临城下感到有失皇帝的面子，把兵部尚书丁汝夔下狱。严嵩怕丁汝夔在这个时候揭发自己曾经授意他不出战的罪行，便宽慰丁汝夔说："有我在，一定不会让你死去。"可是当世宗朱厚熜发怒要处死丁汝夔时，严嵩又噤若寒蝉，一言不发。丁汝夔临刑时方知受骗，大呼"严嵩误我！"

　　嘉靖二十九年（1550）是庚戌年，历史上称这次事件为"庚戌之变"。

　　屈指数来，死在严嵩手中的总督还有张岳的老上司兵部尚书张经，抗倭将领张经曾在嘉靖三十四年（1555）于浙江大败倭寇，俘斩倭寇二千人，取得了抗倭战争以来最大的一次胜利。但由于时任东南督军的严嵩义子赵文华公开代严嵩索贿三万两银子，认为给张经提拔职务他应该有所表示。而张经无银可送，总共才凑齐五千两以求活命，竟被严嵩和赵文华以冒功罪陷害致死。明王世贞撰《嘉靖以来首辅传》卷四严嵩：

　　　　总督张经自恃其位高而望隆，不肯折节。文华诸发兵守便宜，又不与计。会有流言闻于上，上怒。文华伺得其指，露章劾之。上发缇骑逮经。而经则已大破贼，俘斩千计。捷闻，上怒亦不释经，迫则行五千金贿世蕃。世蕃与嵩谋，欲为上解，不解，则姑为温言款经。（经）至死方悟，因罝嵩父子于市。

为了保住性命，抗倭获胜的张经也不得不违心向严嵩父子行贿五千金，盼望能得到严嵩父子一伙奸党的宽恕。但严嵩父子怎么可能真心救援他们所厌恶的福建人张经呢？显然，他们采用的是后一种诡计，就是在皇上不消气解恨的情况下就以甜言蜜语来欺骗张经，让他以为可获救。这场骗局果然到张经被押至刑场时才恍然大悟，尽管这时张经忍不住大骂严嵩父子，但又怎能挽救他的性命呢？

浙江巡抚、提督沿海军务王忬，虽然屡破倭寇，却因有人向严世蕃汇报他家中藏有《清明上河图》，"严世蕃强索之，忬不忍舍，乃觅名手摹赝者以献。世蕃知后害之。"王忬就是明代著名文学家王世贞的父亲。一个偶然的机会，王忬得到了价值连城的国宝《清明上河图》，不久就被严氏父子得知，二人就向王忬强行索要。王忬迫于严氏父子的权势，就让一个画师临摹了一张送给严嵩，后来事情败露，严嵩对其怀恨在心。后借王忬戍边不力下狱之机，严嵩父子上奏本将其害死。徐阶非常痛心地把此事比作"秦桧之杀武穆（岳飞）"。

死里逃生的是俞大猷，当年他被胡宗宪陷害时，是徐阶的亲家、锦衣卫一号首领都督陆炳拿出自己家里的一千两金子（据黄景昉在《国史唯疑》所记，也有人说是三千两）。给严世蕃为他说情，才将这赫赫有名的抗倭名将从监狱里放出来。《明史》记："陆炳与大猷善，密以己资投严世蕃解其狱，令立功塞上。"所以活着的其他各方总督、巡抚无不情愿、不情愿地争相行贿严嵩父子以自保。

《明实录世宗实录》卷五百一十三记：

> 初，严嵩专政日久，耄而智昏，又日夕奉上玄修，卒无暇，尽委机务于其子，世蕃狡黠机智，颇记识往课。是时，四方多故，故凡遇疑难事，世蕃即援据己事参综陈说，嵩以为才，每诸司以事关白请裁，嵩必曰："与小儿议之。"世蕃故凶侈无赖，既窃国柄，遂明目张胆，大启贿门，凡中外文武吏，无论大小迁授，上下一视略入为轩轾。一时狡佞无行之士，若赵文华、鄢懋卿、万寀、董份及（唐）汝楫辈咸朋党交通为之关节。因而各张骗局于外，诸闽帅墨吏群然趋之。择官选地如取探囊，朝求暮获，捷若鹰鹯。

明叶权著《贤博篇》记：

严世蕃方贵盛时，与嘉兴一张姓举子为莫逆之交。嘉兴太守托举子求见世蕃，候两三日矣，未得间。适世蕃召举子为豪饮，因为通白。世蕃暝然曰："且饮酒。"举子因荐太守酒量，世蕃喜，遂呼入。跪堂下，世蕃不为礼，直前拽起，大言曰："人谓汝能饮，然乎？"太守惶恐，不敢对，遂列巨觥痛饮，至明旦始罢。太守寻升副使。

《明史》卷三〇八严世蕃传记载："严世蕃熟谙中外官饶瘠险易，责贿多寡，毫发不能匿。"就是说想要升任何种官职，就得交纳与这种官职相应的定价标准，丝毫也不能减少。按今天的话说，就是地地道道的一种市场交易行为。嘉靖三十年广东道试御史王宗茂揭露严嵩为官职所定的数额是：州判，三百两；通判，五百两；武职官员则为管事指挥三百两，都指挥七百两。刑部主事项治元调动到吏部，以一万三千两银子成交。举人潘鸿业以两千二百两买来知州的官职。原甘肃总兵仇鸾因贪虐被革职，用三千两银子贿赂严嵩，复出任宣府、大同总兵。罢居在家的总兵官李凤鸣，也以两千二百两换来重新担任蓟州总兵的重任。福建巡抚阮鹗通倭案发后，阮鹗以重金贿赂严嵩，竟免治罪。

据泉州黄景昉著《国史唯疑》卷之七记：

严世蕃积赀满百万，辄置酒一高会，前后四高会矣，尚乾没不休。屈指海内巨富首等，凡七十家，皆满五百万以上，虽溧阳史际最有名，亦仅列二等之首，骄盈可知。

严世蕃卖官聚财，每积满一百万都要办酒席庆贺一下，前后已经四次了，已经是海内首富，还未满足。他的心愿，是要与国库相比，哪里会轻易满足呢？

对于张岳这一级别的高官，严嵩父子还有另一套收费办法：

督抚莅任，例贿权要，名"谢礼"。有所奏请，佐以苞苴，名"候礼"。及俸满营迁，避难求去，犯罪欲弥缝，失事希芘覆，输贿载道，为数不赀。

总督、巡抚一级官员一上任就开始要行贿，打好基础。请示汇报工作也要行贿，以求所请事项获得支持和批准。至于任期一到要求调动，当然更少不了。最要命的是如果犯错误甚至犯罪，那对严嵩父子来说是最好不过了，因为那就是趁机大把收钱的好机会。张岳看不起那些人，他以自己宁折不弯的傲骨坚守着自己的操守，在浊世中冒着生命危险坚守着自己的一方净土。正如他在《送人之昆山司训》诗中的表白："宁为岩畔柏，不随秋叶扬。"所以连后来的首辅徐阶都非常佩服他，称赞他是嘉靖朝中唯一不肯向严嵩行贿的边帅总督。

而严嵩死后从其家中抄出的黄金为三万余两，白银二百多万两。相当于当时全国一年的财政总收入，此外还有田地上百万亩，房屋六千多间。"广市良田，遍于江西数郡"，"广置良田美宅于南京、扬州，无虑数十所。"（《正统实录》卷二十九）

严嵩的家底还有：从两晋至明朝的名画达 3201 轴（卷、册）、墨刻法帖 358轴（册），涵盖两晋以来的所有名家，单为了攫夺《清明上河图》就整得几十户人家家破人亡。严嵩侵吞的国宝包括古砚 16 方，有汉未央宫瓦砚、铜雀台瓦砚、唐天策制砚、贞观上苑砚、苏轼天成砚、文山砚等。古今名琴 54 张，包括月下水玉、咸通之玉、清庙之音、清流激玉、响泉、霜钟、玉壶水、苍龙喷玉、一天秋、万壑松、鸣震雷殿、寒江落雁等。纯金、金镶珠宝器皿、首饰近万件，纯银、银镶珠宝首饰 2200 多件，包括用细若蚕丝的金丝织成的帷帐。玉器、玉带、镶金银珠宝器 4000 多件，其中有晋永和（345—356）镇宅世宝紫玉杯、镇宅艺世宝玉盘、玉八仙捧寿屏风等。另有珍稀器玩 3556 件，古铜器 1127 件。所有这些藏品，就连皇宫也难与之媲美，件件皆为无价之国宝。就连严嵩的家仆严年，家财也以数万两计。严嵩父子的生活相当奢侈糜烂。严世蕃美妻爱妾，衣皆龙凤之纹，饰尽珠玉之宝；张象床，围金帐；朝歌夜舞，荒淫无度。难怪严世蕃会向人夸耀说："朝廷不如我乐！""朝廷不如我家富！"当时，南北给事、御史等监察官吏都认为，朝中贪污大臣首推严嵩。皇皇一部《明史》，据卷三百八列传第一百九十六奸臣所记如下：胡惟庸、陈瑛、严嵩、周延儒、温体仁、马士英。初看严嵩似乎按顺序排列第三，其实，严嵩大人以他短短二三十年的努力，跻身于中国五千年文明史上十大奸臣、明朝第一号奸臣，如非真正下了一番苦功做出一番卓绩是相当不容易获此"殊荣"的。历史上能望其项背的，恐怕也只有清朝的和珅大人了。这样就不难理解贪得无厌的严嵩父子为什么会对数十年不送一钱的张岳恨之入骨了。

而张岳的所作所为却与严嵩的恶行形成了鲜明的对比，黑白分明。一生坚持不行贿的张岳在任两广总督期间就制定了严令禁止下属行贿。他规定："橄州县吏非召不得至辕门，至不得手一持门内"，不给下属行贿的机会。原来"土官从征，旧多纳贿乞功"。因此，张岳对于如何奖功罚过作了改革，规定"诸土官有功当官赏，大者驿奏，小者称制自行，毋得如彼时自乞冒功者。其自为太守及参政于蛮夷溪峒聚落厄塞兵马糗粮多寡、将吏才职能否，久刺取籍记。至是高度有经，窃系就理"，就是建立起一套比较完善公正的奖赏制度，不会因为自己的好恶、关系的亲疏而赏罚不公。这样既整顿了军纪，又改善了军民关系。这在封建时代的确是非常难能可贵的，也是极其罕见的。正因为张岳有如此出众的文武全才和高贵的人品和人格，才赢得朝中许多大小同僚的敬重。

故明代郭棐在《粤大记》中把张岳和整个明代其他几位两广总督王翱、韩雍、叶文盛、邓廷瓒、秦纮、刘大夏、朱英、熊绣等人并称为"昭代殊绝人物"。而没有将军饷中饱私囊的，则是从张岳才开先例的。朱一龙《游海梦谈》载：

> 两广旧凡公私供亿取办经纪，岁费数千金，力裁省之。故事：饷银悉从敛散，任意干没。岳悉归梧府，而该道核其实以报。饷无私入，自公始也。（郭太常卿叶撰《粤大记》）
>
> 两广督抚其清介有闻者，前有张襄惠公岳，后有李蟠峰公迁。张公在镇，饷银不依旧例解幕府敛散，而归其责于梧，无私入焉。公私供亿不轻取，用于经纪州邑，筐篚无得辄至于辕门。李公将交代外帑有余金守者，请依故事进入。公曰："无庸，第留之。"二公可谓贵而能贫，为仁不富者矣。

三、建镇海楼

和在柳州时兴建镇粤楼一样，张岳在广州也重修了镇海楼，成为与黄鹤楼、岳阳楼相媲美的南中国著名景观之一。

镇海楼又名望海楼，位于越秀山之小蟠龙岗上，是广州现存最完好、最具气势，也最富有民族特色的古建筑，曾经作为广州城的标志出现在历代的钱币、地图上面。因楼高五层，俗称五层楼，广州有"未登五层楼，不算到广州"的说法。

镇海楼始建于明朝洪武十三年（1380），最初的用途是作为军事上瞭望之用，那时候常有倭寇从海路侵扰，楼名"镇海"，含有"雄镇海疆"之意。

相传某日，明太祖朱元璋与道人铁冠子登上南京钟山，铁冠子忽然指着东南方对朱元璋说，广东海面笼罩着青苍苍的一股"王气"，似有异人要出世了，得立刻在广州建造一座镇海楼压住，否则日后必成大明的祸患。朱元璋于是派遣大臣到广州，在越秀山小蟠龙岗上修建了镇海楼。

镇海楼本名望海楼，高八丈余。明成化年间（1465—1487）当时的两广军务提督韩雍重加修治，后来全楼竟被火焚毁了。嘉靖二十三年（1544），时任两广总督张经和巡按御史福建南安人陈储秀决定重建镇海楼，从国库中拨出专项经费2200两银子，作为重建费用。嘉靖二十四年（1545）闰六月，镇海楼开工重建，可是不久张经离职，张岳接任，因此重建工程也就由张岳接手。

因当时东南沿海常患倭寇，海疆不靖，需强化海防，于是张岳为之题名"镇海楼"，含"雄镇海疆""威镇海内"之意。广州古称南海，"镇海"又兼有威镇广州的意思。

这是镇海楼第一次重建，明嘉靖二十六年（1547）元月竣工。

"镇海层楼"和"越秀层楼"列为清代和现代"羊城八景"之一，也是中国十大名楼之一，名列第六位。十大名楼分别是：北京紫禁城角楼、湖北武昌黄鹤楼、湖南岳阳岳阳楼、山西永济鹳雀楼、山东聊城光岳楼、广东广州镇海楼、云南滇池大观楼、贵州贵阳甲秀楼、安徽马鞍山太白楼、浙江嘉兴烟雨楼。

起初，左布政朱纨、按察使屠大山就已先请张岳撰写记文，可是张岳因忙于军务，无暇顾及，至嘉靖二十六年十一月张岳才亲自撰写了《镇海楼记》。节选如下：

> 广东，海邦也。其会城故治番禺，自汉以来，号称都会。我国家临制宇内，幅员万里，因岭海以为金汤，是邦隐然实当管钥之寄。
>
> 城内北偏，有山曰粤秀，拔地二十余丈。国初，天兵南下，列郡既听受约束，守将永嘉朱侯亮祖，始作楼五层，以冠山巅，曰"镇海"，楼成而会城之形势益壮。其后楼渐圮。成化中，总督都御史襄毅韩公，命有司修完之。比烬于火。亟图再作，以费巨力艰，持弗决者累年。
>
> 嘉靖甲辰，提督尚书蔡公经、巡按御史陈公储秀，折衷群议，出帑

金二千二百有奇，以为木石、瓦甓、丹漆、傭佣之费，选用能吏稽董工程，以明年乙巳闰月兴工。既而蔡公去，余来代之。陈君去，御史杨君以诚代之。越又明年丁未正月朔，工告成。规制如旧，而闳伟壮丽，视旧有加。楼前为亭曰"仰高"，左右两端跨衢为华表，左曰驾鳌，右曰飞蜃，旧所无也。

方楼之未作也，环海百万家，挢首喟嗟，若失所负。及其既作，重檐飞阁，迥出云霄，以临北户，群山内向，大海浩渺，如免者之冠，瘘者之起。凡海邦之形胜精神，有不迅张翕沓以赴兹楼者乎？

昔我太祖皇帝，以丙午、丁未岁，命大将帅师北伐。是岁又以偏师徇岭外，然后天下合于一楼，于是乎始作列圣继统，昭受休烈。至我皇上，稽古重光，礼文焕然。楼之废而复兴也，又适值于斯时……

初，左布政朱纨、按察使屠大山请余为记，余为有戎务，未遑也。是冬，乃克为之。二君及右布政使龚辉、左参政张鳌、佥事何元述皆迁去。在者：左参议顾中孚、朱宪章，右参议方民悦，都指挥夏忠，而左布政使周延，右布政使蔡云程，按察使林应标，右参政陈仕贤、副使周宗镐、周大礼、黄光升、蔡克廉，佥事陈崇庆、黄大廉、徐绪，都指挥梁希孔，广州府知府曹逵，先后继至，咸观厥成云。是岁丁未十一月吉，赐进士、通议大夫、兵部右侍郎兼都察院左佥都御史、奉敕提督两广军务兼巡抚、泉南张岳书。

督工，广州府同知程铎。

这篇文章还被何乔远收入《皇明文征》卷五十二记一（楼殿、名迹御赐、学宫、官署）中。

黄光升，泉州晋江人，字明举，明嘉靖八年进士，官至户部、刑部尚书。光升因号葵峰，故与张岳、康朗被誉为"泉州三峰"。黄光升父黄绥，曾学《易》于蔡清，算起来与张岳是师兄弟，后中贡生，授江西宜春万载县教谕。后黄光升孙娶张岳长孙女。

蔡克廉（1511—1559），泉州晋江人，嘉靖八年（1529）进士，抗倭有功，曾任江西布政使，累官至南京户部尚书，与同乡王慎中同负文名，有《可泉集》传世。

张岳借景抒情，批评了那些"苟目前之安而忽远图，蔽于一方，而不知有政理之要，风俗之本"之人是只知道领俸禄过日子的人，不是能为国家之安危着想之人。他心中敬佩的人，是忠于国家的人，是不为自己的利益着想的人，是"不以远自肆，不以位自画。一食息，一起居，无一念不属于君父。其于政理之要，风俗之本，为之必尽其方，而又扩之以广大，持之于久远，精粹明白，夙夜匪懈"的人。这与范仲淹在《岳阳楼记》中所写的："居庙堂之高，则忧其民；处江湖之远，则忧其君"又何其相似！

《镇海楼记》，在越秀山镇海楼（今广州博物馆）前西侧。碑高 2.43 米、宽 1.34 米，明嘉靖二十六年（1547）十一月立。张岳撰并书。这是现存记载镇海楼历史沿革最早的碑记。

同时代的几个好友也纷纷写诗，颂扬张岳兴建此楼的警戒意义：

拟题镇海楼

孙承恩

楼开沧海郁岧峣，弹压三吴不敢骄。千尺荡摇波影乱，八窗吞吐野云飘。
中天笑语疑应近，蓬岛神仙或可招。回首家山邈何许，归心一片溯秋潮。

孙承恩（1485—1565），松江（今属上海市）人，正德辛未六年（1511）进士，官至礼部尚书，谥文简。

镇海楼

何维柏

兀兀层峦控海楼，仙城缭绕跨浮丘。云封野寺三千界，风度长空万里秋。
极目星河依北斗，回澜砥柱屹中流。登临莫谓炎方远，邹鲁年来是此州。

登镇海楼

黎民表

朱甍画栋逼星河，秋色苍然隐薜萝。地转青山开越井，天悬绿水下牂牁。
凭栏渐觉清商变，顾影其如白发何？鸿雁有怀成怅望，浮云西北晚来多。

净峰风骨：明代名臣张岳传

四、推荐人才

与在江西一样，张岳不忘向朝廷推荐两广人才，于嘉靖二十七年戊申（1548）上《两广人才疏》：

> 臣待罪两广三年，备闻士大夫家居行事，谨陈清议所归可备录用者：如广东原任翰林院修撰萧与成，文章博赡，性行端直，推以用世，犹有余蕴。原任监察御史黎贯，才器老成，气节凝重，求之时辈，郁然典刑。原任监察御史陈大器，作邑循良，立台风采，敛退乡居，物望推重。原任监察御史何维柏，青年美质，潜心渊微，菽水养亲，非义不食。原任工部郎中吴会期，持守坚确，世务练详，屏居海外，志节孤耸。原任刑部主事王渐逵，清修历行，笃志力学，造理日深，充养益厚。原任兵部主事何鳌，天性恬淡，杜门避逅，手无停披，言不及利。原任南京刑部主事冼桂奇，弃官就养，力学从师，所志非凡，进修未已。广西原任户部员外郎冯承芳，闲居日久，守志益坚，文造深醇，才通世务。原任礼部主事陈邦偁，甘贫苦节，笃学力行，久屈未伸，公论共惜。以上数臣，其行义之著于乡者如此。盖闻古之举士，必始于乡；其或罢而归乡里也，复得推择为吏，及起家为大官。况圣明宽大之世，爱惜人材，片善片长，皆得效用，而使牺尊之材，永为沟中之弃，此臣所深惜也。
>
> 及又查得，丁忧服阙，南京通政司参议伦以谅，性度端沈，文章深厚，材非一长，器可大受，似宜遇缺推用，无令久淹里居。
>
> 如蒙乞敕吏部，查诸臣去官缘由。若只是养病违限，或一时狂愚诖误，于大节无所干碍，酌量轻重，次第录用。及伦以谅，查照服阙事理，遇缺推补。诸臣感奋之余，后效必有可观……

翰林院修撰萧与成（1493—1557），号铁峰，广东潮阳人，中进士排名就紧接在张岳之后。萧与成16岁时乡试得解元，正德十二年中进士后授翰林院国史检讨，晋翰林院修撰、承务郎，参与撰写《武宗实录》，后以"丁外艰"告归，不再出仕。其"道德文章，推重一时"，后人尊称为萧太史。在潮阳，他十分关切桑梓疾苦。曾亲率乡勇抗击倭寇，又曾率先捐资疏浚护城河，并在竣工时，毅然变卖家产还清浚河所缺资金，为桑梓做了不少好事。其著作有《铁峰集》传世。子端蒙，同登进士，由庶吉士改侍御史。

萧与成是个大孝子，虽然张岳上疏推荐他，但他却不愿出仕，宁愿在家侍奉老母。

监察御史陈大器也是潮阳县人，与张岳同榜。此人虽经张岳和翁万达共同推荐，但因任命权在严嵩手中，却未见效。

监察御史黎贯，广东从化县人，也与张岳同榜。太史焦竑在《国朝献征录》卷六十三收录的黄佐撰写的监察御史韶山黎公贯墓志记：

> 而两京科道及巡按荐章前后十余，上皆不果用。铨部议守边。抚臣欲以佥都御史起公，又为同年当国者所沮，可叹也夫！

这个阻挡重用黎贯的同年当道者应就是夏言。看来他对张岳的怨恨此时尚未消除，故对张岳的举荐弃之不用。即使他们都是同榜进士也如此，一个有情，一个无义，昭然若揭。

王渐逵（1498—1558），广东番禺人，也是正德丁丑（1517）二甲进士。王渐逵中进士后任官不久即辞归，家居十年，以荐起官言事不报，复乞归，是位高节之士。王渐逵曾与祭酒伦以训在广州越秀山麓结"越山诗社"。伦以谅则是他同榜一甲榜眼伦以训的弟弟。在《赠钟少参同年致政序》中张岳已经提到，早在巡抚湖北郧阳时他的同榜进士已经只剩下十分之一了，也就是说只有三十五人左右了。而事隔五年之后，又减少了几人呢？可是单在广东一省，就有四名正德丁丑进士闲居在家，不得重用。如果不是张岳来任，也许这些人的后半生也就不了了之了。

礼部主事陈邦偁，广西全州人，正德九年（1514）三甲进士。工部郎中吴会期，广东琼山县人，嘉靖二年（1523）二甲进士。户部员外郎冯承芳，广西桂林中卫（一说为梧州）人，嘉靖二年二甲进士，即之前协助张岳校对过姚镆文集的桂山冯君世立。兵部武库司主事何鰲，广东顺德人，嘉靖八年二甲进士，何维柏（即何古林），广东南海人，嘉靖十四年（1535）三甲进士，1545年十月以福建巡按职"论大学士严嵩奸邪宜罢"而被捕。冼桂奇，字奕倩，号少汾，一号秋白，明代广东佛山人，嘉靖十四年进士，授工部主事，调任南京刑部后不久辞官。冼桂奇为官清廉，受湛若水的指教探求人性之学，世称其清风劲节，著有《问疑续录》。

广东佛山有"一村两状元，一家登三元"，说的是南海县黎水村伦文叙，弘治十二年（1499）会试会元，殿试状元，授翰林院修撰。长子伦以谅，正德十一年（1516）举乡试第一人（解元）、正德十五年登进士第，选翰林庶吉士。次子伦以训，正德十二年会试会元、殿试榜眼，授翰林院编修。三子伦以诜，嘉靖十七年（1538）进士。

伦文叙父子兄弟相继登三元（解元、会元、状元），古今罕见，是故村前有一御赐"玉旨天下第一家"的石牌坊一座。

累计张岳所推荐的两广人才有11人之多，均是进士出身。最早的广东按察司副使涂敬，江西丰城人，弘治十五年（1502）三甲进士。最迟的是嘉靖十四年（1535）进士，时间跨度达33年。如果从张岳上疏的时间算起，则跨度长达46年。若是再加上张岳在江西人才疏中所推荐的17人，三省合计就有28人之多。在封建社会里，每三年才举行一次的进士科考，每次也仅录取三四百人，可以说是封建时代的精英阶层，凤毛麟角。可是我们看到的却是人才的大量浪费闲置。另一方面也暴露了在严嵩专政时期朝中许多官员不堪索贿搜刮和从政风险而弃政回乡的官场心态。

在两广总督之任时，得到张岳赏识的还有一个晋江人。《晋江县志》卷之十三记：

> 金字行，字达卿，嘉靖间授海南卫经历，以儒雅超同辈。惠安张岳抚两粤，喜曰："是宜试之于民。"三州十县，檄志行简稽，爬刷无隐，两署万州，一擢昌化，累著循声。黄光升参广藩，见之海上，迎谓曰："琼民于子，绝无后言，署以上考。"未几，致政归。

五、心系抗倭

惠安虽然建县已久，但却是几百年都没有县城。最早提出兴建惠安县城的就是张岳，源于倭寇对惠安的入侵，在张岳老家三十一都一带杀死了100多人。所以时任两广总督的张岳接到家人的来信后忧心忡忡，马上给福建巡按御史何维柏去信，就如何防范倭寇出谋划策。

与福建按院何古林

漳寇久知其必有此。寒舍聚族海滨，力不能迁，因循以待祸，此几事，不敏之过也。然闻此寇，自三月即徘徊于莆、惠之间，若水寨把截严谨，地方候望分明，军卫有司略出百十人，耀虚声，为居人倚重，其祸尚可不至此！且闻寇非有部伍行队也，三三五五，星散抢掳，舍舟楫之长技，登陆走数十里，无敢御者，盖承平久矣。然蛊极必讫，岂可谓其飘忽往来，付之无可奈遂已？

愚意谓此寇腴于劫掠之味，未必肯散，且人多迹露，势亦未能遽散，踪迹可寻。大约惟严号令，信赏罚，联水寨舟师，依旧法会哨截捕。此外调福清四澳、莆禧、吉了钓船、晋江石湖、漳州玄钟船数百艘，给之粮饷，重其赏格，分布哨道，与舟师相帮。盖此辈海上累与寇角，寇颇畏之。又海滨之人惯水，尽有精壮可用者，恨寇入骨，欲致死于寇，亦乐为用，但平居患无舟楫，又患官府不为作主，而不敢动。若募其愿行者，授以粮食、器械，分配各船，或就用其地方本船，使与调用船相帮。其器械短，海上兵势不相及，火器最急，弓弩次之，石子又次之，如铁蒺藜、泥罐之类，皆不可少。凡此，皆官为处给。但统领之人颇难。见在管事，未必尽可用，可于缘事指挥，千百户中平时素有才略者，许以功赎罪。若家资素厚，罪犯颇深不至死者，许其出私财，募人报效，要擒人船若干，方与申明保奏。此盖数年前亦有用之得效者。唯恐奸巧之徒欲缘此为脱罪计，则又未必有益，徒增一番人情面分，使纪纲败坏，为不可尔。

分布既定，刻以日期，令其出海。又遣精当有司佐贰，督领民兵，与沿海卫所守城巡捕瞭哨等军兵，相兼截把澳口，断其薪水之路。且以稽查各船会哨先后缓急，令五日一报。贼在海既逼于舟师，欲登岸又阻于各澳，劫掠无得，薪水路穷，势自衰散可擒。往者既不可追矣，将来之患尚未知所届，切望留念。

又闻近寇杀人甚惨，别处不可知，敝乡附近三十都、三十一都死者近百人，百十年耳目未闻见，痛苦何可言！望委公正有司查勘，死者量与优恤，所费于官无毫发之损，而一念悯恤之意，足以渐转呻吟，安生者之心，而慰死者愤郁于地下，亦仁政一助也。适得家报，差人回视情切，言无伦次，伏冀裁照。

何维柏（1511—1587），字乔仲，号古林，广东南海县登云堡沙乡滘村人，嘉靖十四年（1535）进士，选庶吉士；历任监察御史，大理寺少卿，都察院左副都御史，吏部左、右侍郎，南京礼部尚书等职。

嘉靖二十三年（1544），何维柏以御史身份巡按福建。当地时值特大饥荒，饿殍遍野。他提出了十几个救荒办法，亲自率领郡县长官开仓赈济灾民，救活了几十万人。当时朝廷仍由宰相严嵩等一班奸党把持，已有多名大臣上疏揭发，陆续被贬职、罢官，甚至廷杖至死。但身在福建的何维柏仍不顾个人得失，上表强谏，大声疾呼："天下徒知畏嵩之奸党，而不知有朝廷之公法！"结果，被递解至京，打了一百廷杖。幸得时任锦衣卫的南海人陶凤仪暗中保护，才得以押到死囚天牢，等候发落，后来蒙从轻削职，免于一死。当日坐囚车离闽时，男女老幼奔走哭送，痛泣而歌："三水凤，参天柏。今日去，民心恻！"这是他的再起再落……

何维柏当年巡按福建，深得民心，流传着歌颂他的几十首歌谣。其中一首是："六月天降严霜，这柏依然独挺。眼见严霜嵩裂，这柏依然坚劲。好庙堂栋梁，把乾坤重整。"此谣恨严嵩，颂维柏，爱憎分明。

但是张岳关于兴建惠安县城的建议，却非何维柏可以完成。后来好友王忬于张岳去世那年即1552年巡抚浙江及福、兴、漳、泉四府，负责闽、浙接沿海抗倭事宜。第二年张岳的遗愿即得以实现。

其时张岳与提督浙、闽海防军务朱纨亦有书信往来。

朱纨，字子纯，号秋崖，苏州人，正德十六年（1521）进士，嘉靖二十六年（1547）提督浙、闽海防军务，巡抚浙江，兼管福建福州、兴化、漳州、泉州、建宁五府海道，防御倭寇，之前曾是张岳的下属。

朱纨在《朱中丞甓余集》和《甓余杂集》中揭露福建总督备倭官黎秀的不作为。朱纨说：

我与他初次见面，向他了解福建兵力多少，他不知道；问他水师有多少船只，也不知道；让他报上福建五个水寨官员，回答说只有三个，还缺两个没到位。我再深入向他了解几个数字，全部与实际不相符，错漏百出，心不在焉。更有甚者，漳州卫与漳州府同城官兵所需军粮已经少派三个月了，铜山千户所缺支粮食则已经超过二十个月，泉州高浦千户所也欠粮十个月，其他所多少不等，全福建没有一个卫一个所汇报不缺军粮的。又，铜山寨官军原来应该有1850名，可是如今在册的只有258人，粮食缺支八个月。漳州玄钟千户所澳口应有官军900多人，如今实际只有238人，缺支粮食二十个月。浯屿寨官军原有3441名，如今实有650名，缺粮两个月。

再说战船，铜山寨原有20只，实际只有1只。玄钟澳原有20只，实际只有4只。浯屿寨原有40只，如今见在13只，且见在者都因破损全部在维修中。其他新船一概未造。负责造船的指挥袁珪侵吞造船经费900两，时长三年造不出一艘新船。唯一值得庆幸的只有从福清征集到可捕盗的福船40多只。

漳州沿海巡检司在九龙镇等处有9个，应有弓兵950名，见在只有376名；

泉州沿海巡检司在苧溪等处有17个，应有弓兵1756名，见在只有673名；

漳泉两府尚且如此，其他府就更不用说了，可想而知。海防所依靠的，无非是兵力、战船、粮食以及侦察瞭望，可是如今基本废了，又该如何防备倭寇呢？实在令人痛心疾首！

由于浙、闽海防长久毁坏，战船、哨船十艘只剩下一两艘，漳、泉巡检司弓箭兵旧额二千五百多人，现在只有千人。倭人抢劫掠夺总是得志，更加无所顾忌，来进行抢掠的接踵不断。

朱纨主动出击海上，进攻倭寇最大据点双屿（在定海舟山群岛六横岛和佛肚岛之间），由都司卢镗率福清兵从海门进发攻占双屿，在九山洋俘获勾结倭寇的最大魁首安徽人许栋和日本人稽天，又将捕获之通倭罪犯统统处死。自此，许栋亲信王直率余众溃窜，卢镗在双屿构筑堡寨，海外来船停泊于南麂、礁门、青山、下八诸岛。

朱纨的行动触犯了闽浙地主豪绅的利益，又因在日本贡使周良的处置问题上，与主客司、福建籍的林懋和发生矛盾，招致闽人官僚仇恨。闽浙沿海靠倭寇及走私发财的有势之家深恨朱纨，蓄谋诬陷。朱纨竟由此受到朝廷追问，朱纨又上疏抗争，直言不讳"去外国盗易，去中国盗难；去中国濒海之盗犹易，去中国衣冠之盗尤难"，成为一时传诵名言。这句话却令闽、浙相关利益阶层特别是"势家"怀恨。"闽、浙人咸恶之，而闽尤甚。"

嘉靖二十七年（1548），朱纨率军苦战于闽浙海上，越洋进攻温盘、南麂诸贼，激战三月，大捷。七月，吏部采御史、闽人周亮及给事中叶镗言，奏改纨为巡视，以弱其权。纨愤而于次年春上疏争之，并陈明国是、正宪体、定纪纲、扼要害、除祸本、重断决六事。次年三月，荷兰人又到诏安烧杀行劫，朱纨率军进攻，擒其首领及福建从敌巨魁李光头等96人，全部军法从事。而御史陈九德却劾其擅杀。林希元等也参与其中。捷报上奏，反而招来大祸，朝廷将其撤职，命兵科都给事杜汝祯对朱纨按律问罪。朱纨得讯，自知一死，慷慨陈词："吾贫且病，又负气不能相下，纵天子不欲死我，闽浙人必杀我，吾自决之，不须人也。"自作墓志铭《秋崖圹志》和绝命词，饮药自尽，时年56岁，朝野为之叹息。朱纨有《甓余录》12卷传世。《明通鉴》卷五十九称，"自朱纨至，始稍稍治之。纨既罢，海禁益弛，乱滋甚，时海上承平日久，民不知兵，闻警则窜走一空。缓和疼痛嘉靖之世，遂无宁岁。""自纨死，并巡视亦罢不设，中外诸臣自此摇手不敢言海禁事"。倭寇因而更加猖獗，荼毒东南沿海10余年，令人扼腕。

迫害朱纨致死的势家之一，林希元是跑不掉的。这从《朱中丞甓余集》中朱纨给皇上的一篇汇报材料《阅视海防事》中可以得到佐证：

> 又如同安县养亲进士许福先被海贼掳去一妹，因与联姻往来，家遂大富。
>
> 又如考察闲住佥事林希元负才放诞，见事风生；每遇上官行部，则将平素所撰诋毁前官传记等文一二册寄览，自谓独持清论，实则明示挟制。守土之官畏而恶之，无如之何。以此树威，门揭"林府"二字；或擅受民词私行拷讯、或擅出告示侵夺有司；专造违式大船，假以"渡船"为名，专运贼赃并违禁货物（林次崖有高才而不偶于时，便以自放，不为检束）。

林希元"沽势恃强，专通番国，以豹虎之豪奴，驾重桅之巨航，一号林府，官军亦置而不问。"（见朱纨《甓余杂集》卷二《阅视海防事》）

朱纨在《甓余杂集》中详细揭露了林希元组建船队带头参与走私通倭的诸多事实。

今日通番接济之奸豪在温州尚是少数，在漳州泉州则是多数。漳泉之奸豪绝迹，则番夷不敢来，而温州宁波一带便可稍微平息。

贼船番船兵利甲坚，土著之民公然放行，名为接济，内外合为一家。他们不攻打水寨卫所已经是有幸了。官军自顾不暇，奸猾者自顾牟利。如正月倭寇捉去浯屿一良家女子，声言要与她成亲，在十里外就高搭戏台，公然开宴取乐。八月内佛朗机夷船数艘深入，发货将尽，就将两只船起水于断屿澳公然修理，官军也不干涉。他们眼里哪里还有官军呢？夷人不必说，同安县养亲进士许福先被倭寇虏去一妹，因与联姻往来，家遂大富。又如考察闲住佥事林希元，仗其才气放诞不拘，见事风生，每遇上官行部，则将平素所撰诋毁前任官员传记等文一二册寄给阅览，自己认为是独持清论，实则明示要挟控制，致使地方官既怕他又厌恶他，却拿他没办法。他用这种办法来树立威信，在其大门大写林府二字，私自接受民间讼词，私下施行拷讯，或擅自出告示，与地方官相争，专造违规大船，假借以渡船为名，专运倭贼赃货，并违禁货物。知道林希元被我查获的走私船只有多少吗？漳州月港八都地方有两艘，九都有一艘，高浦吴灌有一艘，刘五店也有一艘，没查获的不知还有多少，那是一支船队啊！五月初九日，林希元命令前方探听消息的手下蔡阳辉运回未被捕获的海贼姚新老的赃货，被指挥顾乔岳抓获，此事已经佥事韩柱审讯清楚，送巡按衙门发落。可是林希元倚仗其平时刁蛮成性，写信给巡按御史要挟威胁他。御史只好将所抓获的船只和货物"粪查遮"退还给他，其他货物没收入官库。林希元因此痛恨官军。八月初六日，林守仁、蔡英魁等驾船进港，故意做出惊慌失措的样子。士兵陈润见状向前盘问。林守仁、蔡英魁故意引诱他上船搜查，没有发现什么走私物品。林守仁、蔡英魁等船上之人便出手行凶殴打，甚至将黄伟、蔡忠、陈守三名士兵抓走捆绑起来。指挥顾乔岳闻讯追赶到一个叫谢苍的地方才将三人夺回，将此事呈报给佥事韩柱处理。可是林希元反咬一口，要挟韩柱处理三名士兵，杖打方休。诸如此类的事情已经不止一年，也不止一家，林希元只是其中最典型的罢了。因此推官俞柔愤称林希元怙势恃强，专通番国，以豹虎之豪奴，驾重栀之巨航，统一称林府，官军亦不敢过问。始开大洋剽掠，难保其必无，遂成巨富。我入境福建之初，林希元与我并无一面相识，却派家人林和拿一纸无名草书，称为贼人口词报帖，向我投送，要向同乡显示他的豪侠气概，同时也想试试我的轻重。过后推字陈信带领五十名士兵到刘五店抓人。林希元又出面袒护说肇事者是他家防守之人，属正当防卫。陈信示以国法，因此乡兵高德悌等四十六人等投案。林希元又乘机建议应该搜查全城居民才是。右参政吴鹏不采纳这个随意搞扩大化的非法建议。林希元便写信给福建巡按御史及泉州府同知胡文宗，指控赤岭之战，海贼旗帜满山，我和闲住金事刘汝楠看见了就先逃跑。巡按御史不理睬他。后来听说赤岭并无发生倭寇入侵之事，他切齿深恨，又扬言要向皇上控告。所谓乡官，是一乡之声望。可是如今竟然堕落到如此地步，心目中还知道有官府吗？朝廷之法令，已经在福建沿海行不通了！漳泉地方，本来就是盗贼聚焦闹事的地方，而地方官员渡船成为盗贼的羽翼。所以我反复思考，不禁乡官之渡船，则海道不可清理，不严保甲则海防不可能得到恢复！所以我顾不得抱怨诽谤，也要下令禁止革除，才能正本清源。我将上疏皇上从此革渡船，严保甲、搜捕奸民。

《识小录》〔明〕活埋庵道人徐树丕笔记《朱纨》中记：

> 纨号秋崖，吾郡名臣也，巡视浙、福，严禁通番。以闽中乡官林希元为通番之首，持之急，故嗾言官劾其擅杀不辜，遂革纨职听勘。居家知不免，尝语人曰："吾视死如归耳，肯学曾铣为少年甚皮弄直至西市了当乎？"时王联适讦奏参政朱鸿渐，被逮。纨以为逮己，遂服断肠草自尽。纨为人精严，勇于任事。开府闽、浙海道，为之肃清。其疏辞有曰："今不依臣处分，十年后中国皆倭矣。"久之，果然。

福建东南沿海的走私贩私历史悠久，经验丰富，屡禁不止。其中一个重要原因就是诚如朱纨所言"势家护持之"，就是说有势力有后台的人在充当保护伞。而照朱纨所言，则林希元不但曾经直接参与走私，且为"通番之首"，是既得利益者。所以他反对朱纨的一系列政策也就不言而喻了。只是他的言行已经损害了国家利益。如果属实，则林希元的人品确实比不上张岳的大公无私。因而张岳与林希元在对待朱纨态度上的分歧就不仅仅是朋友之间的矛盾问题，而是如张岳所言事关国体的大是大非的原则问题了。而倭寇扰乱中国东南沿海实则源于此。林希元参与走私为什么没人敢管他？朱纨说因为他还有一非常有效的阴招，就是喜欢打人家的小报告。凡是到福建任职的官员，他都准备有一小本本，专门记录他们的阴私或过失。只要他一离任，就向行部官员即御史汇报，提供炮弹。所以凡是到福建的官员都既讨厌他，又忌惮他，不敢管他。

对朱纨的指控，林希元在给《与翁见愚别驾书》中作了有力的辩解，成为今人了解明朝对外政策的一份宝贵资料，被认为是反对意见中最有代表性的一份文献：

> 佛郎机之攻，何谓不当为？夫夷狄之于中国，若侵暴我边疆，杀戮我人民，劫掠我财物，若北之胡、南之越，今闽之山海二贼，则当治兵振旅，攻之不逾时也。若以货物与吾民交易，如甘肃、西宁之马，广东之药材、漆、胡椒、苏木、象牙、诸香料，则不在所禁也。佛郎机之来，皆以其地胡椒、苏木、象牙、苏油、沉束、檀乳诸香，与边民交易，其价尤平，其日用饮食之资于吾民者，如米、面、猪、鸡之数，其价皆位于常，故边民乐与为市，未尝侵暴我边疆，杀戮人民、劫掠我财物。且其初来也，虑群盗剽掠累己，为我驱逐，故群盗畏惮不敢肆。强盗林剪，横行海上，官府不能治，彼则为吾除之。二十年海寇，一旦而尽。据此则佛郎机未尝为盗，且为吾御盗；未尝害吾民，且有利于吾民也。官府切欲治之，元诚不见其是。

林希元在信中一开始就明确反对驱逐佛郎机即葡萄牙殖民者，大谈有佛郎机的好处，为佛郎机唱赞歌，似乎佛郎机人不远万里来到中国就是来志愿服务、支持大明朝的。紧接着，林希元又详细举例说明不当攻的理由，以事实来证明佛郎机比大明的山海二寇要好得多，同时又警告要攻打六百佛郎机人所要付出的代价。

作为那个时代的见证人，林希元所说的基本反映了当时的历史现实，暴露了大明朝对外来殖民者"抚不成抚，攻不成攻"而束手无策的困境，暴露了大明帝国在对外通商贸易方面落后于时代的历史弊政。但林希元的言外之意却是以此来证明朱纨等人的罪过，对其过失有危言耸听之嫌。而最终朱纨被迫自杀，澳门沦为中国第一块西方殖民地，与林希元等人的态度是息息相关的，其后果和代价是十分惨重的。而在此过程中，历来被视为抗倭英雄的俞大猷也曾经与佛郎机人做了一次不光彩的交易，请他们来帮助他消灭中国海盗，并以同意或默许他们在澳门经商居住为交换条件。这就是林希元所肯定的"佛郎机未尝为盗，且为我御盗；未尝害吾民，且有利于吾民也"。所以，曾任中国社会科学院欧洲研究所所长、欧洲学会会长的陈乐民教授在其所著的《十六世纪葡萄牙通华系年》中说：

"从这封信看，林希元定是与葡商有往来的。林信中有朱秋崖诬林希元以'渡船载番货'之语，朱纨疏中也有'豪门借势通夷'之说，两下对照，说的是同一件事。"

可以说，这场争论及其结局对中国历史产生了重大影响，其实质就是鸦片战争的预演和前奏。中国因闭关锁国而导致没落的命运和过程就是从这里开始的。

综上所述，我们就可以理解张岳在给朱纨信中的态度。对这位旧日的老部下，张岳在如何对待与外国通商问题的态度上是倾向于支持朱纨的，认为这是有关国体即国家对外通商贸易体制的大事，所以要慎重。为此他鼓励朱纨要"坚咬牙根，硬挺脊梁，皎然此念不渝"。可惜事态的发展却出乎张岳意料之外，那些"顾望不同者"不仅没有"徒为纷纷"，反而逼死了朱纨。这也可以说是张岳与林希元的另一次重大的分歧。

从此张岳与林希元再无一信相通，直至张岳去世，林希元亦无一字表达哀悼之意。

嘉靖二十九年（1550）十二月十二日，林希元终于受到惩罚，但不是因为走私，而是因为学术。原来闲住广东按察司金事林希元私自改编《大学经传》定本及著《四书易经存疑》，斗胆上奏请求由官方出版发行。结果出于林希元意料之外的是他竟然被嘉靖帝以所著书与朱传不合、自成一家为由，诏焚其书，令巡按御史拿来审问。不久，林希元被剥夺冠带，失去了最后一道护身符，沦为平民。不过史论他的新著还是有许多可取之处。

六、莫逆之交

张岳与翁万达的交情始于安南事件。

郭棐著《粤大记》载《毛伯温平安南得二巡抚才》。

张岳，字维乔，惠安人。正德十二年丁丑举进士，初授行人，疏谏南巡，杖于阙下，几死；谪南国学正，历转廉州府，称贤能第二。与副使翁万达同议平安南，毛尚书伯温语人曰："吾于斯行，得二巡抚才，岳宜南，万达宜北。"后果然。

在张岳调任浙江之时，张经的另一重要助手翁万达差不多时间也调浙江省任右参政。

时势造英雄。在安南事件中朝野认识了一位杰出的军事家翁万达。安南事件平定之后，翁万达的日子又怎么样呢？从他《与薛中离书》中可知，他过得并不如意，甚至为"儿女所虐"。见《潮州耆旧集》卷十三《翁襄敏集》：

> 仆近多病，又为儿女所虐，宦情灰弃久矣。满拟归来择地一区，方五六亩，不必疏堂重，侈饰华润，但可以迥罴绝迹，辟燥湿寒暑，即茨屋蓬壁，荆扉槿篱，无不足者。且某素善耕、渔，近又颇好书史，妻妾辈皆贫家课令勤纺绩，畜鸡豕以娱老亲，自是乐事。况或从此多生男也。南征告罢，余遂东矣。

这是一篇研究翁万达思想的重要文章，也是探讨翁万达与张岳之所以能成为莫逆之交的思想根源的重要依据。

两人能够保持十几年的友谊，至死不衰，首先是因为对黎民百姓有着共同的深厚感情，都能从广大群众的利益为出发点，来考虑国是国策。当战争即将来临时，左江一带的平民已经开始逃离，"往往弃井庐去"，而翁万达以此而深处不安，乃至"指天画地，涕泣与言，宁以身不沟壑，不敢使赤子无宁宇也"，充分体现了他对战区一带百姓的关怀是感同身受的。翁万达认为，为国立功并不一定要"开边死万民、积尸封土，然后麟阁足书勋"，像唐朝的二十四个开国功臣那样题名画像于凌烟阁。翁万达之所以反对单纯的军事思想，"所欲宛转罢征者，谋国远虑耳"，这和张岳是不谋而合的。其次是两人的军事谋略是旗鼓相当的，甚至在军事方面的才华，翁万达可能还超过张岳。是他清除了国内的困扰因素和后顾之忧，使原本认为大明朝连自己的内乱都长期无法解决，故初闻明军将来讨伐自己却满不在乎的莫登庸开始提心吊胆，从此慌了手脚。其三是二人对官场尔虞我诈的黑幕都感到厌烦。其四是二人对史、书、诗文都有着共同的兴趣与爱好。其五是两人都会一些基本的劳动本领，都曾是能自食其力的劳动者，都保留着劳动人民的本色。其六是两人此后都曾受到严嵩的迫害。而两人虽生不同年，却升天于同年，先张岳两个月而辞世，不能不令人感慨。

自从在平定安南的过程中，张岳与翁万达的才华受到毛、蔡（张）二人的高度赞赏，脱颖而出，成为两颗闪耀于嘉靖朝的璀璨新星，两人惺惺相惜的交情也始终不渝，保持往来自在情理之中。

自从莫登庸投降后，翁万达历任四川按察使、陕西布政使，嘉靖二十三年晋副都御史巡抚陕西，拜兵部右侍郎兼右佥都御史，代替翟鹏总督宣府、大同、山西、保定军务。翁万达严密侦察敌情，申明赏罚制度。每当防秋，派兵登上城墙守卫，又暗中派士兵在油中倒入朱砂，察看到有人离开驻点就在那里涂上朱砂。等这些士兵返回就把他们捆绑起来，从此再没人敢擅自离开驻点。他严禁杀害投降者，违反禁令的要以死抵命。翁万达精于心计，并擅长查考，城墙的远近，壕沟的深度、宽度，（经他测量）都能做得恰到好处。敌寇于是不敢轻易进犯。城墙内驻守的士兵能够利用闲暇耕田牧马，边防费用也日渐减少。翁万达经历世事多，皇帝很倚重他，他所请求的无不被采纳，只有上书说俺答通贡一事与皇帝的心意不合。二十七年三月，翁万达又上书说，俺答各部请求通贡不成，羞惭而且愤怒，扬言大举南下侵犯边境，请求下令守边大臣能够依据具体情况灵活处理。皇帝发怒，严厉斥责他。通贡一事的奏议于是停止。俺答将要攻打宣府，总兵官赵卿畏惧，翁万达奏请让周尚文代替。周尚文尚未到任，敌寇进犯滴水崖，指挥董旸等人战死。敌寇于是移兵南下。恰逢周尚文带领一万骑兵赶到，参将田琦率一千多骑兵与他会合，敌人占据险要的地方不肯退却。翁万达督令参将姜应熊等迅速赶去参战，顺风击鼓呐喊，马蹄扬起的尘沙遮天蔽日。敌寇惊恐地喊道："翁太师来了！"当晚向东逃去。皇帝察访到翁万达督战的情形，非常高兴，立刻提拔他为兵部尚书兼右副都御史。嘉靖二十八年十月，因为父亲去世，他回乡守丧。

张岳出任江西巡抚时，翁万达于嘉靖二十二年升四川按察使。因为走的是水路，张岳特地修书提醒他过瞿塘峡时千万要小心。

瞿塘峡又称夔峡，西起奉节白帝城，东至巫山黛溪，在三峡中以雄著称。峡口夔门南北两岸峭壁千仞，如刀砍斧削一般，江流汹涌于宽仅100余米的狭窄江道之中，呈现出"众水会涪万，瞿塘争一门"的壮观景象，所以自古有誉道："夔门天下雄。"古人咏瞿塘："锁全川之水，扼巴蜀咽喉。"

翁万达给张岳回了信，叙说了自己赴任途中的遇险经过。

原来三四月间翁万达果然险些命丧瞿塘峡，只因为他偶然换坐在其夫人的船中才幸免于难，可是他随身所带的行李、衣服都被弄湿了，一个随身仆人也落难。各位亲朋好友的书信及平生所喜欢的书籍，半献河伯。同年六月翁万达在犍为，又遇险而失柁，随从船只也翻船了。

翁万达从张岳任职郧阳不久就提拔任江西巡抚，便敏感地向张岳断言他在江西任职的时间也不会很长，说"蓟辽保定、宣大山西、陕西三边及两广，想要麻烦你已经很久了"。说明张岳升任两广总督早在翁万达的预料之中，真不愧是张岳的知己。

翁万达最大的功劳莫过于"南平登庸，北惩俺答，筑边墙八百里，赈饥民三十万"。他修筑了大同宣府间长城800余里，烽堠300余座，使边境得以安定，并使原每年150万两之边费减少一半，被誉为"岭南第一名臣"。

张岳任两广总督期间，翁万达又一次来拜访他。两人一同到广西太平府崇善县游览了钟鸣洞。

钟鸣洞距离县城六里，俯瞰丽江，可容数十人。有悬石，击之鸣如钟磬。雍正《广西通志》记载"明总督张岳书钟鸣洞三大字于石壁"。

张岳作诗两首。

与诸公同游钟鸣洞得南字

其一

石钟古洞似禅龛，兀兀顽空亦可参。拟傍藤萝挥麈尾，共移舟楫系江潭。
云开乳窦金膏见，鹤定松阴午梦酣。幽兴不禁风景好，况逢宾主尽东南！

其二

千秋洞屋锁江岚，县石钟声空自函。疑有精灵迟胜会，果然冠盖并幽探。
岩前把酒云挥袖，醉罢登舟花满潭。瘴海此游真浩荡，未须留滞叹周南。

翁万达作《同张净峰诸公泊舟登钟鸣洞》得钟字

落日半江江上峰，岩开面面金芙蓉。何年鬼斧凿天巧，入夏烟花迟客踪。
船锁暮云喧聚缆，石鸣空洞扣悬钟。行边兼得探灵异，适兴还须谷口逢。

在此前后，两人还一起去了马退山和邕州。

登马退山望邕州

笋舆穿岭又高峰，极望关山兴不穷。元气远浮瀛海外，人家多在翠微中。
软莎黄犊迷烟雨，极浦归帆逗晚风。兵祲沈销春昼永，两江林树郁青葱。

张岳这首《登马退山望邕州》可能就是在总督两广平乱广西的这段日子里创作的。邕州即今广西南宁。

马退山在今广西省邕宁县北十五里处。唐朝元和十一年（811），柳宽为官邕州，曾在马退山南建了一座茅亭，其堂弟柳宗元为之撰文，叫《马退山茅亭记》。马退山茅亭，成为有据可查的邕州第一个风景点。明代徐霞客在南宁畅游时曾写："而西南最高者为马退。"张岳另有一首《入邕州》：

邕州城北两江来，五管金汤亦壮哉！海贾遥通身毒布，堠亭直拟白龙堆。
卧关虎豹春霾雾，入匣雌雄夜吼雷。御远古来资上略，天南壁马已枚枚。

张岳到邕州时身边还有一个好友相伴，就是其挚友翁万达。这从翁万达著《思德堂诗集》卷二的《发邕州次净峰韵》中可知：

铜柱天边忝薄游，津亭解缆暮烟收。乱挝鼍鼓惊鸥鹭，漫倚龙泉看斗牛。
瘴水穷源犹汉泽，江云依岸待兰舟。年来百遍风波里，总为天王分国忧。

登马退山望邕州次净峰韵

初夏来登千仞峰，身同飞鸟思无穷。五花墩树临江上，百雉城楼表粤中。
古戍岚烟浮近郭，夕阳箫鼓动悲风。望仙山下空草绿，不是仙人纤玉葱。

入邕州次净峰韵

南郡观风去复来，山城水郭亦悠哉！乌云故与旌旗狎，堂署欣无簿领堆。
奎聚辉煌依斗极，时来谈笑定风雷。居人漫拟棠阴地，相戒他年莫伐枚。

两人的文韬武略是旗鼓相当的。如果再深入比较，恐怕是张岳武稍逊，而翁文略差。张岳一句"人家多在翠微中"至今仍让南宁人民赞叹不已，认为这是对南宁天然绿色春城的经典写照。

张岳后任两广总督期间，为翁万达做了几件好事，令翁万达内心相当感激。他在写给亲家邹守愚的信中说：

"我希望上疏乞求省亲，或有可能到南京任职。可是当道（严嵩）一再不批准。我实在没办法，则宁愿以罪去职，等老兄到了再商量这件事。

"净峰公名誉声望非常兴隆。有传言将以西北边陲地区寄托给张净峰。张净峰破格对待我，为我树坊表，又下文给潮州府，请我老父亲徙居城中，仍以卫兵保护他居住在海滨。虽然潮州府无法奉行，而此公之善意相当丰厚。方便时代为我感谢他。"

原来翁万达总督宣（府）、大（同）、偏（关）、保（德）等处军务兼理粮饷、兵部右侍郎、兼都察院右佥都御史大修长城时，张岳曾下令在潮州为翁万达立了"少司马大总制坊"。乾隆《潮州府志》坊表记："少司马坊，在大街。为兵部侍郎总督宣大等处翁万达建。""少司马"坊原在太平路东门街口南畔。坊字北镌"大总制"，下镌"明赐进士、兵部尚书、三边总制、谥襄敏翁万达建"，旁镌"皇明嘉靖廿五年立。民国十三年六桂堂重修。"《周礼》六官之一有夏官司马，掌军事。后代以大司马称兵部尚书，以少司马称兵部侍郎。总制，即总督。明武宗尝自称"总督军务"，臣下避之，乃改总督为总制。

考虑到当时来自漳州的"海寇日益为害鮀浦（即翁万达家乡），恐有变"，且翁万达女儿与邹守愚子邹迪新婚就居住在翁家，张岳还特意下令部属将翁万达的父亲翁玉及家人迁入潮州城中居住，同时还交代要派兵保护翁万达的滨海老家。这充分表明了张岳对莫逆之交翁万达的深情厚谊。难怪翁万达会在病中还十分感念，特地嘱咐亲家时任广州太守后升户部侍郎的邹守愚代致谢张岳。

从翁万达的这封信中可知，在张岳任两广总督期间，朝廷曾一度有让张岳总督西北之意。以翁万达的身份，这应当是可靠的内部消息。只是后来没有成行，而是被严嵩父子改派到西南。

翁万达为什么会托邹守愚向张岳问候呢？一来邹守愚是莆田人，与惠安相邻，算来是半个老乡，二是因为他是张岳的下属。邹守愚是嘉靖丙戌（1526）进士，"与人交肝胆相照"，升任广州知府时，四年间"置珍异不问"。时翁万达为梧州知府，两人以才闻于毛伯温，"皆致之幕下，寻擢守愚广东按察司副使，协理兵务"。邹守愚后官至右副都御史，河南巡抚，嘉靖三十五年（1556）二月卒，赠右都御史，谥襄惠，赐葬与祭，祀广东名宦。

《翁万达文集》卷十七中，有翁万达与张岳的两封信，内容如下：

与张净峰中丞书

其一

某首春发凤城，二月度虔，则闻节旄经过已逾二旬。三月逾江陵，则又闻节旄巳抵郧阳，且有移镇洪都之命。四月廿日抵任，承籍甫及旬余，车尘未拭，而行路险厄之状尚怵宵寐。得报迁转承流三秦，倥偬又挈眷而西矣。不才多病，无益殿最，道危且远，怛然增劳，第不欲为憔悴容耳。来谕瞿塘戒心，诚然有之，其时某偶憩贱眷舟中，幸免为鱼龙所侮，然滨于危殆亦屡屡矣。衣服行李，漂而复存，污不足惜，独丧一厮养，与诸明公夙昔贻我翰札，及平生所把玩书籍，半献河伯，殊可与嗟。六月解维锦官，疾沿渝水，犍为失柁。又覆从舟，虽无多损坏，愈足以辟易听闻，亦异事也。即不能怒目奋臂，挟矢称戈，叱蚩尤，倬前道破巨浪，入层渊，射蛟龙，戮鲸鲵，持出水上，传视蜀人，然顽心粗胆，尚无恙也。昨逾宁羌，涉汉、沔，以是日抵褒城宿焉。明旦历栈道，出凤翔，入咸阳，当得望太华之崇巅，眺秦、汉之故墟。来谕所云，关中形胜之地，古先豪杰遗诶往往而在，理策吊览，固亦积心之所希艳者，特以学识短陋，才韵枯涩，不能原本山川，极命草木，纪载前闻，深愧古人载笔周流之意。然今时士大夫操觚染翰，彬彬以文采自见岂少哉！某学而未能，徒辄称羡。又惟雕虫之技，壮夫不为。方今北虏陆梁，海内虚耗，国事日非，吾辈苟一日在仕途乘轩食肉，不能为官尽职，为朝廷分忧，乃欲以绮丽之文转相题拂，何益于理？三边两广，时事婴怀，未敢深论。明公佩天下之重，中外委心，郧阳即代去，洪都亦安能久稽？三边两广，欲以相烦久矣。某尚未即长林丰草，或当备属辕门，听聆边略。楚云在望，惆怅如何。寓褒城具。

其二

嘉讯两函，一自客秋八月，一自正月，俱五月二十五日始传至朔州。展诵欣然，而又叹南北之相悬，而尺素之难通若是也。封川已闻吉语，里隆剧寇当巴剿平。鹰鹯志在搏击，必雨血空穴，勿但已在。古田用兵，计在秋后。府江、贺、平、修荔诸贼，赖公雄心壮猷，几经略二三年而后可。若擒其首恶一二者终必窃发为梗。漳舶抄害吾潮非一日矣，更愿留神鄙人桑梓之私也。贪吏作凶，甚于盗贼。仰仗威赫，自宜寒股。谚云："家养训兔，无蓄猎犬。"此言虽鄙，可以喻大。沈紫江无意于西北，功名不可拘遣，已飘然江、淮，且将西粤执役□□，不待吹嘘居诸。论者谓南人不宜西北。嗟夫！某小子独不系南人邪？且屑然一书生，视武夫何如？独可使典西北边事邪！某□□□安敢言？北虏寇大同。往者凤凰山、铁裹门之役，俱不得利。及近日天城、阳和三关诸路，垣堑修完，有险可恃，遂言不复相侵，求恳通贡，方在计议，不敢轻也。于肃愍（即于谦）尝言北虏求贡，来则许之，和则不可。又弘治间许襄毅公力主贡事，边鄙赖安。今日夷情虽不同往昔，然亦不宜拒绝，当必有处，寇亦备，不寇亦备，又在我不在彼也。安得与公抵掌更仆，究极始终？

　　此中诸务繁甚，独力支持，形神俱疲。年大未子，老父婴念，时常涕零，恐不及见，情事奈何、奈何？夫越人之射，不易其仪，弈者何为，以金为注，然亦自知必不能避去此地，平生壮志，将遂萎焉已邪？抱郁无益，毕力为之，所谓行法以俟命者也。我公所处者顺境，方当为我粤人措百年之安，何亦有翩翩之兴，非仆所敢许可者。

　　冗言中语无绪，幸照之。

　　第一封信是翁万达在张岳提督郧阳和升任江西巡抚期间的回信，时应为嘉靖二十二年（1543）五月前后。信中不乏张岳对翁万达赴任途中的关心和叮嘱。而当时翁万达就预见到"三边两广，欲以相烦久矣"，说明张岳升任两广总督早在翁万达的预料之中，真可谓张岳的知己。第二封信则是在张岳总督两广期间平封川和古田时写的，从中可知张岳也曾向他透露过想隐退的念头。所以翁万达才说"我公所处者顺境，方当为我粤人措百年之安，何亦有翩翩之兴，非仆所敢许可者"。

　　翁万达曾三度被明世宗委以兵部尚书。终其一生，虽仅有 54 个年头，但自

28 岁金榜题名开始，从政、从军长达 26 个春秋，其中戎马生涯就有 16 年之久。他"南平登庸，北惩俺答，筑边墙八百里，赈饥民三十万"，是有明一代屈指可数的一位重要军事家。嘉靖三十一年，54 岁的翁万达约同友人抵闽游武夷山，途经三河，被当地山川形胜所吸引，顺便为自己选择了墓地。在福建清流县途中，背疽疾发，急忙回归，至上杭县，不幸于农历十一月十三日卒于舟中。此前，明世宗又感到防边重任非万达莫属，于是年农历十月十三日颁诏，第三次起复其为兵部尚书，但惜已太迟了。翁万达卒后二日遗体运抵家乡，又四日诏命才临门。《明史》说其"未闻命而先卒"，即指此。翁万达威望远播，在泰国被称为"英勇大帝"。翁万达比张岳早卒仅两个月。两人真称得上生死之交。此为后话。

明朱国祯《涌幢小品》卷之二十三《五曲异人》记载了翁万达去世的一个神奇传说：

> 翁东崖以金都请告，削籍归。游武夷，至第五曲，有异人挥手曰："别久矣，记得岩下授受秘语，解公大厄乎？今可回头矣。"言已忽不见。东崖恍然趣归，得疾，卒于清流舟中。又二日，抵家，眉宇欣欣如生。盖公原以本兵召值，庚戌（1550）之微，疾进，以四十日到京。上犹迟之，将从丁杨之戮，夜卧，梦一仙官自天冉冉至御榻前，手翁字下拜。上既寤，释然，乃得以金都视三关云。

原来当年嘉靖帝曾经怪罪翁万达迟到要杀他，幸亏有一神仙来托梦求情才得免。如今他来武夷山游玩，大限已到，这个神仙便来招他去了。

张岳回乡

"故山回首锁烟霏，廿载驰驱未得归。"对张岳来说，在外为大明朝征战几十年，最大的愿望无非就是能回家一趟了。

一、受代过家

旧时谓官吏任满由新官代替为受代。张岳"于嘉靖二十七年（1548）九月内，自两广交代，回至原籍福建泉州府地方"。正是在回乡期间，张岳接到舍人葛智送达的兵部通报的圣旨："张岳升都察院右都御史，赏银五十两、纻丝二表里。钦此！"

而在四月，张岳就已经在为其长子张宓回乡做准备了，对首次回乡的儿子不厌其烦地从行程安排、饮食到待人接物的礼节均作了周详的安排，专门写了《还乡事略付宓》：

一、汝今方离吾侧，接应人事之始，凡事须小心收敛。虽僮仆下人，待之亦宜有礼。嗷喝倨肆，俱损德器，切宜戒之。

二、吾已移文各衙门，不令相见，有来请见者，先差人固辞。

三、凡哨守、巡捕、巡司、驿递等官来迎送者，千户、县佐以上，辞之勿见。余官平揖。相接皆必衣巾。若行跪拜者必避。其迎送人役，至交界遣回。

四、舟次宜畏谨。舟行，不可辄出船观览。日下山，则毕晚饭，毋得蓺烛。坐立俱勿当风，常于有障版处坐立，以防不虞。

五、两广春月江水骤涨，流出山谷中秽恶，食之亦能伤人。凡江水须用绿豆澄过，煮熟方可食。茶汤生冷之物，俱宜酌量。

六、入漳州境即为父母之邦，尤宜谦谨。若夫马一时应付不前，须忍耐，从容催攒，不可听信下人，妄拏夫头等役，使下人乘机作威，以招怨谤。

七、至漳州，谒梁冈公；同安，谒次厓公。同安叶岢山大尹，萍乡公同年也，素相厚，亦宜谒之。俱隅坐，四拜，请纳拜。若不从，拜毕，致辞曰："反劳尊长。"若岢山年高不便拜，起辞拜，则听命。凡泉中前辈，皆依此礼。

八、汝自幼未尝至泉，今虽还乡，人情习尚，事事未谙，宜一切简静。毋泛交，毋多言，毋闻闲事。家事之外，一毫莫理。亲朋拜望者，以礼接之，谭及闲事，则敬辞云："有父叔在，不敢闻命。"

九、城中屋宇窄小，家私不备，最宜耐冷安受，不可萌嫌恶之心。若有此心，辗转生出百病，戒之戒之！

十、宗族亲戚在尊行者，人前称呼宜以行辈，如曰："某房第几伯

净峰风骨：明代名臣张岳传

叔兄，某处某亲。"不可呼字，以长傲慢。其自称，于祖父行日"小孙"，父行曰"小侄"，兄行曰"小弟"，乡先生前辈曰"小生"，其余俱如常称。

大约礼节要谦厚，言语要安详，接人要款曲，深以膏粱之气为戒，痛自洗刮，守吾家儒素寒俭之风，然后为人有进步也。

戊申四月十日父押

从《还乡事略付宓》文中可看出，张岳是非常重视礼仪的。他不以自己身为高官显贵而高高在上，对儿子的要求是相当严格的，务求尊重本土风俗习惯和尊老敬贤的社会风尚。所以乾隆《泉州府志》卷之七十九拾遗下对此有段评论：

张襄惠总制两广时，遣长儿宓返乡，敕戒数条，谦厚慈祥，蔼然故家风味。初公儿幼名癸郎，以粤西桂林郡有癸山焉。桂、癸声相近。方议礼，新贵大臣曰张桂，颇为时论所非。儿忽自请曰："吾名奈何与彼同？盍更之？"一夕与讲伯夷、叔齐古之贤人章，儿拥颈问曰："阿爹，吾能为古之贤人否乎？"公笑而奇之，为易今名，兼为《名说》一通助之。宓后以公荫，仕至庆远知府。公三子：宓、窝、宿。窝举孝廉，蚤卒，有子迎，万历乙未进士。宓孙圣听，亦登崇祯丁丑进士。今其后人咸遵遵绳尺，守公遗训。而公弟金事一支尤盛。公自云祖唐殿中监九皋，为文献公九龄弟之裔。所居门外二石鼓，尝手铭其背，意以自况云。(《东崖集》)

梁冈公即戴梁冈。梁冈是当地的一座山，应是戴时宗之号。戴时宗，正德八年张岳榜举人，次年中二甲进士。据《武夷山志》记：

戴时宗（生卒年月不详），字宗道，长泰人，明正德九年（1514）举人（笔者注：误），授刑部主事。后历任大理少卿、右佥都御史、提蓟州军务、巡抚郧襄、左佥都御史等职，抗倭有功。嘉靖年间曾游武夷。在九曲畔灵峰玄都观赋诗纪游。诗曰："九曲斜阳意惘然，灵峰独眺见平川。乘槎欲问寻河使，更溯沧洲第一天。"

《小山类稿》卷十四有《济宁新亭记》，即是张岳为戴梁冈所作。

张岳在此文中详细记载了戴时宗当年治理黄河的一段历史。济宁位于今山东西南部，就是戴时宗当年治理黄河的指挥部。济宁地名的由来，据传因任城一带地势较高，可免水灾，能保安宁，故名。明朝时先为济宁府，后属兖州府。在济宁城南稍偏东之处，原来有个亭子。戴时宗将此作为接待宾客宴请之处。可能是因为接待的人多，位子显得狭隘。所以戴时宗就命令下属扩建，就成了"池、台、亭、馆"俱备的一个高档宾馆。宴请的厅堂，题有"江湖廊庙"，扁堂上小亭题名"后乐"，即取范仲淹"后天下之乐而乐"之意。

有一次，张岳从京城经过济宁来拜访戴时宗。戴就是在济宁新亭这个地方设宴款待张岳。两人喝了个尽兴之后，便移席到台上聊天。两人倚在栏杆上四处眺望。戴时宗便问张岳说："你知道我为这个亭子取名的用意吧，你何不为我写篇文章来纪念呢？"看来戴时宗是将张岳当作范仲淹，将济宁新亭当作岳阳楼了。所以张岳在文中借用《岳阳楼记》的语言来夸奖他，将他当作滕子京之类的名流，肯定了他治理黄河的新举措和新成效，同时又批评了自汉朝以来将黄河水患视为一个国家阴气太重所造成的怪论是"为说迂凿，不切事情"，却又留有余地说，"亦不可谓无是理。然未易言也"。毕竟，对黄河水患的成因，张岳是不太清楚的。所以张岳只是实事求是地将戴时宗治理黄河的新方案记载下来，并没有因为受到盛情款待而给太多的溢美之词。这相对于戴时宗的本意来说恐怕是多少有点距离而让他失望的。毕竟，黄河的水患是不胜枚举的，还没有哪个朝代、哪个皇帝包括哪个名臣有成功的先例。故此记虽然显得平淡无奇，却也能从中看出张岳的审慎之处，不以私交滥唱赞歌。

次厓公即林希元，略。

叶峒山大尹即叶荡，从同安县学中弘治五年（1492）举人，是张纶的同科举人，后任广东肇庆新兴知县，见乾隆《泉州府志》卷之三十五选举三。

二、修庙修墓

张岳于嘉靖戊申年（1548）回乡七月至九月间所做的一件大事就是重修曲江延寿张氏祠堂。

张岳此次改祠为庙，立三中门，扩建庭院，屋脊装饰双鳄，雕梁画栋，修筑八卦沟，使张氏家庙成为惠安著名的富有明代建筑特色的寺庙之一。

家庙大门中楣上方高悬一红底金字长方形匾额"延寿张氏家庙"，原匾额是当年明提督闽浙海防军务朱纨（1494—1549）应张岳所请而题。

张岳在《答朱秋厓中丞》中说：

> 某抵家，苦于应酬。北上未有前期，谅在冬初。盛使还，附承近况。余非相见，无由披露。照亮幸甚！

张岳在信中还祝贺朱纨在双屿挫败倭寇的事，关心的则是闽南老友林希元等人攻击朱纨之事。可惜朱纨当年即被迫自杀。

张氏家庙下厅有一匾额"寅宾堂"，本乃明永乐四年状元莆田人林环所题。

厅堂正中及两边，悬挂着巡抚福建等处地方兼都察御史李如圭为张岳所立的"解元"、为张栻和张巽所立的两块"理学"匾额。

后落堂中为"孝思堂"，供奉着张岳曾祖父举人桐庐公张茂以上张氏先贤计13人的牌位。相传张岳当年认为父亲（举人，广东英德令）张慎反悔把次子（进士）张峰过继给叔父为不信不能进牌位，自己不为父亲立牌位为不孝，故自张慎起后人均未再进灵位。

张氏家庙大门：

文冠南闽八千士，

学宗东鲁十三经。

当年张坑人丁不兴，后辈仅二十四人。襄惠公张岳亦因为年大尤子，曾请黎道升来看风水。黎道升认为祠堂龙气太盛，建议在祠堂后增开八卦沟，以泄其气。其后果然人丁兴旺。

为了弥补之前一时糊涂挖了高祖父坟墓的过失，张岳这次重修了高祖公张顾的坟墓，提升了规格，算是将功补过，时为嘉靖戊申冬十一月，有碑记为证。

对于张岳来说，这趟能够回乡重修家庙和祖墓，无疑是了结了一桩心事。

三、巧助白奇

张岳任两广总督之后回乡之时，还解决了一起海域纠纷。

目前聚居在惠安百崎回族乡的白奇、里春、莲埭、下埭、后海等五个回民村、九个村落，俗称"九乡郭"。他们的祖先是明初从泉州法石迁来的穆斯林后裔，至今这里还流传着这么一首民谣："白水茫茫白水长，张岳大人好心肠。巧判白海归吾族，千年万代永不忘。"

据《百奇郭氏回族宗谱》记载，为百崎争海的是"争海公"郭子佩。

郭子佩讳玠，字子佩，号逸庵，仲远之六世孙，生于明弘治乙卯（1495）九月十一日，卒于明万历戊寅（1578）五月二十七日。

明嘉靖年间，有晋江蔡姓，恃强扰占白奇海域，此海域系白奇郭氏开基祖郭仲元公明永乐初年备资承买，且存有字契及海域图册为据。族人因是推郭子佩前往与之理论，未果。告之府衙，知府私受蔡姓之贿，着意袒护。郭子佩甚为愤懑，誓曰："不争得吾族之海权，死不返乡！"

后来，郭子佩找到了在龟峰书院读书时结识的两广总督张岳，帮他们争得了海权。

百奇大宗祠郭氏家庙敬奉的先祖灵位，百奇第三世中共有36人也才供上三位。但为了旌表子佩为族人争海的功劳，他们居然破例将第六世的郭子佩灵座供进了大宗祠。后人习惯称他为争海公或北崖公，并撰书了对联把他摆在与入泉始祖郭德广同等的位置，以表示对他最高的褒奖和深切的怀念。

督糈入闽，后世莫忘宣慰使；叩阍万里，男儿当效北崖公。

上联怀念他们的入泉始祖郭德广，曾于元朝奉旨督糈来到福建泉州，被封为宣慰使司之职，因此百奇郭氏宗祠也称为"宣慰府"；下联寄望子孙后代以百奇六世祖郭子佩为榜样，因为郭子佩于嘉靖年间曾不远万里进京为百奇争来了海域的管辖权，可直至"北方崖岸"，因此后世的回民就称他为北崖公，也叫他争海公。

四、援救王良

此时张岳衣锦还乡，整个惠安都知道了。而其连襟王良和陈德，却因涉嫌窝藏贼货、走私盐被捕下狱，虽屡次申辩，多方奔走，仍旧无解。岳父陈元已经早在正德十一年丙子（1516）二月初六日辰时去世，寿五十二。

据嘉庆《惠安县志》卷三十六轶事援引明万历首辅晋江史继偕大学士《越章录》载，张岳升任都察院右都御史，路过晋江。王良刚好犯案入狱。王良听说张岳回乡，便贿赂狱卒，要他乘张岳会见晋江县令时把他带出狱门，呼张岳相救。张岳说："你若真正无罪，县令自然会明察。我怎么能私自救你呢？"次日，县

净峰风骨：明代名臣张岳传

令朱纲把他叫来讯问，因证据不足把他释放了。

五、探望顾珀

其时，听说泉州好友顾珀生病在床，张岳便抽空去探望他，没多久他就去世了。

顾珀字戴祥，号新山，明弘治己未年（1499）进士，官至湖广按察使，嘉靖壬午（1522）致仕。

乾隆《泉州府志》卷之七十五拾遗下记：

> 顾少司徒珀生时，清源山鸣；五岁善对偶。蔡文庄封君试一联："宰相本书生"，公应声曰："忠臣绝孝子"，时称神童。尝随大母魏往后察庙，神为起。长读书于清源泰嘉岩，朔望诣文庙。一夕还山，见二盏灯导引之，呼"顾大人"。忽不见。尝与友李土达、田景玉藏修崇福寺，有怪物数扰景玉食器。公密侦之，怪似人衣叶，见公反走，登树去。旦旦树自焚，怪遂绝。公致政家居，年八十有六矣。其春正初，张襄惠岳从惠安来，谓公曰："遥望清源失色，公盖保重。"公曰："老夫当之矣。"望后越夕，大星陨而公终。公尝梦阎罗请交代。后里族有死而苏者，每见公主冥司云。

焦竑《国朝献征录》之《南京户部侍郎顾珀》记载顾珀"于己酉正月十有八日终于正寝，年八十六"，即嘉靖二十八年（1549）正月十八日。张岳探望时间应在嘉靖二十七年（1548）十月前。

六、悼念陈琛

得知张岳回乡的消息，陈琛长子陈敦履前来求为其父撰写墓志铭。陈琛于嘉靖二十四年闰正月二十二日去世，迄今已有三年又九个月之久。家人择于十月将为他安葬于紫帽秀林山麓。张岳为之撰《江西提学金事紫峰陈先生墓志铭》：

> 正德丁丑，天下士群试于礼部，将揭晓，《易》考官尹编修裹持一卷语总考大学士靳公，以为造诣精深，出举业蹊径之外，宜置首选。公

为反复数遍，曰："信然，必出陈白沙门下，不然，则蔡虚斋。他人不能为此。"然竟以程序格之，置次本经。比拆号，乃虚斋门下高第弟子紫峰陈先生琛也。是时先生传虚斋之学已有声。诸考官皆伏尹公为知人。而先生声誉，一旦愈以暴显。士大夫无贵贱小大，称理学者，必曰陈紫峰云……

虚斋既没，所谓无愧师门者，先生一人而已……

敦履以公遗命，将以戊申冬十月某日祔葬于秀林山承德公兆，酉山卯向。先期来征铭。余与先生同年进士。先生改官南部也，余方为行人，祖饯崇文门外。先生临别，告曰："北风雨雪之诗，吾兄得无意乎？"余不能自决。俄南巡事哗，余系杖濒死，以是有愧先生。铭曰：

道宗先觉，学异专门。精诣洞观，贯于本原。钟鼎非丰，菽水非贫。

求仁而得，时哉屈伸。一卧廿年，众望方殷。天不慭哲，遽尔乘云。

涵江紫帽，流峙高深。英华飞沉，千古来今。体魄所藏，山曰秀林。

父母在兹，式慰孝心。

在同年进士349人中，可以说张岳与陈琛的感情最深，也是陈琛的知己。两人将近三十年的交情，可谓至深至厚。虽然一个貌似世外高人，实为学术巨子；一个名是政坛明星，实系军事统帅。两人相隔千山万水，却是藕断丝连，各自在心中占有一席之地。之前嘉靖二十五年（1546）夏，好友林希元才写信告诉张岳陈琛去世的消息。张岳读信，闻此噩耗，止不住哭出声来，如失手足。用他自己的话来说是"开缄失声，手足如隳"。详见《祭学宪陈紫峰文》：

呜呼紫峰，一世人豪！有蟠屈万古之心胸，有泻落长江之辩论。文足以笼罩百物，气足以旁魄宇内，不但今世之所希，虽古称迈往之士，亦或难之。至于孝友天性，造诣深醇，饬躬砥行，慕义强仁。有避世之深心，而非玩世；无道学之门户，而有实学……

某之交兄，实自丁丑，京华雪夜，古寺疏灯，举觞相诲，无扣不鸣。兄惟我师，岂云其友？一别十年，尺书再通。尚冀他日，言宴从容。去岁之夏，次崖书来，以兄讣告。开缄失声，手足如隳。

从张岳所撰墓志铭和祭文中，可以看出他对陈琛的评价非常之高："虚斋既没，所谓无愧师门者，先生一人而已。"张岳认为在蔡清上千个学生和门徒之中，惟有陈琛一人深得大师真传，堪称"一世人豪"。"有避世之深心，而非玩世；无道学之门户，而有实学。"这两句评语被熟悉陈琛的明人甚至今人均称为确论，非常中肯。陈琛知己，非张岳莫属。

七、总督耕田

张岳的清廉，就是放在整个明、清时期，在全中国也是首屈一指的。所以连李光第这样的名臣都非常佩服他的高风亮节。

清康熙朝宰相、泉州安溪湖头的李光第在《榕村续语录》卷八历代名臣中记录了一个非常感人的细节："张净峰为两广总制归，家惟一犁，躬自耕田。"已经当到正二品、总督六省军务的高官了，可张岳还是没有忘本，回老家时还扛起家中的木犁，亲自下地耕田。这恐怕也是明、清以来全中国均未有过的特例，是绝无仅有的。张岳的惊人之举绝不是作秀，他是在遵循母训："吾家故寒素，愿子孙不改此风足矣！"

八、漳浦情缘

前文讲过，正德三年（1508）七月，张岳祖父张纶因赴任江西袁州府萍乡知县，住宿在福建同乡漳浦人林埙官衙中，不幸中暑突然暴卒于南昌，幸赖有林埙仗义相助，为料理后事。时天气酷暑，林埙急为代制衣衾，备棺椁殡殓，并出资遣张纶两个仆人回乡报信，运柩回家。张家由是感恩戴德，张岳因此与林埙家族结下深厚情谊，报恩一辈子，并在修族谱中记载此事，永记恩德。

林埙，字廷乐，号雅庵，一号无机，漳浦县城北门内怀德坊人，因官长史，故称长史祖。《浦北林氏家乘》载，元末明初，有莆田九牧林元裔林景初"以军籍自莆来浦邑北街，因家焉，创业垂统，则为开基之初祖"，至林埙已传五世。

林埙自幼勤学，生于正统癸亥年（1443），成化二十年（1484）岁贡，进京廷试，选入南京国子监肄业，成化二十二年选大理寺历事，期满寄选回家。弘治九年（1496），赴吏部考选，参加考试的有贡生、监生200多人，林埍获第十名。十一月二十日林埍到江西宁府报到，朝见宁康王（系胞藩），退后理任事，勤谨守正，洁己爱人，见知于宁康王，有"儒雅仁恕"之褒，宠眷有加，每命陪宴，次年（1497）秋授承德郎、宁王朱觐钧府审理正（正六品），时年55岁。

林埍在宁王府尽忠尽职，深受宁王信任，弘治十三年（1500）冬，林埍奉差入京进表，得皇帝赏赐经丝表里、文房四宝，并赐宴光禄寺。弘治十五年（1502），宁康王朱觐钧逝世，其子上高王宸濠嗣位。宸濠有篡位野心，图谋不轨，宁王府中无人敢谏，唯有林埍一再进谏，因而于弘治十七年惹怒宸濠，被赶出。林埍随即挂冠请求退休，宸濠反而更加激怒，命令对林埍用杖刑。林埍受刑不屈。宸濠无奈，反令手下左右劝解林埍，强令留任。

正德元年（1506），武宗登基，林埍再次以"僭圣旨、擅增兵"二事切谏，宸濠执迷不悟。于是林埍再次申请退休。宸濠知道强留不得，就同意了。时林埍任职已十年，按例应升官。宁王府就为他申报奏请升阶。于是在正德二年（1507），林埍升王府长史（正五品）。但敕书未下，不得归休。直到正德四年（1509）林埍又一次乞请致仕，八月获准，于嘉靖十三年（1534）卒于家，享寿九十二。林埍外孙王健，进士，官浙江参政。

《浦北忠孝乡贤雅庵公生平实录》记：

> 是年七月中旬，惠安张纶往知萍乡，中暑卒。公给以棺殓以棺木收殓死者。

林埍同年十月到家，见旧屋倾颓，自备瓦木工费，重新鸠集弟侄同居，无分汝我。时年已六十七。林埍所忧虑的是，元配郭氏生了一个男孩难于育抚早夭，最后只是生了六个女儿而已。他又娶了偏房苏氏、南京刘氏，也只生一女。于是他到家庙祷告，立老二圻之次子铮为后，不幸又早夭，未能接后。正德六年（1511）辛未四月十二日，他召集整个家族泣告于家庙，后来其五弟圻次子铮出继林埍，竟然也早夭。老三墇第三子钱过继给林埍，改名钊，以继宗祀。林埍下令将所有产业全部交付他掌管，以后妻妾辈倘有所出，另外安排处置，不至单丁立命。后裔以"忠孝""乡贤"为灯号，今东罗社有其裔孙400多人。

正德十四年己卯（1519），宁王宸濠诈言密旨召见，带兵进京，被兵部侍郎王守仁请讨擒获，除其党，参与密谋者全部罹难。众人始服"公之忠谏受杖，坚志致政之不苟也"。《诗经》云："既明且哲，以保其身"，说的就是他这种情况。当时还有人邀请林埍入朝重用，但是林埍都以年老推辞不赴。

林埍提早退休后十年，宸濠就起兵造反了。

因此，正德十五年庚辰（1520）夏，林埍修《浦北林氏族谱》请张岳作序时，张岳欣然接受，对林埍的先见之明深为赞赏，夸他"深识远见"，同时缅怀林埍当年仗义为祖父张纶护丧的恩德。

同年秋，张慎要从北京到广东英德就任知县，路过金陵。他交代时为南京国子学正的张岳说：

> 漳浦林埍先生，宁藩审理，逮服务于宁王，凡事必依于古礼，不为曲从苟合。宁王很器重他，多次夸奖他儒雅。及后宁王不修德，林埍即主动请求退休回家，以"雅庵"自号。他曾经对我提要求，希望你能为他写篇传记。你要记住！你祖父在洪都病故，没有林先生，几乎无法收殓。我要报答他是不可能了，所以寄希望于你。如果你做不到，起码也要将其事迹留之于文字。文辞不必奢侈，关键是要突出重点和核心；文字不必精工，关键是要写出心意表达出感情，这样就可无憾了。你一定要记住！

之前，张慎曾经写信给林埍，表达感恩图报之意：

> 寓三山晚侍生、惠安张慎再拜，东上藩傅致政林老大人先生台座：
> 向者先君不禄，先生之恩山高海深，举家感念，没齿不忘。然自拜别后，未尝修片楮、驰一介问安否林下者？非敢忘先生也。第以道途修阻，鳞鸿弗便，心欲行者屡矣，而力不能及耳，负罪负罪！且人有大恩于父，为子者既不能捐躯以报之，又不知所以感念之，是忘其父也。忘父之人与禽兽奚择？生虽至愚，岂敢如此？故凡遇贵邑之人，无不询问先生起居，以慰远怀。
> 今岁，起复到京，会涂通府、陈节推、武进大尹辈，备知先生晚福胜常，杖履优游，俯仰无愧，真林下一神仙！又修先祠，立后裔，皆得

古礼之意，若先生者，诚今之古人也，海内可多得哉？想先生所深喜者，九重封诰，荣及地下，则男子显亲之事毕矣！

生父尚在浅土，既不克葬以安其魄，又不能自奋以荣其亲，实天地间一罪人也，何足为先生道哉？驰仰已深，临笺恻然，凡百岁感激不尽之意，书中不能备述。

敬奉小书二册，粗香百炷，少伸微忱，伏冀若时加爱，为国大老，不宣。

老夫人、二夫人、三夫人雷此拜意，令倳婿大球兄亦叱贱名。

涂通府即涂为宪，漳浦县盘陀涂社人，正德八年张岳榜举人，官韶州府通判。陈节推亦叫陈琛，漳浦县杜浔下卢村中许社人，弘治十八年（1505）进士，授苏州府推官，升大理寺评事。武进大尹即武进知县陈烈，字垣夫，漳浦县赤湖赤水社人，系林埕妹夫陈衡的侄子，正德六年（1511）进士。吴大球，原南靖车田（今属漳浦县石榴镇）人，林埕次弟林璋的次女婿。

于是张岳遵父命另撰《雅庵记》（林氏族谱作《金浦雅庵林先生记》）。

收到张岳的两篇文章后，林埕深有感慨，作诗一首云：

花甲当头八十春，真容写出却精神。官司长史勤居逸，事历贯诚受苦辛。
宁府原来非素志，临漳赢得是闲身。顾予世次为宗子，家谱时修启后人。

嘉靖元年壬午（1522），林埕侄林某与众人于夜间打死盗贼，反被诬告人命，有生命之虞。林埕亲往惠安找张岳出面相救。张岳应命修书给福建按察使周用，对林埕的为人、与张家交情的由来作了介绍，请求明察秋毫，据实判决。书信内容如下：

治生惠安张岳顿首启周老先生执事：
冬末在三山，仓逼遽归，未悉领教，多歉多歉！
漳州有林埕者，尝为宁王府长史，笃学有操行，宁先王甚重之。及宸濠所为不法，策知其败，恳乞致仕。濠甚怒之，既而知不可留，竟许之归。今年八十有余，而精力雅健，漳人称为乡风正祖。岳之先祖父于正德初颁檄，知袁之萍乡，至南昌，馆于其衙。一夕，暴卒，时尚暑，衣服留再，仓促不能及。长史君为制衣衾，棺椁殡殓之，代出银直，给遣二仆还，与先祖素无平生也，而尽力如是，岳时尚幼，已切骨感之。

近者，其侄林某，为乡人诘告贼情，进本辩什，事在案下。长史君不知岳鄙拙无状，自漳至惠，不远五百里，以其事相告，其与岳书曰："吾旦夕入地，待此以瞑目者也。"

岳无状，岂敢希大君子之法以酬私恩？然使情有可原，而事无甚害者，亦不能无望于左右也。若别有衷情，曲以文饰清词，以干请嘱，则鬼神固将厌之，他日焉有颜面见于执事，伏乞照察！

岳惶恐再拜。

周用，字行之，江苏吴江人，弘治十五年（1502）进士，嘉靖初，官福建按察使，后升至工部尚书、督河道，召拜左都御史；二品九年满，加太子少保，升吏部尚书。周为官谨慎，廉洁自持。

张岳出手相救后的结果如何呢？周用后来审判如下："事系昏夜同众误打死真犯窃盗，被贼诬人命。后解，减刑，剥批：'三更时分，杂手交攻。'故解。"也就是说，最后的判决结论是"三更时分，杂手交攻"，得以解脱，救得一命。

张岳在京城还认识了漳浦知县浙江郑禧，成为好友。《漳浦县志·郑禧传》记："（禧）故浙东名士，与惠安张襄惠交好。"郑禧"为政以爱养民力，变化风俗，敦节行，崇名教"，政绩显著，颇受张岳赏识，也得到了漳浦上下的好评。漳浦耆宿、进士、镇远知府林表长子林匡文等发动为他树碑立传。林埙知道郑禧与张岳的关系，就命子林钊前往江西找时任江西佥事的张岳撰写。林钊，娶大坑举人陈翼（布政陈宣长兄）长子陈祯的第六女、贵州参议陈奂妹。陈奂系林表妹夫。

嘉靖十一年壬辰（1532），林埙写信给嗣子林钊往江西求时任广西提学佥事的张岳为漳浦县令郑禧撰德政碑记，以回应漳浦退休官员林匡文（名策，成化五年进士、历官湖广黄州知府、贵州镇远知府林表长子）等人的请求。年冬，张岳完成《漳浦县知县郑禧德政碑记》，赞扬郑禧在漳浦施政功德。

《闽书》卷之六十四文莅志郑禧传载：

禧字宗庆，缙云人，以举人任，故浙东名士，与惠安张襄惠相好，好论天下事，谓今人事不足法，古人不能尽法，当法其心；心诚于义，而识见才猷，率为义行矣。邑析置十之四为诏安县，而徭役犹兼任如故。禧言上官，得条减四十，余徭不事。其为政，以爱养民力、变化风俗、敦节行、崇名教为急。其和惠、纤悉皆思有以及人；是否可否，务求自信，不为曲从苟止，取媚悦上下。升安庆府判。

嘉靖十一年壬辰（1532）年底，张岳改敕江西学政，遣家人来漳浦邀请林埙到江西官衙奉养，为他负责路费并带路，时林埙年已九十多岁了，身体却相当健康，因而欣然应邀。张岳将此事记录在族谱中，以纪念林埙老年康健，好贤不倦。

一来二往，在林埙和郑禧的牵线下，随着张岳名气越来越大，影响越来越广，张岳与漳浦的联系也越来越密切。

嘉靖十二年癸巳（1533）秋九月，张岳还应丰熙所请为漳浦镇海卫乡贤祠的建立题写了《镇海卫乡贤祠碑记》。

张岳撰写的碑记，由晋安高瀫书写勒石，漳州府知府孙裕、镇海卫指挥同知高伟、祝正隆、王渊立石。高瀫，侯官人，诗文、书画俱佳，与郑善夫、傅汝舟交游，称十才子，著有《石门集》，亦称《霞居集》。

一斋丰先生熙，就是因"议大礼"据理力争而被贬到漳州龙海镇海卫的，可以称得上是张岳的同志。《明史》列传第七十九本传载：

> 既璁等得志，乃相率请释谪戍诸臣罪，皆首及熙，帝不听。最后谨身殿灾，熙年且七十，给事中田濡复请矜宥，卒不听。居十有三年，竟卒于戍所。隆庆初，赠官赐恤。

丰熙本来经殿试后已是状元之选，但皇上派人去查看他的相貌时发现他一只脚有毛病，才使得广东南海伦文叙独占鳌头。但因为丰熙的对策写得十分出色，皇上异常欣赏，便定他为榜眼，另赐同状元及第，作为安慰。丰熙成为戴状元服的副状元，千古仅此一例。由于张岳与丰熙曾共患难而交情，所以曾为丰熙撰《一斋记》，文中赞赏了丰熙先生"不以富贵贫贱患难而易其守，可谓致一之极"

的操守与气节。"一斋"室就在镇海卫。陈真晟、周瑛的祠就是丰熙到镇海卫后发动诸生所建。

镇海卫是中国东南沿海五大名卫之一，位于漳州龙海县，建于明洪武二十年（1387），与惠安崇武古城同年，系江夏侯周德兴筑以备倭，它比漳浦赵家堡还早180余年，其规模也大一倍多。

镇海卫北门外二里许，有嘉靖初年建的东岳庙，庙右小山上，有风动石。距风洞石不远处有巨石，上有锁孔模样的痕，长约一尺。传说内藏宝剑天书，如能用指扣满两端锁孔，则能打开天锁。水门右侧柳树下有古地洞，据说是四通八达的地洞群，为闽南十八洞之一，名"飞蛾洞"。杨文广征闽至此，掷金枪于海底，妖氛遂平。

如果说晋江蔡清是张岳最直接的师承，那么再上溯就涉及漳浦镇海的两位理学前辈周瑛与陈真晟。

周瑛（1430—1518），字梁石，号翠渠，福建莆田人，成化五年进士，知安徽广德州，九年后升南京礼部郎中，三年后升江西抚州知府，弘治初为四川参政，进右布政使。因遭母丧还家，守制期满，乞求"引年"，不再出仕；著有《广德志》《翠渠类稿》《蜀志》等；弘治十四年（1501）与黄仲昭合纂《莆田兴化府志》，主纂正德《漳州府志》《莆阳拗史》等；治学"以居敬为主"，学者尊称他翠渠先生，传见《明史》列传第一百七十儒林一记。

陈真晟（1411—1473），字晦德，号剩夫，自号漳南布衣，漳州龙海人。陈真晟是个自学成才的布衣学者，起初他也认真读书准备赴乡试，因听说"有司防察过严，无待士礼"，耻之弃去，由是笃志圣贤之学；读《大学或问》，见朱子重言主敬，知"敬"为《大学》始基；又得程子主一之说，专心克治，叹曰：《大学》，诚意为铁门关，'主一'二字，乃其玉钥匙也"。有一次他到南昌与名家张元祯论学，张叹服称："斯道自程朱以来，惟先生得其真"，遂南归。晚年他定居漳州府之玉渊，潜思静坐，故号漳南布衣，著有《陈剩夫集》。

作为明代著名学者，陈真晟、周瑛与蔡清均被收录进《明儒学案》卷四十六诸儒学案上四。张岳与张邦奇则名列卷五十二诸儒学案中六。

丰熙自谪戍镇海卫后，经常引用两位先生的言语为学者讲课，又向提学副使吴仕请求为他们建祠。吴不久去任，这件事到几年后兵备金事谢汝仪到任才办成，"命指挥使徐侯麒，度隙地为屋三间，并祠二先生"。丰熙为此还捐出自己一个月薪水，助其竣工，并急请张岳撰写碑记。

张岳的祖父张纶或者曾祖父张茂，就曾经亲自聆听过两位理学高手的讲课。所以张岳对二位的理论要点，亦曾了解几分，故在文中赞扬两位"皆以学行闻于天下。二公盖为圣贤义理之学者"。

嘉靖十三年甲午春，在江西受张岳款待一年多的林埧才尽兴回家。十一月，林埧病倒卧床。临终前，林埧嘱咐孙辈，后又命子钊说："你姑母与余同胞同气所分，从小嫁给本县徐辅，得中举人，赴考进士，中途病卒，完节可风。漳浦绅士钦佩其节操，相率呈县令郑禧上报其事迹，今已奉旨立坊表其门曰'双节'，但是其具体事迹尚未请有名的士大夫来记录表述，你应当请求惠安张君岳撰写付记，以永远流传其事迹。你应当牢记！"

原来，林埧二妹嫁给县城军营顶徐辅，生子藻。徐辅，成化二十二年（1486）举人，后赴京会试，卒于途中。林埧二妹二十六岁便守寡。藻娶妻周氏，县城北门外周市人，成化元年（1465）举人、六安知州周仁（号求是庵）女儿，生子栋。藻亦早卒，周氏二十四岁守寡。姑媳双寡共抚一孤，完节可风。漳浦知县郑禧上奏其事，已奉旨立"双节"石坊旌表，坊在军营顶。牌坊虽然树立了，但林家、徐家犹以未请名卿大夫撰记为憾。林埧生前便交代林钊要请张岳完成此心愿，以永其传。辅兄弼，字良佐，成化十六年（1480）举人，廉州府同知，卒于官。

林埧至临终犹惓惓不忘父母所生之姐妹，希望其名节不会淹没于世，不负父母所生，可谓笃念天伦，无时不念于父母也。他口占一律云：

王门无奈思归何？五斗羁縻岁月多。正德已颁新敕命，重华加赐旧恩褒。
年来爱国思常在，老去丹心永不磨。天泽重重无以报，三呼万岁壮山河。

林埧于嘉靖甲午（1534）十二月初六亥时终于正寝，生于正统癸亥（1443）八月初九卯时，享寿九十二，历经正统、成化、弘治、正德、嘉靖五个皇帝。子林钊，孙林汪、林浪送其棺柩归葬于北关外坷湖柳场埔。

嘉靖十六年至十九年（1537—1540），林埧墓地被兴教寺僧侵夺混占柳场大官路园地。林钊向县令控告，未果。时张岳刚好经过漳浦，探访林埧墓，得知林埧墓地被侵夺，漳浦县令不做主。张岳不但到漳州后亲自向漳州知府孙裕陈述此事，请他出面向漳浦知县韩昌爵打招呼，后还特意修书催办此事。

> 侍生张岳顿首拜启大郡伯石桥孙先生执事：
>
> 过漳辱爱，感佩不忘。东楼胜饯，有梁冈、仙伯在席，鄙人计程促归，不能久陪高论。但闻诸公于是席兴复不浅，至今回首，尚觉翩翩飞动也。别来数日，不审近况复如何？岳赴浙，谅在国哀从吉之后后月中旬也。
>
> 向所白林长史坟山大官路上地，为僧坊所夺。此乃吾人所当共愤者，希乞照旧判复。此老先生乃漳浦一好前辈，而于岳之先世尤有深恩，故万望留意。余惟及时自爱，以副倾企，不宣。

孙裕，号石桥，浙江鄞县人，嘉靖五年（1526）进士，嘉靖十二年至十九年（1533—1540）任漳州知府，为政刚敏，多有建树。

之前张岳路过漳州时曾受到太守孙裕的热情接待，宴设东楼，陪同的还有漳浦知县韩昌爵、张岳同年进士戴梁冈等人。席间，张岳顺便谈起自己的老祖宗唐末五代时张澜官漳州太守、辅佐闽王王审知之事。孙裕听后更是亲切。但因张岳急于赴任，不敢久留，所以匆匆告别，无法尽兴。时张岳升任浙江参政。

孙知府接到张岳的信后，马上于三月八日回信《孙石桥答张净峰书》：

> 治下生孙裕顿首拜复大中丞净峰老大人先生门下：
>
> 不肖裕仰盛德久矣，兹者复得接领诲言，无任感幸。第以俗吏尘冗，不能留数刻以展私情，至今有余憾也！过蒙不罪，仍赐回音，令人益觉惭愧无地。
>
> 承命，林长史山地随即批县查复，谅无不如意者。公道扶持，亦理所当然，矧公命哉！

其时张岳已任江西巡抚之职。但是，无论是张岳还是孙裕，都低估了漳浦韩县令的桀骜不驯。韩昌爵对张岳没有直接向自己打招呼求情怀恨在心，认为是小看自己，对张岳直接向孙裕汇报此事认为是在告他的状，故而故意刁难，对顶头上司孙裕的批复也置之不理，有意顶撞，反而将争议之地判决归官，转卖寺僧。

这就无法如孙裕所言"谅无不如意者"。事情拖而不决。

韩昌爵,重庆江津人,举人出身,嘉靖十六年至二十年(1537—1541)任漳浦知县。此人虽然性格孤傲,却也为官廉正恺悌,行政宽平。因而邑民为其立祠北门外祀之。张岳为林家仗义鼎力的决心是坚定而不退缩的。张岳获知遇阻,即亲自致书韩昌爵,解释事情经过,并顺势褒扬了他几句,请韩主持公道。

前过浦,蒙盛意,感激不胜。特以计程促归,不得久领诲音,至今为恨。谅执事以妙龄善政,决不久于浦,后会必有期也。

浦林长史知几致政,硕德元老,乃浦前辈之不多得,而于岳之先世尤有深恩。向去广,犹得侍侧;今回,已谢世矣。岳谒墓,询及乃郎,知山地为僧坊所夺,恨不得白执事,已备陈孙石桥矣。且执事秉政公平,岳故不敢有所私托,以污清德。特以宦后被侵,人所当扶持者,谅不以岳言为异也。伏乞照亮千万,不宣。

韩昌爵接此信后气消,做了个顺水人情,秉公处理,被夺山地得以改判归还原主。

嘉靖二十三年甲辰(1544),因为时任兵部左侍郎、提督两广军务的张岳,在师中不得礼接亲朋故旧,所以到秋季,在馆舍等候很久的林钊才有机会向张岳转达林埙遗命,求他撰写"双节记"。张岳答应了。不但撰文表扬姑与妇之节,而且赠送给林钊大铜炉、花瓶、烛台各一副,作为林氏家庙中的器具。《双节志》,文载康熙《漳浦县志》卷二十二再续志人物志下。

嘉靖二十六年丁未(1547)春,时任舍人的林钊再次专程往两广贺张岳报捷回师。

嘉靖二十七年戊申(1548)五月,张岳来信通报已平两广,升资善大夫、都察院右都御史,并奉敕总督湖广、四川、贵州、广东、广西五省军务。

嘉靖二十八年(1549),经县学全体生员请求,有司以礼迎林埙(灵)主入乡贤祠,春秋崇祀。清雍正元年(1723),漳浦诏建忠孝祠,崇祀忠孝,奖劝风励。知县集中缙绅商议,推荐筛选人选,林埙被举入祀。雍正五年(1727),有司迎主入祠崇祀。

嘉靖二十八年(1549)五月,两广事平,张岳进都察院右都御史、总督湖广、贵州、四川军务。将赴任，路过漳浦，停宿公馆。次日，张岳特地步行到林埫墓前致祭，复到浦北林氏祠堂承恩堂瞻拜，并为承恩堂撰联："尊君正宁，四方钦义士；爱国受杖，千载识忠臣"，高度赞扬林埫为劝阻宁王朱宸濠造反而受杖的忠义气节。此为后话。

乐于助人的林钊趁机又请张岳为同郡长泰节妇陈氏撰写序言。见《龙溪良村黄氏宗谱》之《陈氏节孝序》。

从赐进士户部清吏司主事、同安南州许廷用于嘉靖辛亥岁孟冬撰的《陈氏节孝传》和嘉靖四十年右军都督府经历、前同知金华府事、长泰西塘王莹之于嘉靖四十年撰的《陈氏节孝行实》文中可知，陈氏名杏姐，龙溪二十五都良村陈子让（漳平永福里人）之次女，二十岁嫁给黄覃恩为妻，极尽妇道。陈杏姐二十四岁时，丈夫早亡，"每号哭，绝而复苏"。盖棺毕，"水浆绝不入口，众强之食，讽劝再三"。后来她的继姑即后来的婆婆朱氏要逼她改嫁。杏姐坚决表示要从一而终。在婆婆的一再相逼之下，杏姐偷偷跑到丈夫灵柩侧上吊自杀，被一个叫许氏的妇女发现后得救。杏姐即断发明志。当时杏姐已怀孕三个月了，后来生了个儿子叫宗继。杏姐高兴得不得了，说："百世宗祧，赖此一脉！""遂祝天减膳以冀其成立"。四年后，杏姐的婆婆去世，爹爹卧病在床，得了褥疮，生蛆、痢疾。杏姐照顾了公公七年，为他洗涤，不怕苦、不嫌脏、不怨累。正德丙寅（1506）年，山寇流劫，乡人四处逃窜。杏姐急忙吩咐他人背起宗继逃走，自己留在公公身旁照顾。有人劝她赶快逃生。她回答说："我逃走，公公又要交给谁呢？生死存亡，我与公公共同承受！"贼至，挥刀要砍其公公。杏姐挺身掩护，手臂被砍中，血流如注。可是她却神色不变，对贼说："你们要杀就杀我，不要杀我公公。"贼感到很惊奇，说："你这个妇人为什么如此胆大呢？"改让她出赎命金。杏姐说："我公公生病已经七年了，我的金簪银珥都早就典当掉了，要杀就杀我，不要杀我公公。"贼相顾叹息道："此孝妇也，杀之不祥。"下令把她放掉。到她公公去世的时候，杏姐"曲尽其礼，亲负土成坟"，大家都评价她的行为一般人是很难做到的。到其忌日或年节时，杏姐携带宗继到墓祭拜，哭得非常伤心。听到的人都为之鼻酸流泪。宗继对母亲非常孝顺，每次见到母亲手臂上的伤痕都"抱之而哭，日侍侧"。后来宗继长大后勤劳持家，还经商发家，富甲一方。其母到八十二岁时，郡县将其事迹上报督学石崖周公，"命匾其门曰'节孝'，名公巨儒为诗章以荣之"。

这是张岳继《赠旌表张母王氏贞节序》《范节妇传》《双节志》《节孤赋》之后又一篇为节妇所做的文章，可见张岳对节妇的敬重与崇拜。看来这种观念在张岳的头脑中是根深蒂固的。

但张岳此文落款身份是"赐进士第、资善大夫、都察院右都御史、奉敕总制宣大军务、泉南净峰张岳撰"，虽为史料所未载，却与翁万达书信所称相符。或许，本来嘉靖帝是要任命张岳为总制宣大军务的，后来才被严嵩父子所阻改任湖广川贵总督。

林氏族谱载："公之恩德，能令张氏追念，没世不忘，诚希匹也。志于谱，所以勉子孙为人不负公之行事，亦庶几无憾于人矣！"

张岳对林埙家的厚爱几十年不变，可以说是毕生都在报答。虽然林埙本人身价不低，其家族也是漳浦的名门望族，社会关系通达，地位显赫，有的甚至官居布政使之高官要职，但实际上林家之事还是依托张岳为保护伞，凡是遇到重大问题都是依赖张岳为其排忧解难，疏通官场。

正如林埙的义举感动了张岳一家数代人一样，张岳的重情报恩同样也感动了林埙家族数代人。谱中另有一篇序言文章即证明了这点。

念我穑人碑、铭、序、记，云汉为昭，悉惠安进士净峰张君所阐扬而嘉道者，至今读其入祀乡贤事迹，而见我祖忠节炳耀，与日月争光；懿行昭晰，与山岳并峙。复读《雅庵记》，而见我祖鸿恩入人，至今张氏奕世不忘。《诗》云："有斐君子，终不可谖，斯其无忝。"继观《双节记》，又见姑氏之节，与我祖之忠，一时旌表，烜赫为国家光狖欤休哉！

万历三十二年（1604）甲辰三月朔日，裔孙君和谨序。

时泰字君和，系林埙玄孙，浦北林氏九世祖。

嘉靖二十七年（1548）春，朝中发生了几起大事。

正月，湖广、贵州两省联手攻打苗军失败，都指挥李宗佑、王廷光、朱文任被捕审问。

三月，严嵩杀总督陕西三边侍郎曾铣，逮捕退休尚书夏言，下镇抚司拷讯。

四月，官军指挥张韶、百户钱用在铜仁龙鱼寨被苗军活捉。

六月，巡抚贵州都御史李义壮奏"苗贼龙许保等猖獗日甚"，要求添设总督，节制三省。朝廷推荐，无人敢去。

七月，升张岳为都察院右都御史，主持已经缺位十二年之久的都察院工作，并赏银五十两。

九月，张岳回故乡惠安休养。

十月，夏言终因严嵩挑拨嘉靖帝而杀之，成为大明朝继谋反的胡惟庸被杀之后只是因权力斗争而成为第二个被斩的首辅。"及嵩挤言至死，专权黩贿，祸及天下，久乃多惜言者。"

不知回避

这已经是嘉靖帝第三次任命张岳回京任职了。但是，嘉靖帝在严嵩的拨弄之下，第三次改变了主意，改命右都御史张岳以原职总督湖广、川、贵军务。

原以为这次能够回朝廷，张岳非常高兴，结果是空喜一场。

都察院是最高行政监察机关，左、右都御史与六部尚书称为七卿。如此重要的职务一旦被死对头张岳所主持，对于严嵩父子来说无疑是搬起石头砸自己的脚，是在给自己设置一道难以逾越的障碍。对于习惯以进贡钱财多少来授官、以是否依附自己来定罪的严嵩父子才巴不得把张岳赶出朝廷以便为所欲为呢！

朝中大臣抱不平，把张岳比作北宋名相韩琦、范仲淹，不容于朝。

嘉靖间，湖广贵州主官往往失事被革，由此可知严嵩父子点名张岳任此职的真正企图。精明的徐阶觉察到严嵩父子的阴险动机，提醒张岳赶快推辞："危机在前，而不知回避，岂为明智？"张岳回答："我一日未死，当为朝廷办一日之事，刀锯鼎镬，正是我们这些儒辈立身致命之所，又有什么值得害怕的呢？"张岳"即日赴命，单车入楚"，驻扎沅州。

湖北、贵州之间有座山叫腊尔山，居住着各地苗族。其东属镇溪千户所篁子坪长官司（属保靖宣慰司管辖），隶属湖广（篁子坪今属湖南湘西）；其西属铜仁、平头二长官司，隶属贵州；其北与四川西阳接壤，广袤数百里。诸苗数度反叛已长达十几年，官兵无法控制。

当时身任右副都御史的万镗亲自带兵征讨，可是征讨了四年还攻不下来。万镗见硬的不行，就来软的，改剿为抚，反而授给苗族造反首领龙许保（当年苗族反王龙子贤之子）冠带，给官给钱给粮，满足了他的所有要求。于是湖广苗族暂时平息，而贵州苗族造反如故。万镗不敢久留，"欲急成事"，谎奏苗平，凭借他平时投靠严嵩父子的关系官升兵部侍郎。

万镗溜走后，龙许保、吴黑苗再次造反，攻抄无宁日。

张岳于嘉靖二十七年十月底起程赴任，十二月二十日到达湖广省城武昌，接受敕书、符验、令旗、令牌，并收到嘉靖赏银五十两。

对张岳的权力，朝廷作了明确界限，不仅是湖广（包括湖南湖北）、贵州、四川三省，连广西右江道、云南普安道各守巡官，及各宣慰、宣抚长官，邻界州司，全部听从张岳一体节制。所以后人称张岳为五省总督或六省总督。

在此前后，好友王慎中就为张岳作诗相赠，一开头就将张岳比为汉初三杰之一的张良再生，最后并预祝张岳凯旋时"千官陪饮至，好及上林莺"，见《遵岩集》卷二：

张净峰两广功成，复命提督湖蜀三省平蛮军事，赋赠二十韵

汉室预三杰，宗门挺再生。书仍桥畔得，筹即幄中成。

混辟钟灵异，掀腾出泉惊。践扬初诘屈，际合果昭亨。

礼乐真谋帅，诗书可用兵。地奄義叔宅，机据伏波营。

郡有前朝弃，城多故尉争。按图征士贡，内面奉王正。

文武扶今主，韬铃付夏卿。忽移无棣屦，往致有苗征。

不改登坛礼，亲提赠剑名。兟业高受脤，节制更持衡。

大事精魂壮，微躯感激轻。军容下濑整，杀气渡泸横。

威已诸酋惮，师兼长子贞。居然收上策，坐见静南荆。

崩角雕题拜，飞星露布行。禽蒐休义愤，草偃服夷情。

国倚安危算，人推儒术英。千官陪饮至，好及上林莺。

对张岳用兵的特点和治军的严格要求，王慎中评价"不以穷武力为功。用能军无躁败、贼无滥杀"，可谓知音。

之前，王慎中也曾在张岳征武陵蛮时作诗一首赠同乡翁思诚千户，见《遵岩集》卷二《翁赞画思诚从元戎张净峰公西征武陵蛮》：

壮夫怒眦仰天号，咆哮惊走儿女曹。隆肿自矜颔下肉，昂藏屡盼手中刀。

居常乐祸沾星气，出门正值太白高。马首装成酬恩顾，戚戚关心遥即路。

鸢影战波江沸汤，铜标表界天撑柱。慷慨身过头痛溪，入险欲觅功成处。

凯旋扬雄向城阙，长安道上笳声发。人生得意此最欢，取印封侯犹细屑。

策勋莫怪狗功卑，纵指元因汉一杰。

翁思诚，嘉靖十七年（1538）武进士，晋江人。

嘉靖二十八年己酉（1549）初，上任不久的张岳即专差百户陈经纶呈报《至湖广谢恩疏》。陈经纶是世袭百户陈铉子，晋江千户所百户，后升千户。

精明的湖广巡抚意识到新设总督的重要意义，马上于嘉靖二十七年十月十七日以此理由要求"请留二十六、七年该运南京仓米二十万石为兵饷"。朝廷破例批给十五万石，为张岳省掉了筹集大量粮食的时间和经费问题。

不穷武力

宣德五年（1430），石各野等聚众出没铜仁府平头、瓮桥诸处，诱胁蛮贼石鸡娘并箦子坪长官吴毕郎等共为乱。朝廷任总兵官萧授带兵，至宣德八年剿平，始筑二十四堡，环其地守之。

嘉靖十五年（1536），铜仁旦逞苗吴朗拱饮酒后捆绑佃户，被秀才告至铜仁府。铜仁府知府魏文滥刑过度，杖毙吴朗拱。吴朗拱之子吴勤苟于是纠集苗人攻掠乡村。思石道兵备田汝成及守备指挥苟瑞，命四川平茶司土司杨再显招抚。魏文许诺杨再显说如果抚平苗乱，就把叛苗的土地送给杨再显，并把铜仁司的地契印给杨再显。杨再显招安苗人之后，贵州巡抚不肯授予杨再显土地，只赏了一千银子，杨再显见其目的没有达到，于是煽动苗人叛乱。

嘉靖十六年（1537），明朝以都指挥邹监代替苟瑞。邹监诬陷说铜平苗人所抢的财物藏于箦子坪龙老恰、龙当叟的寨子内。镇箦守备陈表令土司田兴爵诱骗龙老恰二人，解送到辰沅兵备道监候。龙老恰死于狱中，其子龙母叟见其父亲已死，深恨镇箦土司田兴爵，于是聚众攻掠。

嘉靖十八年（1539），箦子坪乌牌寨苗龙母叟聚众攻掠得禾卫等21寨，辰州腊尔山镇溪鸦西寨苗头龙求儿纠集铜仁、平头苗攻掠油蓬、平头等寨，守备陈表被撤职，以清浪卫指挥朱衣守备镇箦（今凤凰县城，意为镇防箦子坪和镇溪两地苗人），调集镇溪所土兵600人给镇溪土指挥田应朝以攻打报木坪，苗人愿意献出牛马六百头（匹）求和而退师。

嘉靖二十一年（1542），箦子坪乌牌寨龙母叟纠集龙求儿及铜仁、平头苗攻麻阳县。朱知县中途被执但以计逃脱。

铜仁苗民长期不缴纳税赋，知府按照现有户籍人口征收，但是平头长官率所部苗民却以逃跑来避税，知府责令土官应当偿还，结果平头土官率所部苗民一直逃奔田兴爵，在腊尔山起兵反抗官军。

湖南、贵州巡抚上奏朝廷，嘉靖二十二年（1543），朝廷任右副都御史万镗会同湖广巡抚车纯，调集永顺、保靖、酉阳等处明军6万余人，对苗军进行围剿。龙求儿遂称苗王，与龙母叟、龙子贤联姻，三人饮牛酒为誓，结拜为兄弟，南结贵州土瑶，西诱四川诸蛮，连绵三省而反，官兵不能剿灭。三月，贵州苗攻掠麻阳诸县。

万镗见硬的不行，就来软的，改变征剿为招抚。派两省监司，挟带所属苗官到义军营中谕抚。六月，万镗令指挥李勇、参将高岗凤、镇溪土司田应朝等招出龙求儿，贵州守备邱润招抚麻得盘、吴旦逞等50余人。苗人余党仍然四出劫掠。贵州布政使石简亲自到铜仁招安抚慰，拨给鱼盐，又犒劳以花红酒，以防守地方为名，按照人口供应口粮，授给苗族造反首领龙许保冠带，还让对方选出苗族少年直接充当生员。凡是苗军提出的要求，无不答应，如奉骄子，就怕他们不答应，可谓委曲之极。其时贵州叛苗并没有受到重创，龙许保表面答应，于是贵州苗族暂时平息，而湖广苗族造反如故。松桃平头苗领龙桑科流窜抢劫到湖广桂阳间。

嘉靖二十二年（1543），万镗会同湖广、贵州巡抚大臣进剿，率永顺保靖官兵进攻。湖南永顺军民宣慰使、永顺司第23代土司王彭宗舜领兵攻克腊尔、雷公、木叶诸山及糯塘、岩口、上下塘诸寨及治古诸峒，斩首770多人，俘获男女300多人。

嘉靖二十三年（1544），龙母叟和龙求儿投降。万镗上奏应该置以重典，于是龙求儿被杀，龙母叟发配辽东。不久心里有鬼的龙子贤担心早晚会秋后算账算到自己头上，于是复叛。

苗军新首领龙许保、吴黑苗屯兵腊尔山，提出"官有千军万马，我有千山万洞"策略，打起游击战，苗军由弱变强。万镗战之不胜，遂改剿为抚。

嘉靖二十四年（1545），因镇箪土司田兴爵犯罪被关押在辰州监狱。其手下贿赂官吏逃脱。田兴爵平安回来后，却摆出一副我是流氓我怕谁的痞子作风，反而敲诈勒索苗民，白吃白喝白拿，四处强奸苗人妻女，真正是无恶不作。镇溪苗蛮忍无可忍，亦乘机反叛，烧毁田兴爵的司署。其时贵州铜仁、平溪官府责罚苗民不交税收，督催过急。土官携印逃走，叛乱由此扩大到镇溪、铜仁，诸苗复骚动。

万镗再次到辰州集兵征苗，部下建言可使镇溪土指挥田应朝去招抚苗民。万镗没有办法，无奈任田应朝为巡捕。其实田应朝狡猾多诈，暗地与永顺、保靖土司相争利，见两地不买他的账，便暗中挑唆永顺、保靖互相仇杀，两利其贿。战则庇护苗蛮，虚报战功，冒领功劳；赏则反复索要重赏，套骗军资，苗乱更乱，无法停止。

嘉靖二十五年（1546），万镗先送去一千户为人质，摆了鸿门宴，诱龙子贤谈判。龙子贤应约前来，万镗把他抓起来杀掉。那个千户也被报复反杀。

万镗不敢久留，谎奏苗平，苗领已诛。浙江道御史缪文龙是贵州人，悉知内情，见他欺上瞒下，因此弹劾万镗剿抚皆失败。皇上下诏巡抚和巡按严查。之前，万镗任南京兵部侍郎、右都御史，因彗星出现，上陈八事。其一是建议因为议大礼入大狱、得罪皇上的各位大臣被关押禁锢已久，请求宽恕并重新录用。嘉靖帝大怒，将他贬为平民，令吏部从此不得使用。万镗在家居住十年，虽经屡次推荐，都不被采纳。嘉靖二十二年同科进士严嵩当政，才将万镗重新提上来，让他以副都御史身份带兵剿抚。在严嵩的授意和操纵之下，万镗将此责任推诿给参将李经承担，作为第一责任人的自己反而无事得以脱身，并升为兵部侍郎、刑部尚书，不久又取代李默为吏部尚书。从此，万镗对严嵩视为再生父母，唯命是从，大量卖官，然后转手贿赂严家。什么原则、什么国家利益、什么皇恩，都不如严嵩给自己带来的好处实在。他把灵魂都交给了严嵩，自己只要跟对一人就万事大吉了，当一只随时听命的应声虫就行了，就是充当严嵩的打手又如何？何况全国的人事大权掌握在自己手中，还可以从中分得几杯羹呢，何乐而不为？世间还有比这更好的美差使吗？没有了，真的没有了。所以万镗非常知足。

万镗溜走后，生于1482年的龙许保一心为父报仇，再也不相信官府，遂联合松桃新寨人吴黑苗再次造反，攻掠无宁日。

龙许保谋求独立，请来铜仁府的顶级木匠准备在他家乡一个名叫国帝的地方修筑金銮殿。当地流传有歌谣，"上龙塘、下龙塘，龙塘出个好苗王；上国帝、下国帝，国帝出个好苗帝"，其声势更加浩大，超过了他的父亲。这不就是分疆裂土搞苗独吗？那不成了国中国了？这还了得！

嘉靖二十六年（1547）九月，苗军洗劫湖南沅州、麻阳诸处，俘虏清浪参将杨钦，杀死沅州卫百户陈恩。湖广、贵州巡按御史联名上奏官军讨贼不力，嘉靖帝下旨严厉批评，但是依然没有再追究万镗虚报瞒报欺君之罪。

嘉靖二十六年闰九月，巡按湖广贾大亨、贵州御史萧瑞蒙各自汇报说，铜仁镇算叛苗未平，二省巡抚和镇守总兵官讨贼不力，互相推诿。湖广调兵六万，运饷二十万。可是贵州之师未按期而至。湖广已调兵六万，贵州集师四万，合十万之众，仅征三千之苗，至次年正月却犹未见成效。巡按御史袁凤鸣遂弹劾贵州巡抚、都御史王学益"养寇玩兵，以致苗夷猖獗，流毒异省"。嘉靖帝下诏让锦衣卫派遣官校逮捕至京审问处治。李义壮接任王学益的贵州巡抚之职。

而嘉靖二十三年，时任湖广按察司副使的广东南海人李义壮因为剿苗不力被责令戴罪立功，后得万镗开脱逃过一劫，两年后反升福建按察使，以投靠严嵩和万镗同年再升湖广右布政使，嘉靖二十六年闰九月，又一次提拔为都察院右佥都御史、贵州巡抚，同年又升右副都御史、贵州巡抚。两年间李义壮被提拔了四次，而且都是一步比一步更重要的岗位，能不感恩戴德吗？因为李义壮在万镗出事过程中积极扮演了伪证的角色，配合严嵩为万镗开脱，从此得到二人的信任，被视为亲信，在苗乱愈演愈烈的情况下依然步步高升。他从此领悟了只要组织路线正确，政绩完全可以捏造、仕途完全可以操作的官场真谛。

嘉靖二十七年（1548）正月，纪功御史孙文锡上奏检举贵州官军作战不力。嘉靖帝下诏免去都指挥李宗佑、王廷光、朱文任之职，全部逮捕审问；令总兵白泫、监督佥事范爱等停薪，戴罪剿贼。

三月，嘉靖帝严批巡抚湖广都御史姜仪导致部队疲乏、财力浪费，假功掩过，连降三级为广东布政司左参议，停止征苗。

四月，贵州官军指挥张韶、百户钱用在铜仁龙鱼寨被苗军活捉。

六月，新任贵州巡抚李义壮上奏"苗贼龙许保等猖獗日甚"，再次建议设置总督节制三省，令其得以军法从事，然后苗夷可平。

至此，严嵩父子才刻意将这没人啃得动的硬骨头丢给了张岳。

张岳把总督府改设在湖南怀化沅州城今芷江师范处，并驻大军于东门外城郊。

芷江建县始于汉高祖五年（前202），距今已有二千多年历史。其名因屈原《楚辞·九歌·湘夫人》"沅有芷兮澧有兰"而得。沅水由西南向东北流经怀化市全境，汇潕水、酉水、巫水、辰水、武水等众水而入洞庭，古有"五溪"之称。这里的土著居民也因此被称为"五溪蛮"。

芷江有条潕水河，将芷江镇分为东西两半，中间有龙津桥相连。这里原叫龙津渡，明正德元年（1506）始建浮桥，张岳改造为铁索桥，就是如今的龙津风雨桥，史称"三楚西南第一桥"。

话说张岳一上任，"以苗亦人类，未忍用兵"，所以就四处张贴告示，大做宣传动员工作，劝告各地参与暴动的苗民，动之以情，晓之以理，希望他们悔悟。但是苗军不为所动，依然四处出劫。

摆在张岳面前的只有三种选择：剿、抚、守。张岳认为抚、守均不行，只能征剿。为此，张岳在嘉靖二十八年己酉（1549）五月之后上了《论湖贵苗情并征剿事宜疏》，认为苗情紧急，请求用兵。

就在张岳一心准备采取军事手段时，却在内部遇到了极大的阻力。主要有三人。第一个居然就是当时请求朝廷设置总督的贵州巡抚李义壮。

"先义壮抚贵州者，佥都御史王学益与镗附严嵩，主抚议，数从中挠岳。岳持益坚。"王学益除了前任贵州巡抚身份外，还是严嵩的儿女亲家。

李义壮的第二个幕后支持者就是万镗（1485—1565），长期投靠严嵩以求荣。

《明史·列传》第九十《万镗本传》载：

> 镗既为嵩所引，每事委随，又颇通馈遗。

李义壮的理由是"用兵五难"。这五难到了朝廷万镗、王学益手中又夸大到"用兵八难"。他们的目的就是为了阻止张岳成功，威逼张岳采用不可靠的招抚方法，最后再来治张岳"玩寇"之罪，取他性命。李义壮的第三个幕后支持者不用说就是严嵩了。

《名山藏》张岳传记：

> 镗与王学益前抚处苗者，与嵩亲，有连，从中挠岳。岳号令不得独行意。

上面得不到支持，下面得不到拥护，剿抚两广陷入"议论相持"状态。张岳并非好战好征，他说："若果抚得妥帖，目下可减坐食之兵，又绝他日之患，某安敢不从哉？""事势至此，皆为有害而无利。不得已，择其利我害小者为之，犹胜于玩愒不为也。"

张岳想起嘉靖二十三年甲辰（1544）五月继李义壮出任辰沅兵备道、七月即因母丧返乡的惠安同乡李恺，便写信向他了解情况。

熟悉苗情的李恺回复张岳说："贵阳财力单薄，多数主张招抚；荆湖财力相对好些，倾向于进剿，意见相左，嫌隙互生。古人不是也说过：'中原之丑虏易逐，一己之私意难除。'铜仁、镇筸之贼，从荆州湖南角度来看，则是四肢之疾；从贵阳角度来看，则是心腹之疾。从本地方司空见惯来看，则是疥癣之疾，没什么大害。起先，动兵四万，费钱粮二十余万。后来动兵十万，破钱粮四五十万。以三千余小寇而震惊皇上和朝廷，以数里残喘而疲敝三省，这样就像要除去疥癣，而误于用药，毒肿溃烂，几成痈疽。这种方法是错误的。"

不过李恺认为李义壮以其自身所处位置力主招抚，未必是有邪心，希望张岳以自己的诚心来打动他，这样他的迷惑自然可以消除，"和气可回，国事宜可共理也"。

李恺同时提醒张岳要留意两个人，一个是田应朝，"猾而多智，挟苗为势，其不服也，孽作于镇溪之印，隙成于宋钦之逐"；另一个是酉阳的冉玄："酉阳兵力颇强，土地为隘，幸苗为灾之心之罪，浮于平、保。宣抚冉玄精悍谲诈，平茶既革之后，行其不测。"

李恺还向张岳提起一事，说是自己从沅州返乡之后，颈部生疽，"脑开如口，数茧齐出，出血成斗，毒穴深陷，叫地呼亲，对子流泪"，后来费了好大功夫总算痊愈。

李恺不忘称赞，整个福建像张岳能够统率十万大军的也没有第二个了。（见李恺《介山集》）

张岳同时也向严嵩汇报了三省主官尤其是贵州巡抚的真实想法，说如果我不向您汇报真相，还有谁会说呢？可是严嵩置之不理。

新任湖广巡按御史王忬给张岳写信提出几条建议。张岳回信比较了湖广与贵州的不同说：

> 贵州自用兵五六年以来，只有败绩，所以苗贼气焰更加嚣张。万镗离任后，那里就骚扰为患没有停止过。万镗之安抚，只抚出六百余人，计算人口给粮，委屈求全。粮不继，则又反，以至今日挟持要粮。贵州去年罢兵，商议戍守兵力起码要万余人，后因粮不足，减至五千，近来仅存三千四百，捉襟见肘，且又乏粮。无粮可以供应官军，难道还可以供应苗贼吗？若又添兵防守，数量必多于湖广才行。这样计算两年的费用开支，足够用兵一战。事势至此，皆为有害而无利。不得已，只能选择其利我害小者为之，犹胜于旷工度日而不作为。数年来，贵州求一日之安尚未可得，如果能够得到数年的平安，我就不怕他们给我加上什么罪名了。

戴罪管事

就在明军自绑手脚之时，从三月份起，土指挥田应朝唆使吴黑苗、龙许保聚众发动了一系列主动性攻击，印江县、石阡府先后被破。

巡按贵州御史、严嵩党羽张雨便趁机向朝廷参劾分守湖贵镇篁铜仁等处地方右参将署都指挥佥事石邦宪等人。嘉靖帝下旨要逮捕提审。严嵩让兵部安排新任参将樊世鲸替代，却又玩了一个花招，就是让樊世鲸久不上任，其剪除张岳助手的意图昭然若揭。

嘉靖二十八年四月初七，圣旨严厉批评张岳的失职，警告他要戴罪立功。张岳随即连上三疏。一是《奉敕切责谢恩疏》，作自我检讨，并弹劾李义壮。十一月，罢贵州巡抚都御史李义壮回籍听调，升湖广左布政使任辙为都察院右副都御史，巡抚贵州。

张岳又上《极陈地方苗患并论征剿抚守利害疏》，再次向皇上汇报了贵州、湖广各地苗患的实情，揭露了左布政使石简亲（后台为万镗）名为招抚实为养寇的真相，提出"决需用兵征剿，然后抚可定，守可固"，请皇上定夺。

李义壮的主要部属和同党如镇守贵州总兵官白泫，分守抚苗右参议杨儒、分巡佥事范爱、守备以都指挥体统行事胡宁都被张岳弹劾犯有"玩寇之罪"。张岳让他们戴罪立功，将功补过。在张岳强硬手段的重压之下，贵州一省的军政首脑算是被统一了思想认识，终于"知痛痒"了。

张岳又力保石邦宪，专门上疏《保留参将石邦宪疏》为他开脱求情，获准。

张岳吸取了前两次用兵失败的教训，"春夏深入，非其时也"。他把时间定在初秋，认为"入秋用兵，百事利便。明春散兵，招抚余党，即可安插耕种，俾得其所"。

为了改变过去滥杀无辜的恶习，张岳特地向朝廷上疏《乞立存活被虏人口赏格疏》，请求废除以人头计功的奖励办法，改成以活人为功，以保障苗族普通平民的生存权利。

原来，龙许保、吴黑苗领导的苗军时常潜伏于茂密的林箐中，趁行人不备，已经陆续抓走百人为人质。对这些人质，苗军一般又有着两种处理办法，一是向其所在寨子或家属索要大额赎金才放回，二是将男女都割去头发卖给土官。然后当土官应征出战之时，再将这些人质杀掉，充当敌军，以首级多少领赏报功。

　　　　　　　　　　　　　净峰风骨：明代名臣张岳传

之前这种滥杀无辜以邀功的现象普遍存在，成为潜规则。后来朝廷规定，对西南"苗蛮山贼"作战中，一人擒斩三名，升一级；至九名，升三级。嘉靖二十七年十月，巡抚延绥都御史杨守谦建议提高赏金，改斩首一人的奖金由三十两提高至五十两。兵部批准实施。从来用兵，惟以首级多少为头功。被虏人口送交官府者，只给予一定奖赏，远不如首级之丰厚。所以各地土官将这个潜规则当作一种发财机会，使得那些俘虏和人质即使能够死里逃生于苗军之手，也无法获全于土官之刀下，与苗蛮枯骨一同腌焙枭首悬挂。张岳要修改的是大明沿革两百多年来的不合理军功制度。他要求：今后能送出被俘虏的人口，男子十六以上至六十岁者，一个准一项功劳，老幼妇女两个人准一次功劳，赏银如过去的惯例。如此一来，官军也好，土官也好，都知道活捉的奖赏比打死的值钱，就不会想要以多杀几人来邀功请赏。这样算来，男女老少平均起来，每人只要三两银子。那么有一千两银子，就可多救活三百多人。花费少，救活多。如果是土官部下所献，满一百人就可升散官，满两百人升两级，满三百人升三级。此奖励制度要作为军令在作战前颁布，就能达到预期的效果，所能救活的就将不可胜计。

在张岳眼里，苗族虽然时常造反，但苗民也是人类的一支，是大明的子民，不可以牲畜猎物待之。

朝廷批准了张岳的请求。从这一点上讲，张岳的这一举措对整个明朝和天下百姓都是有贡献的，是大功德一件。

张岳为什么会上这道疏呢？究其原因，恐怕与前任滥杀无辜以邀功有关，更主要的是与明初的军功奖励制度有根本关联。明成祖命礼部依明太祖升赏条例，制订了奇功、首功、次功三等。首功又有分别，以"擒斩北虏为首，辽东女真次之，西番及苗蛮又次之，内地反贼又次之"。所以尽管张岳为平定大西南立下赫赫战功，却只能算在三等之列。这并不是张岳上疏的目的，关键是朝廷规定，对西南"苗蛮山贼"作战中，"一人擒斩三名颗，升一级；至九名颗，升三级。张岳认为，这种不合理的奖励制度是违背天理良心的，非改革不可。所以，在朝廷批准这个请求之前，张岳坚持按兵不动。有人讲嘉靖帝镇压苗族采取烧光杀光政策，根本是在混淆历史，煽动民族仇恨。

当时由于湖广的苗民服从命令，张岳分别对湖广和贵州之苗采取一张一弛、一抚一剿的策略，令湖广参政王崇事先安抚所在苗民，令湖广巡抚林云同负责筹集军饷。

张岳选择这次出师的时间是嘉靖二十九年九月初三日上半夜丑时（1～3点），到十二月底，包括龙许保、吴黑苗的母亲、妻子、小妾和弟弟都被活捉。此次活捉的人数加上夺回被掳男女达 1073 人，远远超过斩首的 782 人。如果不是张岳事先立下军令保护活口，不知将有多少将成为刀下之鬼，成为土官虚报领赏的冤魂。

苗王龙许保、黑苗跳均侥幸逃脱。张岳呈上捷报，言贵苗渐平，湖苗听抚，请遣土兵归农，朝议同意。

可是这个时候，邹守益却突然莫名其妙地写信给屠大山，说西南诸苗"得其地不可居，得其人不可使，又将怎么使用呢？"他甚至隐晦地批评张岳这是"轻起衅端，劳师费财"。邹守益告诉屠大山，自己曾劝告张岳休兵，但是张岳以事已大举，不能中途改变为由加以拒绝。

屠大山（1500—1579），字国望，号竹墟，浙江鄞县人，嘉靖二年（1523）进士，这次合围居然不按时出兵，致使包围圈难以完成，给龙许保、吴黑苗逃跑之机。屠大山这一反常且恶劣的举动令张岳无法理解，也难于接受。张岳便向朝廷报告了屠大山这一严重失职行为。

张岳给好友原御史马明衡回信，将矛头直接指向罪魁祸首严嵩：

> 此间事，并不能说是难度很大，只是三省人情不一，议论多异，任事者并所任之人，观望推却，相持累年。至于纲纪日坏，盗贼骄横，民生可哀，还依然无所事事，恬然处之，以掩盖作为最佳策略。这种糟糕的思想源头，可以上溯至执政权臣，其他可知。但是他们的说法，也没什么复杂，只说一个难字罢了。有更难的，又将怎么办呢？我一入境，怪罪、发怒、怨恨、诽谤，无所不至，我只能自我坚定信心以对待之，如今亦稍安定了！
>
> 秋间用兵，约年终可以结束。

在张岳心里，迎难而上，才是考验一个士大夫为国效力、为君分忧的胸怀和抱负，才是大丈夫应当担当的职责。如果只是以困难为借口，无非是在为自己的前途利益着想，是小算盘，属于个人至上，不值一提。

思州城变

此次出征之前，张岳设计清除了两个内奸即镇溪土指挥田应朝和其叔田勉。《罪惟录》列传卷之十九：

> 而土指挥田应朝，诡人也，不利苗破，与从叔田勉煽苗叛，结酉阳宣慰使冉元扼官兵。岳计擒朝、勉，杖毙之。

但是他却漏掉了一个更毒辣的四川酉阳司宣抚冉玄。

冉玄在田勉、田应朝叔侄被张岳法治后，坐立不安，难以安眠，生怕自己与二田暗中勾结的坏事败露，专门到京城贿赂严世蕃，送上万两金子。

回来后，冉玄就秘密派其党徒唆使游说龙许保、吴黑苗说："只要张总督在一日，我和你们就一日睡不安稳。如今大兵已撤，乘此机会，用计攻入一城，张总督就会受罪而被抓走了。"龙许保、吴黑苗听了这一计谋，感动地说："非常感谢冉使君。不过我们手下的苗兵衰弱、战斗力不强，希望能借用一次冉使君的兵力。"一场阴谋就此达成。

嘉靖三十年辛亥（1551）二月二十五日上午十点左右，知府李允简正在外升堂画卯，苗兵一伙忽然闯入思州府城，称是瞿塘等卫前来替班防守军兵。知府李允简从铜仁随军纪功回来才五天，又是白天，猝不及防，当场被擒。

张岳赶紧上《苗贼突劫思州疏》请罪。

这毕竟是继嘉靖二十九年印江失事之后的又一大挫折，最要命的是成为严嵩父子报复张岳顺理成章的借口与理由。

巡按御史董威也立马将此情况向朝廷报告，主张追究巡抚都御史任辙、总兵官沈希仪、参议刘望之、佥事俞冲、参将石邦宪等失事之罪。但是董威却是这样表达的：

> 贵州的苗患之所以蔓延不息，是因为湖广永顺、保靖、四川酉阳各土司，以培养苗民为利，招抚收藏泄漏情报，惟独贻患于贵州的缘故。而湖广任事之大臣，始终执迷不悟，阻挠总督，说苗族可以招抚。以今观之，其可招抚与否，昭然明白了。因为当今的负责人，就是之前主张

招抚的人，不过是期望必抚之，私下以掩饰从前之罪，而不顾贵州的危害。

这不是表面弹劾贵州，实际诿过于邻省吗？

思州出事后，朝议一片哗然，谓苗实未平。张岳虚报捷功，实为欺骗，应该惩治。

朝廷立马追究都御史任辙、总兵官沈希仪、参议刘望之、佥事喻冲、参将石邦宪失职之罪。尚书赵锦及都察院兵科给事中等共议后，作出对上述数人夺俸的处罚，令戴罪剿贼，同时切责张岳并下檄湖广贵巡按御史会勘湖广不肯进兵之由，星驰具奏。至于土司彭明辅、彭荩臣、冉玄等人，俱褫冠带，令戴罪自效。

张岳又上《截获苗贼疏》汇报近段进剿情况及亡羊补牢对策，并为石邦宪等说情开脱，请求让他们"以功赎罪"。

且不必说张岳事后采取了多少补救措施，单说严嵩父子对张岳失事的反应。《明通鉴》卷六十记：

> 初，总督三省张岳奏："自举兵以来，未阅四月，禽斩贼一千八百有奇，惟贼首龙许保未获。"至是许保、黑苗复要结叛苗七八十人，扮永、保二司兵衣甲出哨者，遂入之。
>
> 严嵩奏："岳言湖苗听抚，而许保仍在湖苗寨中，与之攻劫思州，请逮治岳。"徐阶持不可。乃夺岳右都御史，仍以侍郎衔戴罪任事。

就在严嵩父子趁皇上正在闭关斋戒欲修炼成仙无暇顾及，迫不及待地要用"陷城法"来治张岳之罪时，朝中不少重臣纷纷勇敢地站出来，要挽救张岳一条性命。

副相徐阶，右都御史屠侨，兵部尚书赵锦，前两广总督、兵部尚书张经，同领兵部尚书职衔的欧阳必进，兵部侍郎张时彻等人都一齐出动拜谒严嵩，为张岳说情。

本来已杀气腾腾的严嵩听了众人的开脱，才缓和下来说："让我再考虑考虑。"

等到皇上出关，严嵩就奏请皇上免去张岳的右都御史职务，让他继续以兵部侍郎兼右佥都御史职衔督师，戴罪擒贼。

对于这一幕充满惊险的营救过程，远在万里之外的张岳一无所知。张经偷偷寄了一书信对他说："你的生死早晚悬于严氏之手了！"不知内情的张岳还满不在乎地回答说："乱说！怎么会有像我张维乔这样的人因为不给宰相行贿钱而致死呢？"不久其他故知晋江丘养浩等书信纷至沓来，张岳才如梦初醒。张岳这时反而非常坦然，抱定了以身殉国的决心。他说："死就死罢了，自古刀锯鼎镬，都是志士君子毕生实现志向之地，岂有绕道而求免者？"

对张岳的处罚结果是在嘉靖三十年五月二十七日才由兵部转达圣旨。

本来张岳已是抱定必死之心，赶紧上了一道《谢恩疏》，表达自己对"罪重罚轻"而"感极涕出"的心情。

擒龙斩吴

此后，张岳主要抓了几件大事。

第一件大事自然是抓紧追捕首犯，于四月二十日将心腹之患一号苗王龙许保擒获。这离思州出事仅一个半月多时间。张岳用的是什么招数呢？他采取的是以毒攻毒、以苗制苗的办法，依靠已经归顺的苗族首领来完成这个千军万马难以完成的任务。用的妙招则是古今中外都非常灵验的美人计。这个抓捕的过程也是一波三折，在张岳五月初十日的《擒获首恶龙许保疏》中汇报得很清楚：

> 查得龙许保，因四月十三等日，众苗出劫，至猫儿囤地方，被官兵截杀大败回巢，方知惧怕，不敢即出。至二十日，带同伊族恶党苗人龙重阳、龙郭大来到伊亲田坪寨苗头吴柳苟家吊丧。是麻得盘等，因就赚请过鲁母寨吴旦逞家，求伊女与许保为妻。比吴旦逞佯为许允，设酒款待，以致龙许保等喜欢痛饮深醉。麻得盘、吴老革、吴旦逞父子弟兄等方敢下手，将龙许保并龙重阳一时绑获……

麻得盘怕万一有人来抢，就将龙许保等人交给前来接应的守备指挥张大儒，由张大儒负责押送交给石邦宪。

原来，石邦宪先抓到吴老革（一作吴来格）的爱妻。石邦宪对她说："如果你能动员吴老革归顺，我保证让你们夫妻团圆，白头偕老。如果不答应，到时大军一到，后悔也来不及了。"果然，不久爱妻心切的吴老革来降。石邦宪让他们夫妻相见。两人一见面，彼此拉着对方的手不放，痛哭不已。石邦宪看出吴老格是个情种，晚上就特别安排两人住在自己府中。石邦宪每天以好酒好肉款待数日。临别的前一天晚上，石邦宪又亲自设宴宴请吴老革，和他推心置腹，酒连干一大斗。吴老革感动得心都要掏出来给石邦宪，发誓要报答石邦宪。第二天，石邦宪又赏以衣服酒肉，让吴老革与妻子一同回家。八天后，吴老革果然率诸苗来降，且报告说："龙许保已经就缚了！"

于是，石邦宪择精锐四千人，连夜抵达唐寨立营，时逢大雨。石邦宪却高兴地说："这是洗兵雨。"石邦宪又问驻地地名，有人回答地名叫汤，是原来总兵旧垒。石邦宪更开心，说："这是预告我捉到此贼可以升总兵官啊！"于是石邦宪默默向老天祈祷，没一会儿就雨停晴朗。吴老革等谒见，将龙许保献上请功。石邦宪命令杀牛犒赏众人，亲自带数十人到吴老革的寨子回访。吴老革请妻子出来，亲自向石邦宪敬酒。石邦宪和吴老革欢如父子。吴老革临别还一路相送五十里才告别。

收到分守新镇思仁兼管抚苗右参议刘望之、防守铜仁原任参将石邦宪的报告，张岳大喜，令叶继美迅速安排升堂，张岳亲自审问。铜仁府一时戒备森严。

事已至此，龙许保倒也爽快，向张岳坦白：

"今年掳劫思州，我贵州残苗不多，都是酉阳管下地崩岑、地龙箐、小平茶、沙留等苗民，酉阳司头目张魁主使，共带了酉阳兵一百五十名前去攻打。张魁又将黑骡一匹卖给我当坐骑，我给了银子一十五两。要不是石邦宪参将不爱财，老子才不会被你们抓住。"

张岳之前在嘉靖二十八年十二月至二十九年正月间，就听翁思诚密报冉玄怕张岳追究其谋吞平苗之罪，与田应朝密商，令其家人田喜安收买被打散的叛苗，先后攻打印江、石阡府县，使地方失事，这样张岳必因此被撤换，如此也就没人追究他之前的罪过了，案件也就化解了。当时因为没有实证，所以张岳只能观望。

被虏逃脱的千户安大朝、赎出知县徐文伯也到庭证实：

"被虏之时有苗贼龙得者说：'是田应朝土官用银子一千两，买我众苗来攻打你印江。'当时有个田土舍也在场。'安大朝、徐文伯亲见田土舍身穿绿缎短袄，头戴圆帽，年约五十多岁。"

张岳令将之前已被永顺宣慰彭明辅用计捕获的田应朝及田喜安等人押来，让安大朝、徐文伯辨认。两人都认得田喜安，田喜安也认得徐文伯、安大朝，于是田喜安画押供认，收监。

至此，酉阳宣抚使冉玄勾结龙许保、吴黑苗谋害张岳真相已经大白。

为此，张岳在历数了龙许保的种种罪行之后，要求不要把龙许保押解进京，而直接就地正法，获准。

于是张岳会行贵州抚镇等官，于同年八月初七日，将龙许保押赴市曹斩首。

当张岳擒获龙许保的消息上报朝廷后，严嵩没想到张岳如此神速，大出意料之外，急忙召见来兵部汇报的使者问道："是那个外号龙王的贼首被擒获了吗？"使者回答："是啊，是活捉到的。"严嵩听后，没有一丝欢喜，其第一反应是黯然神伤。显然，这不是他愿意听到看到的结果。他要的是另一种好消息。过了一会儿，严嵩才回过神来，说："张公擒获龙许保当然很好，不过还要继续努力，须绝苗党。"不久传达的旨意果然和严嵩所说的一样，而且还下令三省巡按御史要共同核查汇报。当初，"元（即冉玄）贿严世蕃责岳绝苗党"，就是通过行贿严世蕃来指控张岳要灭绝苗族。而今，其父严嵩又反过来要张岳"须绝苗党"。反正都对，错的只有张岳。

第二件大事是处死内奸冉玄（一作冉元或冉贤）。冉玄实际上是思州事件的幕后策划者和真正主谋。作为受大明王朝正式任命的一级行政主官，他本应站在大明的立场上协助张岳才是。然而，他却是白皮黑心，与造反苗民相互策应，充当保护伞，不但与奸贼土官田应朝结为亲家，"同恶相济"，且主动为龙许保、吴黑苗出谋划策，甚至直接出手相助，派自己的士兵冒充苗民偷袭思州。其陷害张岳之目的完全是出于一己之私，出于为自己扩充地盘、巩固自己地位的需要，出于配合严嵩父子的需要，而并非为苗族人民的利益着想。其人阴险毒辣，手段残忍。如此罪大恶极之徒，却长期为严嵩父子所器重，企图用来充当陷害张岳的马前卒。

张岳上《参究主苗酉阳抚冉玄疏》。最后一段中所指的是冉玄思州之阴谋败露后，明知张岳不会放过他，便事先挟万金进京找严世蕃疏通，希望通过贿赂严世蕃来从轻发落。此事被四川参政晋江人洪富所侦知。洪富便修书密告张岳。所以张岳直接向嘉靖帝上疏汇报下边已有人专门携带重金在京城找关系走后门，企图逃脱罪责，让嘉靖帝明白今后到底是谁在为冉玄开脱求情。这样一来，就堵住了严嵩父子的嘴巴。张岳还请求派锦衣卫到酉阳搜捕冉玄所指使之人。有人提醒张岳说："公难道不避讳严氏父子吗？"张岳说："我正要揭露其庇护冉玄的阴谋，又避讳什么呢？"故"疏入，世蕃愈仇恨"。但严嵩父子对张岳的反击却无可奈何，不敢轻举妄动。狡诈过人的冉玄最终毙于张岳手中。

张岳这种对严嵩父子不妥协的强硬态度直接影响到自己的升迁。《闽书》张岳传载，当时李默任吏部侍郎，就曾两次推荐张岳为兵部尚书，都被严嵩在初拟人选时刷掉名字不准上报嘉靖帝。到李默转正为吏部尚书时，又推荐张岳升任南京都察院都御史。严嵩就明确指责李默说："三省巡按的汇报材料还没到，你急什么呢？"随即李默就被下旨罚减俸禄。于是朝中再也没人敢为张岳出面请求召他回朝廷任职了。有个好心的朋友私下劝告张岳："你何不稍微委屈一下自己，去拜访拜访丞相父子呢？"张岳指着自己的头发说："这种事情我已经历好多次了！我过去年纪较轻时，张璁屡次要请我见面，我没有一次去见他。如今难道还要拿钱买官当吗？我只知道杀掉叛贼应付皇上的诏书而已。"张岳宁可冒着马革裹尸或刀锯鼎镬的悲剧，也不愿向权奸低头买好。

第三件大事是抵制万镗一伙的阴谋诡计。当张岳在贵州进剿相对顺利时，令人感到意外的是朝廷又刮起了一股舆论怪风，指责张岳对湖广苗族实行绥靖政策，不征讨，一味安抚。对这种极端不负责任的奇谈怪论，张岳清楚这场传言风波的源头在哪里，直接致信严嵩《与严介溪》详谈自己的看法。

> 湖广苗族已经招抚稳定，虽有数村暗中配合，但是贵州苗族平定，则湖广自然平息化解。

> 近时士大夫议论，见到影子就指认为形象，信口开河，变换口径：见用兵稍有差错，就说贵州苗族原来只该招抚不该征讨；一旦稍有头绪，则又说湖广苗族应该征讨不该招抚。因此湖广、四川两省，前年一种议论说法，去年一种议论说法，近日又是另一种议论说法。近段尚且如此，更不用说较远的事情了。但是他们又怎么会去深入思考当征、当抚的原因呢！征讨固然困难，安抚也是挺不容易的呀！

张岳没有明说之前严世蕃指责他"绝苗党"，如今严嵩又下令要他"须绝苗党"，到底要他怎么做才是对的呢？对这种极端不负责任的奇谈怪论，张岳在给徐阶的信中对自己为什么对贵州与湖广区别对待解释得很清楚，请看《与徐少湖》：

> 湖广苗族应当招抚者多，应当征讨者少。贵州苗族则皆当征讨。皆当征讨者，只是担心兵力不足，而不怕其泛滥成灾。好人恶人相互掺杂者，我担心有滥及无辜，尤须分别区别。况且湖广苗族已事先听从招抚，其中有数个村寨听说有征剿之意，亦来投顺听抚，则无杀之之理。
>
> "湖广、贵州之间互相推诿抵赖"，某人时（暗指万镗）已有这种说法。彼此都是各有靠山而互相倾轧，造成不幸。而我只有耿耿之心，上对君父。我来这里，本来就无所求；如果我离去，又有什么可惜的呢！如果以数万生灵之命，来发泄士大夫之愤怒，则是我不敢做的。董御史的话，沿袭陈词老调，目的就是要为贵州卸罪。其主张，全在朝廷（暗指严嵩）！朝廷不作主，兵连祸结，何时才能罢休？
>
> 近日首恶被获，人人庆幸可以卸除负担。其他事情，只责成我随宜调度，可以无事，不必为其他说法所干挠。

在张岳看来，万镗可以投机取巧，是因为严嵩结党营私，对万镗全力袒护，使他不降反升。而张岳自然无法用投机取巧来步其后尘。他的心态是坦然的，来无所求，去无所惜。他没有屈服于权臣的压力和随时将至的生命危险而妄开杀戒，可见其大仁大德。因为他严禁滥杀无辜，在他手中首先废除了以人头计功的奖励办法。何况要他对已听从招抚的湖广苗族残酷挥起屠刀，那可真正称得上罪恶了。如果他真的这么做，到时不仅会激起苗族的更加激烈的反抗，奸相严嵩肯定还会给他戴上一顶帽子，让他吃不了兜着走。

为了证明湖广该剿，严党以湖广有首恶李通海未剿为借口。这个在一部《湖广通志》中始终没有出现过的人物竟然活生生地升格到《明史》张岳传中，真是活见鬼。显然，李通海在湖广制造的麻烦并不大，估计是冒牌的叛苗可能性更大，以至于除了在《明史》张岳传中可查到他的名字外，只有在《湖南通志》中闪现其名，其始作乱于何时、时间多久、攻打过哪里，全是一片空白。可见这个李通海很有可能就是严嵩奸党硬拉出来的湖广反面典型，以减轻贵州亲信的压力，同时也可指责和证明湖广苗民并未听抚，也在造反。因此，张岳不得不抓捕首恶李通海、苗羊仔斩首，在汇报材料中不得不加上一句"湖广兵亦破，擒首恶李通海等"。

张岳以牺牲自己的政治前途为代价，换取湖广苗族避免了一场大灾难。

吴黑苗吸收了龙许保被捉的教训，居无定所，在山谷中四处逃窜，以避追捕。即使张岳等悬赏缉拿，半年之后依然毫无进展。

在长期的操劳和蓄意打压之下，张岳年已六十的身体早已不堪重负。他精忠报国的一片诚心一再受到严嵩奸党的无端摧残，怎能不令人心灰意冷呢？他如今只求抓获吴黑苗，然后唯严嵩所欲任其处置了。不知是谁出的馊主意，竟然提出将悬赏捉拿吴黑苗的钱用来收买吴黑苗，让他不要再生事，就放他一马，上报朝廷平安无事，了结贵州戡乱之事。如果真的这样不了了之，岂不是令张岳寝食难安、日夜待罪以求去？何况朝廷早已有明确旨意要捉拿吴黑苗归案，怎能瞒天过海？这样简单明了的道理，如此自欺欺人的儿戏，居然在朝廷和贵州大有市场，岂能不发人深省？怪吗？在严嵩一伙眼里，一点也不怪，该怪的是张岳，谁叫他不识相、不识好歹！丘养浩早就提醒他该擦亮眼睛了，可他还是执迷不悟。屈服不是张岳的选择。"宁为岩畔柏，不随秋叶扬。"所以张岳只有与严嵩、万镗一伙坚决抗争，别无选择，否则只有死路一条。

毕竟在外征战前后已二十年了，也许是预感到"强支衰病"的自己来日不多，张岳思乡的念头是越来越强烈，具体反映在与王大酉登客山的第三首诗中。

己酉九日王宪副邀登客山有作

其一

南山佳气入帘栊，此日登临兴不穷。万里长风开晓雾，五溪寒色浸秋空。
黄花满泛樽中酒，短发还羞鹤背翁。为语山灵应记取，未须江汉问流风。

其二

翏上谁留紫翠堆，秋风吹送重阳杯。玄霜故染千林碧，天籁时传万壑哀。
日月此辰应有会，江湖浩思渺难裁。明朝幸释方隅甲，萸菊扶衰拟再来。

其三

故山回首锁烟霏，廿载驰驱未得归。偶尔攀萝寻绝顶，那堪把菊对芳菲。
溪云澹淡秋容静，疏雨微茫梧叶飞。似有宿缘成主客，呼尊更酌醉斜晖。

王大西宪副即王世隆，湖广辰州（今沅陵）人，嘉靖二十三年（1544）任贵州按察副使。

"日夜思归"的张岳站在客山是无法看到故乡的净峰、小山、文笔峰或者科山的。故乡远隔万水千山，被重重烟霏遮断。山不是故乡的山，水是他乡的水。在"疏雨微茫梧叶飞"的秋色中，那份乡愁早已经笼罩了起初"此日登临兴不穷"的短暂之乐。什么叫望眼欲穿？就是此情此景、此时此地！而今老病缠身，时刻面临着一个虎视眈眈、杀人不见血的魔王阴影，整天面对的是你死我活的勾心斗角、互相倾轧。从考中进士至今已三十五年了，如今才领悟当名忠臣竟是如此之难，要付出的代价竟是如此之大。为国？圣上远在京城，多年没有上朝了，只有严嵩等极个别的权贵才见得到。连自己长得什么模样他也不知道。而严嵩，就是大明王朝的全权代表，看来他不置自己于死地是绝不甘心的。想想几十年来，自己与三任宰相关系都不曾融洽过。密切联系领导？这都是古往今来全社会所流行的风气，都已是司空见惯之事了，可自己从未有过。平生"不通权门一帕"，非不能，乃不愿也。夏言不是怪自己连一块手帕都没给过吗？严嵩不是怪自己从来没有跟他意思意思吗？这与自己为人处世的原则是格格不入的，有啥意思？最近"湖广巡按当勘报，就令藩司出库羡三千金送岳所，听其犒军，意欲岳行金嵩，所结嵩欢"。可自己却全部把这笔特别经费存放在辰州府，并交代辰州府太守："我死后，取其中三十金准备棺材丧事。其他丝毫都不要乱动。"有好朋友知道对抗严嵩父子的惨重代价，劝告自己说："苗党安可绝？只要严氏父子在，你就没有返回朝廷的机会，这已经是大家都很清楚明白的事情。何不稍委屈一下自己呢？"可自己却笑了笑指着自己的头发说："都已经很多次了！我过去少年时，张相（璁）就屡次招呼我，我却从来没有去找过他一次。如今难道还要拿钱去买官吗？我只知道捕获吴黑苗完成圣上下达的旨意而已。"反正自己早就立下"马革裹尸"的誓言。为家？家在万里之外。当年在珍珠之乡廉州时就未曾为自己的夫人要过一颗珍珠。而江西巡抚任内，又连续遇到水灾旱灾，把自己的俸禄薪水都捐献出去买粮食给灾民吃了。任两广总督期间，一大笔可以灵活使用的资金都全部充公了，自己回家还要亲自种田。所到之处，"无私入自公始也"。净峰，净峰，就让自己成为没有污染的一方净土屹立于世吧。已经清白了几十年，如今已到耳顺之年，怎能晚节不保呢？恩师蔡清《艾庵密箴》中的片段仿佛就在耳边响起："一身之利无谋也，而利天下者则谋之；一时之利无谋也，而利万世者则谋之。"如果师训不是铭记在心，自己就不是净峰了。净峰，净峰，就让两袖清风永远吹拂在湖广乃至大西南的山山水水吧！而今自己身边没有一个亲人，上一次回乡是在四年前（即 1548 年）。家人如今都怎么样了？自己一点都不知道，儿孙自有儿孙福。罢了，只有借酒浇愁，权且"呼尊更酌醉斜晖"吧。此刻，又有几人理解张岳那颗愤懑悲凉、孤身抗争的忠心呢？

> 故国松楸魂欲断，山城伏腊亦堪怜。莪蒿细辨年来味，兰芷轻笼雨后烟。
>
> ——张岳《赠吏目王策》

万镗分别于嘉靖三十年冬和三十一年春两次向张岳施压，要他放过吴黑苗，尽快了结"铜仁之事"。这不明摆着要让张岳再次面临像思州那样的教训吗？万镗是醉翁之意不在酒，如今上有严嵩为靠山，自己手中又掌握着全国大小官吏的升降大权，他现在"雅欲就其先抚功"，所以"贻岳书黑苗可毋捕而罢也"。他是坐着等着要来抢夺张岳来之不易的胜利号水蜜桃，所以"麻阳镗嵩并州公念镗昔日劳，则遍告三省守臣与巡按类其地者善为奏"，后来又拜托徐阶出面向张岳提出要求，要张岳识相点。人在屋檐下，不能不低头。可是张岳洞察其奸，决不妥协，认为在已成功百分之八十的情况下再来玩欺骗手段"非惟不敢，亦所不忍也"，更无这个必要。不搜捕到吴黑苗，张岳决不罢休，任凭他人花言巧语也无济于事，丝毫动摇不了他那睿智的忠心。

不仅是万镗直接与张岳过不去，就是贵州巡抚任竹坡也为吴黑苗之事与张岳产生剧烈冲突，并攻击张岳。当张岳要上疏继续追捕吴黑苗时，却遭到贵州巡抚任辙的大力阻挠。任辙并多次差人前来请求删去"而黑苗责令地方官设法缓图"一语，张岳被迫答应。

> 岳几危于相嵩，而镗令言功又不应，独捕黑苗日夜急。贵守臣颇思用镗指，岳先后所下军书谬应岳矣。迟之逾年，岳急督之如故。贵诸大夫说岳曰："公，天子重臣，以黑苗一夫坐自困，非计也。且诸将吏从公亦望休洗沐矣。"于是会牍列功状，请岳上闻，不及黑苗事。岳曰：

"是欺也，吾敢乎？诸公自洗沐，吾以专责石邦宪。"邦宪亦寻擒黑苗，岁之壬子八月也。

从《闽书》张岳传此段记载中可知，任辙是费尽心思要执行万镗的指示的，对张岳一意追捕吴黑苗的命令是采取漫不经心被动应付的消极态度，企图蒙混过关的。他们也许没料到张岳的态度是如此坚决，因此在追捕吴黑苗近年而不得的情况下就不耐烦了，公开指责张岳"以黑苗一夫坐自困，非计也"，是让贵州的将吏不得休息安宁。以任辙为首的贵州官僚们还集体研究对策，自己起草了一份请功的汇报文件，逼迫张岳签字上奏，文件中却丝毫不提吴黑苗之事，似乎吴黑苗已经从人间蒸发。只要张岳不提，此人就不存在了。这种掩耳盗铃的欺骗手段当然不被张岳所采纳。张岳直批任辙一伙是在欺骗朝廷，说自己不敢这样做。如此一来，追捕吴黑苗又似乎成了张岳自己的事情了。要抓捕，你自己去，不关他们的事。张岳对他们的抱怨也不勉强，让他们"自洗沐"，不兴师动众，只让石邦宪一人专门负责追捕事宜。因此，张岳自己起草了一份奏疏《报过抚剿残苗疏》。

> 三省地方因以宁谧。止有新寨苗首吴黑苗一名，漏刃未获。
> 臣惟此贼因计擒龙许保之后，即带同亲信一二苗人远遁深山，依恃深阻，日则援崖哨望，虽风吹草动，彼亦猜防。每遇乡导或顺苗一二人空身无兵甲者，方得近前，相去三四丈，相见打话；若四五人以上，不问有无兵甲，伊即惊疑闪避，莫能相近。草木蓊密，岚雾翳深，东躲西藏，又无定在，只可计擒，难以众取。欲举官军围困搜捕，因大兵撤散已久，尤恐惊动方抚之苗……

这篇长近3600字的疏文，其实最关键的只有一句，就是"止有新寨苗首吴黑苗一名，漏刃未获"。也就是说，张岳并没有屈从于权奸们的重压，而是坦诚以告，没有欺瞒。这就让严嵩、万镗、任辙一伙的如意算盘破产了。像张岳这样的忠臣又怎么会相信万镗的承诺呢？否则一有风吹草动，张岳就是犯"欺君之罪"，死无葬身之地的悲剧是绝对可能随时发生的。万一万镗的承诺被严嵩父子所否定到时又该怎么办？这也许是任辙等贵州官员们所没想到的，或者是早已串通好的。相信严嵩、万镗奸党的话，张岳或将面临欺君之大罪，必九死无一生。

当然最终还是上报了这一句是戴罪在身的任辙所不乐意看到的。可能是几分病，再加上几分恐惧忧虑，不久，任辙就因病离开了人世。

自从龙许保束手就擒之后，吴黑苗吸取了其亲密战友的教训，要抓到他就更不容易了。直到嘉靖三十一年（1552）八月二十四日，吴黑苗终于被杀。

据右参将石邦宪汇报，乡健萧奴、祝银同、乡兵罗彬报告：吴黑苗于八月二十四日，被乌、朗二司守寨人役差人刘甫等入寨用计斩首，首级背行。因地所寨苗追赶争功，刘甫被迫丢弃首级，被唐寨苗人龙章保寻获，用火烘干，藏匿在家，图讨厚赏。分巡思仁兵备佥事龙遂量给犒赏，督责土官田兴邦，于九月二十五日，方才追取首级前来，及取土官张文贵等原割两耳。各道督同思南、铜仁二府知府李案、邹廷泽，乌、朗二司土官杨瑛、田兴邦等验明正身。

张岳的心腹之患终于清除了。张岳终于放心地上《斩获首恶吴黑苗地方事宁完报疏》汇报这一重大战果。

河北吴桥人、万历工部尚书兼东阁大学士范景文有诗赞曰：

维古三苗，种乃滋族。祸连黔楚，内叛外服。
幕府上功，苗魁未获。致陷印江，兵谋筹划。
赖我襄惠，搜菁燔谷。更悬赏购，群丑必得。
巨憝乃歼，扬威宣力。圣化诞敷，有苗来格。

然而事情并没有那么简单顺利。

首先替张岳着想的是湖广巡按谷峤，河北丰润人。他知道严嵩父子掌政的潜规则，授意湖广布政使秘密从专用资金中提取三千金供总督府预备军中"市租"，其意是要让张岳拿这笔经费来送给严嵩。可是张岳却将此笔预算外的资金交给湖广辰州知府徐楚说："你要好好收藏，不要乱动这笔经费。我死后，请你取其中三十金用来买棺木，同时收殓黑苗。"

徐阶闻知，很生气，批评张岳不懂公关、不懂权变。张岳回答说："我已经坚持三十年固守我的志气。如今已经老了，早晚即将入土了，又怎能将平生所守卫之志全部放弃呢？即使不让我入朝又怎么样呢？"

吴黑苗被斩首的消息上报后，"嵩父子颇塞口"。严嵩拟旨下兵部复议，讨论对张岳该如何对待的问题。当时聂豹为兵部左侍郎，主张应该召还，否则当恢复张岳原来右都御史之职。徐阶也一再劝说严嵩非常尽力，终不可得。无奈之下，徐阶只有通报岳说："我尽力请求把你召入朝廷而不得，都是因为你平时太固执了！"聂豹也批评张岳说："你对严相平时太疏简啦！"

　　早些时候，张岳给同年进士原监察御史马明衡的信中，已将矛头直接指向罪魁祸首严嵩，直截了当地道明："其意念之差，乃上至柄臣，其他可知也。"此时，张岳又怎么可能改变原则，向严嵩行贿求官呢？

　　嘉靖三十一年八月至十一月，《明实录世宗实录》记载朝廷又发生了好多大事：

　　八月廿五，咸宁侯仇鸾被斩，抄家。

　　九月十七，聂豹由兵部右侍郎升左侍郎。

　　九月十八，巡抚贵州右副都御史任辙申请病休获准，太仆寺少卿、四川华阳人刘大直任都察院右佥都御史、巡抚贵州。可惜他继任才半年便病逝，上海进士张鹗翼接任。

　　九月二十一日，升云南按察使潘九龄为四川右布政使。

　　九月二十六日，升刑部右侍郎何鳌为本部尚书，命兵部左侍郎聂豹协理京营戎政。

　　十月初九，升都察院右副都御史王学益为刑部右侍郎。南京广东道御史王宗茂弹劾大学士严嵩久叨国柄，擅作威福，以黩货为长策，以弥缝为巧图。嘉靖帝发怒，严厉批评他毁谤辅臣，降职两级。

　　十月初十，兵部尚书赵锦被发配边关，因为有人攻击他是仇鸾同党。吏部推荐兵部尚书三个人选，分别是原任兵部尚书王邦瑞，原任三边总督、尚书王守礼，原任甘肃巡抚杨博。嘉靖帝对三人都不满意，再次钦点翁万达续任。

　　十一月初六，升严世蕃为工部右侍郎，礼部尚书徐阶加太子少保。

　　十一月十二日，升陕西左布政使张臬为都察院右副都御史、巡抚四川。

　　十一月二十二日，刑部尚书万镗改任吏部尚书。厚颜无耻的万镗为了青史留名，居然还要与张岳抢功。《钦定四库全书·江西通志》卷六十八人物三南昌府三如此记载：

值湖广苗梗化，诏推素有才识、堪大事者。朝议归镗。遂起家，拜右副都御史，往勘夷情。镗单车就道，相机剿抚。不逾月，奏捷，所擒斩以万计，兼陈久安保治大计十事，是后更无苗患。寻升兵部左侍郎，擢南刑部尚书，进礼部尚书，召入为吏部尚书，加太子少保。以忤权势夺职。

此传记将万镗美化得太离谱，似乎万镗有超人本领，一出而苗乱定，且"是后更无苗患"。

而最让张岳揪心的却是十月二十六日，还未来得及等朝廷批准，原任巡抚贵州都察院右副都御史任辙因病在贵州去世，后诏复原官，赐祭葬如例。任辙，湖北安陆人，嘉靖五年（1526）丙戌进士。

张岳认为，相对于被皇上问罪而死而言，病死可以说是一种相对理想的选择。已是老病不堪的张岳亲自为他作《祭任竹坡中丞文》以悼念。在张岳眼中，"去世于官署，无异于寿终正寝；同僚和下属们来探视收殓，无异于子孙。以死勤于王事，德义匹配于古人。"有这样的结局已经没有遗憾，应该知足了。这应也是张岳所盼望的人生大结局吧？

身心俱疲的张岳在给聂豹同乡礼部仪制司郎中聂静的信《答聂泉厓礼部》中如此吐露心声：

> 我已经老了，日夜盼望着能够回乡，即使是给我加上罪名而去，也是我之所幸……

苗疆长城

苗乱平定前后，针对苗疆动乱不止的历史和现实，张岳便开始考虑一个长治久安之策，并付诸实践，这就是中国历史上仅次于万里长城的杰出军事建筑工程南方长城，即苗疆长城，也叫苗疆边墙。

苗疆长城始建于明宣德间，都督萧绶所创，其前身仅有十堡。

乾隆《凤凰厅志》卷之三沿革载：

宣德六年，镇筸苗酋龙三白、大虫黄老虎、石计聘等纠贵州铜仁、平头诸苗为乱。命都督萧绶、都御史吴荣亲率士兵一十二万讨平之。乃夜驰直抵池河营（现属凤厅）掩杀过半。贼苗窜伏深菁，围久粮绝，始出降，乃设湾溪（现属凤凰厅）等十堡防之。

这就是苗疆长城的前身。

光绪《乾州厅志》卷之五兵防记载：

嘉靖三十一年壬子，以总督张岳留镇沅州。岳与副使高显、参将孙贤筹划形势，疏罢湾溪等堡，更设十有二哨，曰五寨、曰永安、曰清溪、曰峒口、曰筸子、曰乾州、曰强虎、曰石羊、曰小坡、曰铜信、曰水塘凹、曰水田营，连镇溪所共十有三，各营哨有城、有楼、有校场、有隘门、有官衙、有社仓。分防有督备、领班、领队、领正、管标、管仓、吏目、土官……

此文说明十三哨是在张岳生前即嘉靖三十一年开始筹划的。高显和孙贤只是张岳的两个下属，不是主创。总督张岳才是主创。

康熙《麻阳县志》卷之九朱瓒撰《细柳营记》载：

嘉靖三十年十二月十三日，参将孙贤奉圣天子命，肃靖五溪，驻扎是邑。惟时戎务方殷，总督并权巡抚赞务院道协谋，民用安辑。公不忘危，时就简阅，病其风水狭小，爰相地形，谋与朱瓒新之。瓒曰："是有司事也。"……

明嘉靖二十五年（1546），朱瓒任麻阳知县，是这段历史的见证人。这段记载说明孙贤是嘉靖三十年底才就任参将的，就驻扎在麻阳县。他最早参加的建设是细柳营。《麻阳县志》卷之九还有朱瓒的《祭总制净峰张公文》，略。

《麻阳县志》卷之十《外纪志》之《镇筸总说》：

当事张公洞烛凤弊，议添参将，领敕控制诸土，驻麻镇守，而守备属焉。张公岳竟以握兵久外劳殒，善后事□得兵宪高公、参将孙贤，志同谋协，奏增一十二哨，曰铜信、曰小坡、曰水塘四、曰水田营、曰石羊头、曰五寨、曰清溪、曰峒口、曰箄子、曰强虎、曰乾州、曰永安，连镇所共十有三，各据险互扼，边腹少安。三十三年又议移参府驻镇五寨司城，就便调遣边防。

《镇箪总说》的记载同样也是将苗疆长城建设的总设计师归功于张岳而非孙贤。孙贤只是嘉靖三十三年驻镇五寨司城即今凤凰城，才负责苗疆长城凤凰段的建设，不能张冠李戴。

《镇箪总说》中有五寨司哨图说，但是并没有记载创建时间，也没有孙贤的名字，只有接在其后面的长冲哨图说中有"按此哨原岁发五寨官兵驻守，为哨之领征。三十年方议建"。嘉靖三十年，正是张岳在任之时，孙贤尚未到任，说明包括五寨司（今凤凰县城）在内的建设方案，都是张岳当时的规划与设想。

清嘉庆《湖南通志》卷六十三《苗防三》载：

（嘉靖）三十一年八月，刘甫迹知吴黑苗，袭斩其首以献。湖贵贼平。朝议设三藩总督，留张岳镇抚，开府沅州。岳乃疏罢湾溪等屯，更设乾州、强虎、箄子、峒口、清溪、五寨、永安、石羊、铜信、小坡、水塘四、水田营，及镇溪所，凡十有三哨数百人戍之，增设参将驻麻阳镇守，而以守备属焉。岳遣兵备副使高显、参将孙贤筹备善后事宜，边境少安。三十三年议移参将驻五寨司，就便调遣，敕令用兵三千以下任其调度，三千以上与兵备道议行。

另据湖南省社科院研究员、主要研究民族史、古代史的伍新福先生《嘉靖年间湖中苗民起义始末》介绍，明万历《湖广总志》也记载：岳乃疏罢湾溪等堡，更设乾州等十三哨，以士兵、仡、蛮等万余人戍守。

以上史料，应该足以证明苗疆长城的真正主导者确实是张岳，而非孙贤。如果硬要说是孙贤，充其量只能说明在苗疆长城全程中，凤凰县地段是孙贤所主建，不能偷换概念，将孙贤拔高为整个苗疆长城的创建者，不能以主建苗疆长城之凤凰县地段的孙贤与主导整个苗疆长城的张岳混为一谈。必须把修建五寨司城的孙贤与创建苗疆长城的张岳区分开来。这是需要加以区分和辨别的。

清乾隆《辰州府志》卷十二《备边考》记载：

> （嘉靖）三十一年壬子，湖贵苗平。朝议以总督张岳留镇沅州。岳与副使高显、参将孙贤筹划形势，疏罢湾溪等堡，更设十有二哨，日五寨、日永安、日清溪、日峒口、日箄子、日乾州、日强虎、日石羊、日小坡、日铜信、日水塘凹、日水田营、连镇溪所共十有三。各营哨有城、有楼、有校场、有隘门、有官衙、有舍仓。分防有督备、领班、领队、领正、管标、管仓、吏目、土官等官；所辖有头目、舍人、识字、健步、打手、乡土、播凯犵苗等兵，凡官军计六十有奇，统以参将标营，而守备为之掎角，又兼辰、沅二卫班戍官军，通计六千六百有奇。是时参将督领于上，游击守备高度于中，营哨分防于下，边境少安。（侯志）
>
> 按，刘臬［五寨城记］云正德间渐设哨堡，必有所见，三十三年甲寅驻麻阳参将时移镇五寨司城，就便调遣，边防益固。（旧志）

可见清乾隆《辰州府志》所记载的主导者还是张岳，高显与孙贤是他手下的两名重要干将与得力助手。

上述史料还需要注意一个词语，无论是"奏增"还是"疏罢"，其主语都是张岳，而不是孙贤。只有参将孙贤的上司总督张岳才有资格和权力来"奏增"或"疏罢"，作为孙贤不可能喧宾夺主、以下越上。何况，要建设如此大规模的苗疆长城，没有朝廷的批准、湖广的支持，单靠一个参将是不太可能来操纵和完成此事的。

按语中所提到的刘臬是明正德十五年进士，湖北安陆人，嘉靖二十年任过山西巡抚，官至南京都察院左都御史。他的《新建五寨司城记》内容节选如下：

> 湖广古荆楚之城，其西为辰沅，上连川贵，环数百里，崇山深溪，诸夷盘错，盖古夜郎盘瓠之区也……宣德、正德间屡勤王师，乃渐设哨保，更设都指挥使守备于乾州，而边方日多事矣！
>
> 今上二十一年壬寅，攻麻阳，用廷义遣御史中丞进贤万公镗勘治之，疏请设参将于麻阳，分守镇箄及贵州之铜仁。戊申苗益乱，攻三省

沿边诸城。上复用廷议，遣御史大夫惠安张公岳总督军务，开府辰州，复疏请增设参将于铜仁，而麻阳仍专守镇筸如故。凡代者既四，未有议及建城者。

今督府御史大夫慈溪冯公岳，节钺聿临。畴咨径略，于是中军参将李君英议，以镇筸参将偏处麻阳，不若移镇五寨长官司，可以东控镇筸乾州，西援贵之铜仁，南捍辰沅诸郡县。而麻阳自在腹心，扼吭捍背、左右犄角，于调度机宜为便。而修城保障，亦不可缓。下兵巡检宪于君锦议，以克合，乃列疏偕镇巡诸公请于上，可之。更赐参将孙君贤以玺书，而事任为益重。

初，五寨有土城。卑隘甚，至是督府下史守备淮吕通判焕相书城事。坦墉埤堞，甃以砖石，四门建楼，复串屋守舍五百余间，约费帑金五百七十两有奇。议既上，督府下藩司，取省中美异孙君督成其事。凡工匠就诸庸，役夫取诸戍卒，木石伐于山，瓴延于陶，灰垩于冶。始于丙辰中春，及丁巳中夏而工成……

惟督府冯公之于谟远猷，国史所必载，而镇将孙君经书创制，功亦彰彰乎著矣，是宜有纪也。乃砻石为碑，征记于㭍，爰序列其颠末，用诏来者。时五寨司官田兴邦咸与斯役，法当备书。嘉靖丁巳季秋记。

五寨长官司设置于明洪武年间。明嘉靖三十五年丙辰（1556），由参将孙贤督促监工修建古城墙。嘉靖三十六年丁巳（1557）完工，耗资570两黄金。此文非常清楚地交代，孙贤负责主建的是五寨司城，而不是广义上的苗疆长城，不能以点代面，也不能喧宾夺主。从《新建五寨司城记》中可知，凤凰县不提张岳的首要功德而突出孙贤情有可原，但也只能从凤凰县城的角度出发。如果从全局出发，忽略乃至无视张岳则实属不该。

清同治九年所修《沅州府志》卷二十八名宦志张岳传记：

（嘉靖）三十一年八月设总督府于沅州，节制五省湖广、贵州、四川、广西、云南。岳镇抚，开府于沅。岳乃筹善后机宜，疏罢湾溪等堡，设十三哨曰乾州、曰强虎、曰筸子、曰清溪、曰五寨、曰永安、曰铜信、曰小坡、曰水塘凹、曰水田营、曰镇溪，所以士兵犹蛮数百人及募打手分戍之。超设参将一员，驻麻阳镇守，而守备属焉。边境赖以安。寻卒于沅，赠太子少保，谥襄惠。丧归，沅人哭送者相望于道。

《沅州府志》的记载同样可以证明十三哨的建设完全是张岳取得平苗胜利后"筹善后机宜"所设，是张岳谋划保家卫国、长治久安的政治遗产、军事工程和民生保障，给贵州和湖广带来了长达五六十年的和平。这才是中国南方长城诞生的真正由来。

实际上，苗疆长城并非湖南所独有。从嘉靖二十九年张岳的《保留参将石邦宪疏》中可知，贵州铜仁地区也有，参将石邦宪也参加了其中的建设：

> 随据铜仁府申："……近于上年十月内，石参将到任以来，驻扎本府。本官痛切事势大坏，民害日深，随即申明号令，昼夜综理，不避艰险，亲临一切紧要关隘，拨兵防守，沿城濠堑淤浅去处，监督兵夫挑浚，重夹响篱，安签布荆，下吊设穽，自捐廪粮银两，鼎立望楼四座，修葺损坏串垛中筑子城，以便用武。又于南岸渔梁头、众思塘、黄蜡等处，筑保开濠，扎营防御……本府孤城暂尔苟安，皆由本官保障之功……"
>
> 及据铜仁长官司、十洞土著残民杨稠、杨文学等诉："自参将石邦宪到任以来……内则修理城垣，外则防守隘路……"
>
> ……铜仁频遭苗患，军民逃散，十分狼狈，商旅绝迹，粮运不通。自本官到任以来，修举废坠，召集逃亡，内筑子城，外设濠堑，鼓舞士卒，捣巢截杀，擒斩多功，俘获亦众。商旅始集，粮运得通，地方赖以保障。

对苗疆长城贵州段的建设，张岳在嘉靖三十年《截获苗贼疏》中亦有提及。嘉靖三十年四月二十二日，据贵州布政司分守新镇思仁兼管抚苗道右参议刘望之呈报：

> 臣看各贼擒斩颇多，春深，军兵难以久屯，即行招抚。随议同该省巡抚都御史任辙审度要害，于石子坡、黄蜡滩、坝地岗、木桶、龙于、四十八旗等一十一处，设立哨堡，量留精锐军兵防守，及相机挨捕不

服。岂料首恶龙许保、吴黑苗等原未擒获，乘隙潜回纠拽，透从山路，突至思州僻郡，劫害官民财物。甚为失事，罪不可逭。臣复看得苗贼既劫思州，必为得计，且自分必诛，招抚虽加，必不见信，况饥困无食，势必旋踵复出。臣即移缓就急，先抽拨湖广乾州五寨二哨防兵共八百名，晃州哨防兵二百名，前赴铜仁，听原任参将石邦宪会同抚苗参议刘望之调度分布，雕擒首恶龙许保、吴黑苗……

可见在贵州铜仁一带的苗疆长城还有石子坡、黄蜡滩、坝地岗、木桶、龙于、四十八旗等十一处哨堡。

由此可知，苗疆长城的范围并不局限于湖南，更不仅仅是凤凰，其范围跨越了贵州、湖南两省。从时间上也可推进到嘉靖二十九年（1550）前，而非凤凰县单方面认定的嘉靖三十三年（1554）后。

另据伍新福先生在《明代湘黔边"苗疆""堡哨""边墙"考》中考证：

一、堡哨沿革

嘉靖三十一年（1552），明王朝在镇压湖湘黔边苗民大起义之后，特设三藩总督，开府沅州（今怀化市芷江县），由张岳任总督镇抚。据记载，张岳"乃疏罢湾溪等屯，更设乾州、强虎、箪子、洞口、清溪、五寨、永安、石羊、铜信、小坡、冰塘凹、水田营及镇溪所，凡十有三哨。每哨以士兵犷蛮及募打手等数百人戍之"。同时，设参将两员，一驻麻阳，一驻铜仁。两年后，麻阳参将移驻五寨司城（即今凤凰县治）。明初所设辰沅兵备道一员，仍驻沅州。

张岳所建营哨，后来又有增减。据万历中辰州府推官侯加地记载，隆庆三年（1569），裁铜信、冰塘凹、水田营等哨。又以丫剌关改永宁哨，新建箭塘营。万历三十六年（1608），增设盛华哨和王会哨。按侯加地记载，共有14哨、2营、1所。清同治《麻阳县志·外纪志》关于这些哨营也有较详考证。现结合笔者实地勘察材料，分记如下：

五寨哨。即五寨长官司治，嘉靖三十一年（1552）建哨。三十三年，麻阳参将移驻。据清乾隆《辰州府志》（卷四十一）记载："初，五寨有土城"，参将移驻后，由通判吕焕建砖石城。嘉靖三十六年（1557）

竣工。清康熙五十四年（1715）重修。即凤凰县古城，今尚存东、北二城门城楼，及东门至北门和北门以西原城墙石基两段……

此外，张岳所建13哨中，还有铜信、冰塘凹、水田营3哨。因至明万历年间均已裁废，故侯加地未加记载。铜信哨，位于小坡哨东约20里，处当时麻阳县城附近，今属锦和镇地；冰塘凹哨（又记为水塘凹）哨，在今凤凰县茶田乡塘凹村，与麻阳县郭公坪乡交界；水田营，在今凤凰县水田乡水田村，又名水打田……

从以上各营哨的分布形势看，其始初的建筑构想和战略考虑，是以三藩总督和辰沅道驻地沅州府城，及参将驻地麻阳县城（后移五寨司城），作为对湘黔边"苗疆"和"生苗"军事行动的指挥协调中心和后方依托。并依此将营哨明显地分成二线：一线是西起铜仁、凤凰交界的王会营，南下经小坡、铜信、冰塘凹，往东为水田营、五寨司，再至石羊、龙首、拱辰等营哨，可称后防线；另一线，西起凤凰营，向东南经永宁、永安，又北向经盛华、箭塘，再往东而北，至清溪、洞口、箪子、强虎、乾州各营哨，达镇溪所。这是前沿线，紧贴"生苗"区的沿边。同萧授所建24堡一样，各营哨均常年驻军屯粮，对湘黔边"苗疆"和腊尔山"生苗"形成一种军事封锁态势。不同的是，萧授的24堡，布列腊尔山"生苗"区的东西南北四面，呈合围状；张岳等人所建营哨，则主要在"苗疆"和"生苗"区的西南至东北部，成弧线形。

明王朝就是利用和依靠这些堡哨，对湘黔边"苗疆"和腊尔山"生苗"组成强固的军事封锁线，作为其就地镇压苗族人民反抗的特殊的军事设施。后在此基础上，又复有兴筑"边墙"之举。

二、"边墙"的兴废（前文有）

关于明代湘黔边"苗疆"的"边墙"，《明实录》和《明史》等正史资料，均无记载。明万历年间辰州知府马协留下的《议哨墙》，第一次言及"边墙"之事。据他记载："嘉靖年间，参将孙贤立烽建营，险筑边墙七十里。"但后来因"不缮修，倾颓殆尽"。孙贤，第一任麻阳参将，受总督张岳委用处理"善后"。他创修的"边墙"，至万历年间（即50多年以后）已"倾颓殆尽"。

伍文中分别还有对同属于凤凰县的十一个哨营即长宁哨、清溪哨、靖疆哨、洞口哨、箪子哨、永宁哨、永安哨、箭塘营、盛华哨、凤凰营、王会哨，属于乾州的三哨即乾州哨、强虎哨、镇溪哨（今属吉首市治和湘西自治州首府所在地）和属于麻阳县的二哨即小坡哨和石羊哨的考证与介绍，绝大部分遗迹无存，故略之。

伍新福研究员对苗疆哨堡的详细考证，一是肯定"五寨哨，即五寨长官司治，嘉靖三十一年（1552）建哨"即系张岳所建，同时亦认为孙贤无非是受总督张岳委用处理"善后"而已，通篇都没有将他作为苗疆长城的最早建设者。二是他同样认定在贵州铜仁也有张岳所建的苗疆长城，所以他以明代湘黔边"苗疆"的"边墙"统称之。因此，更不能将中国南方长城等同于凤凰县段苗疆长城。由于贵州不算南方，因此将这段长城称为中国南方长城，以区别于北方的万里长城，相对而言，苗疆长城这个称呼应该更为贴切。

乾隆《凤凰厅志》卷之三沿革又载：

> 未几，龙许保、吴黑苗复叛。湖苗亦出助。命两广总督张岳移镇辰州招讨……三十一年朝议设三藩总督，留岳开府沅州。岳乃疏罢湾溪等堡，更设一十二哨，曰乾州、曰强虎、曰箪子、曰洞口、曰清溪、曰五寨、曰永安（今俱属凤厅）、曰石羊、曰铜信、曰小坡、曰水塘四（今俱属麻阳县）、曰水田营（今属凤厅），连镇溪所（今属乾州）十有三哨。岳与副使高显、参将孙贤募兵设戍，斟酌善后，边境少安。三十三年移参将驻扎五寨司城。四十二年罢总督。

很显然，乾隆《凤凰厅志》的记载与乾州、麻阳及湖南通志的记载是一致的，都承认建设苗疆长城的真正主角是张岳，配角是高显与孙贤。因此，凤凰县有关中国南方长城最早的建设者为孙贤的表述误导了全国人民。

苗疆长城的建设，实际上至万历四十三年（1615），湖广参政、与林希元同乡的同安蔡复一增筑沿边土墙，上自铜仁，下至保靖，迤山亘水，共三百里，才宣告完善。

由此可知，苗疆长城的前身最早的是宣德间都督萧授所建的十堡，其直接关系则是形成于嘉靖间张岳的十三哨，最终完善于万历间的总督蔡复一。这样的历史脉络表述应该更为清楚详尽。

苗疆长城的建设体现了总督张岳对苗族的特殊保护。

从嘉靖三十一年张岳的《报过抚剿残苗疏》和《斩获首恶吴黑苗地方事宁完报疏》中可知，"四川哨官兵……共计陆续生擒七十一名，斩获首级一百八十六颗，俘获贼属二百零二名口，夺回被掳男妇九十一名口"。"贵州招抚过四百九十八名，湖广招抚过七百四十八名"，占贵州、湖广擒斩俘总人数2244人的55%。这个比例是相当大的，有力地说明了张岳以剿促抚的战略决策之成效。上任之初，张岳"以苗亦人类，未忍用兵"，至此，依然是以一己之力、一念之慈，尽最大可能来保护被迫造反的苗族，尽最大努力来避免滥杀。

因此可以说，张岳是湖南苗族的大恩人。从这个角度理解，张岳当年建立十三哨即苗疆长城，既是他从维护社会稳定方面考虑设立的一道军事防线，也是他区分叛苗（生苗）区域与顺苗（熟苗）区域的一条分界线；既是张岳为湖南苗族划定的一条生命保护线，也是张岳为防止朝廷滥杀无辜、祸及整个苗族而确定的一条红线。正因如此，他对苗族尤其是湖南苗族的保护成为政敌攻击的口实，也成为后人诋毁他的罪证。

不必说当年的政敌奸党严嵩、被斥为"剿抚皆失"去职的原任贵州巡抚万镗之流，就是前文提到的崇祯间麻阳县庠生田英产，也在其《平苗议》中非议张岳的心慈手软、放虎归山，没有趁机赶尽杀绝、斩草除根：

> 而征剿大举之命下矣。是督令沈总兵征之。三省夹攻……正荡平一大机括也。孰意总督大臣以半抚为请，次年正月十四日旋即班师，将一应生擒放归巢穴，谕令听抚……

难怪乾隆《泉州府志》卷之四十二明列传评价"张岳……常思为国家建数百年之业，不沾沾功名"。

因此，可以说，苗疆长城的兴建体现了首任湖广云贵总督张岳的良苦用心、对苗族的特殊保护。他宁愿得罪奸相严嵩和时任吏部尚书万镗，导致自己不得升迁，也要尽最大可能保护被迫听抚的造反苗民。这种大仁大义、大智大勇，岂是寻常大臣的选择？又岂为一般的专家学者所深探？

星陨沅州

嘉靖三十一年四月，有一颗大星陨落于西南。张岳有预感地说："这将应验在我身上了！"

早在净峰草堂，张岳就钻研天文历法。从新发现的张岳专著《占验天时》中，可以获悉张岳对天文星相的研究水平之高，确实非寻常人可比。

《占验天时》分以下内容，由明著名科学家、时任练军詹事徐光启作序《天时占验奇门遁甲小引》。全书条目如下：

占天色：占天色爻象 占天鼓 占天降物

太阳占：日旁云气、日食、日食爻象兼耳；

占日晕：太阴占、随月月食、月食爻象兼耳；

占妖星十三条：占天风 占旋风 占六甲旬中风势；

占每年每月朔望四方云：占遍年每月平明云 占云色 占云所如；

占六十甲子风云气候：占十二支有雷 占十二支有雹 占雾 占虹；

占终岁地动：占十二支地动 占地裂 占地陷 占地生毛虫等物；

占地气：占地鸣其下如积如雷崩数声 占河津枯涝 占冰冻；

占树木花草不按时开坏：占飞禽 占走兽 占鳞虫等类 卜螺占 明时占

由此可以说明张岳对天文星象、风云气候、地理、动植物之间的内在互动联系有着精微的理解，证明了张岳对《易经》研究的非同寻常的深度和对五行实际应用水平掌握之精准。

大约就在这段时间，张岳还请沅州当地一位有名相士洪鳌来为他相命。我们不知道这位相士都对张岳说了些什么，但从张岳还为他题诗的行动来看，料应是相当准确。

沅州赠相士洪鳌

沅湘千里心如水，湖海双眸具者稀。

我有九渊蟠未定，凭君眉角觅真机。

一、抱仲淹忧

在病重期间，张岳还"遗疏三省总督不可撤，惓惓禁奸民、责土官二语"，

"恳疏言总督不可罢，遗湖广五六十年之安。"这就是张岳临终之前的政治遗嘱。他担心的是一旦他去世后，湖广和云贵数省的安宁能否长治久安。他的担心不是没道理的。后人也意识到设总督的重要性：

湖广巡按张鹤鸣在万历四十四年七月十七日（1616 年 8 月 28 日）上书朝廷：

> 红苗之流毒，湖北、川东、贵州三省所从来矣，而近日尤甚。

针对少数民族的反抗斗争，张鹤鸣提出了上、中、下三种对策：

> 诚能同心协力，集数万之兵，请数十万之饷，设一督臣，如嘉靖张襄惠岳事例，十路并进，扫荡丑类，裂其地而郡县之。此上策也。

《明实录世宗实录》卷三百九十一载：

> 嘉靖三十一年十一月〇辛卯
> 原任兵部尚书翁万达卒，赠太子少保，赐祭葬如例。
> 嘉靖三十一年十一月〇乙亥（廿一）
> 升铜仁分守参将署都指挥佥事石邦宪为署都督佥事，充总兵官，镇守贵州，兼提督平清等卫。

嘉靖三十一年壬子（1552）农历十二月二十四日，在新春佳节即将来临之际，张岳终于"以积劳卒于任"，在沅州（今湖南芷江县）总督府驾鹤归天了。算起来这离吴黑苗被擒斩刚好四个月之久。

巡官按照惯例等到张岳盖棺之后退下，检查张岳日常所用的衣床褥席，都已经支离破碎了。这位巡官相当惊奇地感叹道："张总督居然简俭到如此程度啊！"

起先，当张岳决定将总督府设在沅州时，沅州人都非常忧虑，担心受到战争的影响和军队的骚扰。没想到此后五年时间里，张岳及所辖部队竟然"不取沅人一物"，可见军纪之严，爱民之心。张岳没有随带自家奴仆，只是就地找了个不懂事的百姓应役。所以当张岳谢世的消息传出之后、出丧之时，"沅人迎哭不绝声"，对张岳相当感激怀念。因为张岳"莅官严而有法，及延见细民，则煦煦若小邑令；常思为国家建数百年之业，不沾沾功名。"对待权奸，他敢于作针锋相对的斗争。对待普通百姓，他从来不摆架子，即使位居总督之要职，也像一个小县令一样，尽量不打扰百姓的日常生活和生产。

据《泉州府志》载："张岳仙逝的消息传到他曾经履任过的地方，"廉、沅、柳、德、庆、琼、江右，无不尸祝。"尸祝，是指人去世后来吊丧的人为其祈祷。可见他在平民百姓心目中的位置、在群众中的社会形象。

《明通鉴》卷六十记：

> 岳卒于沅州。丧归，沅人迎哭者不绝。已，叙功，复右都御史，赠太子少保，谥襄惠。

张岳的去世对其弟弟张峰来说是个重大打击和损失。张峰为此作《哭伯兄襄惠公哀辞，兼排律六十体韵》，表达自己无比沉痛的心情：

扶与淑气钟奇哲，造化于人忌太尤。　洪业未能充宇宙，悬车遽尔息骅骝。
灵椿世外八千载，蝴蝶梦中六十秋。　促节哀歌音袅袅，离群雁断影悠悠。
即从丱角耽坟典，便向渊源勤探搜。　赋质少成早觉悟，穷经老至不知休。
泮宫射策惊衡座，棘院抡才冠辈俦。　甲第峥嵘忘宠禄，圣贤义理复寻抽。
渐鸿衎衎美仪羽，鸣鸟嘤嘤唤好逑。　行尚淳宠振末俗，名称赫奕迈前修。
更无货色堪供玩，只有图书是校雠。　笔吐烟霞兼性命，道宗伊洛见程周。
菜根味淡传家法，肉食肝披为国谋。　器度波涛汪万顷，风标砥石障狂流。
寡言沉默霍光侣，守节坚深汲黯俦。　初授大行登鹭序，便输鸿恻振鸿畴。
一封欲侍先皇疾，胆落阉邪烛隐幽。　再疏期回八骏辙，风生殿阁声飕飕。
南雍左官引缝掖，北阙新恩拜冕旒。　此会英华拟范富，吾徒踪迹数韩欧。
谏台长谢鹰鹯志，部署愿从鸾鹄游。　训断趋庭哀手泽，庐居故里恋松楸。
礼刑二狱董绅缙，湖海十年狎鹭鸥。　刺问疑嫌干要路，宦途到处乐沧洲。
云宵宇宙瞻麟凤，吴粤奎光映斗牛。　木铎敬敷矜朽物，骐骥摧跌困盐辀。
珠还合浦旧含润，柱勒分茅初试筹。　四载仗藜久借寇，九重雨露量移州。
钱塘政教方张弛，象郡机宜属讲求。　上将挂符兵亿兆，儒臣草檄计夷犹。

定持禹鼎消妖魅，谩说汉官取列侯。　　崖岛岩黎敢倡乱，飞书走檄督同仇。
总戎捣穴平诸峒，厥角雕题皆匪刘。　　儒术何尝学敌万，庙谟自是出人稠。
旌旗将卷阴山雪，戈戟光辉五指陬。　　擢镇郧阳暂抚治，旋移江右适疮疣。
题封泣血龙颜动，惠泽沦肤绿野周。　　相府共看情厚薄，瞿门独忌礼凉优。
延恩阁价金千两，御赐坟资县一钩。　　寒骨稜稜唯马革，直声矫矫似琅璆。
世情久已趋温燠，我道于焉戒鄙偷。　　百粤僮傜负狡狯，建牙帅幕驭貔貅。
鱼窝设险攻岘寨，油洞捣窠斩桀酋。　　枸酱原通巴蜀贾，番禺今泛群牁舟。
功成既拜贾生诏，苗逆又推方叔猷。　　沅水孤城新制阃，白旄黄钺辄驰邮。
两阶文德修虞舞，一着戎衣献楚囚。　　仁义并施昭武略，绥征反复起群咻。
世魁网漏衅仍作，元恶搜擒绩再收。　　青海湾边奔卫霍，中书省下猜共兜。
危机毒隐吹沙裹，明月珍憎暗地投。　　愧乏钱神排禁闼，空饶剑气斩蛟鳅。
滔滔姬旦居东土，烈烈车徒赋缺铼。　　筠干冰霜见节操，死生朝夕等蜉蝣。
点云事业过寥廓，锻铁刚赐不滑柔。　　仕黜绝微令尹愠，始终永抱仲淹忧。
五溪日月悬双阙，三省风霜只一裘。　　欲令豺狼怜尾棹，遂忘狐兔邻山邱。
孔明星陨几先识，李贺梦回疾弗瘳。　　小子丁宁启手足，此生俯仰免惭羞。
但思魍魉梗身后，肯把儿孙著念头。　　坐莫两楹安寿数，睽观万古信蓬沤。
勋庸应许书麟阁，好字且将寄玉楼。　　倒峡篇章嗟积案，洒穹汗血叹填沟。
啼鸟落月凄残夜，短角悲笳急暮愁。　　楚雨潇潇雷电作，蛮天浩浩虹霞浮。
朝端抑惋望何及，黎庶辛酸恨弥留。　　湘渚灵魂招尔去，星缠箕尾照龙湫。

王慎中对张岳的谢世相当悲伤，在其所撰《遵岩集》卷十九祭文之《祭陈见吾先生文》中，对自己的恩师晋江陈让与张岳几乎同时去世痛惜不已：

先生于乡所敬事者，莫如故竹坡公，所严交者莫如张净峰公。而某之不肖，直以一日及门之雅，遂辱从游之厚。竹坡公，吾外祖也。净峰公于某尤不浅。不揳哭先生未几，而净峰之讣至自楚。呜呼！数日之间，岂堪此两哭耶？

《闽书》卷一百五十二蓄德志记：皇朝林濂作《闽中三公》诗以示悼念之情：

开府张公岳

开府元凯伦，特达庙廊器。代工感熙明，济世怀深志。
直道谅难容，险阻方历试。长驱百万师，深入不毛地。
鬼方难已夷，魏阙恋空积。雾雨晦晖陬，前军大星坠。
青编勋业崇，赤县经纶秘。千载砚山碑，行道空垂泪。

太宰李公默

太宰风尘表，盛名自弱冠。挥麈吐清言，登坛弄柔翰。
振羽览德辉，高举凌霄汉。既怀人伦识，复负经济干。
蛾眉不见容，贝锦纷为患。凄凉梁狱书，恻怆东门叹。
启事有遗规，皇猷无共赞。精忠谅若存，耿耿南箕焕。

司马张公经

司马文武才，磊落万夫望。平生览穰苴，笑谈在帷帐。
云扰乱江东，据鞍一何壮。未寒息坏盟，已速中山谤。
哀哉谁为明，功高不相让。鹤唳宁复闻，弓藏空惆怅。
三军气喑噎，杂虏戈相向。千秋麟阁勋，终记青冥上。

明神宗万历五年丁丑（1577），嘉靖八年己丑进士、浙江按察司金事晋江庄用宾梦见张岳来访，曾孙随即出生。庄用宾感到很灵异，因而为他命名梦岳，后改名际昌，中万历四十七年己未（1619）科状元。有人说那是张岳来投胎转世。

在严嵩的阻挠之下，对张岳战功的审核就莫名其妙地拖到两年之后。严嵩父子的意图很明显，就是处心积虑要从鸡蛋里挑骨头，竭尽全力挖出张岳的种种过失并尽量放大，以过抵功，以罪压功，甚至反功为罪，让张岳死后也不得安宁，盖棺也不能定论，让他蒙受耻辱，祸及其子孙。为此，徐阶还专门修书致胡宗宪巡按，替张岳通融。

净峰他事且不论，自入楚以来，不通京师一吧，虽遭讪怒，毅然如初。其自守之节，眼前士大夫真不能到。诸凡望为保全。（徐文贞阶《与胡巡按宗宪书》见徐存斋集）

黄景昉在《国史唯疑》卷之七中对此也评论说：

> 读此见张（岳）棱棱寒骨，冰铁照人。

直到张岳去世后两年叙功之时，三省巡按御史毫无异议地同声肯定张岳的功劳。

《明实录世宗实录》卷四百五载：

> 嘉靖三十二年十二月○辛丑（廿九）
>
> 湖广、川、贵巡按御史胡宗宪、应宿麟、王本固奏："苗寇渠魁龙许保、吴黑苗就戮。余党悉平。戴罪诸臣如总督侍郎张岳、巡抚都御史任辙先已病卒。其湖广、四川、贵州抚臣屠大山、张素、王学益、兵备副使赵之屏、参将李英等七人，功俱尚录。参议刘望之、佥事龙遂、布政使周采等三十八人，参将石邦宪、守备吴时春等亦当并录。先任都御史万镗首议有劳，乞加叙荫"。得旨："岳辄准复原职，仍给应得恤典。大山、素、学益各赐银三十两，纻丝二表里。之屏、英等升俸一级。望之、遂各银十五两。采等十两。邦宪二十两。时春等俱准赎。镗荫一子，入监读书。"

于是，在纪念张岳去世两周年之前短短四天内，皇上连下两道圣旨，为张岳叙功追赠：

> 奉天承运，皇帝制曰：
>
> 人臣事上之诚，必期于尽瘁；朝廷报功之典，尤厚于褒忠。激劝攸关，彝章俱在。故都察院右都御史张岳，性资忠谅，学识精明，颖发贤科，声流仕籍。在先朝以直言被谴，志节已坚；历中外而厥职允修，声猷懋著。郧西建节，惠克究于拊循；广右悬军，劳尤积于保障。顷缘苗夷之未格，爰授斧钺以专征。丕成献馘之功，讵意殒身之变！追维往勣，载示恤恩。兹特赠太子少保，谥襄惠，锡之诰命。
>
> 于戏！输忠委质，心无愧于汗青；晋秩易名，荣实迈于华衮。幽冥不昧，涣命其承。嘉靖三十三年十二月二十一日，敕命之宝。

继嘉靖三十三年十二月二十一日追发圣旨三天之后，嘉靖帝再次下圣旨谕祭张岳。

> 维嘉靖三十三年岁次甲寅十二月二十四日，皇帝遣福建布政使司左参政朱征，谕祭都察院右都御史、赠太子少保、谥襄惠张岳曰：
>
> 惟尔性资忠谏，才识优长。名魁闱首，继登甲第，别历中外，风犹凤闻。晋总台纲，载分阃制。剿抚苗贼，毕力殚心。肤功告成，婴疾殒逝。讣音来报，良用悼伤。爰念往劳，涣加优恤。特颁葬祭，赐谥襄惠。尔灵有知，尚其歆服！

谥号"襄惠"是什么意思呢？明顾起元（1565—1628，江宁（今江苏省南京市）人，神宗万历二十六年（1598）会试第一人，殿试一甲三名，由编修累官国子监祭酒、吏部左侍郎兼翰林院侍读学士）撰《客座赘语》中是这样释义的："甲胄有劳曰'襄'"，"柔质慈民曰'惠'"。可见谥号"襄惠"就是褒奖张岳的卓越战功和浓烈的爱民之心。

最终，张岳官复右都御史，加赠太子少保，谥襄惠，赐祭葬，荫张岳长子张宓入国子监，秩予恤典、祭春秋、祀学宫。此时方算盖棺定论。

《明实录世宗实录》卷三百九十三载：

> 嘉靖三十二年正月乙巳（廿八）
>
> 提督湖广川贵军务、兵部右侍郎兼右佥都御史张岳卒。岳，福建惠安人，正德丁丑进士，授行人，率同官谏毅皇帝南巡，杖阙下，调南京国子学正。上登极，复行人，历司副，至礼部主客郎中；出为广西督学佥事，以改江西坐前所贡士黜落多，谪广东提举；起知廉州，迁浙江督学副使，右佥都御史、抚治郧阳，改江西，进右副都御史、总督两广军务，讨封川、文德、大猲脑诸巢，平之，进兵部右侍郎。明年平阳怀远诸獞进攻马鞍、鱼窝，平之，召改刑部，为御史奏留，不果行。又明年，平连山獞，寻进右都御史。时镇筸、铜仁诸苗叛乱，朝议请遣大臣一人视师。诏以岳往。岳筹度苗情，谓前时主抚守皆非计，乃大集土汉兵，檄诸将分道进剿，斩获以数千计。会有思州之败，诏夺一官。未

几，恶酋尽殄，首恶龙许保等前后就擒，三方底定，功未上而岳卒。其后兵部核上其功，复右都御史，赠太子少保，谥襄惠，赐祭葬如例。

张岳是惠安历史上唯一载入《明史》列传的人物，详见张廷玉著《明史》卷二百列传第八十八张岳：

张岳，字维乔，惠安人，自幼好学，以大儒自期。登正德十一年进士，授行人。武宗寝疾豹房。请令大臣侍从，台谏轮直起居，视药饵，防意外变。不报。与同官谏南巡，杖阙下，谪南京国子学正。世宗嗣位，复故官，迁右司副。母老乞便养，改南京武选员外郎，历主客郎中。方议大祢礼。张璁求始祖所自出者实之，礼官皆唯唯。岳言于尚书李时曰："不如为皇初祖位，毋实以人。"时大喜，告璁。璁不谓然，以初议上。帝竟令题皇初祖主，如岳言。璁衔之，出为广西提学佥事。行部柳州，军缺饷大哗，城闭五日。岳令守城启门，召诘哗者予饷去。寻以计擒首恶，置之理。入贺，改提学江西。不谢璁，璁黜广西选贡七人，谪岳广东盐课提举。迁廉州知府。督民垦弃地，教以桔槔运水。廉民多盗珠池。岳居四年，未尝入一珠。
帝使使往安南诘莫登庸杀主，岳言于总督张经曰："莫氏篡黎，可无勘而知也，使往受谩词辱国，请留使者毋前。"经不可。知钦州林希元上书请决讨莫氏，岳贻书止之，复条上不可讨六事。为书贻执政曰："据边民报，黎䌷袭封无嗣，以兄子譓为子。陈暠作乱，䌷遇害，暠篡。未几国人拥立譓，暠奔谅山。譓立七年，为莫登庸所逼，出居升华。登庸立譓幼弟㦂而相之，卒弑㦂自立，国分为三。黎在南，莫居中，陈在西北。后谅山亦为登庸有，陈遂绝。而黎所居即古日南地，与占城邻，限大海，登庸不能逾之南，故两存。近登庸又以交州付其孙福海，而自营海东府地斋居之。盖安南诸府，惟海东地最大，即所谓王山郡也。此贼负篡逆名，常练兵备我，又时扬言求入贡。边人以非故王也，弗敢闻。愚以为彼内乱未尝有所侵犯，可且置之，待其乱定乃贡。若必用兵，胜负利钝非岳所敢知。"执政得书不能决。已，毛伯温来视师，张经一以军事委岳。又以翁万达才，进二人于伯温。岳与伯温语数日，伯温曰："交事属君矣。"许登庸如岳议。会岳迁浙江提学副使，又迁参政，伯温驰奏留之，乃改广东参政，分守海北。登庸降，加岳俸一级，赐银币。寻以征琼州叛黎功，加俸及赐如之。

塞上多事，言官荐岳边才。伯温言："岳可南，翁万达可北也。"遂擢岳右佥都御史，抚治郧阳。旋移抚江西，进右副都御史，总督两广军务兼巡抚。讨破广东封川僮苏公乐等，进兵部右侍郎。平广西马平诸县瑶贼，先后俘斩四千，招抚二万余人，诛贼魁韦金田等，增俸一级。召为刑部右侍郎，以御史徐南金言命留任。连山贼李金与贺县贼倪仲亮等，出没衡、永、郴、桂，积三十年不能平，岳大合兵讨擒之。莅镇四年，巨寇悉平，召拜兵部左侍郎。

湖贵间有山曰腊尔，诸苗居之。东属镇溪千户所簞子坪长官司，隶湖广；西属铜仁、平头二长官司，隶贵州；北接四川酉阳，广袤数百里。诸苗数反，官兵不能制。侍郎万镗征之，四年不克。乃授其魁龙许保冠带。湖苗暂息，而贵苗反如故。镗班师，龙许保及其党吴黑苗复乱。贵州巡抚李义壮告警，乃命岳总督湖广、贵州、四川军务，讨之。进右都御史。义壮持镗议欲抚，岳劾其阻兵，罢之。先义壮抚贵州者，佥都御史王学益与镗附严嵩，主抚议，数从中挠岳。岳持益坚。许保袭执印江知县徐文伯及石阡推官邓本忠以去，岳坐停俸。乃使总兵官沈希仪、参将石邦宪等分道进，躬入铜仁督之。先后斩贼魁五十三人，独许保、黑苗跳不获。岳以捷闻，言贵苗渐平，湖苗听抚，请遣士兵归农，朝议许之。未几，酉阳宣慰冉元嗾许保、黑苗突思州，劫执知府李允简。邦宪兵邀夺允简还，允简竟死。嵩父子故撼岳，欲逮治之，徐阶持不可。乃夺右都御史，以兵部侍郎督师。邦宪等旋破贼。岳搜山箐，余贼献思州印及许保。湖广兵亦破擒首恶李通海等。岳以黑苗未获，不敢报功。已而冉元谋露，岳发其奸。元贿严世蕃责岳绝苗党。邦宪竟得黑苗以献，苗患乃息。

岳卒于沅州。丧归，沅人迎哭者不绝。已，叙功，复右都御史，赠太子少保，谥襄惠。

岳博览，工文章，经术湛深，不喜王守仁学，以程、朱为宗。

一个非常微妙的插曲是三省巡按同时还要称赞吏部尚书太宰万镗先前安抚苗党龙许保等人的功劳，"亦宜追叙。嵩拟旨，镗荫一子。"万镗的愿望终于在张岳殉职之后实现了，真是滑天下之大稽！史论其人征腊而居四年弗克推诿责任让下属充当替死鬼。《明史》亦断定他"既为嵩所引，每事委随，又颇通馈遗"，所以生前便被封为吏部尚书、太子少保，还要沾张岳的光庇荫一子。虽然此后在与奸党赵文华的内讧中被削职为民，死后隆庆初，他却又复官，居然赠太子太保。

为什么社会舆论会评价张岳"故用兵有功，常薄其赏；微失利，辄被谴"呢？来看几则史料：

涌幢小品·购香

嘉靖四十年，宫中龙涎香悉毁于火。上惠甚，命再购。户部尚书高耀进八两。上喜，命给价七百六十两，加耀太子少保。实火时中人密窃以出。上索之急，耀重贿购得，因圣节建醮日上之，大称旨，加赏。盖内外之相为欺蔽如此。未几，广东进龙涎香至五十七斤。

就因为投其所好，户部尚书高耀将失职被偷的龙涎香（鲸鱼的分泌物）通过特殊渠道买回献给嘉靖帝。嘉靖帝不但以七百六十两的高价回赠，还为他加官太子少保。多么漂亮的空手道！比张岳几十年的战功强多了！

《进药》节选

无锡顾可学以两司考察罢归，乃从方士炼秋石，入京献之，云："可却病延年。"时上方事长生之术，服之颇验。三四年间，超迁至礼部尚书。

一个考核不称职被撤职的人，居然只因建议嘉靖喝尿可以延年益寿且"服之颇验"，在短短的三四年间，就一路飙升至礼部尚书。难怪时人讽刺他为"尝尿官"。这个顾可学就是泉州知府顾可久之兄。

清同治九年所修《沅州府志》卷二十八名宦志记：

二十七年龙许保及其党复乱。贵抚李义壮告警。命岳总督湖广、贵州、四川军务，讨之。进右都御史。义壮持镗议附严嵩主抚，数从中挠岳。岳劾其阻兵，罢之。乃檄永、保二宣慰及酉阳宣抚来会兵，总兵官沈希仪、参将石邦宪等分道进攻。岳亲入铜仁督之。计擒田应朝、田勉，诱获龙许保，并告捷获贼魁五十三人，俘斩无数，苗患乃息。岳上其事。

三十一年八月设总督府于沅州，节制五省湖广、贵州、四川、广西、云南。岳镇抚开府于沅。岳乃筹善后机宜，疏罢湾溪等堡，设十三哨曰乾州、曰强虎、曰箪子、曰清溪、曰五寨、曰永安、曰铜信、曰小坡、曰水塘凹、曰水田营、曰镇溪，所以士兵犵蛮数百人及募打手分戍之。超设参将一员，驻麻阳镇守，而守备属焉。边境赖以安。寻卒于沅，赠太子少保，谥襄惠。丧归，沅人哭送者相望于道。《明史》列传参旧府志。按，旧州志称公征苗有功，诗文课士，沅人建祠于城南，春秋特祀之。兵道阮文中有记载。

而张岳一生戎马倥偬，东讨西征，战功累累，却在身后才得了个太子少保的虚衔，未能在生前及安葬之时及时享受到从一品的待遇。这完全是因为严嵩父子刻意压制的结果。

二、建张公祠

明万历著名历史学家何乔远之父、泉州绅士何炯和惠安贡生杨龟年联名向上方建议为张岳兴建少保祠，世称张公祠。御史赵孔昭，提学副使朱衡疏请于朝廷。朝廷批准，下文惠安县取帑金买地建祠于邑治南门乐善铺，塑像中堂。张岳侄孙、张峰之孙举人张遴亲自督造。前为仪门，仪门之右为大门，左右石门一曰"仰止"，一曰"景行"，外门临通衢。嘉靖间福建巡按御史胡志夔（嘉靖四十三年升延绥巡抚）令有司春秋致祭。祭以春秋仲月戊日，祭文朱公衡所撰。祝文：

> 惟公道衍濂洛，功垂社稷，理学名臣，百代是式。某官等典型，俱依庙貌，斯崇虔修，特祠凛然高风。

明惠安县令萧继美仰慕张岳之为人，曾作《谒张襄惠公祠》诗一首，见《螺阳文献》卷二七言古：

张公祠堂何处寻？螺山山下石嶙峋。清光一片朱门闪，翠璧重开满院春。
铁面虎眉紫电眼，赭袍缓带仍长身。至今伏腊供俎豆，犹说生前泣鬼神。
忆昔提师镇南荒，振金伐鼓下夜郎。诏书五道出宣慰，部使三边督总羌。
玉剑飞霜山岳摧，金鞭指日妖气藏。洞口只闻书生令，汉水不数伏波良。
功成只载佩玉印，乌阵龙旌意自强。辕门一朝将星灰，遂令至尊失颜色。
勒石颂冰礼数优，襄惠之名重南国。武皇末年曾伏阙，身虽坎坷名不没。
三典文衡四统戎，左经右纬罗星月。孤愤屡遭七贵诋，相逢按剑无知己。
东阁平津惯封侯，淮阳长孺偏不起。高苑麒麟半就谶，典型如在尚森严。
炉烟细逐晴霜绕，楚客怀思暗卷帘。

惠安特别是张岳的故乡张坑一带世代相传张岳有"六省七生祠"。而《惠安县志》记："（湖南）沅州、（广西）柳州、（广东）德庆、（广东）廉州、（广东）琼州咸有专祠""乡则祀泉州郡学，惠安特祠，并祀春秋"。

此后几十年间，先后有三个惠安乡贤到柳州镇粤楼瞻仰。第一个就是张岳的好友康朗。他和学宪与槐同游镇粤楼，并作《同与槐学宪镇粤楼登望》诗一首。

万历二十四年（1595），兵部郎中惠安同乡曾伟芳受别人牵连被皇上谪判广西南宁宾州（今宾阳县），路过柳州，特地前往瞻仰，触景生情，感慨万千，写下了《镇粤楼祭张襄惠公》：

惟公余邑先辈也。当不佞伟芳初降母体，则公先已捐旄节，骑龙白云乡。去今几五十年所，伟芳适以司马曹谪判宾州，过柳，询公襄柳遗事，欲求谿僮峒瑶诸部种就殪之所，乃故老皆无在矣！徒见郊以北有归其楼，公像其中。岁时伏腊日，柳缙绅先生若邑子，靡不人率饯约征醵会，歌呼相乐，曰："惟公故墟。"嗟嗟十夫之聚，谁相北面？夫非公丰功隆德沦人肤骨之深且厚，而能若兹？

公为柳人躬甲胄，披蓬藋，驱远封豕、长蛇以艾杀此地。柳亦春雨秋霜、荔丹蕉黄、庙食百世以报公。公于理学、文章、气节盖一时，独位不甚贵，不遂至卿相，不能一日身安于朝廷之上。盖就公当时视之，若谓数奇；由今较量，未为不遇。公值肃皇时斋居暂闻，而太阿在手，权臣柄用，而貂珰未窃，物力衰耗，而耳目精神尚强，虽其间诛褒旌黜，清论时有信缁，而犹能知公信公荡平百粤数笫，总制荆、湖、川、贵、粤，东西家尸户祝，荣华至今。试使公遂所愿，徒赫卿相于一时，孰得孰失，公固能辨。公视今世局是否安危，偷瘝吏习，忍令公见？

伟芳即逾强，妄希年少狂勇，谓大丈夫出不能竖尺寸，纵然槐棘子大夫，犹渺乎细。志大才疏，一官随蹶，葡萄载涂，愧公荣谪，徒尔肃遗容。想公风烈，强自作气，则犹勃勃焉！雄心欲发而已。叹九原之不作，悲执鞭之无从，踌躇过此，实不能去。哏陈词以进酒，神仿佛其来歆！

曾伟芳，明万历十七年己丑（1589）焦竑榜二甲进士，历刑部主事，兵部武选司郎中。《明史》志第七十三艺文二记曾伟芳著有《宁夏纪事》一卷。

之后，曾伟芳还特意找提学使者杨贯斋，请他下文给宾州县官让他"赎镪助修镇粤楼"，见汪森《粤西文载》卷五十四书：

昨承台翰，欲檄宾州赎镪助修镇粤楼，曾已发否？

前辈事业，类有根本。净峰公初第京邸时，每夕必偕陈紫峰讲说《易经》一卦，凛然抗疏，三黜不移，至今犹觉有生气，岂独培植正人？学宪职要，亦为吾土作门眉，所关良匪浅鲜矣。

杨贯斋即杨道会，字惟宗，号贯斋，晋江人，隆庆二年进士，之前任广西按察副使，与巡抚微不合，辞职回乡。居二年，起为广西提学使者，官至湖广布政右使。

天启元年（1621）又来了另一个惠安张坂埕边人骆日升，万历二十三年乙未（1595）朱之藩榜二甲进士，会试第三名，字启新，号台晋，四川按察司副使。在江西提学任内，他提拔了不少优秀人才，《天工开物》作者宋应星和他的哥哥宋应升就曾"执贽门下"，视骆为恩师。

此前万历四十六年（1618），辽东兵变，少数民族叛乱。骆日升自告奋勇，请求为国效力，于是朝廷任命他为四川按察司副使、监军。时他的好友、张岳的孙子尚宝司少卿张迎劝他不要去。可是他欲仿效张岳"马革裹尸"建立一番事业，发誓说："吾老矣！此行誓以身许国，裹尸马革，甘之如饴，异日可为吾墓道题曰：'两藩式士，万里提师。'"他的这一壮举，使自己的名字载入了《明史》卷二百九十列传第一百七十八忠义二张振德传："天启元年方赴成都与乡闱事，而崇明部将樊龙杀巡抚徐可求，副使骆日升、李继周等。"

曾伟芳与骆日升这两人都是在《明史》中难得一见其名的惠安人。

骆日升当年来瞻仰镇粤楼，也留下了一篇游记《张襄惠镇粤楼特祠记》：

少则闻余乡张襄惠公之倡明学问也，盖与文成王公同时。当是时，"致良知"之学满天下，学士大夫破旧闻而骤见本体，群以为解缚双脱矣。而独襄惠公镇粤弗是也。始见文成公辩论往复，不肯诎其下。

阳明高第弟子双江聂公与公底厉，语公："诚豪杰，顾无奈旧闻缠扰，何也？"公笑曰："吾尊吾所闻足矣！"盖当文武之世，能为程、朱氏左袒者，惟公与泰和整庵罗公两人而已。而久之，则学者率好言本体，而不言工夫，仅拈及戒谨恐惧，即指为外道，甚则口慧语绮，而不腌于实。于是致良知之说又始行而中变。而迨今上皇帝采舆议，俎豆文成于学宫，则其学愈大明于天下矣。乃识者犹然有力行寝衰之惧焉。

夫圣贤之教人，犹医者之疗瘥，随病立方，宁必有定法哉！周衰文胜，士溺于百家见闻，故孔子诱之以约礼。战国之士转而入杨、墨之偏枯。故孟子反之于仁义。当宋儒分更分漏之后，"知行""动静"种种歧为二见，微文成则终无合并归一之日。然得其言而不得其所以言，则本体之说亦遂能误人矣！孰谓襄惠公之学而可少哉！

公之学起基于收心定志，而敦于君、父、朋友之伦，语默进退，莫不有法。其为人严正简重，不事华饰；所为文亦不务险怪，而议论宏壮，词气浑灏，亦非单薄纤巧之持所可伦也。

当武皇帝时，公仕为行人，谏南巡，杖阙下。已出即署，督学粤西，改江西，降提举，最后总督两广湖贵，跻九列而不能一日其身于朝廷之上，先后遭值柄臣如贵溪、分宜皆忌公正直，而终不相入。其功业在楚、在粤者，如剿叛苗、抚安南，至今长老犹以为讴吟，估终不能尽公之用之万一也。

余巡柳州，见一碑记公督学所至，辄与人言"明诚"之学。嗟呼！明诚之与致良知岂有二乎哉？诚者，天之道也；诚之者，人之道也。人心之有知，非人之所能为也，天也。天故不容伪，天下之至诚，未有诚于此者也。是故不明则不可谓知，不诚则不可谓良，自"明诚"与"致良知"岂有异哉？古之人惟见以为同，则不敢强异。惟见以为异，则不敢苟同。下手得力之处，别自有在，则亦不肯俯焉，而回转于人。是以气力厚而操持固，不似今之人，于违玩弄于同不同之间，假托圆通而漫无结局也。

公岂非其人欤？公征柳州瑶，为马平除百年之害。事宁，因筑柳北郭城属之江而建楼其上，曰镇粤。后人思公，即其处祠之，春秋缮祀，迄今且五十余年，而丽牲之碑未有纪者。余再经祠下瞻拜，低徊不能去，因为纪，立石刻之。盖将与海内有志之士尚论公学而共厥向往，非独为一方父老之思而已也。

公名岳，字维乔，官阶实行详见《广西通志》中。长子宓，以恩为庆远知府，祀名宦。仲子寯，中甲子顺天乡试。有孙曰迎，今为南京吏部文选郎，与余善。

同在广西，右江也有个张襄惠公祠。应也是兴建于这段时间。王约任职右江时进谒张襄惠公祠，发现祠宇损毁，便捐出自己的俸禄来，鼎力整修。王约，字伯一，号仰石，螺阳东张人。祖父奇橙，是明正德丁卯科举人。父以佐是贡生出身。王约的伯父即张岳同学、涂寨员常寺一起读过书的王以宁。王约是万历五年丁丑（1577）进士，官至广西平乐太守。

嘉庆《大清一统志》卷三百六十九沅州府二古迹·祠庙载：张襄惠祠，在芷江县城内西南，祀明总督张岳。

后人有诗多首悼念：

张襄惠公祠

岁贡胡之琳

襄惠祠堂古木深，典型瞻拜动讴吟。已消新息疆场憾，不负希文忧乐心。
旅雁稻粱谋泽畔，村翁伏腊走城阴。儒风更满西南徼，在泮谁看嗣好音。

净峰风骨：明代名臣张岳传

几年腊尔净烟埃，祠庙今留古堞隈。碑字数行惊广莫，军麾前夜走风雷。议挠权相功终就，身在边隅翼易摧。宇宙大名同不朽，陨星何必渭南哀。

此两首诗分别见载于清《沅湘耆旧集》卷六十七、卷八十五。

过张襄惠祠
贡生陶元藻

净峰书屋迷荒荆，镫篝翻照祠堂明。读书要得丈夫气，羞与世俗文人争。张南翁北两擘画，排云赤手边长城。书生自具大神勇，马平一扫镜枪清。桓桓勋继断藤峡，至今箐峒猓獐惊。贵溪刚愎犹可犯，分宜势焰谁能倾。求裹马革终不得，人疑真属琉球生。

陶元藻，会稽人，乾隆贡生，诗载于《泊鸥山房集》卷十二七诗。

三、葬敕建营

张岳遗体运送回惠安时，奉圣旨一路是逢山开路，遇水搭桥，棺材坦横扛。进入惠安境内，至辋川走马埭时，朝廷有旨，张岳家人仆人可以沿路撒沙，沙子撒到哪里，哪里就从此成为朝廷赏赐张岳的领地。可是张家没有这样做。到惠安县城时，张家才故意将沙子全部倒进东门头边的卜社溪中。

据张氏族谱记载，为了经办张岳的丧事，嘉靖帝特地派遣行人司行人林大春（张峰同科进士）作为钦差来治丧。

《行人林大春奉旨为张岳治葬》载：

> 浙江提学副使井丹先生林大春《自叙述》称："又使泉南，上清源，却故大臣家赠金。"林有声《明中宪大夫浙江提学副使石洲林先生行状》："又出使泉南，赐葬故侍郎张岳先生。谕祭已毕，复归省亲，亟以还朝。其却赠馈如昔。"

乾隆《泉州府志》卷之十七宅墓坟记："太子少保张岳墓在三十都许山，大学士徐阶撰铭。"生前南征西战几十年的张岳终于叶落归根了，安息在他日夜思归的故土惠安东岭许山头，也忙煞了他的生前好友。于是便出现了大学士徐阶（后为首辅）撰墓志铭，兵部尚书聂豹撰墓表，太中大夫、山西布政司左参政黄润（晋江人，亲家）为张岳夫人陈氏撰墓志铭，中极殿大学士赵志皋（后拜相）撰匾"理学名臣"立于狮头张氏家庙的罕见、动人的情景。而墓中牌坊"一代名臣"更是耀眼夺目。

明故资政大夫总督湖广川贵军务都察院右都御史赠
太子少保谥襄惠净峰张公墓志铭

徐阶

公讳岳，字维乔，号净峰。其先盖出黄帝之后少昊氏，有子曰挥，能制弓矢教民，帝赖其用，命为弓正，而封之尹城，赐姓曰张。其后世子孙益藩，代有显者。汉留侯良、晋司空华、唐文献公九龄，其尤著者也。五代时，始自曲江迁闽之惠安。入明，有为桐庐丞讳茂者，公曾大父也。祖讳纶，萍乡令；考讳慎，英德令。自萍乡至英德，皆有文行，以公贵，赠都察院右副都御史；母郑氏，赠淑人。公生而室有光，桐庐异之，曰："是必亢吾宗！"名之岳。岳，大名也，及长，端凝不为群儿戏，好学不倦，遂博群书，弱冠试于乡，其所对策、书纸背尽满。主司大奇之，擢置第一。举正德丁丑进士，授行人。武皇帝寝疾豹房，独宦者数人侍，公上疏，请令大臣台谏朝夕起居，不报。宁庶人谋逆声播远近，上将有巡，中外汹汹，谏者数十辈，已前系诏狱。公复率其僚切谏。上怒，杖阙下，既而释之，调南京国子监学正。

今皇帝即位，尽还武庙时谏者官，复以公为行人，居久之，迁司副，寻擢南京武选员外祠祭郎中。丁祖母忧，服阙，补主客郎中。由主客出为广西提学佥事，复改江西，坐广西所贡士廷试黜落七人，贬广东提举。初公为主客，大宗伯与执政议祔礼，不合，执政知其出于公也，忌之，然未有以罪，至是乃贬出。

甲午十三年，起知廉州，始教民田，而严盗诛之禁，民以不溺死，改建学宫，选其俊望，亲为讲授，廉用得去荒诞，齿中州。

安南以乱久不克贡，朝以将讨之。公疏言远夷相攻杀，不足为出兵，劳敝中国。既不报，则遂治兵食，主营堡，计王师所从入水陆道

净峰风骨：明代名臣张岳传

里之详。事有绪矣，会满三载，擢浙江提学副使，寻擢布政司参政。以方有事安南，调广东。至则莫福海已款镇南关乞降，公为督府画所以受降之策甚备。安南平，诏赐金币，升俸一级。是年秋，督府始征崖黎，涉海南，攻罗活、抱万、抱宥诸峒，破之，再赐金币，升俸一级。

于是天子以公果可大用，壬寅二十一年拜佥都御史，巡抚郧阳，改江西。江西饥，公疏留当输京师银五万两，又请折正兑，改兑米数十万石，戍饥而不伤。

乙巳二十三年，擢副都御史，总督两广军务。瑶僮数寇广西，公既久在两广，熟知其山川险易与僮之情伪，至则以兵讨会封、文德、大滑脑诸巢，平之。迁兵部右侍郎，赐银币。明年，平融、怀、远诸僮，进攻马鞍、鱼窝，平之。又升俸一级，赐银币，召为刑部侍郎，御史奏留，不果行。又明年，平连之僮，两广无事，复召为兵部（左）侍郎。

寻，以前后平僮贼功，擢右都御史，总督湖广川贵军务。先时，湖之麻阳镇箄，贵之铜仁诸苗叛，当事者偸幸苟安，曲意为抚，由是贵苗益肆，而湖苗示且伺衅以动。公既开府于沅，聚钱谷，饬戎伍，易将帅之不足任者，下令为征剿计，而朝廷方议抚守二策，公力言其非，诏报可。苗始大恐，然犹欲借口于抚以逭诛，乃放兵四出，寇印江、寇石阡、寇思州（州原作恩），幸朝廷以失利去公而罢兵，诏书切责，最后夺一官以激之，而公用兵愈急，以计获其内调田应朝，毙诸狱。集土汉兵九万二千有奇，救诸将分道进剿，前后斩获以数千计，其颇逃匿山箐，悉谕降之。苗既衰破震慑，其他皆自分必得，相继擒首恶龙许保、吴黑苗以献，三方遂宁。

功未及奏而公卒。前数月，有大星陨西南，公曰："我当应之！"至是果卒。卒之三年，本兵核上其功，上复公右都御史，赠太子少保，谥襄惠，荫子，赐祭葬。皆从中降，盖特典也。

公生于弘治壬子五年十月四日，卒于嘉靖壬子三十一年十二月二十四日，享年六十有一，配陈氏，封淑人，综理内政，与公合德，后二年亦卒。子三：宓，太学生，娶黄大参润女；寯，官生，娶洪御史庭桂女；宿，幼。女一，适庠生李忱。孙男女各一。

公识远器弘，平居寡言笑，天性孝友，笃于人伦，其学宗宋大儒程朱，曰："程朱之言如蓍龟神明，不可忽也。"故其教学者，必以持敬穷理，反躬实践为务，而凡谈说性命，一切指以为笼罩揣摩，毅然排之而不顾，一时贤智之士亦莫能屈焉。

历官风采毅然，不为身计利害。时宰将以事罪公，士由广西贡者相约毋就试，公适在京师，强之曰："若辈涉万里以求升斗之禄，奈何以吾故乃尔？"及试，公果坐职，亦无几微见颜面。

公始以文章、气节著名，及交南用兵，更推有将帅之略，虽蛮夷亦闻其威名。莫福海将入款，谓其人曰："向廉州太守安在？"然其时也，边臣为自全计，竞馈遗用事者，公独不通一书，故每用兵有功，常薄其赏，微失利，辄被谴。赖天子明圣，卒能以功名终。两广、沅皆立祠以祀，乡人亦祀诸学。

呜呼，公可为一代之名臣矣！

所著有《惠安志》《古文要典》《三礼经传》《宋元名辅事业》《宋名臣奏议》《载道集》《大儒文集》《圣学正传》《历代兵鉴》《恭敬大训》《小山类稿》凡若干卷，藏于家，皆有补于世教云。

公弟户部主事峰，率宓等以某月日葬公许山而乞铭于予，予故与公为道义交，而兄事焉，乃为铭曰：

张始受氏，以弓正封。植固而蕃，赫赫其宗。

既振文誉，亦缵武功。良等垓下，华定江东。

曲江策叛，聿称遗忠。矫矫襄惠，克配于先。

三已无愠，百炼弥坚。俎豆揖让，文教屡宣。

帷幄笑谈，决胜万全，有顽不庭，王师日征。

或偏或专，功固不成。黎患既息，蛮寇亦平。

蠢兹鬼方，三年弗克。有谋盈庭，宜抚以德。

公曰无庸，誓灭此贼。蛮方言言，王旅翼翼。

罙入其阻，殪戎纠忒，公始视师，众论谓危。

惟皇之断，信任弗疑。公之既没，寇乱始夷。

惟皇之仁，褒录弗遗。既是受祉，生荣死哀。

刻铭幽墟，以劝于来。

张岳一生著作甚丰，其代表作《小山类稿》20卷被收入《四库全书》，泉州图书馆、省图书馆、国家图书馆皆有收藏。另有诗文总集《净峰稿》46卷被收入《明史》艺文志四（《乾隆府志》卷之七十四艺文记为《净峰文集》），《交事纪闻》1卷（见《明史》卷九十七志第七十三艺文二）、《安南图经大略》、《征苗录》、《太元集注》；另有《三礼经传》16卷、《圣学正传》32卷、《载道集》40卷、《更定礼记》、《名儒文类》16卷、《名臣奏议》310卷、《恭敬大训》100卷、《宋名辅事业》10卷、《历代兵鉴》24卷、《古文典要》8卷、《古文类选》8卷、《惠安县志》13卷（惠安首部县志）、《家世遗事》1卷、《占验天时》1卷，嘉靖《泉州府志》24卷（与史于光合著）。他还主持编撰首部《广东通志》（初稿），在方志学方面也作出了贡献。张岳还曾编撰过延寿张坑族谱。

张岳生前好友、兵部尚书聂豹为撰《资政大夫都察院右都御史赠太子少保谥襄惠张公神道碑》，详见《双江聂先生文集》卷之七：

张维乔者，讳岳，号净峰，闽之惠安人也。惠安张坑之张，乃文献公弟九皋之七世孙澜（碑文误作润，且断句将澜与孙分开，再误），为漳州刺史，因家惠安，族日以繁，遂名其地。先世出黄帝后，少昊氏有子曰挥者，制弧矢以威天下，帝命为弓正，封之尹城，赐姓曰张。公劳定国，聿昌其世，宜矣。若汉之留侯良、晋之司空华、唐之文献公九龄，蔚称殊绝，百代瞻仰。入国朝，公曾大父讳茂者，为桐庐丞。皇祖讳纶，令萍乡。考讳慎，令英德。萍乡、英德皆领乡荐，著治行，卒以公贵赠都察院右副都御史。祖母林氏、郑氏，俱赠淑人。公生之日，异光满室，桐庐曰："是必亢吾宗者。"名之曰岳，异之也。

弱不好弄，端凝如巨人。读书过目成诵，终身不忘。自《丘》《索》《坟》《典》以及子史百家，无不贯穿，精透赜隐，一时巨儒，皆出其下。正德癸酉，领乡荐第一，同予登丁丑进士，授行人。

武皇不豫，出寓豹房，与阉璧三同卧起。两宫以下者，俱不得问。闻公疏请以九卿科道入直尝药以防他虞。奏虽寝，朝论肃然趋之。宁庶人乱，称兵向阙，旨下内宅草诏，加武威大将军，决策南征。时逆彬握重兵从行，在变叵测矣。谏者数十人，相继下狱。公复率其僚谏之尤切。上震怒，狱之。已暴烈，凡五日，不死；杖之，又不死，调南京国子学正。圣皇御极，尽复先朝谏谪之臣，仍公行人，加俸一级。寻丁外艰，服阕赴部。部悬科道以待。公力辞不就，得留都武，选员外祠祭郎中。未几，以承重丁祖母忧，继丁母忧。起服，补主客郎中，由主客出为广西提学佥事，复改江西提学，坐广西起贡违例，贬广东市舶提举。

公在先朝，已謇然著直声。其为主客时，宗伯与张阁老议祔礼不合，张谓某祖为所自出之祔。宗伯以问公。公曰："以皇初祖设位，必有俨然陟降者。"李题之。翌于朝房语张。张不怿，竟以原议上。内批设皇初祖位如公言。是时上方制作，张首以议大礼结主知，不谓其见出公下，甚忌。公因而出广西，遂得贬。

岁余起知廉州。廉荒鄙，寡文学，不务稼穑。公教民田，改建学宫，亲为讲授，省里甲之费，严采珠之禁。三年民俗丕变，士翩翩有中州之风。安南乱，久绝贡使，朝议将讨之。公言远夷自相攻杀，代以篡逆，相承非一日也。引高皇帝处朝鲜李仁桂事，听其自为声教，又致书当路，条六不可征，俱不报。逆治兵食，立营堡，计王师所从入水陆道里之详，如指诸掌。

会擢浙江提学副使，转左参政。以方有事安南，遂调广东。至则逆臣莫福海叩关乞降，且曰："张廉州不欲灭我族类，感天恩厚矣，敢复背之以速诛乎？"申天威而昭大义，经画所以受降之策，督府皆取成于公，无一不中肯綮。诏赐金币，升俸一级。已又征崖黎，涉海南，攻罗活，抱万、抱宥诸峒，虽承檄督府，而荡平之策比公成算。赐金币，加俸，再拜恩命。上于是知公可大用也。

壬寅，拜右佥都御史，抚治郧阳，寻改巡抚江西。至则岁大青，设法措赈，节纾财力，奏留当轮京师银五万两，又请折正兑、改兑米数十万石。适奉诏建严内阁延恩之楼。有司重复以请。公曰："是非元老意也，况供费如式，是奉明旨。"批却之。严相致书谢曰："足下伯夷之所筑也。"夏老筑生坟，使司议广信七县每县措夫价银一千两。公曰："是将范金为椁乎？每县措百金，足矣。"夏老亦以为然，谢曰："爱人以德者，固当如此。"

乙巳，擢右副都御史，总督两广军务，讨封川、文德、大滑脑诸巢。平之，迁兵部右侍郎兼佥都御史，赐银币。

明年，奉旨集土汉兵征融怀、马平诸僮，进攻马鞍、鱼窝等寨。平之，又有加俸、银币之赐，召入为刑部右侍郎。巡按御史徐南金奏公忠纯果毅，有古大臣风。况贺连反侧未定，岂宜遽夺之去？盖刑部可阙右侍，而两广之总督不可一日无张某也。

又明年，平连山，复召为兵部左侍郎，寻升右都御史，掌院事。未几而总督湖广川贵之命下矣。

先是，湖之麻阳、镇箪，贵之铜仁诸苗相煽为乱，而龙许保、吴黑苗称乱首，当事者专欲以抚縻之，乃贵苗益肆，湖苗亦汹汹伺衅。庚戌春，公开府于沅。峙粮饷，除戎振旅，决策进剿，凡将帅之不足用者咸易之，力言抚守之非便。苗始愿抚以稽诛。而酉阳宣慰冉玄、土官指挥田应朝喉苗四出，寇印江、寇石阡、寇思田，又阴遣凶狡入京师，挟资腾谤。一日于朝房会议，科臣汹汹，公危矣。予时在本兵，犹得持衡于其间，乃宰执不能无惑于科臣也，降诏切责，最后夺一官以激之。公持之愈坚，上表谢曰："元和伐戎之役，成于独断。"又曰："若此贼不平，臣何面目可复奉敕书以对将吏乎？"遂集土汉兵约十数万，檄诸将分道进剿，以计获田应朝，毙于狱。前后斩获数千级。苗始震慑。而龙、吴二酋首，酉阳党而匿之。公数酉阳罪，仍指朝贵之党酉阳者。酉阳之党益不平，谓酋首未获，未可言功。公不复用兵，卒以计擒二首。三方遂宁。功未及奏而公卒。

是年壬子四月，有大星陨西南，不数月而公应之。予闻讣，哭于省斋。已乃据巡按之疏，策公之勋闻于上。上复公右都御史，赠太子少保，谥襄惠，荫子，赐祭葬。不烦请乞，皆由中降，盖特典也。

公生弘治壬子十月初四日，卒嘉靖壬子十二月二十四日，享年六十有一。配陈氏，封淑人，与公合德，后二年亦卒。子男三：宓，官生，娶黄大参润女。窝，恩生，娶洪侍御庭桂女。宿，监生，娶傅阳全女。女一，适庠生李忱。

公长身玉立，隆准高颧，深目广颡，眉骨棱棱，望之岳耸。其弘毅渊默，敦厚崇礼，忠信孝友之行，得之天性。学以宋大儒程、朱为宗，尊信传注，出入以度。凡一切谈说性命，指为笼罩儱侗，排之甚严，虽一时贤智，皆不能屈。其后示予以《学则》一篇，首以存养之要，继以威仪动作之节，摘取《孟子》"牛山"以下诸篇及《曲礼》《少仪》《玉藻》九容，揭之居壁，收放心，养夜气，先立乎其大而不为之所夺。又曰："喜怒哀乐未发时，最好体验，见得天下大本真在此，便须庄敬持养。"又曰："心之体固该动静，而静，其本体也。至静之中，而动之理具焉，所谓体用一原。"又曰："心绕静，便觉清明。须是静时多，动时少，虽动而心未尝不静焉，方是长进。"予读而叹之曰：学在是矣。此道南以来相传家法，孔孟所以教万世无穷者，要不外此。谓公守传注而宗程、朱，即其所由入，是也，要未尽公之底里。

公始以文章、气节著名。及交南用事，更推将略。莫福海叩关请罪，问关人曰："向廉州太守安在？"畏威怀德，蛮夷且然。乃用兵每有功，常薄其赏；微失利，辄被谴于时边。臣竞馈遗用事者，以自全相援为通例，无所嫌。公独不通一书。幕士有讽之者。公曰："自分已定，但欠马革一张，无烦诸虑。"非天子明圣，监公忠纯于星陨之后，忌者尚侧目以伺，安有今日骈蕃之锡乎？人比之诸葛忠武侯，非过也。盖荆、粤、滇、蜀，东驰僰道，西控象郡，兼东西二方之南，延袤数千里，皆武侯尽瘁之地，而公倍有其劳。故凡所经历，如廉、如琼、如沅，皆尸祝以祠，而乡人则祠诸学宫。尝就其文章论之，气象宏裕，法度谨严，根柢道脉，时出精见，不规规于作者町畦，律之以董、贾、韩、欧诸家，兼有其制，而平正通达，论事论理，简切明当，有得于考亭深矣。

夫德义、功烈、文章，古称不朽，而罕有能兼之者，兼之而论定于盖棺，公可谓一代之名臣矣！

公所著有《惠安志》《古文要典》《古文类选》《宋元名辅事业》《宋名臣奏议》《载道集》《名儒文类》《三礼经传》《圣学正传》《历代兵法》《恭敬大训》《小山类稿》，凡若干卷，皆有补于世教。爱而传之，无疑也。

四川金宪养斋峰，公之弟也，率公子宓等，以嘉靖己未年二月十七日葬公于许山，立碑墓道，虚以待予。盖予尝诺金宪之属，乃序其事而铭之：

张之受氏，昉于弧矢。以劳定国，聿昌其世。

旅寓闽疆，实维崇纪。有子曰澜，漳州刺史。

家于惠安，遂名其地。黄帝之后，少昊之子。

曲江之派，文献之弟。于惟襄惠，挺生崛起。

既亶聪明，学探精髓。发解乡闱，起家进士。

尝药一疏，安危攸系。伏阙留行，暴箠几死。

低昂中外，弗愠弗喜。禫说不经，谁秉其是？

天王圣明，宰臣猜视。市舶一麾，廉州再起。

铎振三藩，化雨多士。辕门锡命，备尝艰否。

策定交南，曾未血指。戡黎灭蛮，家祝而祀。

蠢兹湖苗，负固不轨。抚之阳顺，征则鬼徙。

浮言聒聒，翰藩谁仔？扬师罙入，算箐一洗。

劳而为僇，贞而见忌。一书不通，独立何惧？

众皆危之，马革自誓。有嘉折首，星陨而逝。

我策其勋，天子曰韪。维兹康侯，邦家之纪。

葬祭赐谥，荫及厥嗣。不烦陈乞，中降特旨。

论定阖棺，百世以俟。

呜呼！净峰已矣，吾谁与侣？道南一脉，公噬其蔵。

敦化之原，悉有众美。武侯之烈，□□□□

董贾文章，程朱德义。所异时者，若合符玺。

铭之不足，有泪如雨。

　　张岳薨后两年，陈玉瑜亦逝，夫妻同葬。已经为张家探砂四世近五十年的江西丰城堪舆名师黎民望专门负责张岳的坟茔建营，前后达七年。

　　嘉靖三十四年，张岳次子张寓向吏部职方清吏司提出要求，参照已故总督陕西三边军务尚书王以旂、巡抚延绥都御史张愚，俱在任病故，因为积有军功，各荫一子，送国子监读书的前例，要求参照执行。兵部尚书杨博上《议已故右都御史张岳军功录荫疏》，向嘉靖帝提出申请，认为"原任总督湖广川贵军务都察院右都御史张岳，提兵已逾十年，获功不止万级，经略之迹，遍满边陲，廉正之声，洋溢海宇。劳瘁而卒，可谓以死勤事者矣。既经该司查有前例相应，议拟题请，合候命下，将张岳量加录荫，以为边臣效忠者之劝"。嘉靖三十四年十二月十四日，圣旨批复："张岳既有军功，准荫一子，入监读书。钦此！"

张岳真正下葬时间是嘉靖三十八年（1559）二月。

嘉靖帝为此下旨致祭，并让福建派要员谕祭：

> 维嘉靖三十八年岁次己未二月十七日，皇帝遣福建布政使司右参政曾于拱，谕祭都察院右都御史、赠太子少保、谥襄惠张岳曰：
>
> 尔学行俱优，才节并著。忠勤为国，治苗有功。委用方殷，遽尔沦谢。日月易迈，屯及葬期。追念老成，载赐以祭。尔灵不昧，尚克歆承！

民国惠安四才子之一的杜唐有诗《过张净峰公墓有怀》：

> 江山终古月明里，毅魄英魂呼不起。
> 鱼窝马鞍动地来，柳州巨贼惊梓里。
> 分如有灵应冲冠，岂能赍志沉沉九泉里！
>
> （录自《惠安古迹新咏》）

四、严奸落马

张岳去世后，老上司兵部尚书张经，虽然于嘉靖三十四年（1555）于浙江王江泾（今嘉兴北）大败倭寇，俘斩倭寇二千人，取得了抗倭战争以来最大的一次胜利。但由于时任东南督军的严嵩义子赵文华公开代严嵩索贿三万两银子，认为给张经提拔职务他应该有所表示。而张经无银可送，总共才凑齐五千两以求活命，竟被严嵩和赵文华以冒功罪陷害致死。

一再要提拔张岳担任正职尚书的吏部尚书李默于嘉靖三十五年（1556）二月活活饿死在狱中。

当然严嵩父子最终是没有好下场的。他们对福建官员的刻意打击，必然会遭到福建官员的自卫反击和报复。莆田林润就是其中起到重要作用的一员。

明世宗嘉靖四十三年（1564）十一月，巡江御史林润告发严家聚众练兵、准备谋反，控告严世蕃、罗龙文两个人以建造府第为幌子，聚众四千人，"道路皆言，两人通倭，变且不测"。于是，严世蕃被以"通倭谋反"的罪名逮捕下狱。明世宗于嘉靖四十四年（1565）三月二十四日下诏，以"交通倭虏，潜谋叛逆"之罪判处严世蕃、罗龙文死刑。死囚按规定应该留到秋后处决，但这一次，按徐阶的要求，立即处斩，"亟正典刑，以泄天下之愤"。八月，严嵩家产被抄，至此，严嵩父子身败名灭。王世贞著《嘉靖以来首辅传》卷四之严嵩记：

> 巡江御史林润遂露章劾世蕃与罗龙文表里相约，多招纳亡命，有叛心。龙文故世蕃客，为通贿与同戍者也。诏即委润捕世蕃、龙文。既至京，润因尽发其罪状，下三法司，比拟俱依子骂父律斩。上不怿，令更拟，乃拟谋叛律，而犹未及嵩。上令即弃之市，而谓嵩"畏子欺君，大负恩眷"，并其诸孙见任文武职俱夺为编氓拘役，籍其家黄金可三万余两、白金二万余两，它宝玉重器服玩所直又数百万。而知者尚恨其以缓故，散匿不少。台臣乃益论戍万寀、鄢懋卿，追其受寄金钱，垂二十年不尽。寀由选部郎至大理卿，懋卿至刑部右侍郎，皆世蕃腹心。寀贪而懋卿尤恣横，其以都御史出核鹾，所经行两畿、齐、晋、河洛、吴、楚，几天下半，皆挟世蕃父子叱咤风生，守令而下膝行蒲伏，上食惟谨，至以文锦被厕床、白金为溺器、妻妾随行者锦五彩舆，以民妇十二舁之，即赵文华、胡宗宪不能过也。嵩死时寄食墓舍，不能具棺椁，亦无吊者，时年八十有六。

在张岳谢世的前两个月，即嘉靖三十一年十月，南京御史京山王宗茂，到官甫三月，即上疏劾严嵩：

> 嵩本邪谄之徒，寡廉鲜耻，久持国柄，作福作威，薄海内外，罔不怨恨。如吏、兵二部每选，请属二十人，人索贿数百金，任自择善地。至文武将吏，尽出其门。此嵩负国之罪一也。
>
> 任私人万寀为考功郎，凡外官迁擢，不察其行能，不计其资历，唯贿是问，致端方之士不得为国家用。此嵩负国之罪二也。
>
> 往岁遭人论劾，潜输家资南返，辇载珍宝，不可数计，金银人物多

高二三尺者，下至溺器亦金银为之，不知陛下宫中亦有此器否耶？此嵩负国之罪三也。

广市良田，遍于江西数郡，又于府第之后积石为大坎，实以金银珍玩，为子孙百世计。而国计民瘼，一不措怀。此嵩负国之罪四也。

畜家奴五百余人，往来京邸，所至骚扰驿传，虐害居民，长吏皆怨怒而不敢言。此嵩负国之罪五也。

陛下所食大官之馔不数品，而嵩则穷极珍错，殊方异产，莫不毕致，是九州万国之待嵩，有甚于陛下。此嵩负国之罪六也。

往岁寇迫京畿，正上下忧惧之日，而嵩贪肆益甚。致民俗歌谣，遍于京师，达于沙漠。海内百姓，莫不祝天以冀其早亡。嵩尚恬不知止。此嵩负国之罪七也。

募朝士为干儿义子至三十余辈，若尹耕、梁绍儒，早已败露，此辈实衣冠之盗，而皆为之爪牙，助其虐焰，致朝廷恩威不出于陛下。此嵩负国之罪八也。

夫天下之所恃以为安者，财也，兵也。不才之文吏，以赂而出其门，则必剥民之财，去百而求千，去千而求万，民奈何不困！不才之武将以赂而出其门，则必克军之饷，或抽缺伍而不补，或逾期而不发，兵奈何不疲！迩者四方地震，其占为臣下专权。试问今日之专权者，宁有出于嵩右乎？陛下之帑藏，不足支诸边一年之费，而嵩所蓄积可赡储数年，与其开卖官鬻爵之令以助边，盍去此蠹国害民之贼，籍其家以纾患也。臣见数年以来，凡论嵩者不死于廷杖，则役于边塞。臣亦有身家，宁不致惜，而敢犯九重之怒，撄权相之锋哉？诚念世受国恩，不忍见祖宗天下坏于贼嵩之手也。

疏至，通政司赵文华密以示嵩，留数日始上，由是嵩得预为地，遂以诬诋大臣谪平阳县丞。

方宗茂上疏，自谓必死，及得贬，恬然出都。到官半岁，以母忧归。嵩无以释憾，夺其父桥官（广东布政使），桥竟愤悒卒。嵩罢相之日，宗茂亦卒。隆庆初，赠光禄少卿。（见《明通鉴》卷六十）

明沈德符著《万历野获编》卷八《权臣籍没怪事》中载：

嘉靖间籍没严分宜，则碧玉、白玉、围棋数百副，金、银象棋亦数百副，若对局用之，最为滞重不堪，藏之则又无谓，真是长物。然收藏法书、名画最多，至以《清明上河图》特起大狱而终不得，则贪残中，又带雅趣，较之领军鞋一屋，似差胜之。

闻籍分宜时，有亵器，乃白金美人，以其阴承溺，尤属可笑。莅事者谓非雅物，难以进上，因镕成锭以弃数。

【严东楼】严分宜败后，乃子世蕃，从粤东之雷州戍所私归，偕其密友罗小华（龙文）游乐于家园，广募壮士，以卫金穴，物情甚骇。其舍人子，更多不法，民不能堪，诉之有司，不敢逮治。袁州推官郑谏臣者，稍为申理，辄罗其诟詈，且有入奏之语。郑乃与上巡江御史林润谋，直以闻之朝，谓世蕃招集劲勇，图不轨，且与龙文日夜诅上。时，世宗方在齐宫祈长年，见疏大怒，直批就着林润拿来京。疏下时林已自差归属，而先大父为仪郎，同乡孙简肃（植）在南台掌宪，素相知，偶谪之，乃密告曰："昨三更林御史警门而入，出勷世蕃疏相示，即统兵星驰入江右矣。"南中尚未有知者，而蕃子绍庭，尚在锦衣，已先诇得报之，即偕龙文南返戍所。甫至雷州，林追兵蹑至就缚，龙文至梧州得之，至都用叛臣法，与龙文俱死西市。林以告逆功，升光禄少卿，寻以都御史抚江南。未几病，见世蕃为祟，如田蚡叩头状，竟卒。按此狱，实出华亭相公意，世蕃不能为厉于平津，而但求偿于发难之台臣。盖徐之福祚，时正未艾也。

初，徐华亭为有分宜所猜防，乃以长君太常璠次女，字世蕃所爱幼子。分宜大喜，坦然不复疑。及世蕃逮至将就法，则此女及笄矣，太常晨谒乃翁，色怒不言，侦知其意，遂鸩其女以报。华亭蹶然领之，不浃日而世蕃赴市矣。世蕃肥白如瓠，但短而无项，善相者，云是猪形，法当受屠。

……

五、木簪随葬

"故公仕则为麟游凤览，谪则为雪凛霜孤，殁则为玉毁珠沉。公之可传，是称人品。"这是万历年间都察院右都御史兼兵部右侍郎连江人吴文华（死后亦被谥为襄惠）的评价。纵观张岳一生，一出仕不久因谏南巡即被罚跪曝五日受廷杖几死，接着又连续得罪三任宰相尤其是"其势焰巍巍乎势倾华岳，赫赫乎风声载道，飞霜万里，尽把乾坤罩"的中国历史上第一流的奸相严嵩，宁肯战死沙场也始终不肯花钱买好权贵，充分体现了张岳"宁为岩畔柏，不随秋叶扬"的刚烈气节，这不正是故乡净峰山上红丹石的写照吗？

1966 年公历 8 月 29 日即农历七月十三日，时为"文化大革命"爆发。张岳棺木撬开之后，襄惠公张岳全身完好，除了水银养尸外，身外之物唯有发结上的木簪。再破陈夫人棺仅得铜戒指一个，水银 12 两。众皆哗然，本以为有玉鱼、金碗、珠宝，乃大失所望。于是置公姒两遗骸于草丛而焚，尚有铁骨铮铮烧而不化。

该村诗人许钟奇扼腕痛惜，作《吊净峰公墓》诗云：

> 气节文章著，何堪众毁诬。尸陈悲马革，骨铄断龟趺。
> 石兽青山碎，玉鱼碧海枯。名臣空一代，抔土至今无。

> 四百余年溯，沧桑孰料今。史翻千载论，日丽九京心。
> 凭吊碑无泪，讹言穴有金。棱棱寒骨凛，灰烬许山岑。

张岳于 20 世纪末被确认为福建省历史文化名人。

相比当年的"泉州三狂"，陈琛的墓葬基本完好，文笔尚存。林希元的墓重修后堂皇气派。唯独张岳尸骨无存，墓茔全毁，不能不令人感慨万千……

最后，笔者以一首诗来作为结尾：

襄惠公张岳颂

> 泉南有净峰，明代一苍松。理学冲心说，文华震岱宗。
> 武功平六省，正气顶三丰。傲骨轻权贵，廉隅世独钟。

2022 年 4 月

后　记

　　1996 年是我人生的重大转折点。是年福建省历史名人研究会张岳分会成立，并出版《张襄惠公文集》。笔者时兼张岳分会副秘书长，参与了筹备活动，从此与襄惠公张岳结下了不解之缘，对张岳是高山仰止。2000 年 7 月，母校福建师大中文系副教授、惠安螺阳的林海权老师出版《小山类稿》校注版，成为我多年不离不弃的一本必读书。时为泉州师范专科学校历史科副教授的惠安辋川人陈桂炳老师，建议我撰写张岳传，由此于 2009 年催生了《襄惠公张岳传》，在县政协原主席庄建辉任内出版。如今反思，《襄惠公张岳传》更多的是对《小山类稿》的解读和注释，赶付张岳家庙重建落成活动需要，匆促上马。福建省文化厅原副厅长庄晏成、惠安县委老书记梁奕川、泉州医学高等专科学校原书记张敬尊等领导亦建议我择机再创作，我铭记在心。因此重新撰写张岳传便成为我其后十多年来的心愿。期间，我四处搜集张岳的相关史料，有了不少收获，算来近三十年没有停止过，也因此有了更多的发言权。

　　对张岳的一生，世人肯定较多，美中不足的是有人认为他曾经镇压了少数民族。对此问题，笔者曾两次专门请教了著名历史学家、中国史学理论研究会副会长、《求是》杂志原副总编苏双碧先生。苏老认为，张岳这种行为在封建社会也是很正常的，这是统治阶级的规律，像民族英雄岳飞、林则徐等都免不了，对此不好太多否定，但也无需谴责，不会影响对张岳的总体评价。张岳一生做的很多事情是值得肯定的。苏老的一番话不愧是高屋建瓴，振聋发聩，令人茅塞顿开。

2020年，我配合县纪委创作出版了《廉隅传家话张岳》。其后县纪委书记林育伟嘱咐我重新撰写张岳传，遂有是书。本书的出版，还得到了泉州市委宣传部、惠安县委宣传部和县政协领导的大力支持，在此一并表示感谢！

本书错漏之处，在所难免，恳请广大读者批评指正，以便今后改正。

张国琳

2022 年 8 月

图书在版编目（CIP）数据

净峰风骨：明代名臣张岳传 / 张国琳著 . —北京：
中国文史出版社，2022.3
ISBN 978-7-5205-3504-5

Ⅰ.①净… Ⅱ.①张… Ⅲ.①张岳（1492-1552）—
传记 Ⅳ.① K827=48

中国版本图书馆 CIP 数据核字（2022）第 050459 号

责任编辑：张春霞

出版发行：中国文史出版社

社　　址：北京市海淀区西八里庄路 69 号院　邮编：100142

电　　话：010-81136606　81136602　81136603（发行部）

传　　真：010-81136655

印　　装：廊坊市海涛印刷有限公司

经　　销：全国新华书店

开　　本：787mm×1092mm　1/16

印　　张：25.5　　　　彩　　插：8 页

字　　数：437 千字

版　　次：2023 年 1 月第 1 版

印　　次：2024 年 4 月第 2 次印刷

定　　价：78.00 元